高职语文教程

◎主编 陈 和

现代教育出版社
Modern Education Press

图书在版编目（CIP）数据

高职语文教程 / 陈和主编 . —北京：现代教育出版社，2016.9（2018.8 重印）

ISBN 978-7-5106-4573-0

Ⅰ . ①高… Ⅱ . ①陈… Ⅲ . ①大学语文课－高等职业教育－教材 Ⅳ . ① H193.9

中国版本图书馆 CIP 数据核字（2016）第 234678 号

高职语文教程

主　　编	陈　和
责任编辑	仇正伟　王海平
封面设计	文　一
印　　刷	虎彩印艺股份有限公司
出版发行	现代教育出版社　邮编：100011
地　　址	北京市朝阳区安华里 504 号 E 座
电　　话	010-64252230（编辑部）
传　　真	010-64251256
开　　本	787mm×1092mm　1/16
印　　张	23
字　　数	500 千字
版　　次	2016 年 9 月第 1 版
印　　次	2018 年 8 月第 3 次印刷
书　　号	ISBN 978-7-5106-4573-0
定　　价	48.00 元

《高职语文教程》编委会

主　审　佘　敏

主　编　陈　和

副主编　丁　磊　李　琳　吴　杨

编　委　（以姓氏笔画为序）

　　　　冯泠峰　邵明颖　张雪梅

内容简介

　　本教材以培养学生的综合素养为目标，在强调对学生语言应用能力培养的基础上，将全书分为"阅读与表达"和"应用文写作"两大模块。"阅读与表达"模块按诗歌、散文、小说、戏剧、电影分类，精选古今中外诸多优秀篇章，每一篇都有注释、赏析、思考与练习，将口语表达部分的内容以链接的形式融入每一文体后并增加了四项语文实践活动，方便教师在结合单元教学对学生进行听、说、读、写训练的同时，培养学生的语文应用能力，提高学生的综合素质；应用文写作模块选择了行政公文类、事务类、经济类、科技类文书中学生应知应会的常用文种，每一文种按知识概要、文体示例、技法要领、模式模板、技能训练安排教学，注重"学做合一"，培养学生良好的写作思维能力，为将来在实际工作中写好应用文打下必备的基础，也便于教师进行教学；附录部分是对知识的补充，便于学生的学习和教师的教学。

　　本书既可以作为高职高专院校公共基础课的教材，又可以作为各单位岗前培训、在职培训的参考教材。

编写说明（前言）

高职语文是高等职业教育重要的文化基础课，它对培养学生终身学习的能力、改善思维品质、提高审美鉴赏力、强化语言文字运用能力、增强交际能力等方面有着重要的作用。

高职高专的语文教材，要兼顾高等职业教育培养高素质、技能型专门人才的目标和学生的接受能力。既要开拓学生的视野，提高学生听说读写、字词句章、语法、修辞等能力，更要培养学生运用语言获得信息和传递信息的能力、运用语言完成一定工作和学习任务的能力。为此，在教学改革的基础上，我们编写了这本适合高职高专学生接受能力的《高职语文教程》。

本教材分为阅读与表达、应用文写作两个模块。

阅读与表达模块按文体进行分类，将口语表达部分的内容以链接的形式融入每一文体后并增加了语文实践活动，方便教师结合单元教学对学生进行听、说、读、写的系列项目训练。

应用文写作模块选择了学生应知应会的常用文种，以项目的形式逐一介绍，每一文种安排了知识概要、文体示例、技法要领、模式模板、技能训练五项内容，有利于学生掌握应用文书写作的基本理论和一般规律，养成良好的应用写作思维，熟练地写出规范的实用文书，为将来在实际工作中写好应用文打下必备的基础。

本教材在编写过程中选用了一些作家的作品，参考、借鉴了一些前辈、同行的研究成果，也引用了有关部门及网上的文件和资料，在此谨表谢忱。

本教材由陈和担任主编，设计了全书的编写方案和编写体例并负责整体策划、统稿。由于编写时间仓促，也由于高职语文教材处于探索阶段，书中疏漏之处在所难免，恳请专家、同行批评指正。

作 者

2018 年 6 月

目　录

阅读与表达

应用文写作

阅读与表达

诗 歌

小雅·采薇

采薇采薇，薇亦作止①。曰归曰归，岁亦莫止②。靡室靡家，猃狁之故③。不遑启居，猃狁之故④。

采薇采薇，薇亦柔止⑤。曰归曰归，心亦忧止。忧心烈烈，载饥载渴⑥。我戍未定，靡使归聘⑦。

采薇采薇，薇亦刚止⑧。曰归曰归，岁亦阳止⑨。王事靡盬，不遑启处⑩。忧心孔疚，我行不来⑪。

彼尔维何？维常之华⑫。彼路斯何？君子之车⑬。戎车既驾，四牡业业⑭。岂敢定居？一月三捷⑮。

驾彼四牡，四牡骙骙⑯。君子所依，小人所腓⑰。四牡翼翼，象弭鱼服⑱。岂不日戒？猃狁孔棘⑲！

昔我往矣，杨柳依依⑳。今我来思，雨雪霏霏㉑。行道迟迟，载渴载饥㉒。我心伤悲，莫知我哀！

【注释】

① 薇：野生的豌豆苗，嫩叶可食用。亦：语气助词。作：生出。止：语尾助词。

② 曰：语气助词。莫：同"暮"。这两句的意思，要回去呀要回去，总是不能实现，眼看一年就要完了。

③ 靡：无。室：指夫妇。家：指合家，包括父母、夫妇、子女在内。猃狁（xiǎn yǔn）：古代北方的一个民族。这两句的意思，征人远别家室，是为了抵御猃狁的侵略。

④ 遑：闲暇。启：跪坐。古人跪坐时两膝着地，腰部伸直，臀部离开脚后跟。居：安坐，仍两膝着地，但臀部紧贴脚跟。古人席地而坐，故有跪坐、安坐之别。这里"启居"连用，是安定下来的意思。

⑤ 柔：初生的薇菜柔软肥嫩。

⑥ 烈烈：忧心的样子和程度，忧心如焚。

⑦ 戍：守。定：稳定。靡使归聘：无法使人捎信回家去。聘，问，指对家人的问候。

⑧ 刚：指薇菜老了，很粗硬。

⑨ 阳：指夏历十月，即今农历十月。现在人们还称这个月为"小阳春"。

⑩ 王事：指周天子的事，这里指防御猃狁的侵扰。盬（gǔ）：止息。启处：同"启居"意思。

⑪ 孔：非常，很。疚：痛苦。来：归来。这句的意思，我这次行军后，恐怕难以归来了。

⑫ 维何：是什么。常：通"棠"，"棠棣"的简称。这两句的意思，那盛开的花是什么？那是棠棣之花。

⑬ 路：同"辂"，古代的一种大车。斯何：与"维何"同义。君子：指军中将帅。

⑭ 牡：驾车的雄马。业业：形容战车高大的样子。

⑮ 定居：固定在某处。三捷：指交战频繁。三，言次数之多。捷，同"接"，交战的意思。

⑯ 骙骙（kuí）：形容战马的强壮。

⑰ 依：乘坐。腓（féi）：隐蔽。古时车战时，主帅在车上指挥，步卒跟在车后，借车身以遮蔽身躯。

⑱ 翼翼：形容驾车的战马行列整饬。象弭（mǐ）：用象牙做成的弭。弭，指弓两端受弦的地方。鱼服：用鱼皮做成的箭袋。服通"箙"，盛箭的器具。弭和服均为主帅所有。

⑲ 日戒：每日警备。棘：通"亟"，紧急。

⑳ 往：当年离家出征的时候。依依：柳条随风飘拂的样子。

㉑ 来：归来。思：语气助词。雨（yù）雪：下雪，雨作动词用。霏霏：大雪纷飞的样子。

㉒ 行道：归途。迟迟：归途遥远，时间很长。

【赏析】

《采薇》是我国诗歌史上最早的边塞诗之一。这首诗大约产生于西周末叶。当时，西有昆夷之扰，北有猃狁之难，战乱频繁，灾祸相继。诗歌通过一个久役将归的戍卒之口，反映了戍边生活的艰苦和思乡之情的强烈，以及当时边患迭起、形势岌岌可危的情景。

前三章通过采薇而起兴，由薇的生长变化而反映战士戍边时间的变化，由时间的过渡而引起思归的热念。这种盼归的热念是通过"岁亦莫止""心亦忧止""岁亦阳止"三个层次表现出来的。这三个层次把戍边战士的思念写得很深刻，很有特色。

诗的结尾即景抒情，"杨柳依依"和"雨雪霏霏"两个诗歌意象，把戍卒久役回乡悲喜交集的复杂心理和盘托出，语言朴实，意境深幽，显示了《诗经》在诗歌意象捕捉上的高度审美水平。清人方玉润说："此诗之佳全在末章，真情实景，感时伤事，别有深情，非可言喻。"

【思考与练习】

1.《诗经》是我国第一部诗歌总集。你读过哪些篇目？请简单介绍一下。

2."昔我往矣，杨柳依依。今我来思，雨雪霏霏"，为何会被后人称作《诗经》中的佳句？

山　鬼

屈　原①

若有人兮山之阿，被薜荔兮带女萝②。既含睇兮又宜笑，子慕予兮善窈窕③。乘赤豹兮从文狸，辛夷车兮结桂旗④。被石兰兮带杜衡，折芳馨兮遗所思⑤。

余处幽篁兮终不见天，路险难兮独后来⑥。表独立兮山之上，云容容兮而在下⑦。杳冥冥兮羌昼晦，东风飘兮神灵雨⑧。留灵修兮憺忘归，岁既晏兮孰华予⑨。

采三秀兮于山间，石磊磊兮葛蔓蔓⑩。怨公子兮怅忘归，君思我兮不得闲。山中人兮芳杜若，饮石泉兮荫松柏⑪。君思我兮然疑作⑫。雷填填兮雨冥冥⑬，猨啾啾兮狖夜鸣。风飒飒兮木萧萧⑭，思公子兮徒离忧⑮。

【注释】

①　屈原，名平，楚国人，公元前340年诞生于秭归三闾乡乐平里。屈原自幼勤奋好学，胸怀大志，26岁就担任楚国左徒兼三闾大夫。他主张授贤任能，彰明法度，联齐抗秦。他的主张遭到了朝中奸佞小人的嫉妒和诋毁。楚怀王听信谗言，便疏远了屈原，后顷襄王继位，屈原被放逐江南。屈原的政治思想破灭，虽有心报国，却无力回天，只得以死明志，于公元前227年端午节这天投汨罗江而死。

②　山之阿（ē）：山的弯曲处。被：同披。薜（bì）荔、女萝：皆蔓生植物。

③　睇（dì）：含情而视，微视。宜笑：笑得很美。子：与下文的灵修、公子、君等，皆指山鬼等待的人。予：山鬼自指。窈窕：美好的样子。

④　赤豹：皮毛呈褐色的豹。从：跟从。文：花纹。狸：狐一类的兽。文狸指毛色有花纹的狸。辛夷车：以辛夷木为车。结：编结。桂旗：以桂为旗。

⑤　石兰、杜衡：皆香草名。遗（wèi）：赠。

⑥ 余：我。篁：竹。后来：迟到，来晚。

⑦ 表：独立突出之貌。容容：即"溶溶"，形容水或烟气流动之貌。

⑧ 杳冥冥：又幽深又昏暗。羌：语助词。神灵雨：神灵降下雨水。

⑨ 灵修：指山鬼等待的人。憺（dàn）：安乐。晏：晚。华予：让我像花一样美丽。华，花。

⑩ 三秀：灵芝草，一年开三次花，传说服食了能延年益寿。磊磊：石多堆积貌。葛：植物名，多年生草本，茎蔓生。蔓蔓：蔓延貌。

⑪ 杜若：香草。荫：动词，以……为遮蔽。

⑫ 然疑作：信疑交加。然，相信；作，起。

⑬ 填：雷声。

⑭ 猨：同"猿"。狖（yòu）：猿类，一说为黑色长尾猿。飒飒：风声。萧萧：风吹树叶声。

⑮ 离：遭受。

（选自《诗经与楚辞精品》，佘冠英主编，时代文艺出版社，1995 年）

【赏析】

《山鬼》出自屈原的《九歌》，是他浪漫主义的代表作。山鬼即一般所说的山神，因为未获天帝正式册封在正神之列，故仍称山鬼。本篇是祭祀山鬼的祭歌，叙述的是一位多情的女山鬼，在山中采灵芝及与她的恋人约会的情景。

郭沫若根据"于"字古音读"巫"推断于山即巫山，认为山鬼即巫山神女。巫山是楚国境内的名山，巫山神女是楚民间最喜闻乐道的神话。

"山鬼"究竟是女神还是男神？宋元以前的楚辞家多据《国语》《左传》所说，定山鬼为"木石之怪""魑魅魍魉"，而视之为男性山怪。但元明时期的画家，却依诗中的描摹，颇有绘作"窈窕"动人的女神。清人顾成天《九歌解》首倡山鬼为"巫山神女"之说，又经游国恩、郭沫若的阐发，"山鬼"当为"女鬼"或"女神"的意见，遂被广泛接受。

本诗以装扮成山鬼模样的女巫，入山接迎神灵而不遇的情状，来表现世人虔诚迎神以求福佑的思恋之情。诗中的"灵修""公子""君"均指山鬼；"予""余""我"等第一人称，则指入山迎神的女巫。理解了这两点，读者对这首轻灵缠绵的诗作，也许可品味到一种不同于"人神恋爱说"的文化内涵和情韵了。

诗一开头，那打扮成山鬼模样的女巫，正喜滋滋地飘行在接迎神灵的山隈间。我们从诗人对巫者装束的精妙描摹，便可知道楚人传说中的山鬼该是怎样倩丽，"若有人兮山之阿"，是一个远镜头。诗人以一"若"字，状貌她在山隈间忽隐忽现的身影，开笔即给人以缥缈神奇之感。随着镜头的拉近，一位身披薜荔、腰束女萝、清新鲜翠的女郎出现了，那正是山林神女所独具的风采！此刻，她一双眼波正微微流转，蕴含着脉脉深情；嫣然一笑，齿白唇红，更使笑靥生辉！"既含睇兮又宜笑"，着力处只在描摹其眼神和笑意，更觉轻灵传神。女巫如此装扮，本意在引得神灵附身。故接着便是一句"子（指神灵）慕予兮善窈窕"——我这样美好，可要把你羡慕死了。口吻也是按传说的山鬼性格设计的，开口便是不假掩饰的自夸自赞，一下显露了活泼、爽朗的意态。这是通过女巫的装扮和口吻为山鬼画像，应该说已极精妙了。诗人却还嫌气氛冷清了些，所以又将镜头推开，色彩浓烈地渲染她的车驾随从："乘赤豹兮从文狸，辛夷车兮结桂旗……"这真是一次堂皇、欢快的迎神之旅！火红的豹子、毛色斑斓的花狸，还有开着笔尖状花朵的辛夷、芬芳四溢的桂枝，诗人用它们充当迎神女巫的车仗，既切合所迎神灵的环境、身份，又将她手燃花枝、笑吟吟前行的气氛，映衬得格外欢快和热烈。

自"余处幽篁兮终不见天"以下，情节出现了曲折，诗情也由此从欢快的顶峰跌落。满怀喜悦的女巫，只因山高路险耽误了时间，竟没能接到山鬼姑娘（这当然是按"望祀"而神灵不临现场的礼俗构思的）！她懊恼、哀愁，同时又怀着一线希冀，开始在山林间寻找。诗中正是运用不断转换的画面，生动地表现了女巫的这一寻找过程及其微妙心理：她忽而登上高山之巅俯瞰深林，但溶溶升腾的山雾，却遮蔽了她焦急顾盼的视野；她忽而行走在幽暗的林丛，但古木森森，昏暗如夜。那山间的飘风、飞洒的阵雨，似乎全为神灵所催发，可山鬼姑娘就是不露面。人们祭祀山灵，无非是想求得她的福佑。现在见不到神灵，还有谁能使我（巫者代表的世人）青春长驻呢？为了宽慰年华不再的失落之感，她便在山间采食灵芝（"三秀"），以求延年益寿。这些描述，写的虽是巫者寻找神灵时的思虑，表达的则正是世人共有的愿望和人生惆怅。诗人还特别妙于展示巫者迎神的心理："怨公子兮怅忘归"，分明对神灵生出了哀怨；"君思我兮不得闲"，转眼却又怨意全消，反去为山鬼姑娘的不临辩解起来。"山中人兮芳杜若"，字面上与开头的"子慕予兮善窈窕"相仿，似还在自夸自赞，但放在此处，则又隐隐透露了不遇神灵的自怜和自惜。"君思我兮然疑作"，对山鬼不临既思念又疑惑的，明明是巫者自己，但开口诉说之时，却又推说是神灵。这些诗句所展示的主人公心理，均表现得复杂而又微妙。

到了此诗结尾一节，神灵的不临已成定局，诗中由此出现了哀婉啸叹的变徵之音。"雷填填兮雨冥冥"三句，将雷鸣猿啼、风声雨声交织在一起，展现了一幅极为凄凉的山林夜景。诗人在此处似乎运用了反衬手法：他愈是渲染雷鸣啼猿之夜声，便愈加见出山鬼所处山林的幽深和静寂。

诗人的收笔则是一句突然迸发的哀切呼告之语："思公子兮徒离忧！"这是发自迎神女巫心头的痛切呼号——她当初曾那样喜悦地拈着花枝，乘着赤豹，沿着曲曲山限走来；至此，却带着多少哀怨和愁思，在风雨中凄凄离去，终于隐没在一片雷鸣和猿啼声中。

古人"以哀音为美",料想神灵必也喜好悲切的哀音。在祭祀中愈是表现出人生的哀思和悱恻,便愈能引得神灵的垂悯和呵护。不知山鬼姑娘听到这首祭歌,是否也能怦然心动,而赐给世人以企盼的福佑?

【思考与练习】

1. 阅读《离骚》《九歌》等作品,领略楚辞的艺术特点。

2. 简析"山鬼"这一艺术形象。

3. 说说本篇在景物描写上有何特点?

月下独酌

李 白

花间一壶酒,独酌①无相亲②。
举杯邀明月,对影成三人。
月既不解饮,影徒随我身③。
暂伴月将影,行乐须及春④。
我歌月徘徊,我舞影零乱⑤。
醒时同交欢⑥,醉后各分散。
永结无情游,相期邈云汉⑦。

【注释】

① 酌(zhuó):斟酒喝。

② 无相亲:没有亲近的知心朋友。

③ 既:且。解:懂得。饮:喝酒。徒:空,白白地。

④ 将:和。须:应该。及春:趁着大好春光。

⑤ 月徘徊:明月随我来回移动。影零乱:因起舞而身影纷乱。

⑥ 交欢:一同作乐。

⑦ 无情:忘情,指超乎世俗感情之上的忘我境界。相期:相约。邈(miǎo):遥远。云汉:银河,这里泛指远离尘世的天界。

7

【赏析】

这首五言古诗清新飘逸。全诗以乐写愁，以闹写寂，以物为友，以群写独，以起伏自然的构思和以"乐景写悲情"的反衬手法结合在一起，表现了诗人怀才不遇的寂寞和孤傲，也表现了他放浪形骸、狂荡不羁的性格，显示出诗人颇为旷达超脱的情怀和洁身自爱的高洁品格。

在诗的一开始，诗人处在花间月下，边赏花边饮酒，本是乐事。但从"独酌"中可见诗人孤单落寞之态。诗人用美的画面来反衬自己的孤独，但花、酒又尽显其洒脱。孤独中邀明月为友，对身影而饮，大胆的想象，超脱的自然。冷清清的场面，似乎一下热闹起来了。骨子里是愁，却偏要言乐；明明孤独无知音，却硬要说得热闹。可见，诗人尽管寂寞失意，却仍不失潇洒飘逸之风。

但是，明月不懂得开怀畅饮之乐，影子也只是默默地跟随在人的左右，诗人还是只能独酌。"不"是对月的否认，"徒"是对身影的遗恨，凸显了诗人卓尔不群、孤高自赏、傲然天地的高洁品格。尽管清醒地知道明月和清影并不能宽解内心的寂寞，但他要趁此良辰美景，及时行乐。诗人又从不如意的现实跳了出来，寻找自我解脱的幻境。不过，在春夜里，独自在花间喝闷酒，有什么"乐"可言呢？所谓"行乐"，不过是寄情花月诗酒，逃离世俗的杂念干扰，排遣一下内心的郁闷愁烦罢了。一个"暂"字，说明诗人也清醒地知道，这种解脱不过是暂时的。想到人生当及时行乐，诗人不禁兴致勃然，他不但自斟自饮，而且载歌载舞。他于酒意朦胧中感觉到月亮随自己前后左右移动，倾听自己放声高歌，影子也摇曳纷乱，随人翩翩起舞，将人、月光和影子写得一往情深。正当忘乎所以时，诗人忽然意识到，清醒时他们一起欢乐，沉醉后却要各自分开离散，于是不觉又悲从中来。诗人清醒时，是落寞郁闷的，而在歌舞痛饮时，暂时得到了欢乐，所以说，"醒时"实为醉时。醉便醉了，却又担心"各分散"，也就是说，尽管是虚幻的欢乐，他也不愿失去。可见，内心的孤独寂寞仍是挥之不去。诗人希望和月、影永远结下没有世俗之情的交游，相约在浩渺的云天。原先只想"暂伴"，现在却要"永结"，而且由人间到天上，充分表达了诗人对污浊现实的强烈不满和在孤独中向往自由和光明的浪漫主义情怀。

【思考与练习】

1.李白的诗作朗朗上口，千古留香。这首诗一共十四句，前八句平声韵，后六句仄声韵。熟背这首诗，体会其意气风发、疏朗跌宕的气势。

2.李白写月亮的诗有近三百首，请再找出几首来阅读，试析李白诗中的月亮意象。

秋兴八首（其一）

杜 甫

玉露凋伤枫树林①，巫山巫峡气萧森②。

江间波浪兼天涌③，塞上风云接地阴④。

丛菊两开他日泪⑤，孤舟一系故园心⑥。

寒衣处处催刀尺⑦，白帝城高急暮砧⑧。

【注释】

① 玉露：秋天的霜露，因其白，故以玉喻之。凋伤：草木在秋风中凋落。

② 巫山巫峡：即指夔州（今奉节）一带的长江和峡谷。萧森：萧瑟阴森。

③ 兼天涌：波浪滔天。

④ 塞上：指巫山。接地阴：风云盖地。"接地"又作"匝地"。

⑤ 丛菊两开：杜甫去年秋天在云安，今年秋天在夔州，从离开成都算起，已历两秋，故云"两开"。"开"字双关，一谓菊花开，又言泪眼开。他日：往日，指多年来的艰难岁月。

⑥ 故园：此处指长安。

⑦ 催刀尺：指赶裁冬衣。

⑧ 白帝城：即今奉节城，在瞿塘峡上口北岸的山上，与夔门隔岸相对。暮砧：黄昏时急促的捣衣声。砧，捣衣石。

【赏析】

"秋兴"即因感秋而寄兴。《秋兴》八首是大历元年（766）杜甫五十五岁旅居夔州时的作品。它是八首蝉联、结构严密、抒情深挚的一组七言律诗。这八首诗，以忧念国家兴衰的爱国思想为主题，以夔府的秋日萧瑟，诗人的暮年多病、身世飘零，特别是关切祖国安危的沉重心情作为基调，因景寄情，既抒发了诗人的漂泊之感、故国之思，也深深地寄托着诗人对李唐王朝盛衰的感叹与悲哀，体现了诗人晚年的思想感情和艺术成就。

所选的这首诗歌是《秋兴》八首中的第一首，也是全诗的纲领。通过描写夔州一带的秋景，寄寓了诗人自伤漂泊、思念故园的心情。

这首诗的第一联，描绘了巫山、巫峡一带萧瑟、阴森的秋景，以此来衬托情思。"江间"句写江上波浪很大，"塞上"句意即关塞上的风云连接大地，周围一片阴晦。这两句所写的自然现象，是社会动荡不安、自感没有出路的象征。第三联句意是：菊花已两度开放（即已是两年），花上凝聚着自己回忆过去岁月的眼泪，一只孤独的小船紧系着我回乡的心。这两个句子表达了滞留的悲苦及对故乡的思念感情。第四联说人们都动刀动尺赶制寒衣，傍晚，高高的白帝城传出阵阵捣衣声，诗人以此表现岁月催人的感慨。

这首诗抒发了作者面对秋江的萧森景色而引起的羁旅之感。眼前的江间波浪和心目中的塞上风云连成一片，既写秋景的阴晦萧索，也渲染出暗淡凋残的时代气氛。诗人在此已近两年，所以说故园之思被孤舟系在江边，只有徒然对菊花再次洒下去年的眼泪。

【思考与练习】

1. 秋天和大江是杜诗中最常见的意象，分析它们在诗中的作用。

2. 赏析作品触景感怀、情景交融的写作手法。

八声甘州

柳　永

对潇潇暮雨洒江天①，一番洗清秋。渐霜风凄紧②，关河冷落，残照当楼。是处红衰翠减③，苒苒物华休④。惟有长江水，无语东流。　　不忍登高临远，望故乡渺邈，归思难收⑤。叹年来踪迹，何事苦淹留⑥。想佳人、妆楼颙望⑦，误几回、天际识归舟⑧。争知我⑨，倚栏干处，正恁凝愁⑩。

【注释】

① 潇潇：形容风雨急骤。

② 霜风：深秋的风。凄紧：寒意逼人。

③ 是处：处处，到处。红衰翠减：红花与绿叶都凋谢枯萎。

④ 苒苒：渐渐地。物华：美好的景物。休：消逝。

⑤ 归思：思归之情。

⑥ 何事：为何。淹留：久留。

⑦ 颙（yóng）望：引领而望。

⑧ 此句引用谢朓《之宣城郡出新林浦向板桥》中的"天际识归舟，云中辨江树"，并化用温庭筠《梦江南》中的"梳洗罢，独倚望江楼。过尽千帆皆不是，斜晖脉脉水悠悠，肠断白苹洲"。

⑨ 争知：怎知。

⑩ 恁：如此。凝愁：愁苦凝结，难以化解。

【赏析】

这首传颂千古的名作，融写景、抒情为一体，通过描写羁旅行役之苦，表达了强烈的思归情绪，语浅而情深，是柳永同类作品中艺术成就最高的一首。

上片写景。以暮雨、霜风、江流描绘了一幅风雨急骤的秋江雨景："潇潇"状其雨势之狂猛；"洒江天"状暮雨铺天漫地之浩大，洗出一派清爽秋景。"霜风凄紧"以下写雨后景象：以关河、夕阳之冷落、残照展现骤雨冲洗后苍茫浩阔、清寂高远的江天景象，内蕴了萧瑟、峻肃的悲秋气韵。而"残照当楼"则暗示出此楼即词人登临之地。"是处"二句写"红衰翠减"的近景细节，词人情思转入深致低回，以"物华休"隐喻青春年华的消逝。"长江水"视野转远，景中见情，暗示词人内心惆怅、悲愁恰似一江春水向东流，成为由景入情的过渡，引发下片抒情。"不忍登高"乃是对登楼临远的反应，词人便层层揭示"不忍"的原因：一是遥望故乡，触发"归思难收"；二是羁旅萍踪，深感游宦淹留；三是怜惜"佳人凝望"，相思太苦。层层剖述，婉转深曲，特别是"想佳人"，揭示出"不忍"之根，更悬想佳人痴望江天，误认归舟的相思苦况；不仅如此，还转进一层反照自身，哀怜佳人怎知我此刻也在倚栏凝望！

《八声甘州》，早被苏东坡慧眼识得，说其间佳句"不减唐人高处"。这首词章法结构细密，以铺叙见长。词中思乡怀人之意绪，展衍尽致。而白描手法，再加通俗的语言，将这复杂的意绪表达得明白如话。作品还具有意境舒展高远，写景层次清晰，抒情淋漓浓郁，气韵浑厚清劲精妙等特点，堪称叙写离愁别绪诗词之上品。

【思考与练习】

1. 理解这首词情景交融、情景相生的艺术特色。

2. 探究柳永的词在思想和艺术上的特点，以及柳永在宋词发展中的地位与影响。

青 玉 案

辛弃疾

东风夜放花千树①。更吹落、星如雨②。宝马雕车香满路③。凤箫声动，玉壶光转，一夜鱼龙舞④。　　蛾儿雪柳黄金缕⑤，笑语盈盈暗香去。众里寻他千百度，蓦然回首，那人却在，灯火阑珊处。

【注释】

① 花千树：指灯。苏味道诗《正月十五日夜》曰"火树银花合，星桥铁锁开"。

② 星如雨：指焰火。

③ 语出郭利贞《上元》诗："九陌连灯影，千门度月华。倾城出宝骑，匝路转香车。"

④ 《汉书·西域传赞》载有西域所进"漫衍鱼龙角抵之戏"，此指灯的形状各异，在月光下飞舞，如鱼龙闹海一般。

⑤ 蛾儿、雪柳等皆谓宋代妇人所戴金、玉饰物，此处指戴此饰物之贵家妇女。

【赏析】

宋孝宗乾道六年至八年，辛弃疾曾有近两年的时间在临安（今杭州）任职，此词即作于这一时期。临安虽是宋室南渡后的所谓临都，但不少人已是"直把杭州当汴州"了，因而其繁华程度至孝宗时已并不亚于北宋都城汴梁（今河南开封）。全词着力描写了正月十五元宵节观灯的热闹景象。先写灯会的壮观，东风吹落了满天施放的焰火，像天空里的流星雨。接写观众之多，前来看花灯的人，男的骑着高头大马，女的乘着雕花豪华车，男男女女都衣服熏了香，怀里揣着香袋，过路的人多了，连路也是香的。这是从各个角度描写场面之热闹。凤箫声韵悠扬，明月清光流转，整夜里鱼龙灯盏随风飘舞。姑娘们打扮得花枝招展，头戴蛾儿、雪柳，身缀金黄色丝缕，在灯光照耀下，银光闪闪，金光铄铄。她们成群结队，欢声笑语，眼波流盼，巧笑盈盈，幽香四溢地从人们身旁走过。"元夕"的热闹与欢乐占全词十二句中七句。"众里"一句方始出现主人公活动。"那人"赏灯却不是"宝马雕车"，也不在"笑语盈盈"列中，她远离众人，为遗世独立，久寻不着，原来竟独立在"灯火阑珊处"。全词用的是对比和以宾衬主的手法，烘云托月地推出这位超俗的女子形象：孤高幽独、淡泊自恃、自甘寂寞、不同流俗。词中前后所构成的强烈对比，极为成功地展示出词人"伤心人别有怀抱"，而这种怀抱不是别的，正是词人对恢复大业、对国家和民族的前途与命运的深深的忧虑。

从词调来讲，《青玉案》十分别致，它原是双调，上下阕相同，只是上阕第二句变成三字一断的叠句，跌宕生姿。下阕则无此断叠，一片三个七字排句，可排比，可变幻，随词人的心意，但排句之势是一气呵成的，等到排比完了，才逼出煞拍的警策句。

【思考与练习】

1. 说说你对词句"蓦然回首，那人却在，灯火阑珊处"的理解和体会。
2. 联系苏东坡的词，比较辛弃疾与苏东坡词风的异同。

教我如何不想她

刘半农 [①]

天上飘着些微云，　　　水面落花慢慢流，
地上吹着些微风。　　　水底鱼儿慢慢游。
啊！　　　　　　　　　啊！
微风吹动了我头发，　　燕子你说些什么话？
教我如何不想她？　　　教我如何不想她？

月光恋爱着海洋，　　　枯树在冷风里摇，
海洋恋爱着月光。　　　野火在暮色中烧。
啊！　　　　　　　　　啊！
这般蜜也似的银夜，　　西天还有些儿残霞，
教我如何不想她？　　　教我如何不想她？

一九二〇年九月四日，伦敦

【注释】

① 刘半农（1891—1934），名复，字半农，江苏江阴人。新文化运动和文学革命的倡导者之一，擅长白话散文和白话新诗。代表作有《半农杂文》《扬鞭集》《瓦釜集》等。

【赏析】

刘半农是现代新诗开创初期的重要诗人，此诗写于 1920 年，刘半农赴欧洲留学之际。该诗发表时名为《情歌》，后改为《教我如何不想她》。诗中的"她"代表的是远方游子日夜思念的祖国，所以，此诗并非一首普通的情诗。

本诗借鉴传统，学习民歌，创造出了面目一新的自由体新诗。写法上采用传统歌谣的"比兴"手法，每节开头两句都是对某种景致的描绘，借景传达出诗人的心意，并烘托出"教我如何不想她"的深沉的情思。第一节中以微云和微风起兴，写出了作者淡淡的思乡之情如丝如缕，像"飘着些微云""吹着些微风"。接着，淡淡的情丝，迅速发展为浓烈的情怀，诗人通过月光与海洋依恋难分的意象，拟人化地描绘出生死相依、缠绵不舍的"蜜也似的"甜蜜意境。这正是诗人内心对祖国无限依恋，强烈思念的热恋之意境。但是，这种内心幻想的热恋的甜蜜很快就被现实所击碎：飘零海外，作者对祖国的满腔怀恋，又向何人说？所以，感情在第三节急转直下，从甜蜜转向烦忧。作者以水面落花、水底游鱼来象征当时的境遇和感受。落花和游鱼，有一种四处飘零、飘忽不定的特征，正象征着作者当时远离家国，无处依靠的心境。可是"落花有意水无情"，作者是多么希望能从远方飞来的燕子口中听到祖国的消息，可是他又怎能听懂？思念急切与思念不成，使诗人陷入了无可奈何的失落和惆怅之中。于是，思恋的情感由此转入低谷。但是，这腔不可遏抑的热情又很快从低谷跃上了巅峰，一下子像蓬蓬勃勃的野火般熊熊烧起来。一反前面和谐优美的意境，而表现出冲突和对比的力量。冷风里的枯树是诗人现实处境，暮色中的野火是诗人心中情怀，现实愈是凄冷内心愈是热烈。作者成功之处在于，诗情在四节中的展开，不是单调地通过反复咏唱来强化，而是把一个由弱渐强，从甜蜜到忧愁，再到热情燃烧的情感变化过程生动地呈现了出来。

整首诗的意境氛围由淡而浓，感情色彩由弱而强，主旨表达也由浅入深。语言通俗简洁，形象生动，意境优美。音韵节奏自然流畅，整齐又富于变化。

【思考与练习】

1.《教我如何不想她》中诗人的思念之情是如何步步深化的？

2. 有许多人把《教我如何不想她》作为情歌来领会，你有什么看法？

致恰达耶夫①

普希金②

爱情、希望、平静的光荣③

并不能长久地把我们欺诳，

就是青春的欢乐，

也已经像梦，像朝雾一样地消亡；

但我们的内心还燃烧着愿望，

在残酷的政权的重压之下，

我们正怀着焦急的心情，

在倾听祖国的召唤。

我们忍受着期望的折磨

等候那神圣的自由的时光，

正像一个年轻的恋人

在等待那真诚的约会一样。

现在我们的内心还燃烧着自由之火，

现在我们为了荣誉献身的心还没有死亡，

我的朋友，我们要把我们心灵的

美好的激情，都呈献给我们的祖国！

同志，相信吧，迷人的幸福的星辰④

就要上升，射出光芒，

俄罗斯要从睡梦中苏醒，

在专制暴政的废墟上，

将会写上我们姓名的字样！

【注释】

① 选自《普希金抒情诗全集》。恰达耶夫（1794—1856），19 世纪俄国唯心主义哲学家、政治家。1821
年，参加十二月党人的秘密团体"幸福同盟"。1836 年，发表了著名的《哲学书简》，因书中批判了俄国农奴

制度，宣传反对沙皇暴政的思想，被沙皇尼古拉一世宣布为精神病患者，遭到严厉的迫害。

② 亚历山大·谢尔盖耶维奇·普希金（1799—1837），19世纪俄国的伟大诗人，被称为"俄罗斯诗歌的太阳"。他是俄罗斯文学中积极浪漫主义文学的开创者，也是批判现实主义文学的奠基人，被称为"俄罗斯文学之父"。他一生创作的抒情诗总数在800首以上，既有政治抒情诗《致恰达耶夫》《自由颂》《致西伯利亚的囚徒》等，也有大量的爱情诗和田园诗，如《我记得那美妙的一瞬》和《我又重新造访》等。他的其他作品有长诗《青铜骑士》、长篇小说《上尉的女儿》、诗体小说《叶甫盖尼·奥涅金》等。

③ "平静的光荣"，最早流传的另一稿本译作"骄傲的荣誉"。

④ "迷人的幸福的星辰"，另一稿本译作"幸福的彩霞"。

【赏析】

《致恰达耶夫》是普希金的一首著名赠诗。该诗写于1818年，当时俄罗斯处于沙皇专制暴政的黑暗年代，普希金深受十二月党人和好友恰达耶夫反对专制、追求自由等进步思想的影响。

全诗由四个部分组成。第一部分从"爱情、希望、平静的光荣"到"也已经像梦，像朝雾一样地消亡"是作者的失落。第二部分从"但我们的内心还燃烧着愿望"到"在等待那真诚的约会一样"表现了作者的期待。第三部分从"现在我们的内心还燃烧着自由之火"到"都呈献给我们的祖国"，作者发出号召：将自己奉献于祖国。第四部分从"同志，相信吧，迷人的幸福的星辰就要上升"到结束，作者展望未来，充满信心。整首诗表现了诗人追求自由的热切希望和热爱祖国的炽热激情。

诗歌直抒胸臆，同时又大量运用贴切恰当的比喻，使情感的理解更具形象性。感情波澜多折，缓急高低，层次分明。

【思考与练习】

1. 这是一首充满激情的诗歌，请详细分析本诗的抒情方式。

2. 诗歌中运用了贴切形象的比喻，说说这些比喻的深刻含义。

3. 阅读普希金《自由颂》《致西伯利亚囚徒》等诗歌，体会诗人爱祖国、爱自由的情怀。

【口语链接·朗读】

[知识概要]

（一）朗读的特点和要求

朗读是把文字转化为有声语言的一种创造性活动，它是学习知识、传播信息的重要手段。朗读就是朗声读书，即运用普通话把书面语言清晰、响亮、富有感情地读出来，使无声的书面语言变成有声的口头语言。如果说写文章是一种创造，朗读则是一种再创造。

朗读和说话不同，它除了要忠于作品原貌，不添字、漏字、改字、回读外，还要求朗读时在声母、韵母、声调、轻声、儿化、音变以及语句的表达方式等方面都符合普通话语音的规范。

1.注意普通话和方言在语音上的差异

普通话和方言在语音上的差异，大多数情况是有规律的。这种规律又有大的规律和小的规律，规律之中往往又包含一些例外，这些都要靠自己去总结。单是总结还不够，要多查字典和词典，要加强记忆，反复练习。在练习中，不仅要注意声韵调方面的差异，还要注意轻声词和儿化韵的学习。

2.注意多音字的读音

一字多音是容易产生误读的重要原因之一，我们必须注意。多音字可以从两个方面去注意学习。第一类是意义不同的多音字，要着重弄清它的各个不同的意义，从各个不同的意义去记住它的不同的读音。第二类是意义相同的多音字，要着重弄清它的不同的使用场合。这类多音字大多数情况是，一个音使用场合"宽"，一个音使用场合"窄"，只要记住"窄"的就行。

3.注意由字形相近或由偏旁类推引起的误读

由于字形相近由甲字张冠李戴地读成乙字，这种误读十分常见。由偏旁本身的读音或者由偏旁组成的较常用的字读音，去类推一个生字的读音而引起的误读，也很常见。所谓"秀才认字读半边"，闹出笑话，就是指的这种误读。

4.注意异读词的读音

普通话词汇中，有一部分词（或词中的语素），音义相同或基本相同，但在习惯上有两个或几个不同的读法，这些被称为"异读词"。为了使这些读音规范，中国文字改革文员会普通话审音委员会于 1957 年、1959 年、1962 年先后发表了《普通话异读词审音表初稿》正编、续编和三编，1963 年公布了《普通话异读词三次审音总表初稿》。经过 20 多年的实际应用，在总结经验的基础上，于 1982—1985 年组织专家学者进行审核修订，1985 年 12 月 27 日，经国家语言文字工作委员会、国家教育委员会、广播电视部（现为国家广播电视总局）审核通过，公布了《普通话异读词审音表》，要求全国文教、出版、广播等部门及全国其他部门、行业所涉及的普通话异读词的读音、标音，均以这个新的审音表为准。在使用审音表的时候，最好是对照着工具书（如《新华字典》《现代汉语词典》等）来看。先看某个字的全部读音、义项和用例，然后再看《审音表》中的读音和用例。比较以后，如发现两者有不合之处，一律以审音表为准。这样就达到了读音规范的目的。

（二）朗读的技巧和方法

朗读是实践性、技能性很强的艺术活动，朗读的核心是对作品进行再创作。在日常生活中，人们可以自由交流和表达，是因为人们已经熟练掌握了说话的技巧。而朗读不同于说话，不能随心所欲，作者通过文字语言是"这么说"的，朗读者通过有声语言也得"这么说"，表达自己心中的意思与表达别人心里的想法，在方法的运用上是有差异的。朗读者要学会替别人说话的方法，也就是朗读的技巧。

朗读的技巧包括内部技巧与外部技巧，内部技巧是指内在机制的调动，要进入作品，确定基调；外部技巧是指停连、重音、语气、节奏等表达技巧的运用。

1. 内在机制的调动

朗读者必须准确把握住作者的思想脉络，才能使朗读成为文学作品的再创造。

（1）阅读理解

首先要熟悉作品，从理性上把握作品的思想内容和精神实质。只有透彻地理解，才能有深切的感受，才能准确地掌握作品的情调与节奏、正确地表现作品的思想感情。

第一，了解作者当时的思想和作品的时代背景。

第二，深刻理解作品的主题，这是深刻理解作品的关键。

第三，根据不同体裁作品的特点，熟悉作品的内容和结构。对于抒情性作品，应着重熟悉其抒情线索和感情格调。对于叙事作品，应着重熟悉作品的情节与人物性格。对于论述文，需要通过逐段分析理解，抓住中心论点和各分论点，明确文章的论据和论述方法，或者抓住文章的说明次序和说明方法。总之，只有掌握了不同作品的特点，熟悉了作品的具体内容，才能准确地把握不同的朗读方法。

（2）设计方案

在深刻理解作品内容的基础上，设计如何通过语音的具体形象把原作的思想感情表达出来。

第一，要根据不同文体、不同题材、不同语言风格，以及不同听众对象等因素，来确定朗读的基调。

第二，对整个作品的朗读方案应有总体考虑。例如，作品中写景的地方怎么读？作品的高潮在什么地方？怎么安排快慢、高低、重音和停顿等。

2. 外部技巧的调动

（1）呼吸

学会自如地控制自己的呼吸非常重要，因为这样发出来的音坚实有力，音质优美，而且传送得较远。有的人在朗读时呼吸显得急促，甚至上气不接下气，这是因为他使用的是胸式呼吸，不能自如地控制自己的呼吸。朗读需要有较充足的气流，一般采用的是胸腹式呼吸法。它的特点是胸腔、腹腔都配合着呼吸进行收缩或扩张，尤其要注意横膈膜的运动。我们可以进行缓慢而均匀的呼吸训练，从中体会用腹肌控制呼吸的方法。

（2）发音

发音的关键是嗓子的运用。朗读者的嗓音应该是柔和、动听和富于表现力的。为此，首先要注意保护自己的嗓子，不要长期高声喊叫，也不要由于饮食高温或过于辛辣的食物而刺激嗓子。其次，要注意提高自己对嗓音的控制和调节能力。声音的高低由声带的松紧决定，音量的大小则由发音时振动用力的大小来决定，朗读时不要自始至终高声大叫。再者，还要注意调节共鸣，这是使音色柔和、响亮、动听的重要技巧。人们发声的时候，气流通过声门，振动声带发出音波，经过口腔或鼻腔的共鸣，形成不同的音色。改变口腔或鼻腔的条件，音色就会大不相同。例如，舌位靠前，共鸣腔浅，可使声音清脆；舌位靠后，共鸣腔深，可使声音洪亮刚强。

（3）吐字

吐字的技巧不仅关系到音节的清晰度，而且关系到声音的圆润、饱满。要吐字清楚，首先要熟练地掌握常用词语的标准音。朗读时，要熟悉每个音节声母、韵母、声调，按照它们的标准音来发音。其次，要力求克服发音含糊、吐词不清的毛病：一是在声母的成阻阶段比较马虎，不大注意发音器官的准确部位；二是在韵母阶段不大注意口形和舌位；三是发音吐字速度太快，没有足够的时值。朗读跟平时说话不同，要使每个音节都让听众听清楚，发音就要有一定力度和调值，每个音素都要到位。平时多练习绕口令就是为了练好吐字的基本功。

（4）停顿

停顿指语句或词语之间声音的间歇。停顿是生理的需要——调节呼吸，也是表意的需要——使语义鲜明。同样一句话，停顿的有无，会产生不同的意思：

我赞成你，也赞成他，怎么样？（赞成你和他）

我赞成，你也赞成。他怎么样？（我和你都赞成）

停顿主要有：

①标点符号停顿。标点符号是书面语言的停顿符号，也是朗读作品时语言停顿的重要依据。标点符号的停顿规律一般是：句号、问号、感叹号、省略号的停顿时间略长于分号、破折号、连接号；分号、破折号、连接号的停顿时间又长于逗号、冒号；逗号、冒号的停顿的时间要比一般的句号时间长些。以上停顿，也不是绝对的。有时为表达感情的需要，在没有标点的地方也可以停顿，在有标点的地方也可以不停顿。

②语法停顿。语法停顿是句子中间的自然停顿。它往往是为了强调、突出句子中主语、谓语、宾语、定语、状语或补语而做的短暂停顿。学习语法有助于我们在朗读中正确地停顿断句，不读破句，正确地表达作品的思想内容。

③感情停顿。感情停顿不受书面标点和句子语法关系的制约，完全是根据感情或心理的需要而做的停顿处理，它受感情支配，根据感情的需要决定停与不停。它的特点是声断而情不断，也就是声断情连。

（5）重音

重音是指那些在表情达意上起重要作用、在朗读时要加以特别强调的字、词或短语，它是体现语句内容的重要手段。重音是指那些在表情达意上起重要作用、在朗读时要加以特别强调的字、词或短语。重音是通过声音的强调来突出意义的，它能给色彩鲜明、形象生动的词增加分量。重音有以下几种情况：

①语法重音。语法重音是按语言习惯自然重读的音节。这些重读的音节大都是按照平时的语言规律确定的。一般说，语法重音不带特别强调的色彩。

②强调重音。强调重音不受语法制约，它是根据语句所要表达的重点决定的，它受应试者的意愿制约，在句子中的位置上是不固定的。强调重音的作用在于揭示语言的内在含义。由于表达目的不同，强调重音就会落在不同的词语上，所揭示的含义也就不相同，表达的效果也不一样。

③感情重音。感情重音可以使朗读的色彩丰富，充满生气，有较强的感染力。感情重音大部分出现在表现内心节奏强烈、情绪激动的地方。

（6）语速

语速，指语流的速度。朗读时，音节相连有长有短，有快有慢，有强有弱。语速的疾缓与长短、强弱的反复交替，便形成一种自然节奏。适当掌握语速的快慢，可以形成语言的音乐性、增强语言的表达效果。

①根据内容设计语速。朗读时的语速需与情境相适应，要根据思想内容、故事情节、人物个性、环境背景、感情语气、语言特色来处理。当然，语速的快慢在一篇作品中并不是一成不变的，它要根据具体的内容有所变化。

②根据体裁设计语速。文学作品的体裁有多种，从大方面来看，主要有记叙文和议论文两种体裁。记叙文分为记人、叙事、写景、状物四类，在朗读时要求因事明理，以事感人，语气自然，节奏简朴；议论文分为立论和驳论两类，在朗读时要把握作品内在的逻辑关系，把概念、判断、推理融会贯通，并以切身的感受、鲜明的态度，用具有逻辑"力"的有声语言直言不讳地表达出来。

（7）语调

语调指句子里声音高低升降的变化，其中以结尾的升降变化最为重要，一般是和句子的语气紧密结合的。在朗读时，如能注意语调的升降变化，语音就有了动听的腔调，听起来便具有音乐美，也就能够更细致地表达不同的思想感情。语调变化多端，主要有以下几种：

①高升调。高升调多在疑问句、反诘句、短促的命令句子里使用，或者是在表示愤怒、紧张、警告、号召的句子里使用。朗读时，注意前低后高、语气上扬。

②降抑调。降抑调一般用在感叹句、祈使句或表示坚决、自信、赞扬、祝愿等感情的句子里。表达沉痛、悲愤的感情，一般也用这种语调。朗读时，注意调子逐渐由高降低，末字低而短。

③平直调。平直调一般多用在叙述、说明或表示迟疑、思索、冷淡、追忆、悼念等句子里。朗读时始终平直舒缓，没有显著的高低变化。

④曲折调。曲折调用于表示特殊的感情，如讽刺、讥笑、夸张、强调、双关、特别惊异等句子里。朗读时由高而低后高，把句子中某些特殊的音节特别加重、加高或拖长，形成一种升降曲折的变化。

[案例评析]

分析符号及所处位置如下：´A——语法重音；"A——强调重音；A——轻声音节；∧——句中停顿；A~——延长；↗——升调；↘——降调；→——平调。语言类型、语速、情感等处理分析在相应句子后的括号里加以说明。

《海上日出》（巴金）

在船上~，↗为了看日´出~，↗我´特´地∧起个大´早。↘那时~天∧还没有´亮，↗周围是很寂´静的，→"只有机器房的声音。↘

【此段说明事由，交待周围环境，属叙述类语言，语速整体较慢，心态平和。】

天空~变成了浅蓝′色~，↗′很浅~′很浅的；↘转眼间∧天边出现了一道红′霞，↗慢慢儿~扩大了它的范′围~，↗加强了它的光′亮。↘∧我知道~太阳要从那天际∧′升起来了，↗便~目不转睛地′望着那里。

【本段第一句属于描写语言，重音停延都很明显，分号前较慢，分号后则较快些。第二句为叙述类语言，表示急切心情，停短气促，语速较快。注意几处音变："很浅、转眼"属上声变调，前字变为阳平调；"一道"的"一"念阳平调；趋向动"起来"用在动词后应念轻声。】

果然，′过了一会儿~，↗在那里~就出现了太阳的一小′半，↗红~是红得′很，↗却∧没有光亮。↘这太阳~像负着什么重′担似的，↗慢慢儿，↗一步一步地，努力向上面升起来，↗到了最后~，↗′终于冲破了云′霞，↗完全跳出了海′面。↘那颜色~，真红得可′爱。↘一刹那间~，↗这深′红的东西~，↗忽然发出′夺目的光亮，↗射得人~眼睛发′痛，↘同时~附近的云也添了光′彩。↘

【本段主体为描写语言，且语义转折颇多，快慢交错，缓急互现，朗读时要注意气息的合理运用。第一句前三个逗号句读得较快，后两个分句则较慢；第二句前三个逗句较慢，分句间停延较长，后三个分句语速较快，连接颇紧；第三句相当于感叹句，语速稍慢；第四句整体语速较快，较急促。文中"一"的变调依次为：阳平、去声、阳平、阳平、阳平。】

有时~太阳走入′云里~，↗它的光′线∧却∧仍从云里透′射下来，↗′直射到水′面上。↘这时候~，人∧要分辨出~何处是水，何处是天~，↗很不容′易，↘因为~，′只能够看见光′亮的一片。↘

【第一句是描写语言，语速稍慢。第二句有些说明议论分析的意味，前四个逗号句较快，最后一个分句较慢些。】

有时~天边有黑′云~，↗而且~云片很′厚。↘太阳出来了，↗人~却不能够′看见它。↘然而~太阳在黑云里放射出光′芒，↗透过黑云的周围，↗替黑云镶了一道光′亮的金边，↗把一片片黑云~变成了紫云∧或∧红霞。↘"这时候~，′光亮的~不′仅是太′阳、∧′云∧和海′水，↗连我自己~也成了光′亮的了。"↘

【第一句与上段第一句并列，语速较慢。第二句语速也稍慢。第三句分句多，语速较快，节奏紧。第四句表示心情激动，节奏变化较大，前两个逗句稍慢，最后一句语速快声音高。】

这~不是′很伟大的奇′观么？↗

【此句形为问句，实为感叹，音节着力，轻重分明，句调上扬。】

【朗读训练】

一、普通话发音练习（绕口令）

【声母】

b-p：补破皮褥子不如不补破皮褥子。（《补皮褥子》）

b-p：吃葡萄不吐葡萄皮儿，不吃葡萄倒吐葡萄皮儿。（《葡萄皮儿》）

d：会炖我的炖冻豆腐，来炖我的炖冻豆腐，不会炖我的炖冻豆腐，就别炖我的炖冻豆腐。要是混充会炖我的炖冻豆腐，炖坏了我的炖冻豆腐，那就吃不成我的炖冻豆腐。（《炖冻豆腐》）

l：六十六岁刘老六，修了六十六座走马楼，楼上摆了六十六瓶苏合油，门前栽了六十六棵垂杨柳，柳上拴了六十六个大马猴。忽然一阵狂风起，吹倒了六十六座走马楼，打翻了六十六瓶苏合油，压倒了六十六棵垂杨柳，吓跑了六十六个大马猴，气死了六十六岁刘老六。（《六十六岁刘老六》）

d-t：大兔子，大肚子，大肚子的大兔子，要咬大兔子的大肚子。（《大兔子和大肚子》）

n-l：门口有四辆四轮大马车，你爱拉哪两辆来拉哪两辆。（《四辆四轮大马车》）

h：华华有两朵黄花，红红有两朵红花。华华要红花，红红要黄花。华华送给红红一朵黄花，红红送给华华一朵红花。（《华华和红红》）

j、q、x：七巷一个漆匠，西巷一个锡匠，七巷漆匠偷了西巷锡匠的锡，西巷锡匠偷了七巷漆匠的漆。（《漆匠和锡匠》）

g-k：哥挎瓜筐过宽沟，赶快过沟看怪狗。光看怪狗瓜筐扣，瓜滚筐空哥怪狗。（《哥挎瓜筐过宽沟》）

h-f：一堆粪，一堆灰，灰混粪，粪混灰。（《一堆粪》）

z-zh：隔着窗户撕字纸，一次撕下横字纸，一次撕下竖字纸，是字纸撕字纸，不是字纸，不要胡乱撕一地纸。（《撕字纸》）

s-sh：三山撑四水，四水绕三山，三山四水春常在，四水三山四时春。（《三山撑四水》）

z、c、s-j、x：司机买雌鸡，仔细看雌鸡，四只小雌鸡，叽叽好欢喜，司机笑嘻嘻。（《司机买雌鸡》）

zh、ch、sh：大车拉小车，小车拉小石头，石头掉下来，砸了小脚指头。（《大车拉小车》）

r：夏日无日日亦热，冬日有日日亦寒，春日日出天渐暖，晒衣晒被晒褥单，秋日天高复

云淡，遥看红日迫西山。(《说日》)

sh（四声）：石室诗士施史，嗜狮，誓食十狮，氏时时适市，氏视十狮，恃矢势，使是十狮逝世，氏拾是十狮尸，适石室，石室湿，氏使侍拭石室，石室拭，氏始试食十狮尸，食时，始识十狮尸实是十石狮尸，试释是事实。(《施氏食狮史》)

【韵母】

a：门前有八匹大伊犁马，你爱拉哪匹马拉哪匹马。(《伊犁马》)

e：坡上立着一只鹅，坡下就是一条河。宽宽的河，肥肥的鹅，鹅要过河，河要渡鹅。不知是鹅过河，还是河渡鹅。(《鹅》)

i：一二三,三二一,一二三四五六七。七个阿姨来摘果，七个花篮儿手中提。七棵树上结七样儿，苹果、桃儿、石榴、柿子，李子、栗子、梨。(《七棵树上结七样儿》)

u：鼓上画只虎，破了拿布补。不知布补鼓，还是布补虎。(《鼓上画只虎》)

i-ü：这天天下雨，体育局穿绿雨衣的女小吕，去找穿绿运动衣的女老李。穿绿雨衣的女小吕，没找到穿绿运动衣的女老李，穿绿运动衣的女老李，也没见着穿绿雨衣的女小吕。(《女小吕和女老李》)

cr：要说"尔"专说"尔"/马尔代夫，喀布尔/阿尔巴尼亚，扎伊尔/卡塔尔，尼泊尔/贝尔格莱德，安道尔/萨尔瓦多，伯尔尼/利伯维尔，班珠尔/厄瓜多尔，塞舌尔/哈密尔顿，尼日尔/圣彼埃尔，巴斯特尔/塞内加尔的达喀尔，阿尔及利亚的阿尔及尔。

-i（前）：一个大嫂子，一个大小子。大嫂子跟大小子比包饺子，看是大嫂子包的饺子好，还是大小子包的饺子好，再看大嫂子包的饺子少，还是大小子包的饺子少。大嫂子包的饺子又小又好又不少，大小子包的饺子又小又少又不好。(《大嫂子和大小子》)

-i（后）：知之为知之，不知为不知，不以不知为知之，不以知之为不知，唯此才能求真知。(《知之为知之》)

ai：买白菜，搭海带，不买海带就别买大白菜。买卖改，不搭卖，不买海带也能买到大白菜。(《白菜和海带》)

ei：贝贝飞纸飞机，菲菲要贝贝的纸飞机，贝贝不给菲菲自己的纸飞机，贝贝教菲菲自己做能飞的纸飞机。(《贝贝和菲菲》)

ai-ei：大妹和小妹，一起去收麦。大妹割大麦，小妹割小麦。大妹帮小妹挑小麦，小妹帮大妹挑大麦。大妹小妹收完麦，噼噼啪啪齐打麦。(《大妹和小妹》)

ao：隔着墙头扔草帽，也不知草帽套老头儿，也不知老头儿套草帽。(《扔草帽》)

ou：忽听门外人咬狗，拿起门来开开手；拾起狗来打砖头，又被砖头咬了手；从来不说颠倒话，口袋驮着骡子走。(《忽听门外人咬狗》)

an：出前门，往正南，有个面铺面冲南，门口挂着蓝布棉门帘。摘了它的蓝布棉门帘，棉铺面冲南，给他挂上蓝布棉门帘，面铺还是面冲南。（《蓝布棉门帘》）

en：小陈去卖针，小沈去卖盆。俩人挑着担，一起出了门。小陈喊卖针，小沈喊卖盆。也不知是谁卖针，也不知是谁卖盆。（《小陈和小沈》）

ang：海水长，长长长，长长长消。（《海水长》）

eng：郑政捧着盏台灯，彭澎扛着架屏风，彭澎让郑政扛屏风，郑政让彭澎捧台灯。（《台灯和屏风》）

ang—an：张康当董事长，詹丹当厂长，张康帮助詹丹，詹丹帮助张康（《张康和詹丹》）。

eng—en：陈庄程庄都有城，陈庄城通程庄城。陈庄城和程庄城，两庄城墙都有门。陈庄城进程庄人，陈庄人进程庄城。请问陈程两庄城，两庄城门都进人，哪个城进陈庄人，程庄人进哪个城？（《陈庄城和程庄城》）

ang—eng：长城长，城墙长，长长长城长城墙，城墙长长城长长。（《长城长》）

ia：天上飘着一片霞，水上飘着一群鸭。霞是五彩霞，鸭是麻花鸭。麻花鸭游进五彩霞，五彩霞挽住麻花鸭。乐坏了鸭，拍碎了霞，分不清是鸭还是霞。（《鸭和霞》）

ie：姐姐借刀切茄子，去把儿去叶儿斜切丝，切好茄子烧茄子，炒茄子、蒸茄子，还有一碗焖茄子。（《茄子》）

iao：水上漂着一只表，表上落着一只鸟。鸟看表，表瞪鸟，鸟不认识表，表也不认识鸟。（《鸟看表》）

iou：一葫芦酒，九两六。一葫芦油，六两九。六两九的油，要换九两六的酒，九两六的酒，不换六两九的油。（《酒换油》）

ian：半边莲，莲半边，半边莲长在山涧边。半边天路过山涧边，发现这片半边莲。半边天拿来一把镰，割了半筐半边莲。半筐半边莲，送给边防连。（《半边莲》）

in：你也勤来我也勤，生产同心土变金。工人农民亲兄弟，心心相印团结紧。（《土变金》）

iang：杨家养了一只羊，蒋家修了一道墙。杨家的羊撞倒了蒋家的墙，蒋家的墙压死了杨家的羊。杨家要蒋家赔杨家的羊，蒋家要杨家赔蒋家的墙。（《杨家养了一只羊》）

ing：天上七颗星，树上七只鹰，梁上七个钉，台上七盏灯。拿扇扇了灯，用手拔了钉，举枪打了鹰，乌云盖了星。（《天上七颗星》）

ua：一个胖娃娃，画了三个大花活蛤蟆；三个胖娃娃，画不出一个大花活蛤蟆。画不出一个大花活蛤蟆的三个胖娃娃，真不如画了三个大花活蛤蟆的一个胖娃娃。（《画蛤蟆帽》）

uo（o）：狼打柴，狗烧火，猫儿上炕捏窝窝，雀儿飞来蒸饽饽。（《狼打柴狗烧火》）

uai：槐树槐，槐树槐，槐树底下搭戏台，人家的姑娘都来了，我家的姑娘还不来。说着

说着就来了，骑着驴，打着伞，歪着脑袋上戏台。(《槐树槐》)

uei：威威、伟伟和卫卫，拿着水杯去接水。威威让伟伟，伟伟让卫卫，卫卫让威威，没人先接水。一二三，排好队，一个一个来接水。(《接水》)

uang：王庄卖筐，匡庄卖网，王庄卖筐不卖网，匡庄卖网不卖筐，你要买筐别去匡庄去王庄，你要买网别去王庄去匡庄。(《王庄和匡庄》)

ueng：老翁卖酒老翁买，老翁买酒老翁卖。(《老翁和老翁》)

ong：冲冲栽了十畦葱，松松栽了十棵松。冲冲说栽松不如栽葱，松松说栽葱不如栽松。是栽松不如栽葱，还是栽葱不如栽松？(《栽葱和栽松》)

uan—uang：那边划来一艘船，这边漂去一张床，船床河中互相撞，不知船撞床，还是床撞船。(《船和床》)

uan—an：大帆船，小帆船，竖起桅杆撑起船。风吹帆，帆引船，帆船顺风转海湾。(《帆船》)

uen—en：孙伦打靶真叫准，半蹲射击特别神，本是半路出家人，摸爬滚打练成神。(《孙伦打靶》)

üe：真绝，真绝，真叫绝，皓月当空下大雪，麻雀游泳不飞跃，鹊巢鸠占鹊喜悦。(《真绝》)

ün：军车运来一堆裙，一色军用绿色裙。军训女生一大群，换下花裙换绿裙。(《换裙子》)

üan：圆圈圆，圈圆圈，圆圆娟娟画圆圈。娟娟画的圈连圈，圆圆画的圈套圈。娟娟圆圆比圆圈，看看谁的圆圈圆。(《画圆圈》)

iong：小涌勇敢学游泳，勇敢游泳是英雄。(《学游泳》)

二、掌握朗读内容，把握朗读技巧

朗读《朋友即将远行》《语言的魅力》，要求：

1.给作品分层次，厘清脉络、结构，找出作品的重点、过渡、高潮和谷底部分，恰当地运用各种技巧，有条不紊地表达作品的思想感情。

2.反复阅读全文，认真揣摩和体味语句间的逻辑关系，加深理解，概括出全文的主题思想，进而确定朗读语言的感情基调。

3.试比较两篇作品的感情基调。

朋友即将远行

杏林子

暮春时节，又邀了几位朋友在家小聚。虽然都是极熟的朋友，却始终难得一见，偶尔电话里相遇，也无非是几句寻常话。一锅小米饭，一碟大头菜，一盘自家酿制的泡菜，一只巷口买回的烤鸭，简简单单，不像请客，倒像家人团聚。

其实，友情也好，爱情也好，久而久之都会转化为亲情。

说也奇怪，和新朋友会谈文学、谈哲学、谈人生道理等等，和老朋友却只话家常，柴米油盐，细细碎碎，种种琐事。很多时候，心灵的契合已经不需要太多的语言来表达。

朋友新烫了个头，不敢回家见母亲，恐怕惊骇了老人家，却欢天喜地来见我们，老朋友颇能以一种趣味性的眼光欣赏这个改变。

年少的时候，我们差不多都在为别人而活，为苦口婆心的父母活，为循循善诱的师长活，为许多观念、许多传统的约束力而活。年岁逐增，渐渐挣脱外在的限制与束缚，开始懂得为自己活，照自己的方式做一些自己喜欢的事，不在乎别人的批评意见，不在乎别人的诋毁的流言，只在乎那一份随心所欲的舒坦自然。偶尔，也能纵容自己放浪一下，并且有一种恶作剧的窃喜。……

就让生命顺其自然、水到渠成吧，犹如窗前的乌桕，自生自落之间，自有一份圆融丰满的喜悦。春雨轻轻落着，没有诗，没有酒，有的只是一份相知相属的自在自得。

夜色在笑语中渐渐沉落，朋友起身告辞，没有挽留，没有送别，甚至也没有问归期。

已经过了大喜大悲的岁月，已经过了伤感流泪的年华，知道了聚散原来是这样的自然和顺理成章，懂得这点，便懂得珍惜每一次相聚的温馨，离别便也欢喜。

语言的魅力

在繁华的巴黎大街的路旁，站着一个衣衫褴褛、头发斑白、双目失明的老人。他不像其他乞丐那样伸手向过路行人乞讨，而是在身旁立一块木牌，上面写着："我什么也看不见!"街上过往的行人很多，看了木牌上的字都无动于衷，有的还淡淡一笑，便姗姗而去了。

这天中午，法国著名诗人让·彼浩勒也经过这里。他看看木牌上的字，问盲老人："老人家，今天上午有人给你钱吗?"

盲老人叹息着回答："我，我什么也没有得到。"说着，脸上的神情非常悲伤。

让·彼浩勒听了，拿起笔悄悄地在那行字的前面添上了"春天到了，可是"几个字，就匆匆地离开了。

晚上，让·彼浩勒又经过这里，问那个盲老人下午的情况。盲老人笑着回答说："先生，不知为什么，下午给我钱的人多极了！"让·彼浩勒听了，摸着胡子满意地笑了。

"春天到了，可是我什么也看不见！"这富有诗意的语言，产生这么大的作用，就在于它有非常浑厚的感情色彩。是的，春天是美好的，那蓝天白云、那绿树红花、那莺歌燕舞、那流水人家，怎么不叫人陶醉呢？但这良辰美景，对于一个双目失明的人来说，只是一片漆黑。当人们想到这个盲老人，一生中竟连万紫千红的春天都不曾看到，怎能不对他产生同情之心呢？（节选自小学《语文》课本）

三、朗读本教材的《教我如何不想她》《致恰达耶夫》，标出停连、重音、语势和节奏

四、先以小组为单位举行朗读比赛，然后每一小组推荐两名同学参加班级朗读比赛。朗读文体不限，并按以下标准进行自测、互测

朗读检测分值（满分100分）：

表达清楚（10分），目的明确（5分），言语生动（10分），感情真挚（10分）；

语音准确（5分），态度鲜明（5分），语言形象（5分），感受深切（5分）；

语义清楚（5分），语句重音确切（5分），语调自然（10分），语气得体（5分）；

停连恰当（5分），内在语得体（5分），节奏明显（5分），感情充沛（5分）。

五、以班级为单位，组织一次以"阅读，提升自我"为主题的读书交流活动

【能力拓展·读书沙龙】

在校园中组织同学们举行形式多样的读书活动。读书活动能营造浓厚的阅读氛围，点燃同学们的阅读兴趣，让同学们在读书活动中领略到阅读的愉悦与收获。

如何筹划组织、指导同学们的读书活动？下面以"我阅读，我快乐"读书沙龙为活动示例，以筹划组织的具体过程为线索，展开相关内容的介绍。

［活动策划］

（一）活动设计描述

在接到筹划活动任务时，可以先针对活动时间对活动形式进行设计。活动形式力求多样、内容丰富，以激发同学们参与的热情。在活动设计过程中，应考虑活动时间的限制、活动形式的创意程度、活动规模的控制等诸要素。

"我阅读，我快乐"读书沙龙计划活动时间两周，历时较长，可以考虑两种活动形式，而且如果活动层面能由班级到系部，便可扩大活动的影响力。基于以上考虑，我们为读书论坛设计了"对我影响最大的好书"班级座谈会和"我读金庸""我读老舍"两场专题系列专家讲座。具体活动设计展示如下：

"我阅读，我快乐""对我影响最大的好书"班级座谈会。（班级层面的子活动）

读书沙龙系列专题专家讲座——"我读老舍""我读金庸"。（历时两周）（系部层面的子活动）

（二）成立活动策划小组

筹划组织任何一项活动，单凭个人的能力是难以完成的，读书活动亦不例外。

首先，我们需要组成活动策划小组并指定活动策划的总负责人——组长，来负责指挥和协调各项子活动的开展。

其次，为了提高组织活动的效率，我们应该先分解活动任务，针对各项子任务分别指定负责人，让他们负责督促成员按时完成子任务。责权明确的分工，避免多头策划、策划漏洞等情况的出现，从而提高策划的效率。

（三）形成活动策划书

策划小组在活动策划阶段，最大的任务是形成活动策划书。一份详尽科学的策划书，是活动顺利开展的保障。策划书应反映任务的分配、任务的时限、任务的责任人以及完成任务的细节等。建议策划书的主体用表格展示，这样各项细节便可一目了然。以下是策划书主体部分的示例，供同学们参考。

"我阅读，我快乐"策划书

1.活动描述（略）

2.活动策划

（1）任务分配表

总任务	子任务		任务时限	负责人	活动地点	经费预算
"我阅读，我快乐"读书沙龙	"对我影响最大的好书"班级座谈会		2016 年 9 月 10—17 日（在这个时段内，各班可根据实际安排具体时间）	李××统筹、策划，各班班长配合	各班教室	无
	系列主题讲座	"我读老舍"	2016 年 9 月 18 日 19:00—21:00	吴××	大学生活动中心	200 元
		"我读金庸"	2016 年 9 月 25 日 19:00—21:00	张××	大学生活动中心	200 元

（2）班级座谈会任务执行细节表

子任务	细节工作描述	完成时间	地点	存档资料
"对我影响最大的好书"班级座谈会	1. 召开各班班长动员会，并说明活动具体要求	2016 年 9 月 9 日	系部办公室	
	2.策划组成员参与班级座谈会，并完成会议记录、拍摄照片等工作	2016 年 9 月 10—17 日	各班教室	各班座谈会会议记录若干，各班座谈会照片若干
	3.任务负责人挑选精彩的座谈会在校园内进行新闻报道	2016 年 9 月 18 日	校园媒体	相关新闻报道稿件

（3）"我读老舍"主题讲座任务细节表

子任务	细节工作描述	完成时间	地点	存档资料
"我读老舍"主题专家讲座	1. 组员与相关场地管理人员联系，安排讲座地点、时间	9 月 18 日	大学生活动中心	
	2. 负责人联系专家，如时间、地点有冲突，及时调整	9 月 19 日		
	3.负责人安排会场布置，分配组员完成制作横幅，联系鲜花装饰等工作	9 月 19—23 日		
	4.组员活动前两小时布置会场	9 月 24 日 17:00—19:00	大学生活动中心	
	5.负责人主持主题讲座，并做好活动记录	9 月 24 日 19:00—21:00	大学生活动中心	活动情况记录 1 份
	6.组员维持活动现场秩序，协调现场工作，保证活动顺利举行	9 月 24 日 19:00—21:00	大学生活动中心	
	7.组员进行活动现场照相	9 月 24 日 19:00—21:00	大学生活动中心	现场照片若干
	8.负责人完成活动总结，以及新闻报道工作	9 月 25 日	校园	活动总结 1 份，新闻报道稿件

3. 活动组织的注意事项

（1）在联系专家进行主题讲座的工作中，应该充分尊重专家的意愿，充分照顾专家的时间安排，根据双方商议的时间与地点安排活动。

（2）两场主题讲座的会场布置应突出主题，依据主题的不同，配用不同的会场风格设计。

（3）会场座位的安排应该井然有序，避免同学们入场时出现混乱。建议在会场入口处，摆放座位安排表，根据班级、年级事先安排好座位，让同学们对号入座。

（4）在即将散场前，有关工作人员应在出口处，协调同学们散场，避免拥堵。

策划人：××活动小组

2016 年 × 月 × 日

[活动宣传]

读书活动策划方案完成之后，为了让同学们了解读书活动实施前的必要准备，并发动同学积极参与，就要事先进行活动宣传。宣传方式包括：传单、海报、横幅、校园广播、网络、黑板报、电子广告牌等。

[活动实施]

在活动过程中，各层面负责人以及工作人员应当各司其职，严格依据策划书的各项工作计划进行。下面以"读书论坛"活动为示例来说明活动实施的要点。

（一）班级座谈会

班级座谈会的活动负责人在各班班长的动员会中应当阐明活动的主题、要求，以保证活动主题鲜明，要求明确。在活动期间，注意统筹安排各班级召开座谈会的时间和地点，避免冲突。除此以外，还注意督促各班班长按时完成组织工作。在参与各班座谈会时，要做好活动记录，以备归档。

班长在座谈会中担任主持人（也可另选主持人）。主持人应注意控制同学们发言的时间，以保证座谈会如期结束。同时，主持人在主持过程中，应对每位同学的发言情况做简洁、适当的点评，以活跃座谈气氛，使座谈顺利进行。

（二）专家主题讲座

在组织专家讲座的活动中，最关键的要素是主讲人、会场的布置以及听讲人。对于主讲人，即相关专家，最重要的工作是联系和统筹安排。积极联系专家，注意语言表达的得体性，充分尊重专家的意愿，并依据专家的时间统筹安排活动。

在会场布置工作方面，活动负责人应考虑周全，确保每一项细微的工作都有人员负责。力求在节约经费的前提下，根据讲座主题和主讲人风格布置会场。

在听讲人的组织方面，主要是在各班班长的配合下，安排好同学们进场与退场的秩序并向同学们提出文明听讲的要求。

[活动评估]

活动过程中形成的文字图片材料有两个用途：一是作为活动材料存档，以备日后查考；二是作为评估活动成效的依据。因此，书写活动材料也是我们组织活动的重要环节。除了以上我们提到的活动策划书以外，活动材料还包括相关活动记录、活动总结以及新闻稿件等。

比如，我们在"我阅读，我快乐"读书论坛活动结束之后，应该保存以下材料：

（1）《"我阅读，我快乐"读书论坛策划书》1份；

（2）《"对我影响最大的好书"班级座谈会会议记录》；

（3）关于"对我影响最大的好书"班级座谈会的现场图片若干；

（4）《"我读老舍"主题讲座活动记录》活动的现场图片若干；

（5）《"我阅读，我快乐"读书论坛活动总结》1份。

以下是"我阅读，我快乐"读书论坛活动的部分文字材料，供大家参考。

1. 会议记录示例

"对我影响最大的好书"班级座谈会会议记录

会议时间：2016年9月12日下午3点

会议地点：教J3-211教室

参加人员：吴××老师（班主任）、装饰15-1班全体同学（共30人）

会议主持人：林×（装饰15-1班班长）

记录人：田××（筹划小组组员）

主持人：（开场白）本着丰富同学们的学习生活、提高同学们阅读品位的目的，学校举办了"我阅读，我快乐"读书论坛活动。今天我们举行的班级座谈会也是读书论坛活动之一。今天的主题是"对我影响最大的好书"，希望同学们在座谈中积极地为朋友推荐自己最喜欢的一本书，和朋友们分享阅读的喜悦……

李××：我很高兴给我们安排了这样的好机会。我平时很爱看书，尤其喜欢读小说。我最喜欢的一本小说叫《致我们终将逝去的青春》，作者是辛夷坞……

张×：听了同学们的介绍，很惊喜原来还有那么多我没有读过的好书，真恨不得马上能阅读它们。我今天也给大家介绍一本书，现在挺火的，网络作家海宴的《琅琊榜》，被称为中国版的"基督山伯爵"。《琅琊榜》不以烂俗的爱情桥段博取眼球，不拘于书写前朝历史的起落，而是从更阳刚的侧面反映了男人之间的义薄云天、情义千秋，吟诵了一曲热血男儿的蜕变之歌……

陈×老师：我很欣慰同学们那么钟爱阅读，也很高兴了解了大家的阅读爱好，希望这样的座谈会能成为同学们交流阅读体验的平台，在阅读中建立友谊，在阅读中陶冶情操……

主持人：（结束语）本次以推荐好书为主题的座谈会，仅是同学们交流阅读体验的一方平台，我们真正期望的是，同学们能将阅读进行到底，在浓郁的校园阅读氛围中，带动全院的同学们参加阅读活动。让我们都来体验阅读带给我们的智慧和快乐！

散会（下午5点30分）

主持人：林×（签名）

记录人：田××（签名）

2. 活动总结示例

"我阅读，我快乐"读书论坛活动总结

2016年9月10日—9月24日，我社应建筑管理系的委托，在全系范围内策划举办了一场主题为"我阅读，我快乐"的读书论坛活动。活动历时2周，本次读书论坛活动由两项子活动构成：一为班级层面的"对我影响最大的好书"座谈会；二为两场主题分别为"我读老舍"和"我读金庸"的专家讲座。本次读书活动受到了同学们的热烈欢迎和老师们的全力支持，收到了预期的效果。

一、本次活动策划的成功经验总结

（一）活动策划阶段时间充裕，程序安排从容。"凡事预则立，不预则废"，活动小组在策划阶段认真对待策划书的制作，周到地设想活动的所有程序，避免了活动出现意外时的慌乱。

（二）活动小组分工明确，责权清晰。在策划书中，每一项子任务都有负责人及具体的完成时限，这避免了以往项目责权不明的弊病，大大提高了任务完成的效率。

（三）座谈会以及讲座的主题均切合同学的阅读需要，这是活动受到同学们欢迎的重要原因。这也提示我们，在以后的学生活动策划中，应切实根据同学们的兴趣与需求找准活动的切入点，这样才能举办受同学们欢迎的活动。

（四）切实做好了活动策划相关资料的归档工作。在过去的活动策划中，我们往往没有意识到一手材料归档的重要性。这样不仅遗失了许多珍贵的学生活动资料，而且造成了历史活动记录无法查询的后果。在本次活动中，我们将已经形成的所有文字材料和图片资料都一一归档，以备日后查询。

二、活动中的不足与完善建议总结

（一）专题讲座现场工作人员间沟通不足，组织欠协调。建议现场活动前工作人员应召开工作会议，以加强沟通。

（二）活动负责人或推选的专人在担任各项活动的主持人时，串词的设计有欠缺，由于这一工作准备不够充分，未能达到充分调动现场气氛的目的。建议在以后的主持活动中，多花时间在串词的设计上，可多请教有经验的同学及相关专业老师。

综上所述，本次"我阅读，我快乐"读书论坛活动的策划及实施得到了同学们的欢迎和肯定，但其中的不足也应当在今后的活动中克服。

×××社

2016年9月10日

散 文

大学之道

　　大学之道①，在明明德②，在亲民③，在止于至善④。知止而后有定⑤，定而后能静，静而后能安，安而后能虑，虑而后能得⑥。物有本末⑦，事有终始，知所先后⑧，则近道矣。古之欲明明德于天下者，先治其国；欲治其国者，先齐其家⑨；欲齐其家者，先修其身⑩；欲修其身者，先正其心；欲正其心者，先诚其意；欲诚其意者，先致其知⑪；致知在格物⑫。物格而后知至，知至而后意诚，意诚而后心正，心正而后身修，身修而后家齐，家齐而后国治，国治而后天下平。自天子以至于庶人⑬，壹是皆以修身为本⑭。其本乱⑮而末治者⑯，否矣。其所厚者薄⑰，而其所薄者厚，未之有也⑱。

【注释】

① 道：指道理、原理、原则、纲领，含有人生观、世界观、政治主张和思想体现。

② 明德：前一个"明"为动词，即"使……显明"。后一个"明"为形容词，清明的、光明的之意。

③ 亲民：新民。亲，当作"新"，为动词，即"使……革新"。

④ 至善：最好的思想境界，善的最高的地步。

⑤ 知止：能够知道所当止的地步。指上文所说的"止于至善"。

⑥ 得：获得（至善）。语出《孟子•告子上》"心之官则思，思则得之，不思则不得也。"

⑦ 本末：树的根本与树梢。

⑧ 知所先后：能够知道和把握道德修养的先后次序。

⑨ 先齐其家：使家族齐心协力、和睦平安。齐，有治理之意。家，指家族。

⑩ 修其身：修养好自身的品德。

⑪ 先致其知：先使认识达到明确。致，至。知，认识。

⑫ 格物：推究事物的原理。据朱熹解释，"言欲致吾之知，在即物而穷其理也。"（《四书集注》）

⑬ 庶人：西周起称农业生产者。春秋时，其位在士以下，工商皂隶之上。秦汉以后泛指没有官爵的平民。

⑭ 壹是：一。一切、一律、一概。

⑮ 本乱：本性败坏。乱，紊乱，破坏。

⑯ 末治：家齐、国治、天下平。

⑰ 厚：重视，尊重。薄：轻视，轻蔑。

⑱ 未之有也：即未有之也。之，代词。

【赏析】

《大学之道》所展示的是儒学三纲八目的追求。所谓三纲，是指明德、新民、止于至善。它既是《大学》的纲领旨趣，也是儒学"垂世立教"的目标所在。所谓八目，是指格物、致知、诚意、正心、修身、齐家、治国、平天下。它既是为达到"三纲"而设计的条目，也是儒学为我们所展示的人生进修阶梯。纵览四书五经，我们发现，儒家的全部学说实际上都是循着这三纲八目而展开的。所以，抓住这三纲八目就等于抓住了一把打开儒学大门的钥匙。循着这进修阶梯一步一个脚印，就会登堂入室，领略儒学经典的奥义。就这里的阶梯本身而言，实际上包括"内修"和"外治"两大方面：前面四级"格物、致知、诚意、正心"是"内修"，后面三级"齐家、治国、平天下"是"外治"。而其中间的"修身"一环，则是连结"内修"和"外治"两方面的枢纽，它与前面的"内修"项目连在一起，是"独善其身"；它与后面的"外治"项目连在一起，是"兼善天下"。两千多年来，一代又一代中国知识分子"穷则独善其身，达则兼善天下"（《孟子•尽心下》），把生命的历程铺设在这一阶梯之上。所以，它实质上已不仅仅是一系列学说性质的进修步骤，而是具有浓厚实践色彩的人生追求阶梯了。它铸造了一代又一代中国知识分子的人格心理，时至今日，仍在我们身上发挥着潜移默化的作用。不管你是否意识明确，不管你积极还是消极，"格、致、诚、正，修、齐、治、平"的观念总是或隐或显地在影响着你的思想，左右着你的行动，使你最终发现，自己的人生历程也不过是在这儒学的进修阶梯上或近或远地展开。

【思考与练习】

1. 将《大学之道》一文译成现代汉语。

2. 请从修身的角度谈谈你对《大学之道》的理解。

唐雎说信陵君①

信陵君杀晋鄙，救邯郸，破秦人，存赵国，赵王自郊迎②。唐雎谓信陵君曰："臣闻之曰：'事有不可知者，有不可不知者；有不可忘者，有不可不忘者。'"信陵君曰："何谓也？"对曰："人之憎我也，不可不知也；我憎人也，不可得而知也③。人之有德于我也，不可忘也④；吾有德于人也，不可不忘也。今君杀晋鄙，救邯郸，破秦人，存赵国，此大德也。今赵王自郊迎，卒然见赵王，臣愿君之忘之也！"⑤信陵君曰："无忌谨受教。"⑥

【注释】

①　唐雎（jū）：人名。一作"唐且"，当时为信陵君的门客。信陵君：魏国昭王的小儿子，魏安釐（xī）王的异母弟，名无忌，战国时期著名的公子。说（shuì）：劝说。

②　晋鄙：魏国将军。邯郸（hán dān）：赵国都城，在今河北邯郸市。破：打败。存：使……存在。赵王：赵孝成王，公元前265年至前245年在位。郊迎：到郊外迎接，表示敬重。

③　憎（zēng）：恨，厌恶。

④　德：恩德，恩惠。

⑤　卒（cù）然：突然，仓猝。卒，通"猝"。

⑥　谨：谨慎，郑重。受：接受。教：教导。

【赏析】

本文选自《战国策·魏策四》，标题根据《古文观止》而加，原文据江苏古籍出版社1985年版《战国策集注汇考》。

魏安釐王二十年（前257），秦军包围了赵国邯郸。赵王向魏国告急。魏王派将军晋鄙领兵救赵，接着又受秦王的威胁而令晋鄙按兵不动。在这种情况下，信陵君使魏王宠爱的如姬从宫中窃得魏王调兵的虎符，杀晋鄙夺其兵权，亲自率军救赵，使赵国转危为安。赵王打算将五个城邑封给信陵君。信陵君听说此事，自以为有功劳而面有骄色，于是唐雎就说了这番话，对他提出忠告。文中通过唐雎向信陵君的进言，说明一个人做了好事切不可居功自傲、于人有恩德的事不应放在心上的主旨。

文章在表现这一主旨时，不是用直白方法，而是迂回切入、虚实结合、开合有致。文章先用凝练的文笔叙述信陵君窃符救赵、赵王郊迎之事后，接着写唐雎之言。文章先写唐雎所闻之语的警策，然其是很抽象的大道理，这便有了信陵君的疑而发问"何谓也"，在信陵君疑而有问之际进行劝说，效果自然最佳。这正是游说之士善用的抓住人心的一种诀窍。于是唐雎便进一步将上文所言之"事"的内涵用四句话加以具体解释。这四句话中前两句为宾，后两句为主，宾主相衬，顿挫有致。"吾有德于人也，不可不忘也"，是唐雎这番话的主旨，于是由泛言"可忘"与"不可忘"，自然而然地引出要具体规劝信陵君的话：信陵君有德于赵，但应忘己之德。回环往复，环环相扣，严谨有致。通观全文，先广说其理，可视为"开"，此后之紧扣此人此事，可称为"合"。唐雎之说辞放得开，收得拢，开合有序，由虚到实，层层进逼，最后使信陵君欣然接受。这样的结局，固然可反映出信陵君礼贤下士的品性，但更重要的意义则在于以成效来烘托，揭示唐雎说辞所具有的非凡的鼓动性与说服力。

综观全文，可谓短小精悍，充分展现了战国策士铺张扬厉的游说风貌；而富有哲理，甚有振聋发聩之效的警策语，更是熔儒、法于一炉，反映了战国时期复杂的意识形态，值得我们好好品味。

【思考与练习】

1．从信陵君的回答"无忌谨受教"中，可以看出他是一个怎样的人？你从唐雎对信陵君的劝说中受到哪些启发？

2．说说《战国策》在记事、记言方面的特点。

蝜蝂传①

柳宗元②

蝜蝂者，善负小虫也③。行遇物，辄持取，卬其首负之④。背愈重，虽困剧不止也⑤。其背甚涩，物积因不散，卒踬仆不能起⑥。人或怜之，为去其负⑦。苟能行，又持取如故。又好上高，极其力不已⑧。至坠地死。

今世之嗜取者，遇货不避，以厚其室⑨。不知为己累也，唯恐其不积⑩。及其怠而踬也，黜弃之，迁徙之，亦以病矣⑪。苟能起，又不艾⑫，日思高其位，大其禄，而贪取滋甚，以近于危坠⑬，观前之死亡不知戒⑭。虽其形魁然大者也⑮，其名人也⑯，而智则小虫也。亦足哀夫！

【注释】

① 本文选自《柳河东集》。蝜蝂（fù bǎn）：蝜蝂，《尔雅·释虫》作"负版"，一种擅长背负东西的黑色小虫。

② 柳宗元（773—819），字子厚，河东（今山西运城）解县人，世称柳河东。贞元九年（793）进士，授校书郎，调蓝田尉，升监察御史里行。顺宗即位后，柳宗元积极参与政治革新运动，力主改革弊政，反对宦官专权和藩镇割据，任礼部员外郎。革新失败后，被贬为永州（今湖南永州）司马。十年后改任柳州（今广西柳州）刺史，又称"柳柳州"。元和十四年（819）去世，年仅 47 岁。

柳宗元是"唐宋八大家"之一，与韩愈齐名，并称"韩柳"，同为古文运动的倡导者。其政论、传记、寓言均有特色，尤以山水游记清新优美，寄托深远，为后人推崇。

③ 善负：擅长于以背载物。

④ 辄：就。卬（áng）：同"昂"，抬起。

⑤ 背愈重：背的东西愈来愈重。虽：即使。困：疲惫，劳累。剧：甚，极。

⑥ 涩：不光滑。蝜蝂背部凹凸不平，且有粘性。因：因而。卒：终于。踬仆（zhī pū）：跌倒。

⑦ 或：或许，倘若。去：除去，拿掉。负：负担，指小虫身上背的东西。

⑧ 好（hào）：喜爱。上高：爬高。极：尽，用尽。已：停止。

⑨ 嗜取者：贪得无厌的人。嗜：贪，喜好。货：钱财。以厚其室：用来增加他的家产。

⑩ 累：累赘，牵累。

⑪ 怠：通"殆"，危险。黜弃：遭贬斥，被罢免不用。迁徙：这里指贬斥放逐。病：辱。

⑫ 起：爬起来，这里指重新任用他做官。艾（yì）：自责，悔改。

⑬ 高其位：使其官位高。大其禄：使其俸禄多。滋甚：更加厉害。以：通"已"，已经。危坠：从高处坠落的危险境地。

⑭ 前之死亡：前人因贪财而死的。戒：警惕。

⑮ "虽其形"句：虽然他们的身躯是很魁梧高大的。魁然，高大的样子。

⑯ "其名人"句：他们在名义上叫做人，但他们的智力却仅仅相当于一条小虫。形，形体。名，名义，名称。

【阅读提示】

柳宗元善于观察生活，更善于思考社会人生问题。

蝜蝂是一种弱小的昆虫，爬行时遇到东西，它总要捡起来背在自己的背上，这样，背上的负担就越来越重。但是，即使疲惫到了极点，它还是不停地往背上加东西，直至最终被压得倒在地上爬不起来。这时，有人同情它，替它去掉背上的东西。然而，只要能够爬行，它仍要背上许多东西，直到趴倒在地。蝜蝂喜欢往高处爬，用尽了最大力气也不停止，直到摔死在地上为止。作者借小虫蝜蝂言事，讽刺"今世之嗜取者"聚敛资财、贪得无厌、至死不悟的丑恶面目和心态，嘲笑他们的见识与小虫一般低下。

自古至今，这篇寓言留给人们诸多的思考：不知道释放压力，不懂得给心灵减负，心灵的负重超过限度，人也会遭遇与蝜蝂同样的下场。

我们需要忘记，忘记不愉快的争执，忘记说不清的误会，忘记一时的不如意……如果不会忘记，无形之中，心灵就会背上沉重的包袱，以灰暗的眼光看世界，始终走不出心中的阴影。一味沉湎过去的失意是脆弱的，迷失在痛苦的记忆里是可悲的。学会忘记生活中的烦心事，你才会变得宽容豁达，才会对生活更加充满信心，生活才会更加有滋有味。

【思考与练习】

说说这篇寓言给你的启示，写一篇300字左右的读后感。

赠与今年的大学毕业生 ①

胡 适

这一两个星期里，各地的大学都有毕业的班次，都有很多的毕业生离开学校去开始他们的成人事业。学生的生活是一种享有特殊优待的生活，不妨幼稚一点，不妨吵吵闹闹，社会都能纵容他们，不肯严格地要他们负行为的责任。现在他们要撑起自己的肩膀来挑他们自己的担子了。在这个国难最紧急的年头，他们的担子真不轻！我们祝他们的成功，同时也不能不依据我们自己的经验，赠与他们几句送行的赠言，——虽未必是救命毫毛，也许作个防身的锦囊罢！

你们毕业之后，可走的路不出这几条：绝少数的人还可在国内或国外的研究院继续作学术研究；少数的人可以寻着相当的职业；此外还有做官、办党、革命三条路；此外就是在家享福或者失业闲居了。第一条继续求学之路，我们可以不讨论。走其余几条路的人，都不能没有堕落的危险。堕落的方式很多，总括起来，约有这两大类：

第一是容易抛弃学生时代的求知识的欲望。你们到了实际社会里，往往所用非所学，往往所学全无用处，往往可以完全用不着学问，而一样可以胡乱混饭吃，混官做。在这种环境里，即使向来抱有求知识学问的决心的人，也不免心灰意懒，把求知的欲望渐渐冷淡下去。况且学问是要有相当的设备的：书籍，试验室，师友的切磋指导，闲暇的工夫，都不是一个平常要糊口养家的人所能容易办到的。没有做学问的环境，又谁能怪我们抛弃学问呢？

第二是容易抛弃学生时代的理想的人生的追求。少年人初次与冷酷的社会接触，容易感觉理想与事实相去太远，容易发生悲观和失望。多年怀抱的人生理想，改造的热诚，奋斗的勇气，到此时候，好像全不是那么一回事，渺小的个人在那强烈的社会炉火里，往往经不起长时期的烤炼就熔化了，一点高尚的理想不久就幻灭了。抱着改造社会的梦想而来，往往是弃甲曳兵而走②，或者做了恶势力的俘虏。你在那俘虏牢狱里，回想那少年气壮时代的种种理想主义，好像都成了自误误人的迷梦！从此以后，你就甘心放弃理想人生的追求，甘心做现在社会的顺民了。

要防御这两方面的堕落，一面要保持我们求知识的欲望，一面要保持我们对人生的追求。有什么好法子呢？依我个人的观察和经验，有三种防身的药方是值得一试的。

第一个方子只有一句话："总得时时寻一两个值得研究的问题！"问题是知识学问的老祖宗；古往今来一切知识的产生与积聚，都是因为要解答问题——要解答实用上的困难或理论上的疑难。所谓"为知识而求知识"，其实也只是一种好奇心追求某种问题的解答，不过因为那种问题的性质不必是直接应用的，人们就觉得这是"无所为"的求知识了。我们出学校之后，离开了做学问的环境，如果没有一个两个值得解答的疑难问题在脑子里盘旋，就很难继续保持追求学问的热心。可是，如果你有了一个真有趣的问题天天逗你去想他，天天引诱你去解决他，天天对你挑衅笑你无可奈何他——这时候，你就会同恋爱一个女子发了疯一样，坐也坐不下，睡也睡不安，没工夫也得偷出工夫去陪她，没钱也得樽衣节食去巴结她③。没有书，你自会变卖家私去买书；没有仪器，你自会典押衣服去置办仪器；没有师友，你自会不远千里去寻师访友。你只要能时时有疑难问题来逼你用脑子，你自然会保持发展你对学问的兴趣，即使在最贫乏的智识环境中，你也会慢慢地聚起一个小图书馆来，或者设置起一所小试验室来。所以我说：第一要寻问题。脑子里没有问题之日，就是你的智识生活寿终正寝之时！古人说："待文王而兴者，凡民也。若夫豪杰之士，虽无文王犹兴。"试想葛理略（Galileo）和牛敦（Newton）有多少藏书？有多少仪器？他们不过是有问题而已。有了问题而后，他们自会造出仪器来解答他们的问题。没有问题的人们，关在图书馆里也不会用书，锁在试验室里也不会有什么发现。

第二个方子也只有一句话："总得多发展一点非职业的兴趣。"离开学校之后，大家总得寻个吃饭的职业。可是你寻得的职业未必就是你所学的，或者未必是你所心喜的，或者是你所学而实在和你的性情不相近的。在这种状况之下，工作就往往成了苦工，就不感兴趣了。为糊口而作那种非"性之所近而力之所能勉"的工作，就很难保持求知的兴趣和生活的理想主义。最好的救济方法只有多多发展职业以外的正当兴趣与活动。一个人应该有他的职业，又应该有他的非职业的顽艺儿，可以叫做业余活动。凡一个人用他的闲暇来做的事业，都是他的业余活动。往往他的业余活动比他的职业还更重要，因为一个人的前程往往全靠他怎样用他的闲暇时间。他用他的闲暇来打麻将，他就成了赌徒；你用你的闲暇来做社会服务，你也许成个社会改革者；或者你用你的闲暇去研究历史，你也许成个史学家。你的闲暇往往定你的终身。英国十九世纪的两个哲人，弥儿（J.S.Mill）终身做东印度公司的秘书，然而他的业余工作使他在哲学上、经济学上、政治思想史上都占一个很高的位置；斯宾塞（Spencer）是一个测量工程师，然而他的业余工作使他成为前世纪晚期世界思想界的一个重镇。古来成大学问的人，几乎没有一个不是善用他的闲暇时间的。特别在这个组织不健全的中国社会，职业不容易适合我们性情，我们要想生活不苦痛或不堕落，只有多方发展业余的兴趣，使我们的精神有所寄托，使我们的剩余精力有所施展。有了这种心爱的顽艺儿，你就做六个钟头的抹桌子工夫也不会感觉烦闷了，因为你知道，抹了六点钟的桌子之后，你可以回家去做你的化学研究，或画完你的大幅山水，或写你的小说戏曲，或继续你的历史考据，或做你的社会改革事业。你有了这种称心如意的活动，生活就不枯寂了，精神也就不会烦闷了。

第三个方子也只有一句话："你总得有一点信心。"我们生在这个不幸的时代，眼中所见，耳中所闻，无非是叫我们悲观失望的。特别是在这个年头毕业的你们，眼见自己的国家民族沉沦到这步田地，眼看世界只是强权的世界，望极天边好像看不见一线的光明——在这个年头不发狂自杀，已算是万幸了，怎么还能够希望保持一点内心的镇定和理想的信任呢？我要对你们说：这时候正是我们要培养我们的信心的时候！只要我们有信心，我们还有救。古人说："信心（Faith）可以移山。"又说："只要工夫深，生铁磨成绣花针。"你不信吗？当拿破仑的军队征服普鲁士占据柏林的时候，有一位穷教授叫做菲希特（Fichte）的，天天在讲堂上劝他的国人要有信心，要信仰他们的民族是有世界的特殊使命的，是必定要复兴的。菲希特死的时候（1814），谁也不能预料德意志统一帝国何时可以实现。然而不满五十年，新的统一的德意志帝国居然实现了。

一个国家的强弱盛衰，都不是偶然的，都不能逃出因果的铁律。我们今日所受的苦痛和耻辱，都只是过去种种恶因种下的恶果。我们要收将来的善果，必须努力种现在的新因。一粒一粒的种，必有满仓满屋的收成，这是我们今日应该有的信心。

我们要深信：今日的失败，都由于过去的不努力。

我们要深信：今日的努力，必定有将来的大收成。

佛典里有一句话："福不唐捐④。"唐捐就是白白地丢了。我们也应该说："功不唐捐！"没有一点努力会白白地丢了的。在我们看不见想不到的时候，在我们看不见想不到的方向，你瞧!你下的种子早已生根发叶开花结果了!

你不信吗?法国被普鲁士打败之后,割了两省地,赔了五十万万法郎的赔款。这时候有一位刻苦的科学家巴斯德(Pasteur),终日埋头在他的试验室里做他的化学试验和微菌学研究。他是一个最爱国的人,然而他深信只有科学可以救国。他用一生的精力证明了三个科学问题:(1)每一种发酵作用都是由于一种微菌的发展;(2)每一种传染病都是由于一种微菌在生物体中的发展;(3)传染病的微菌,在特殊的培养之下,可以减轻毒力,使它从病菌变成防病的药苗。——这三个问题,在表面上似乎都和救国大事业没有多大的关系。然而,从第一个问题的证明,巴斯德定出做醋酿酒的新法,使全国的酒醋业每年减除极大的损失。从第二个问题的证明,巴斯德教全国的蚕丝业怎样选种防病,教全国的畜牧农家怎样防止牛羊瘟疫,又教全世界的医学界怎样注重消毒以减除外科手术的死亡率。从第三个问题的证明,巴斯德发明了牲畜的脾热瘟的疗治药苗,每年替法国农家灭除了二千万法郎的大损失;又发明了疯狗咬毒的治疗法,救济了无数的生命。所以,英国的科学家赫胥黎(Huxley)在皇家学会里称颂巴斯德的功绩道:“法国给了德国五十万万法郎的赔款,巴斯德先生一个人研究科学的成绩足够还清这一笔赔款了。”

巴斯德对于科学有绝大的信心,所以他在国家蒙奇辱大难的时候,终不肯抛弃他的显微镜与试验室。他绝没想到他的显微镜底下能偿还五十万万法郎的赔款,然而在他看不见想不到的时候,他已收获了科学救国的奇迹了。

朋友们,在你最悲观最失望的时候,那正是你必须鼓起坚强的信心的时候。你要深信:天下没有白费的努力。成功不必在我,而功力必不唐捐。

一九三二年六月二十七夜

【注释】

① 本文选自《胡适全集》第4卷。本文是胡适于1932年6月写给即将走上社会的大学毕业生的。初载于1932年7月3日《独立评论》第7号,后收入《胡适文存四集》。

胡适(1891—1962),著名文学家、学者、教育家、社会活动家。字适之,安徽绩溪人。早年赴美,就读于康奈尔大学和哥伦比亚大学。1917年回国,在新文化运动中风云一时,是新文化运动的旗手人物。在教育学术方面,曾任北京大学教授(1917)、文学院长(1930)、校长(1946)、台湾中央研究院院长(1957)等。其著作辑有《胡适文集》《胡适全集》等。

② 曳(yè):拉,拖。

③ 樽(zǔn):节省。

④ 福不唐捐:语出自《法华经八·观世音菩萨普门品二五》,“若有众生,恭敬礼拜观世音菩萨,福不

唐捐。"唐捐，虚掷，落空。

【赏析】

胡适与大学生，是个说不完的话题。而从1930年直到1960年去世，胡适多次向他关心的莘莘学子推荐三个"防身的锦囊"，也称"三种防身的药方""防身药方的三味药"。其中自有奥妙。

胡适先生的《赠与今年的大学毕业生》一文对于每一个在校的或已经毕业的大学生来说，都具有很大的启示作用。其中有这么几个地方很值得同学们细细地研读：

"你们到了实际社会里，往往所用非所学，往往所学全无用处，往往可以完全用不着学问。"这几句话既是当时社会的现状，也是我们今天存在的实际情况。我们每一位同学都应该有这样的认识：在大学学习的真正意义，不在于你学什么专业、学了多少专业知识，大学是培养学生自主能力、自立能力、自学能力、创新能力的地方，最重要的是教给学生获取知识的方法和技能。在大学学习的过程，是思想逐渐成熟的过程，也是锻炼我们为人处世能力的过程。大学的学习，可以开阔我们的视野，丰富我们的思想，可以打开我们的人生思路，可以培养我们的情商。

"少年人初次与冷酷的社会接触，容易感觉理想与事实相去太远，容易发生悲观和失望。"进入大学学习的同学们，大多希望在校期间能学到真本领，将来走上社会时会有用武之地，能有机会凭自己的双手报答父母、报答社会。走上社会后，你会发现理想与现实有很大的距离，美好的梦想实现起来很不容易。办法只有一个：社会不可能适应你，你要去适应社会。道路是可以选择的：出国、下到基层、去民营企业、自主创业、阶段性就业、先就业后创业……就大学毕业生自己而言，应该摆正位置，做好吃苦的心理准备，勇敢地迎接挑战。切不可因惧怕走上社会，躲在家里当"啃老族"或借继续深造，而远离社会。怕和躲都不是办法，只有面对挑战，在挫折中成长，才有可能创造出人生的辉煌。

"离开学校之后，大家总得寻个吃饭的职业。可是你寻得职业未必就是你所学的，或者未必是你所心喜的，或者是你所学而实在和你的性情不相近的。在这种状况之下，工作就往往成了苦工，就不感觉兴趣了。"专业不对口，这也是大学毕业生所苦恼的。随着大学毕业生数量的逐年递增，专业不对口的现象越来越普遍。对此，作者在文中送给毕业生们三剂药方：一是寻求值得研究的问题；二是发展非职业的兴趣；三是培养坚定的信心。利用闲暇时间培养非职业兴趣，这也是一条通往成功的路。有时可能剑走偏锋，所学专业没有出路，其他感兴趣的专业可能大有发展前途，不必钻死胡同。比尔·盖茨正是凭着对计算机的极大兴趣和热爱，所以才能毅然决然地放弃了在美国著名的哈佛大学的学习，创办了微软公司，并一举取得成功。

文章的最后，作者强调，"我们要深信：今日的失败，都由于过去的不努力。我们要深信：今日的努力，必定有将来的大收成。""在你最悲观最失望的时候，那正是你必须鼓起坚强的信心的时候。"这几句话同学们要仔细地玩味、认真地思考：消极、悲观于事无补，于己无益，只有时时保持乐观向上的心态，你的生存状况才有可能改变，你才有可能成就事业的辉煌。正如作者所言："天下没有白费的努力。"

【思考与练习】

1. 胡适在文章中的三个防身锦囊是什么？

2. 胡适所提出的成长过程中两方面的堕落指什么？

3. 本文带有励志性，但没有特别强烈的情感色彩和宣传语气，为什么？

读书的意义（节选）①

俞平伯②

现在有一种情形，这十年以来，说得远一点，二三十年以来都如此，就是国文程度显著地低落，别字广泛地流行着，在各级学校任教的，人人皆知，人人皱眉头痛，认为是不大好办的事情。这严重的光景，不仅象征着读书阶级的崩溃，并直接或间接影响到民族的前途，国家的发展。

文字教育好像不算得什么。文字原不过白纸上画黑道，一种形迹而已，但文化却寄托在这形迹上。我们常夸说神州立国几千年，华夏提封数万里③，这种时空的超卓并不必由于天赋，实半出于人为，皆先民积久辛勤努力所致，我们应如何欢喜、惭愧，却不可有恃无恐。方块字的完整，艰深，固定，虽似妨碍文化知识的普及，亦正于无形之中维护国家的统一与永久。从时间说，我们读古书《论语》，觉得孔子孟子似乎不太远，而杜工部苏东坡的诗文呢，他们两位活像我们的老前辈：这是方块文字不易变动之力。假如当初完全用音标文字，那不必提周秦两汉，就是唐宋，也就很遥远而隔膜，我们通解先民的情思比较困难，而华夏国本亦因而动摇不安。再从空间说，北自满洲，南迄岭海，虽分南北中三部，细分还有更多的区域，然而中国始终只是一个，譬如说广东话与北京话完全两样，而纸上文字完全一致。我国屡经外夷侵略，或暂被征服，而于风雨飘摇中始终屹立不失者，上面已表过是先民血汗的成绩，而在民族的团结上，文字确也帮忙不少。历史事实俱在，不容易否认的。

所以文字教育的失败，表面上看只是读书种子稀少，一般国文水准低落而已，骨子里已损害民族国家的前途，自非好作危言、耸人听闻，废书不读可谓今日之流行病。用功的人难道没有？即有少数的人好学潜修也不足挽回这颓风。即以学校教育而论，听讲的时间每多于自修，而自修课业，有如太史公所谓好学深思心知其意者能有几人？我不敢轻量天下之士，武断地说或者不多罢。如何使人安心向学，对读书感到兴味，似是小事，却是牵连社会生计问题，譬如饿着肚子读书当然不成的，更有关于教育考试、铨叙各制度的改革④。我们从事教育、写作、文字的固责无旁贷，但已不仅是个人努力的事，而应成为民族复兴、国运重光的大业之一⑤。

【注释】

① 摘自《北大学者谈读书》，北京图书馆出版社 2002 年第 2 版，有改动。

② 俞平伯（1900—1990），现代诗人、散文作家、古典文学研究家。浙江德清人。1900 年 1 月 8 日生。原名俞铭衡，字平伯。1919 年北京大学文科毕业后，曾在燕京大学、北京大学、清华大学等校任教。中华人民共和国成立后任北京大学教授、中国社会科学院文学研究所研究员。

③ 提（dī）封：亦作"堤封"。指诸侯或宗室的封地。

④ 铨叙：旧时政府审查官员的资历，确定级别、职位。

⑤ 重光：重新见到光明，光复。

【赏析】

文字是传承思想的工具，具有凝聚民族精神的向心力。学习语文，不仅仅是积累字词、学会遣词造句，更重要的是通过文化底蕴深厚的方块字感受中国文化的博大精深，汲取民族精神的丰富养分，使自己的思想得以丰富和提升，使自己的灵魂得以净化。

现在，有很多同学对大学语文课的认识比较肤浅，把这门课仅仅看作语言运用能力的培养课，忽视了这门课程在灵魂塑造上的巨大作用。大学语文课在培养学生的终身学习能力，改善思维品质、提升创造力，激励感召、提高情商，开阔视野、增加智慧，唤起美感体验、提高审美鉴赏力，强化语言运用能力、增强交际能力等方面都具有巨大的作用。

一个人能否事业有成，关键不在高超的技能，而在于有没有博大的思想。只有首先成为思想的巨人，才能最终成为创造的巨人。而要成为思想的巨人，就必须学好大学语文课，养成通过文字这一载体汲取知识和思想的能力，这样才能从中国传统文化和世界思想宝库中汲取更多的思想养分，以丰富和提升我们的思想。

【思考与练习】

1."文字原不过白纸上画黑道,一种形迹而已,但文化却寄托在这形迹上。"这句话对你有启示吗?请谈谈你对这句话的理解。

2.为什么说大学语文课能够丰富和提升人的思想,改善人的思维品质?

热爱生命①

[法]蒙田②

我对某些词语赋予特殊的含义:拿"度日"来说吧,天色不佳,令人不快的时候,我将"度日"看作是"消磨光阴",而风和日丽的时候,我却不愿意去"度",这时我是在慢慢赏玩、领略美好的时光。坏日子,要飞快去"度",好日子,要停下来细细品尝。"度日""消磨时光"的常用语令人想起那些"哲人"的习气。他们以为生命的利用不外乎在于将它打发、消磨,并且尽量回避它,无视它的存在,仿佛这是一件苦事、一件贱物似的。至于我,我却认为生命不是这个样的,我觉得它值得称颂,富有乐趣,即便我自己到了垂暮之年也还是如此。我们的生命受到自然的厚赐,它是优越无比的,如果我们觉得不堪生之重压或是白白虚度此生,那也只能怪我们自己。

"糊涂人的一生枯燥无味,躁动不安,却将全部希望寄托于来世。"③

不过,我却随时准备告别人生,毫不惋惜。这倒不是因生之艰辛或苦恼所致,而是由于生之本质在于死。因此,只有乐于生的人才能真正不感到死之苦恼。享受生活要讲究方法。我比别人多享受到一倍的生活,因为生活乐趣的大小是随我们对生活的关心程度而定的。尤其在此刻,我眼看生命的时光无多,我就愈想增加生命的份量。我想靠迅速抓紧时间,去留住稍纵即逝的日子;我想凭时间的有效利用去弥补匆匆流逝的光阴。剩下的生命愈是短暂,我愈要使之过得丰盈饱满。

【注释】

① 选自蒙田《随笔集》(潘丽珍等译)。《随笔集》共三卷,107 章。《随笔集》内容包罗万象,极为丰富。语言平易晓畅,不饰雕琢,毫无学究气。《热爱生命》是蒙田的代表作之一。

② 蒙田(1533—1592),文艺复兴时期法国著名的思想家、散文家。自 1572 年开始,直至他逝世的

1592 年，在长达 20 年的岁月中，他一直断断续续地在写随笔。他以对人生敏锐的洞察力，为后人留下了宝贵的精神财富。把随笔确立为一种文体的蒙田，是个才华横溢的多面人物。他是第一个随笔作者，一个怀疑论者、人类的敏锐研究者和生动迷人的文体家。法国著名文学评论家圣伯夫认为"我们每个人都能在蒙田身上发现自己的一小部分"。

蒙田在他生活的时代就受到了伏尔泰和狄德罗的推崇，他们赞扬他的作品"明哲善辩""精于心理分析"，他的"文风简朴流畅，琅琅上口"。经过四百余年的考验，历史证明了蒙田与培根、莎士比亚等伟大作家一样，是一位不朽的人物，他的随笔如他自己所说的，是"世上同类体裁中绝无仅有的"。

③ 语出古罗马哲学家塞内加。

【赏析】

这篇随笔以"热爱生命"命题，启发人们思考人生，珍爱生命，努力实现自己的人生价值。怎样热爱生命？一是要热爱生活，感受生命的美好。文中讲："好日子，要停下来细细品尝。"学会品味生活，不断地感受到生活的乐趣，就会活出激情，活得精彩。二是要珍惜生命的分分秒秒，"增加生命的份量"。生命是无法再生的资源，生命无法重新开始，生命无法废弃重来：过一天生命就会缩短一天。珍惜生命就是要分秒必争，让生命的每一刻都活得充实，活得有价值；珍视生命，就是要努力学习或工作，力争学有所成或事业取得成就。

人生的苦乐是相对的，能不能真正感受到生命的乐趣，关键是要有以苦为乐的心态。梁启超先生在《最苦与最乐》一文中说："大抵天下事从苦中得来的乐才是真乐。人生须知道有负责任的苦处，才能知道有尽责任的乐处。这种苦乐循环，便是这有活力的人间一种趣味。"读书是苦事，也是乐事。勤奋苦读之后，必然会享受到学有所成的巨大乐趣。

【思考与练习】

1. 对于每个同学来讲，勤学苦读就是对生命的热爱。你热爱生命了吗？

2. 在我们同学中，存在着各种各样"消磨时光"的行为。请举出几例，并谈谈自己的看法。

我的世界观①

[美] 爱因斯坦

我们这些总有一死的人的命运是多么奇特呀！我们每个人在这个世界上都只作一个短暂的

逗留；目的何在，却无所知，尽管有时自以为对此若有所感。但是，不必深思，只要从日常生活就可以明白：人是为别人而生存的——首先是为那样一些人，他们的喜悦和健康关系着我们自己的全部幸福；然后是为许多我们所不认识的人，他们的命运通过同情的纽带同我们密切结合在一起。我每天上百次地提醒自己：我的精神生活和物质生活都依靠着别人（包括生者和死者）的劳动，我必须尽力以同样的分量来报偿我所领受了的和至今还在领受着的东西。我强烈地向往着俭朴的生活，并且时常为发觉自己占用了同胞的过多劳动而难以忍受。我认为阶级的区分是不合理的，它最后所凭借的是以暴力为根据。我也相信，简单淳朴的生活，无论在身体上还是在精神上，对每个人都是有益的。

我完全不相信人类会有那种在哲学意义上的自由②。每一个人的行为，不仅受着外界的强迫，而且还要适应内心的必然。叔本华说："人虽然能够做他所想做的，但不能要他所想要的③。"这句话从我青年时代起，就对我是一个真正的启示：在我自己和别人生活面临困难的时候，它总是使我们得到安慰，并且永远是宽容的源泉。这种体会可以宽大为怀地减轻那种容易使人气馁的责任感，也可以防止我们过于严肃地对待自己和别人；它还导致一种特别给幽默以应有地位的人生观。

要追究一个人自己或一切生物生存的意义或目的，从客观的观点看来，我总觉得是愚蠢可笑的。可是，每个人都有一定的理想，这种理想决定着他的努力和判断的方向。就在这个意义上，我从来不把安逸和享乐看作是生活目的本身——这种伦理基础，我叫它猪栏的理想。照亮我的道路，并且不断地给我新的勇气去愉快地正视生活的理想，是善、美和真。要是没有志同道合者之间的亲切感情，要不是全神贯注于客观世界——那个在艺术和科学工作领域里永远达不到的对象，那么在我看来，生活就会是空虚的。人们所努力追求的庸俗的目标——财产、虚荣、奢侈的生活——我总觉得都是可鄙的。

我对社会正义和社会责任的强烈感觉，同我显然的对别人和社会直接接触的淡漠，两者总是形成古怪的对照。我实在是一个"孤独的旅客"，我未曾全心全意地属于我的国家，我的家庭，我的朋友，甚至我最接近的亲人；在所有这些关系面前，我总是感觉到有一定距离并且需要保持孤独——而这种感受正与年俱增。人们会清楚地发觉，同别人的相互了解和协调一致是有限度的，但这不足惋惜。这样的人无疑有点失去他的天真无邪和无忧无虑的心境；但另一方面，他却能够在很大程度上不为别人的意见、习惯和判断所左右，并且能够不受诱惑要去把他的内心平衡建立在这样一些不可靠的基础之上。

我的政治理想是民主主义。让每一个人都作为个人而受到尊重，而不让任何人成为崇拜的偶像。我自己受到了人们过分的赞扬和尊敬，这不是由于我自己的过错，也不是由于我自己的功劳，而实在是一种命运的嘲弄。其原因大概在于人们有一种愿望，想理解我以自己的微薄绵力通过不断的斗争所获得的少数几个观念，而这种愿望有很多人却未能实现。我完全明白，一个组织要实现它的目的，就必须有一个人去思考，去指挥，并且全面担负起责任来。但是，被领导的人不应当受到强迫，他们必须有可能来选择自己的领袖。在我看来，强迫的专制制度很快就会腐化堕落。因为暴力所招引来的总是一些品德低劣的人，而且我相信，天才的暴君总是由无赖来继承，这是一条千古不易的规律。就是这个缘故，我总是强烈地反对今天我们在意大利和俄国所见到的那种制度。像欧洲今天所存在的情况，使得民主形势受到了怀疑，这不能归咎于民主原则本身，而是由于政府的不稳定和选举制度中与个人无关的特征。我相信美国在这方面已经找到了正确的道路。他们选出了一个任期足够长的总统，他有充分的权力来真正履行他的职责。另一方面，在德国的政治制度中，我所重视的是，它为救济患病或贫困的人作出了比较广泛的规定。在人生的丰富多彩的表演中，我觉得真正可贵的，不是政治上的国家，而是有创造性的、有感情的个人，是人格；只有个人才能创造出高尚的和卓越的东西，而群众本身在思想上总是迟钝的，在感觉上也总是迟钝的④。

讲到这里，我想起了群众生活中最坏的一种表现，那就是使我厌恶的军事制度。一个人能够洋洋得意地随着军乐队在四列纵队里行进，单凭这一点就足以使我对他轻视。他所以长了一个大脑，只是出于误会；单单一根脊髓就可满足他的全部需要了。文明国家的这种罪恶的渊薮，应当尽快加以消灭。由命令而产生的勇敢行为，毫无意义的暴行，以及在爱国主义名义下一切可恶的胡闹，所有这些都使我深恶痛绝⑤！在我看来，战争是多么卑鄙、下流！我宁愿被千刀万剐，也不愿参预这种可憎的勾当。尽管如此，我对人类的评价还是十分高的，我相信，要是人民的健康感情没有被那些通过学校和报纸而起作用的商业利益和政治利益蓄意进行败坏，那么战争这个妖魔早就该绝迹了。

我们所能有的最美好的经验是奥秘的经验。它是坚守在真正艺术和真正科学发源地上的基本感情。谁要是体验不到它，谁要是不再有好奇心也不再有惊讶的感觉，他就无异于行尸走肉，他的眼睛是迷糊不清的。就是这样奥秘的经验——虽然掺杂着恐怖——产生了宗教。我们认识到有某种为我们所不能洞察的东西存在，感觉到那种只能以其最原始的形式为我们感受到的最深奥的理性和最灿烂的美——正是这种认识和这种情感构成了真正的宗教感情；在这个意义上，而且也只是在这个意义上，我才是一个具有深挚的宗教感情的人。我无法想象一个会对自己的创造物加以赏罚的上帝，也无法想象它会有像在我们自己身上所体验到的那样一种意志。我不能也不愿去想象一个人在肉体死亡以后还会继续活着；让那些脆弱的灵魂，由于恐惧或者由于可笑的唯我论，去拿这种思想当宝贝吧⑥！

【注释】

① 本文是爱因斯坦发表于 1930 年的最初题为《我的信仰》的名文。选自《大学活页文库》第三辑。爱因斯坦（Albert Einstein，1879—1955），美国德裔科学家，现代物理学的开创者和奠基人。

② 哲学意义上的自由：有些哲学家认为，哲学意义上的自由，与"必然"相对，组成辩证法的一对范畴。"必然"指客观事物的规律，自由指人们对必然的认识和对客观世界的改造。人们未认识客观规律时，处于盲目受它支配的地位，没有真正的自由。自由与必然是辩证的统一。

③ 叔本华（1788—1860）：德国哲学家，唯意志论者。曾在柏林大学任教。致力于柏拉图、康德哲学的研究。认为意志是宇宙的本质。

④ 这里他所指的个人，是指"有创造性的、有感情的个人，是人格"，不是平庸、无情的个人；所指的群众，是指"在思想上总是迟钝的，在感觉上也总是迟钝的"庸众。

⑤ 以上这段议论，是他对当时意大利墨索里尼、德国希特勒法西斯专制势力正图掀起战争暴力和其他种种暴行的严厉斥责。

⑥ 这些话表明他有的并不是一般意义上的宗教感情，而是深刻关怀人类福祉的那种挚爱之情。

【赏析】

阿尔贝特·爱因斯坦是 20 世纪最伟大的科学家，生前就被公认为人类历史上最具创造性才智的人物之一，他比任何一位科学家都更能代表过去 100 年技术、科学的进步。爱因斯坦成为人类历史上一位杰出的科学家、创新天才，不仅在于他杰出的科学成就，更在于他恢宏的胸襟和崇高的人格。热爱真理，追求正义，深切关怀社会进步，是他无穷探索、一生奋斗的精神动力。除科学研究外，他还留下许多对政治、社会、人生感悟的文字，同样给世人以巨大而深刻的影响。

文章一开始就提出：人是为别人而生存的——首先是为那些其喜悦和健康关系着我们自己的全部幸福的人，然后是为许多虽不相识，但他们的命运却通过同情的纽带同我们密切结合在一起的人。这是他世界观、人生观的基础和核心。在叔本华的启示下，爱因斯坦认为人应该尽量做想做的，不能要所想要的。这是他基于社会群体意识的严格自律。爱因斯坦强调每个人都要有一定的理想，它决定着自己努力和判断的方向；而且应该追求善、美和真，他从来不把安逸和享乐看作生活目的本身。爱因斯坦坚持独立思考，坚持民主主义的政治理想，他认为强迫的专制制度很快就会腐化堕落，天才的暴君总是由无赖来继承，这是一条千古不易的规律。他高度评价人类对"奥秘"的勇于探索精神，坚守真正艺术和真正科学发源地上的基本感情。

科学精神与人文精神在他身上得到了真正的高度统一。这是爱因斯坦在谈自己世界观方面最有代表性也最著名的一篇文章，清纯朴实，深刻锐利，坦诚自然，明白无疑。只有像他这样的伟人，才写得出如此举重若轻、永垂不朽的名文。

【思考与练习】

1. 说说你对爱因斯坦"人是为别人而生存的"这一观点的看法。
2. 爱因斯坦不仅是一个科学家，而且还是一个人文学家。结合本文谈谈你的认识。

应有格物致知精神①

[美] 丁肇中②

我父亲是受中国传统教育长大的，我受的教育的一部分是传统教育，一部分是西方教育。缅怀我的父亲，我写了《怀念》这篇文章。多年来，我在学校里接触到不少中国学生，因此，我想向大家谈谈学习自然科学的中国学生应该怎样了解自然科学。

在中国传统教育里，最重要的书是《四书》。《四书》之一的《大学》里这样说：一个人教育的出发点是"格物"和"致知"。就是说，从探察物体而得到知识。用这个名词描写现代学术发展是再适当也没有了。现代学术的基础就是实地的探察，就是我们现在所谓的实验。

但是传统的中国教育并不重视真正的格物和致知。这可能是因为传统教育的目的并不是寻求新知识，而是适应一个固定的社会制度。《大学》本身就说，格物致知的目的，是使人能达到诚意、正心、修身、齐家、治国的田地，从而追求儒家的最高理想——平天下。因为这样，格物致知的真正意义被埋没了。

大家都知道明朝的大理论家王阳明，他的思想可以代表传统儒家对实验的态度。有一天王阳明要依照《大学》的指示，先从"格物"做起。他决定要"格"院子里的竹子。于是，他搬了一条凳子坐在院子里，面对着竹子硬想了七天，结果因为头痛而宣告失败。这位先生明明是把探察外界误认为探讨自己。

王阳明的观点，在当时的社会环境里是可以理解的。因为儒家传统的看法认为天下有不变的真理，而真理是"圣人"从内心领悟的。圣人知道真理以后，就传给一般人。所以经书上的道理是可"推之于四海，传之于万世"的。这种观点，经验告诉我们，是不能适用于现在的世界的。

我是研究科学的人，所以先让我谈谈实验精神在科学上的重要性。

科学进展的历史告诉我们，新的知识只能通过实地实验而得到，不是由自我检讨或哲理的清谈就可寻求到的。

实验的过程不是消极的观察，而是积极的、有计划的探测。比如，我们要知道竹子的性质，就要特别栽种竹树，以研究它生长的过程，要把叶子切下来拿到显微镜下去观察，绝不是袖手旁观就可以得到知识的。

实验的过程不是毫无选择的测量，它需要有小心具体的计划。特别重要的，是要有一个适当的目标，以作为整个探索过程的向导。至于这目标怎样选定，就要靠实验者的判断力和灵感。一个成功的实验需要的是眼光、勇气和毅力。

由此，我们可以了解，为什么基本知识上的突破是不常有的事情。我们也可以了解，为什么历史上学术的进展只靠很少数的人关键性的发现。

在今天，王阳明的思想还在继续地支配着一些中国读书人的头脑。因为这个文化背景，中国学生大都偏向于理论而轻视实验，偏向于抽象的思维而不愿动手。中国学生往往念功课成绩很好，考试都得近一百分，但是面临着需要主意的研究工作时，就常常不知所措了。

在这方面，我有个人的经验为证。我是受传统教育长大的。到美国大学念物理的时候，起先以为只要很"用功"，什么都遵照老师的指导，就可以一帆风顺了，但是事实并不是这样。一开始做研究便马上发现不能光靠教师，需要自己做主张，出主意。当时因为事先没有准备，不知吃了多少苦。最使我彷徨恐慌的，是当时的惟一办法——以埋头读书应付一切，对于实际的需要毫无帮助。

我觉得真正的格物致知精神，不但是在研究学术中不可缺少，而且在应付今天的世界环境中也是不可少的。在今天一般的教育里，我们需要培养实验的精神。就是说，不管研究科学，研究人文学，或者在个人行动上，我们都要保留一个怀疑求真的态度，要靠实践来发现事物的真相。现在世界和社会的环境变化得很快。世界上不同文化的交流也越来越密切。我们不能盲目地接受过去认为的真理，也不能等待"学术权威"的指示。我们要自己有判断力。在环境激变的今天，我们应该重新体会到几千年前经书里说的格物致知真正的意义。这意义有两个方面：第一，寻求真理的惟一途径是对事物客观的探索；第二，探索的过程不是消极的袖手旁观，而是有想象力的有计划的探索。希望我们这一代对于格物和致知有新的认识和思考，使得实验精神真正地变成中国文化的一部分。

【注释】

① 选自黎先耀、袁鹰《百年人文随笔》（中国卷）。

② 丁肇中（1936- ），美籍华裔物理学家，由于他和里克特彼此独立发现很重要的中性介子，共享

1976年诺贝尔物理学奖。

【赏析】

本文谈论的是对自然科学的认识。全文科学地阐释了真正的格物致知的精神，就是通过有计划、有目的的实践去探索客观规律，从而获得新知识的精神；这种精神需要动手实验，而不是单纯地靠教师和书本就能够实现的。不仅仅自然科学是这样，人文科学、个人成长都包含这个道理。由此，学生应该尽快更新理念，积极培养实验精神、提高动手能力，以避免高分低能的尴尬。

文章从提出问题到分析问题，最后解决问题一气呵成。先论述传统儒家对格物致知精神的不科学态度，由"格物致知"的出处，带出对其含义的理解以及我国古代对"格物致知"并不真正重视的原因分析，澄清了人们的错误认识；接着阐述格物致知精神在科学上的重要性，以及怎样把这种精神应用到实际中去，最后指出格物致知精神的真正含义，既摆事实又讲道理，逐层深入，有很强的说服力。

本文是丁肇中一个报告中的一部分，是一篇漫谈式的议论文。文章简短精要，写得朴实通俗，深入浅出，读来亲切有味，没有说教气息，这种风格也是漫谈式论说文的一个特点。这种风格的形成除了语言的明白通俗外，与行文的灵活和说理方法的多种多样也是分不开的。首先，引经据典。本文引用了一些中国传统文化中的材料，显示出作者一定的传统文化修养。例如，文章开头就引用了《大学》中格物、致知、诚意、正心、修身、齐家、治国、平天下的条目，指出格物致知的基本意思。其次，摆事实与讲道理相结合，列举事例时，采用正面事例与反面事例相结合的说理方法。再次，运用对比。如第2、第3段，中国传统教育埋没了格物致知的真正意义，强调知识的获得是通过内心体悟和自我检讨，与现代学术的基础是通过实地实验得到形成鲜明对比，从而有力地指出了中国传统教育的弊病。

【思考与练习】

1. 结合本文，思考在自己今后的学习生活中，如何培养"格物致知"的精神。

2. 作者所说的真正的"格物致知"的意义与《大学》里"格物致知"的含义有何不同？据此谈谈中国传统教育的弊病。

【口语链接·洽谈】

［知识概要］

（一）洽谈

《辞海》解释"洽"为"协和、和睦"，"谈话"即"讨论""彼此对话"。洽谈就是以"讨论、交谈"的方式来谋求一致，求得协和。要注意，洽谈与谈判是有区别的，洽谈更注重于以灵活的方式在和睦融洽的气氛进行对话，而谈判则是注重解决双方的分歧与冲突问题。

（二）洽谈的类型

洽谈的内容几乎可以涉及我们生活中的所有方面，工作中我们可以进行洽谈，生活中我们可以进行洽谈，洽谈的主要类型有以下几种。

1. 商务洽谈

商务洽谈是指在商务交往中，存在着商务关系有关各方，为了保持接触、建立联系、进行合作、达成交易、拟订协议、签订合同、要求索赔，或是为了处理争端、消除分歧、达成妥协，而坐在一起进行面对面的协商。

2. 营销洽谈

营销洽谈是指在市场营销活动中，营销方与目标客户之间，以营销产品为中心开展的建立关系、挖掘需求、介绍价值、价格谈判，最后通过服务让客户满意，达到营销目的的洽谈活动。

3. 薪资洽谈

薪资洽谈是指资方与劳方就劳动报酬问题，为消除分歧、达成妥协而进行的面谈活动。一般来说，薪资洽谈有两种主要形式：一种为应届毕业生的薪资洽谈，另一种为有工作经验人士的薪资洽谈。

4. 业务洽谈

业务洽谈是指存在业务关系的各方，进行业务联系、商讨业务的谈话活动。一般来说，业务洽谈有两种形式：一种是面对面的洽谈，称为面谈；另一种是通过使用通信工具进行洽谈，又称为通信洽谈。

（三）洽谈的特点

1.互动性

所谓互动性，是指洽谈双方在洽谈中以互动形式通过谈话开展交流与合作，推进了整个洽谈的进程。

2.互惠性

所谓互惠性，是指洽谈双方是利益均沾、双方互惠的。在某些方面问题上达成共识是各方之间进行洽谈的必要条件。

3.公平性

所谓公平性，是指洽谈双方在洽谈中名义上以公平的身份开展，即使在洽谈过程中双方身份上实际上是不平等的，但达成的共识是双方自愿的，结果可视为公平合理的。

（四）洽谈技巧

洽谈所涉及的内容是非常广的，根据不同内容，有不同的洽谈方式。下面我们将对几种常用的洽谈技巧进行分析。

1. 商务洽谈技巧

（1）要尊敬对手

尊敬对手，就是要求洽谈者在洽谈会的整个过程中，不管发生了什么情况，始终如一地对自己的洽谈对手讲究礼貌。这能给对方留下良好的印象，而且在今后的进一步商务交往中，还能发挥潜移默化的功效。

（2）要平等协商

商务洽谈往往带有谈判的性质，是有关各方在合理合法的前提下，进行讨价还价，是一个从分歧到达成某种程度共识的过程。所以，假如离开了平等协商，成功的洽谈便难以设想。

（3）要求同存异

有一位世界著名的谈判大师说过："所谓洽谈，就是一连串不断的要求和一个又一个不断的妥协。"妥协是通过有关各方的相互让步来实现的，所谓相互让步，意即有关各方均有所退让。在洽谈会上所达到的妥协，对当事的有关各方只要公平、合理、自愿，只要尽最大程序维护或争取了各自的利益，互利互惠，就是可以接受的。

（4）要人事分开

在洽谈会上，洽谈者在处理己方与对手之间的相互关系时，必须要做到人与事分离，各自分别而论。在洽谈中，要将对手的人与事分开，是要求商界人士与对方相处时，务必要切记"朋友归朋友、洽谈归洽谈",对于两者之间的界限不能混淆,不要让自己对洽谈对手主观上的好恶,来妨碍自己解决现实问题。

2. 营销洽谈技巧

(1)学会自我介绍

自我介绍是营销洽谈的第一步,也是很重要的一步。介绍必须镇定而充满自信,必须清晰地报出自己的名字及公司名字。含糊不清的自我介绍,会使人感到你不能把握自己,对方会对你有所保留,彼此间的沟通便有阻隔。

(2)学会与客户交谈

①注意倾听。销售人员应让客户畅所欲言,仔细倾听,适当反应,以表示关心与重视。对于销售人员来说听话比说话更重要,他虽不像说话者那么耀眼,却给人亲切、关怀的感受,更具吸引力,更能了解他人心声。必须集中注意力,用心去听,适时的发问,避免"冷场",帮助说者厘清头绪,使客户在不经意间泄露真实企图。

②保持微笑。微笑是人际关系中最好的润滑剂,它表示了友善、亲切、礼貌与关怀。微笑能够改变气氛,缩短人与人之间的距离。

③掌握必备的销售语言及技巧。回答问题之前,要给自己一些思考的时间;在未完全了解问题之前,千万不要回答;要知道哪些问题并不值得回答,有时候回答整个问题,倒不如回答问题的一部分;逃避问题的方法是,顾左右而言他;以资料不全或不记得为借口,可以暂时拖延;让对方阐明自己的观点。

3. 薪资洽谈技巧

(1)应届生薪资洽谈

①了解市场行情,明确自身定位。应届生就业市场的行情,每年都会因行业的不同、毕业生人数的多少、市场需求量的变化而有所不同。因而,应届生首先应对就业情况进行分析,了解上一年度的就业市场薪资价位行情和本年度就业市场的预期展望,大致提出一个适合自己的薪资范围,进行有效的薪资洽谈。

②态度坦诚,做到有理有据。应届生在洽谈薪资时,可以坦诚地告诉面试官自身对薪资的要求,并且用具体的数据说明,自己可以为企业创造的价值是什么,以阐明为何有如此薪资要求。

(2)有工作经验人士薪资洽谈

①实话实说。当被问及目前工资时,一般应如实相告收入总额。它不仅包括每月的基本工资,而且还包括奖金、津贴和其他福利。当被问及希望得到什么样的薪资待遇时,必须明确告知自己所期望的薪资范围。

②避实就虚。当被问及薪资变动情况时，应尽量避免回答薪资变动的具体数额，而只需回答薪资变动前后的对比百分比即可。这是因为，通常面试考官只是想通过这个问题，来印证你的职位变动情况。当被问及"我们公司的薪资水平与你的期望有一定差距，你能否接受"时，如果你十分中意该工作，那么应适当降低薪资标准，但不要急于告诉对方你可以接受的薪资最低数额。而是应征询对方，是否可以在试用期后，根据表现，考虑提薪。洽谈薪资时，当确定对方所给予的薪资没有商量余地时，应不再一味追究，而应探讨薪资以外的其他福利待遇。

（3）薪资洽谈三戒

①一戒开门见山。有的应聘者在洽谈薪资时，不等面试考官开口，就迫不及待地问"你们的薪资待遇如何?""有没有手机费、交通费、住房津贴?"急迫之中，无疑会显出自身的浮躁，一下就处于洽谈的劣势。

②二戒互相攀比。经常会有这样的应聘者，在公司所给予的薪资待遇与自己的要求有距离时，他们会这样表明:"我许多朋友的工资比你们公司的薪资待遇高××××元，他们所在公司的行业背景、规模与你公司相差无几……。"这种无意义的攀比，只能增添面试考官的反感。一句"各家公司有各自的薪资体系"，就能轻而易举地把应聘者的"有力"佐证打发掉。

③三戒咄咄逼人。当面试考官问应聘者薪资期望值时，一些应聘者会反问:"你们能出多少?"这样的反问，并不能展示应聘者的自信，反而会显得不懂礼貌。不恰当的反问，将非常正常的洽谈，变成菜场买菜般的"讨价还价"，结果可想而知。

4. 业务洽谈技巧

业务洽谈因为涉及内容广泛，根据内容不同，在洽谈活动实施时可灵活参照以上三种洽谈中的技巧。总的原则是充分发挥自己的主观能动性，在合乎规范与惯例前提下，力争"以我为中心"，在洽谈中为自己争取到有利的位置。

（五）灵活运用洽谈技巧

1. 借题发挥

即洽谈时借助某事、某语作为引语来加以阐释、引申与发挥。

2. 发问诱导

即通过诱导式的发问让对方跟随自己的思路前进，走入事先设置好的"埋伏圈"，诱其深入，待点明主题后，双方洽谈达成主题共识。

3. 巧言激励

在特定语言环境下，对对方的弱势与优势有意进行针砭，通过适度刺激其自尊心与自信心等，使其接受我方的观点。

4. 委婉含蓄

在难以直陈本意的交谈中，运用委曲婉转的含蓄方式表情达意。

5. 设悬卖关

即利用倾听者的好奇心理，以发人深思或出人意料的现象与结果吸引对方注意，让倾听者适度猜测之后再加以分析而道出真情，阐述道理，最终引出并点明洽谈主题。

6. 大巧若拙

即说话时表面上糊涂愚拙，实则内心清楚，语意切旨，内涵深刻，即通常所谓"装糊涂"。

7. 善用比喻

即洽谈时以交谈主题为本体，以外事外物为喻体，将此理寓于彼理之中。

8. 语义双关

即借用谐音或同音多义词，使同一洽谈用语具备两层意思，明言此，暗言彼。

9. 含糊其辞

在某些洽谈中，有些话语不能说得太明确或太僵硬死板，必须考虑要使自己的话留有回旋余地，以便在意外情况下以退为进，从而无懈可击。

10. 顺水推舟

洽谈中有时失言，此时须反应敏捷，将错就错，言非为是，化错误为正确，化腐朽为神奇。

洽谈的技巧多种多样，在具体的洽谈活动中，应该学会灵活运用、综合运用。我国修辞学家陈望道说："技巧是临时的，贵在随机应变，应用什么方式应付当前的题旨和情境，大抵没有定规也不应受什么条规的约束。"（《修辞学发凡》）我们要记住："语言的地面是坎坷不平的，'过往行人，小心在意'。"（吕叔湘《语文长谈》）

（六）洽谈礼仪

1. 洽谈前

洽谈代表要有良好的综合素质，洽谈前应整理好自己的仪容仪表，穿着要整洁、正式、庄重。男士应刮净胡须，正式洽谈中穿西服必须打领带。女士穿着不宜太性感，不宜穿细高跟鞋，应化淡妆。

2. 洽谈中

洽谈双方接触的第一印象十分重要，言谈举止要尽可能创造出友好、轻松的良好洽谈气氛。自我介绍，尽量先递名片再介绍，自我介绍时要简单明了，自然大方，不可露傲慢之意，一般时间在 1 分钟之内。在介绍他人时，一般由职务最高者介绍，按职务高低排序进行介绍；

被介绍到的人应起立一下微笑示意，也可以回答"幸会""请多关照"等语言。

洽谈中应目光注视对方，目光应停留于对方双眼以下至胸部以上的三角区域正方，这样使对方感到被关注，觉得你诚恳严肃。手势自然，不宜乱打手势，以免造成轻浮之感。切忌双臂在胸前交叉，那样显得十分傲慢无礼。

在洽谈中要注意发言措辞应文明礼貌，保持风度，保持冷静，不可因发生矛盾就怒气冲冲；出现矛盾或冷场要灵活处理，可以暂时转移话题，稍作松弛。要认真听对方谈话，细心观察对方举止表情，并适当给予回应。这样既可了解对方意图，又可表现出尊重与礼貌。

3. 签约时

签约仪式上，双方参加洽谈的全体人员都要出席，共同进入会场，相互握手致意，一起入座。双方分立在各自一方代表身后。助签人员要协助签字人员打开文本，用手指明签字位置。双方代表各在己方的文本上签字，然后由助签人员互相交换，代表再在对方文本上签字。签字完毕后，双方应同时起立，交换文本，并相互握手，祝贺合作成功。随行人员则应该以热烈的掌声表示喜悦和祝贺。

［案例评析］

［案例1］

1987年，菲律宾前总统访华，谈到南沙问题时说："至少在地理上，那些岛屿离菲律宾更近。"邓小平抽了口烟说："在地理上，菲律宾离中国也很近。"

［评析］

我国领导人，本着真诚友好的态度与外国领导人进行交谈，体现了洽谈的合作原则和礼貌原则。同时，根据现场的突发性语言表述，从容不迫、快速镇静地进行对答：如果要是谈什么距离，菲律宾也是中国领土，你愿意谈吗？展现了我国领导人在交谈过程中的才思敏捷。

［案例2］

松下电器创始人松下幸之助是位传奇人物，被称为"经营之神"。年少时他去一家大电器厂求职，请求安排一个工作最差、工资最低的活给他。人事部主管见他个头瘦小又很脏，不便直说，随便找了个理由："现在不缺人，过一个月再来看看。"原本是推托之话，没想到一个月后，松下真的来了。人事部主管推托有事，没空见他。过了几天，松下又来了。如此反复多次，人事部负责人说："你这样脏兮兮的进不了厂。"于是，松下回去借钱买了衣服，穿戴整齐地来了。对方没办法，便告诉松下："关于电器的知识你知道得太少，不能收。"两个月后，松下又来了，说："我已学了不少电器方面的知识，您看哪个方面还有差距，我一项项来弥补。"

人事部主管看了他半天才说："我干这项工作几十年了，今天头一次见到你这样来找工作的，真佩服你的耐心和韧性。"松下终于打动了人事部主管，如愿以偿地进了工厂，并经过不懈努力，成为"经营之神"。

[评析]

在现实的求职生涯中，梦想一次性求职成功，是不太可能的事。因此，求职者应具备面对失败，重新振作的韧性。松下一开始作为一个弱势群体里的一员，在多次与人事部主管交谈过程中，始终没有直接用以卵击石的做法强硬地证明自己，而是迂回曲折地多次运用谦和的软话与真诚的行动来一步步软化与感动处于强势地位的人事部主管，最终取得了求职的胜利！

[案例3]

国画大师张大千绘画、书法、篆刻、诗词无所不通，特别在山水画方面卓有成就。全面抗战胜利后，张大师要从上海返回四川老家。临走前，他的学生糜耕云设宴为大师践行。这次宴会邀请了梅兰芳等社会名流出席。宴会开始，张大师向梅兰芳敬酒说："梅先生，你是君子，我是小人，我先敬你一杯。"梅兰芳不解其意，忙含笑问："此作何解？"张大师笑着答道："你是君——动口，我是小人——动手。"张大师的幽默引得宾客为之大笑。

[评析]

幽默的力量很神奇，它在人的社交能力发展过程中起着举足轻重的作用，能给人们带来很多意想不到的好处。幽默不仅能使交谈主体成为受欢迎的人，使别人乐意与你接触，愿意与你共事，它还是工作与生活的润滑剂，能促使人们在愉悦的心情下轻松完成工作，这往往是别的交际方式所无法媲美的，同时也是成本最低、回报最高的一种交际方式。

【洽谈训练】

（一）思考并回答下列问题

1．洽谈中委婉的谈话方式有哪些？

2．倾听对方谈话时要注意哪些问题？

3．洽谈中，话题展开后，应注意哪些洽谈的艺术？

4．洽谈练习。

（1）你的一个朋友非常热心，总是积极参与朋友间的活动，但朋友们却不领情。为此，他十分苦恼，来找你倾诉，你该与他说些什么呢？

（2）在面试时，招聘者常常会提出这样的问题：你觉得自己最大的弱点（缺点）是什么？对此，你应该怎样回答。

（3）某推销员向一位家庭主妇推销他的产品，问："请问你需要什么？"答："我需要钱！"如果是你，你的第一句话准备怎样说。

5．模拟面试场景。

以班级为单位进行面试模拟训练，由几位同学扮演某单位的面试官，另一些同学做求职面试者，进行面试训练。面试官不仅要提面试中常见的问题，而且要在"全面了解求职者情况"之后，提出一些"意想不到"的问题，以训练同学的应变能力。

（二）下面是求职洽谈的片段，分析它们的优劣并说明原因

1.主考官：你的成绩不错，平时一定很用功。

应聘者：没什么，在学校考试有时瞎蒙，而且分数不能说明问题。

主考官：啊，你有什么特长吗？

应聘者：（拿出书法作品）一点小爱好。

主考官：你的书法不错呀！

应聘者：没什么，没什么。

主考官：看得出，你是下功夫练过的。

应聘者：差远了，信笔涂鸦而已。

主考官：……

2.小郑是电信专业2016届毕业生，大二时利用暑假在一家电脑公司打工。大三开始和同

学合伙开了一家公司，专门为大学生提供各项电脑服务。毕业参加求职面试那天，小郑已经排了2小时的队，眼看晚上和客户约好的见面时间就要到了，而前面排队等待的人仍然很多。小郑略加思索，便毅然走进面试会场。

主考官看了他一眼，冷冷地说："请这位同学遵守秩序，排队好吗？"

他坦诚地对主考官说："对不起，我知道插队很不道德，但我真地赶时间，我自己的公司今晚和一个客户预约好的。一个成功的企业一定是信誉第一，我认为贵公司需要我这样的人才。"

主考官问："你愿意去离你家很远的成都工作吗？"

"好男儿志在四方！"

主考官："那公司要是让你去偏远山村的基层工作，你愿意吗？"

"我是一块砖，哪里需要哪里搬嘛。"

【能力拓展·洽谈话吧】

［活动策划］

正式的洽谈活动一般可以分为接待、会务、宣传保障三个流程，具体安排参考下表。

洽谈工作流程表

洽谈组织或个人：　　　　接待部门：　　　　协助部门：　　　　时间：

<table>
<tr><td rowspan="9">接
待
工
作</td><td rowspan="2">洽谈方基本情况</td><td>级　别</td><td></td><td>人　数</td><td></td><td>性　别</td><td></td></tr>
<tr><td>到达时间</td><td></td><td>车次航班</td><td></td><td>离开时间</td><td></td></tr>
<tr><td rowspan="4">食宿行
安排</td><td>早中晚餐标准</td><td></td><td>人员数</td><td></td><td>陪同人员</td><td></td></tr>
<tr><td>车　辆</td><td></td><td>午休房</td><td></td><td>住宿房间</td><td></td></tr>
<tr><td>房间布置</td><td colspan="5">鲜花、水果、饮料、糕点、咖啡、洗漱用品、开通国内长途、电脑、打印机、复印机、优盘、纸张、资料袋、日程表、报纸、地图、生活指南等</td></tr>
<tr><td>用餐座次牌</td><td></td><td>预订票</td><td></td><td>备　注</td><td></td></tr>
<tr><td rowspan="3">参观安排</td><td rowspan="3">参观路线</td><td colspan="5">1.</td></tr>
<tr><td colspan="5">2.</td></tr>
<tr><td colspan="5">3.</td></tr>
<tr><td rowspan="6">会
务
工
作</td><td>洽谈安排</td><td>洽谈时间</td><td></td><td>洽谈地点</td><td></td><td>备　注</td><td></td></tr>
<tr><td>会场布置</td><td colspan="6">材料摆放、会标、横幅、欢迎牌、座次牌、座次安排、矿泉水和茶水服务、水果、笔、笔记本、电脑及多媒体设备、音响和话筒设备、会场片区划分、会场清洁、礼仪、热毛巾、工作证、胸花、激光笔</td></tr>
<tr><td rowspan="2">组织协调</td><td>参加部门</td><td colspan="5"></td></tr>
<tr><td>参会人员</td><td colspan="5"></td></tr>
<tr><td>材料准备</td><td colspan="6">日程、议程、制作多媒体、支撑材料、文件盒、欢迎辞、发言稿、会议记录、简报</td></tr>
<tr><td>会务礼品</td><td colspan="6"></td></tr>
<tr><td rowspan="2">宣
传
保
障</td><td colspan="7">欢迎标语内容、标语悬挂地点、欢迎牌、宣传展板、照相、摄像、新闻报道、合影留念（编排座次）、接待新闻记者</td></tr>
<tr><td colspan="7">保卫及后勤保障</td></tr>
</table>

［活动准备］

1.信息收集

（1）了解对方洽谈对象情况

我们的洽谈对象可能是公司，也可能是政府机关、事业单位，还可能是自然人。在洽谈前，要尽量收集洽谈对象的相关资料，资料主要为公开宣传的文字、图画、音像等资料，也包括了解洽谈对象所在国（或地区）的文化风俗，由于文化风俗的差异，决定了他们可能具有不同的立场观点、习惯、价值取向和思维方式，必然会对洽谈的进程和结果产生影响。资料可以通过网络、报刊等媒体进行查找，也可以要求对方提供。

（2）收集对方洽谈人的资料

资料主要包括对方洽谈人职务、个人经历等。只有了解对方具体洽谈人的主要情况，才能做到有的放矢，掌握洽谈的主动权，使自身处于较好地位，创造良好的洽谈气氛，提高洽谈的成功率。

（3）了解洽谈对象目的

特别是对方主动要求洽谈的，我们要了解对方的各级目标是什么？对方可以做出哪些让步？为实现其目标对方最有利的条件是什么？要实现其目标对方最不利的因素是什么？如果我方能够正确地了解掌握这些信息，那么在整个洽谈中就能掌握洽谈的主动权。

2. 制订洽谈方案

（1）明确洽谈目的

洽谈目的就是洽谈的主要目标。在整个洽谈活动中，洽谈的各项工作都要围绕洽谈的目的而开展。在洽谈的总目的确定以后，还需要确定洽谈的各个阶段或分项目的具体目标。在达到各个具体目标后，洽谈的主要目标即洽谈的目的就可以实现。

（2）制订洽谈策略

洽谈的策略是指在收集资料的基础上，根据己方的洽谈目的，针对洽谈过程中可能出现的情况进行预计，并制订相应的对策。制订洽谈的策略，其意义是选择能够达到或实现洽谈目的的基本途径及方法。洽谈策略的制订基于对洽谈各方实力，在对影响其实力的各种因素的细致认真研究、分析的基础上制订的。

（3）明确洽谈程序

洽谈程序也称洽谈议程，通常是指所谈事项的先后次序及主要方法。洽谈程序一般包括：
①洽谈何时举行，时间要多久；
②洽谈在什么地点举行；
③洽谈应讨论哪些事项，事项应怎样确定先后顺序，每个事项的讨论应各占用多少时间。

[**活动实施**]

1. 洽谈现场的安排

（1）洽谈地点的选择

正式洽谈一般要安排一间主要洽谈室和一间备用洽谈室，主要洽谈室用于洽谈方正式洽谈，主要洽谈室的桌子用长方形的较佳，也可以用圆形或椭圆形的桌子；备用洽谈室用于某一方内部协商之用，也可以供洽谈各方就某个专项问题洽谈之用。非正式洽谈对洽谈地点没有固定要求。

（2）洽谈室布置

洽谈室的布置没有固定要求，一般应布置得典雅、舒适。应配备多媒体设备，如需要可准备适当的食品饮料。

（3）洽谈座位安排

在洽谈准备中，要注意座位的安排是很有讲究的。如果座位安排得不妥当，将会对整个洽谈造成不良影响。常用的座位安排次序如下。

人数为奇数时：

7	5	3	1	2	4	6

面向↓

人数为偶数时：

5	3	1	2	4	6

面向↓

2. 洽谈过程管理

如果为洽谈实施人员，在洽谈过程中要注意贯彻前文所述的洽谈礼仪，灵活使用前文所述的洽谈技巧；要做好洽谈记录，密切注意洽谈会场中的迹象，及时发现及解决洽谈过程中出现的问题。

[活动评估]

洽谈活动结束后，需要收集整理活动材料，包括洽谈活动策划书、洽谈活动记录、洽谈活动照片、洽谈活动签订的文本（如"协议书"）等。还要进行活动评估，评估内容包括：洽谈活动的准备工作评估、洽谈活动执行过程评估、洽谈活动经费评估、洽谈活动效果评估。在进行评估时，既要肯定取得的成绩和效果，也要反省活动的不足，找出问题的原因。最后写出洽谈活动总结。

小 说

痴情女情重愈斟情[①]

曹雪芹[②]

　　且说宝玉因见林黛玉又病了，心里放不下，饭也懒去吃，不时来问。林黛玉又怕他有个好歹，因说道："你只管看你的戏去，在家里作什么？"宝玉因昨日张道士提亲，心中大不受用，今听见林黛玉如此说，心里因想道："别人不知道我的心还可恕，连他也奚落起我来。"因此心中更比往日的烦恼加了百倍。若是别人跟前，断不能动这肝火，只是林黛玉说了这话，倒比往日别人说这话不同，由不得立刻沉下脸来，说道："我白认得了你。罢了，罢了！"林黛玉听说，便冷笑了两声，"我也知道白认得了我，那里像人家有什么配的上呢。"宝玉听了，便向前来直问到脸上："你这么说，是安心咒我天诛地灭？"林黛玉一时解不过这个话来。宝玉又道："昨儿还为这个赌了几回咒，今儿你到底又准我一句。我便天诛地灭，你又有什么益处？"林黛玉一闻此言，方想起上日的话来。今日原是自己说错了，又是着急，又是羞愧，便颤颤兢兢的说道："我要安心咒你，我也天诛地灭。何苦来！我知道，昨日张道士说亲，你怕阻了你的好姻缘，你心里生气，来拿我煞性子。"

　　原来那宝玉自幼生成有一种下流痴病，况从幼时和黛玉耳鬓厮磨，心情相对；及如今稍明时事，又看了那些邪书僻传，凡远亲近友之家所见的那些闺英闱秀，皆未有稍及林黛玉者，所以早存了一段心事，只不好说出来，故每每或喜或怒，变尽法子暗中试探。那林黛玉偏生也是个有些痴病的，也每用假情试探。因你也将真心真意瞒了起来，只用假意，我也将真心真意瞒了起来，只用假意，如此两假相逢，终有一真。其间琐琐碎碎，难保不有口角之争。即如此刻，宝玉的心内想的是："别人不知我的心，还有可恕，难道你就不想我的心里眼里只有你！你不能为我烦恼，反来以这话奚落堵我。可见我心里一时一刻白有你，你竟心里没我。"心里这意思，只是口里说不出来。那林黛玉心里想着："你心里自然有我，虽有'金玉相对'之说，你岂是重这邪说不重我的。我便时常提这'金玉'，你只管然自若无闻的，方见得是待我

67

重，而毫无此心了。如何我只一提'金玉'的事，你就着急，可知你心里时时有'金玉'，见我一提，你又怕我多心，故意着急，安心哄我。"

看来两个人原本是一个心，但都多生了枝叶，反弄成两个心了。那宝玉心中又想着："我不管怎么样都好，只要你随意，我便立刻因你死了也情愿。你知也罢，不知也罢，只由我的心，可见你方和我近，不和我远。"那林黛玉心里又想着："你只管你，你好我自好，你何必为我而自失。殊不知你失我自失。可见是你不叫我近你，有意叫我远你了。"如此看来，却都是求近之心，反弄成疏远之意。如此之话，皆他二人索习所存私心，也难备述。

如今只述他们外面的形容。那宝玉又听见他说"好姻缘"三个字，越发逆了己意，心里干噎，口里说不出话来，便赌气向颈上抓下通灵宝玉，咬牙恨命往地下一摔，道："什么捞什骨子，我砸了你完事！"偏生那玉坚硬非常，摔了一下，竟文风没动。宝玉见没摔碎，便回身找东西来砸。林黛玉见他如此，早已哭起来，说道："何苦来，你摔砸那哑吧物件。有砸他的，不如来砸我。"二人闹着，紫鹃雪雁等忙来解劝。后来见宝玉下死力砸玉，忙上来夺，又夺不下来，见比往日闹的大了，少不得去叫袭人。袭人忙赶了来，才夺了下来。宝玉冷笑道："我砸我的东西，与你们什么相干！"

袭人见他脸都气黄了，眼眉都变了，从来没气的这样，便拉着他的手，笑道："你同妹妹拌嘴，不犯着砸他；倘或砸坏了，叫他心里脸上怎么过的去？"林黛玉一行哭着，一行听了这话说到自己心坎儿上来，可见宝玉连袭人不如，越发伤心大哭起来。心里一烦恼，方才吃的香薷饮③解暑汤便承受不住，"哇"的一声都吐了出来。紫鹃忙上来用手帕子接住，登时一口一口的把一块手帕子吐湿。雪雁忙上来捶。紫鹃道："虽然生气，姑娘到底也该保重着些。才吃了药好些，这会子因和宝二爷拌嘴，又吐出来。倘或犯了病，宝二爷怎么过的去呢？"宝玉听了这话说到自己心坎儿上来，可见黛玉不如一紫鹃。又见林黛玉脸红头胀，一行啼哭，一行气凑，一行是泪，一行是汗，不胜怯弱。宝玉见了这般，又自己后悔方才不该同他较证④，这会子他这样光景，我又替不了他。心里想着，也由不的滴下泪来了。袭人见他两个哭，由不得守着宝玉也心酸起来，又摸着宝玉的手冰凉，待要劝宝玉不哭罢，一则又恐宝玉有什么委曲闷在心里，二则又恐薄了林黛玉。不如大家一哭，就丢开手了，因此也流下泪来。紫鹃一面收拾了吐的药，一面拿扇子替林黛玉轻轻的扇着，见三个人都鸦雀无声，各人哭各人的，也由不得伤心起来，也拿手帕子擦泪。四个人都无言对泣。

一时，袭人勉强笑向宝玉道："你不看别的，你看看这玉上穿的穗子，也不该同林姑娘拌嘴。"林黛玉听了，也不顾病，赶来夺过去，顺手抓起一把剪子来要剪。袭人紫鹃刚要夺，已经剪了几段。林黛玉哭道："我也是白效力。他也不希罕，自有别人替他再穿好的去。"袭人忙接了玉道："何苦来，这是我才多嘴的不是了。"宝玉向林黛玉道："你只管剪，我横竖不带他，也没什么。"

只顾里头闹，谁知那些老婆子们见林黛玉大哭大吐，宝玉又砸玉，不知道要闹到什么田地，倘或连累了他们，便一齐往前头回贾母王夫人知道，好不干连了他们。那贾母王夫人见他们忙忙的作一件正经事来告诉，也都不知有了什么大祸，便一齐进园来瞧他兄妹。急的袭人抱怨紫鹃为什么惊动了老太太、太太；紫鹃又只当是袭人去告诉的，也抱怨袭人。那贾母、王夫人进来，见宝玉也无言，林黛玉也无话，问起来又没为什么事，便将这祸移到袭人紫鹃两个人身上，说"为什么你们不小心伏侍，这会子闹起来都不管了！"因此将他二人连骂带说教训了一顿。二人都没话，只得听着。还是贾母带出宝玉去了，方才平服。

过了一日，至初三日，乃是薛蟠生日，家里摆酒唱戏，来请贾府诸人。宝玉因得罪了林黛玉，二人总未见面，心中正自后悔，无精打采的，那里还有心肠去看戏，因而推病不去。林黛玉不过前日中了些暑溽之气，本无甚大病，听见他不去，心里想："他是好吃酒看戏的，今日反不去，自然是因为昨儿气着了。再不然，他见我不去，他也没心肠去。只是昨儿千不该万不该剪了那玉上的穗子。管定他再不带了，还得我穿了他才带。"因而心中十分后悔。

那贾母见他两个都生了气，只说趁今儿那边看戏，他两个见了也就完了，不想又都不去。老人家急的抱怨说："我这老冤家是那世里的孽障，偏生遇见了这么两个不省事的小冤家，没有一天不叫我操心。真是俗语说的，'不是冤家不聚头'。几时我闭了这眼，断了这口气，凭着这两个冤家闹上天去，我眼不见心不烦，也就罢了。偏又不服这口气。"自己抱怨着也哭了。这话传入宝林二人耳内。原来他二人竟是从未听见过"不是冤家不聚头"的这句俗语，如今忽然得了这句话，好似参禅的一般，都低头细嚼此话的滋味，都不觉潸然泪下。虽不曾会面，然一个在潇湘馆临风洒泪，一个在怡红院对月长吁，却不是人居两地，情发一心！

袭人因劝宝玉道："千万不是，都是你的不是。往日家里小厮们和他们的姊妹拌嘴，或是两口子分争，你听见了，你还骂小厮们蠢，不能体贴女孩儿们的心。今儿你也这么着了。明儿初五，大节下，你们两个再这么仇人似的，老太太越发要生气，一定弄的大家不安生。依我劝，你正经下个气，陪个不是，大家还是照常一样，这么也好，那么也好。"那宝玉听见了不知依与不依，要知端详，且听下回分解。

……

话说林黛玉与宝玉角口后，也自后悔，但又无去就他之理，因此日夜闷闷，如有所失。紫鹃度其意，乃劝道："若论前日之事，竟是姑娘太浮躁了些。别人不知宝玉那脾气，难道咱们也不知道的。为那玉也不是闹了一遭两遭了。"黛玉啐道："你倒来替人派我的不是。我怎么浮躁了？"紫鹃笑道："好好的，为什么又剪了那穗子？岂不是宝玉只有三分不是，姑娘倒有七分不是。我看他素日在姑娘身上就好，皆因姑娘小性儿，常要歪派⑤他，才这样。"

　　林黛玉正欲答话，只听院外叫门。紫鹃听了一听，笑道："这是宝玉的声音，想必是来赔不是来了。"林黛玉听了道："不许开门！"紫鹃道："姑娘又不是了。这么热天毒日头地下，晒坏了他如何使得呢！"口里说着，便出去开门，果然是宝玉。一面让他进来，一面笑道："我只当是宝二爷再不上我们这门了，谁知这会子又来了。"宝玉笑道："你们把极小的事倒说大了。好好的，为什么不来？我便死了，魂也要一日来一百遭。妹妹可大好了？"紫鹃道："身上病好了，只是心里气不大好。"宝玉笑道："我晓得有什么气。"一面说着，一面进来，只见林黛玉又在床上哭。

　　那林黛玉本不曾哭，听见宝玉来，由不得伤了心，止不住滚下泪来。宝玉笑着走近床来，道："妹妹身上可大好了？"林黛玉只顾拭泪，并不答应。宝玉因便挨在床沿上坐了，一面笑道："我知道妹妹不恼我。但只是我不来，叫旁人看着，倒像是咱们又拌了嘴的似的。若等他们来劝咱们，那时节岂不咱们倒觉生分了？不如这会子，你要打要骂，凭着你怎么样，千万别理我。"说着，又把"好妹妹"叫了几万声。林黛玉心里原是再不理宝玉的，这会子见宝玉说别叫人知道他们拌了嘴就生分了似的这一句话，又可见得比人原亲近，因又撑不住哭道："你也不用哄我。从今以后，我也不敢亲近二爷，二爷也全当我去了。"宝玉听了笑道："你往那去呢？"林黛玉道："我回家去。"宝玉笑道："我跟了你去。"林黛玉道："我死了。"宝玉道："你死了，我做和尚！"林黛玉一闻此言，登时将脸放下来，问道："想是你要死了，胡说的是什么！你家倒有几个亲姐姐亲妹妹呢，明儿都死了，你几个身子去作和尚？明儿我倒把这话告诉别人去评评。"

　　宝玉自知这话说的造次了，后悔不来，登时脸上红胀起来，低着头不敢则一声。幸而屋里没人。林黛玉直瞪瞪的瞅了他半天，气的一声儿也说不出来。见宝玉憋的脸上紫胀，便咬着牙用指头狠命的在他额颅上戳了一下，哼了一声，咬牙说道："你这——"刚说了两个字，便又叹了一口气，仍拿起手帕子来擦眼泪。宝玉心里原有无限的心事，又兼说错了话，正自后悔；又见黛玉戳他一下，要说又说不出来，自叹自泣，因此自己也有所感，不觉滚下泪来。要用帕子揩拭，不想又忘了带来，便用衫袖去擦。林黛玉虽然哭着，却一眼看见了，见他穿着簇新藕合纱衫，竟去拭泪，便一面自己拭着泪，一面回身将枕边搭的一方绡帕子拿起来，向宝玉怀里一摔，一语不发，仍掩面自泣。宝玉见他摔了帕子来，忙接住拭了泪，又挨近前些，伸手拉了林黛玉一只手，笑道："我的五脏都碎了，你还只是哭。走罢，我同你往老太太跟前去。"林黛玉将手一摔道："谁同你拉拉扯扯的。一天大似一天的，还这么涎皮赖脸的，连个道理也不知道。"

　　一句没说完，只听喊道："好了！"宝林二人不防，都唬了一跳，回头看时，只见凤姐儿跳了进来，笑道："老太太在那里抱怨天抱怨地，只叫我来瞧瞧你们好了没有。我说不用瞧，过不了三天，他们自己就好了。老太太骂我，说我懒。我来了，果然应了我的话了。也没见你们两个人有些什么可拌的，三日好了，两日恼了，越大越成了孩子了！有这会子拉着手哭的，昨儿为什么又成了乌眼鸡⑥呢！还不跟我走，到老太太跟前，叫老人家也放些心。"说着拉了林黛玉就走。林黛玉回头叫丫头们，一个也没有。凤姐道："又叫他们作什么，有我伏侍你呢。"一面说，一面拉了就走。宝玉在后面跟着出了园门。到了贾母跟前，凤姐笑道："我说他们不用人费心，自己就会好的。老祖宗不信，一定叫我去说合。我及至到那里要说合，谁知两个人倒在一处对赔不是了。对笑对诉，倒像'黄鹰抓住了鹞子的脚'，两个都扣了环了，那里还要人去说合。"说的满屋里都笑起来。

此时宝钗正在这里。那林黛玉只一言不发，挨着贾母坐下。宝玉没甚说的，便向宝钗笑道："大哥哥好日子，偏生我又不好了，没别的礼送，连个头也不得磕去。大哥哥不知我病，倒像我懒，推故不去的。倘或明儿恼了，姐姐替我分辨分辨。"宝钗笑道："这也多事。你便要去也不敢惊动，何况身上不好。弟兄们日日一处，要存这个心倒生分了。"宝玉又笑道："姐姐知道体谅我就好了。"又道："姐姐怎么不看戏去？"宝钗道："我怕热，看了两出，热的很。要走，客又不散。我少不得推身上不好，就来了。"宝玉听说，自己由不得脸上没意思，只得又搭讪笑道："怪不得他们拿姐姐比杨妃，原来也体丰怯热。"宝钗听说，不由的大怒，待要怎样，又不好怎样。回思了一回，脸红起来，便冷笑了两声，说道："我倒象杨妃，只是没一个好哥哥好兄弟可以作得杨国忠的！"二人正说着，可巧小丫头靛儿因不见了扇子，和宝钗笑道："必是宝姑娘藏了我的。好姑娘，赏我罢。"宝钗指他道："你要仔细！我和你顽过，你再疑我。和你素日嘻皮笑脸的那些姑娘们跟前，你该问他们去。"说的个靛儿跑了。宝玉自知又把话说造次了，当着许多人，更比才在林黛玉跟前更不好意思，便急回身又同别人搭讪去了。

林黛玉听见宝玉奚落宝钗，心中着实得意，才要搭言也趁势儿取个笑，不想靛儿因找扇子，宝钗又发了两句话，他便改口笑道："宝姐姐，你听了两出什么戏？"宝钗因见林黛玉面上有得意之态，一定是听了宝玉方才奚落之言，遂了他的心愿，忽又见他这话，便笑道："我看的是李逵骂了宋江，后来又赔不是。"宝玉便笑道："姐姐通今博古，色色都知道，怎么连这一出戏的名字也不知道，就说了这么一串子。这叫《负荆请罪》。"宝钗笑道："原来这叫作《负荆请罪》！你们通今博古，才知道'负荆请罪'，我不知道什么是'负荆请罪'！"一句话还未说完，宝玉林黛玉二人心里有病，听了这话早把脸羞红了。凤姐于这些上虽不通达，但见他三人形景，便知其意，便也笑着问人道："你们大暑天，谁还吃生姜呢？"众人不解其意，便说道："没有吃生姜。"凤姐故意用手摸着腮，诧异道："既没人吃生姜，怎么这么辣辣的？"宝玉黛玉二人听见这话，越发不好过了。宝钗再要说话，见宝玉十分讨愧，形景改变，也就不好再说，只得一笑收住。别人总未解得他四个人的言语，因此付之流水。

一时宝钗凤姐去了，林黛玉笑向宝玉道："你也试着比我利害的人了。谁都像我心拙口笨的，由着人说呢。"宝玉正因宝钗多了心，自己没趣，又见林黛玉来问着他，越发没好气起来。待要说两句，又恐林黛玉多心，说不得忍着气，无精打采一直出来。

【注释】

① 选自《红楼梦》，曹雪芹、高鹗著，人民文学出版社，1987 年版。本篇为第 29 回"享福人福深还祷福，痴情女情重愈斟情"的后半部分，又第 30 回"宝钗借扇机带双敲，椿龄画蔷痴及局外"的前半部分。

② 曹雪芹（约 1715—约 1764），名霑，字梦阮，号雪芹，又号芹圃、芹溪。清代伟大的现实主义作家。

③ 香薷饮：香薷，植物名。叶茎可入药。香薷饮是由香薷、厚朴、扁豆制成的一种药剂。治伤暑感冒。

④ 较证：辩驳是非。

⑤ 歪派：无理指责，故意找茬编派别人的意思。

⑥ 乌眼鸡：乌眼鸡好斗，形容人吵架，怒目而视。

【赏析】

《红楼梦》为曹雪芹毕生精力创作出的现实主义巨著，今存前八十回，后四十回为高鹗所续。《红楼梦》以贾、王、史、薛四大家族为背景，以贾宝玉、林黛玉的爱情悲剧为主要线索，着重描写了贾家由盛到衰的过程。从多方面对封建社会和封建礼教进行了深刻的揭露和批判，客观上显示出中国封建社会行将走向灭亡的历史趋势，对贵族阶级中具有叛逆精神的青年争取男女平等、婚姻自由的思想行为进行了热情的歌颂。

节选的这段文字为宝玉、黛玉爱情发展至关重要的一部分，描绘了宝玉与黛玉两人在爱情历程中的表现。由于张道士要给宝玉提亲，惹出一系列纠纷来。提亲首先引起宝玉反感，黛玉不快。因此，第二十九回写宝玉去看黛玉，这本是求近的举动，但由于不能直接交流思想感情，双方都把真心藏了，用假言试探，结果吵了一架。

曹雪芹不仅把情侣间的争吵处理得又逼真又细腻，且在处理过程中表现了人物的个性与情感。

【思考与练习】

1. 对照本篇课文内容选择宝玉、黛玉、宝钗、袭人或紫鹃写一篇人物短评，不得少于 600 字。

2. 这篇作品的艺术表现最成功的地方在哪里？请作具体分析。

3. 阅读《红楼梦》。

离　婚

鲁　迅

"阿阿，木叔！新年恭喜，发财发财！"

"你好，八三！恭喜恭喜！……"

"唉唉，恭喜！爱姑也在这里……"

"阿阿，木公公！……"

庄木三和他的女儿——爱姑——刚从木莲桥头跨下航船去，船里面就有许多声音一齐嗡的叫了起来，其中还有几个人捏着拳头打拱；同时，船旁的坐板也空出四人的坐位来了。庄木三一面招呼，一面就坐，将长烟管倚在船边；爱姑便坐在他左边，将两只钩刀样的脚正对着八三摆成一个"八"字。

"木公公上城去？"一个蟹壳脸的问。

"不上城，"木公公有些颓唐似的，但因为紫糖色脸上原有许多皱纹，所以倒也看不出什么大变化，"就是到庞庄去走一遭。"

合船都沉默了，只是看他们。

"也还是为了爱姑的事么？"好一会，八三质问了。

"还是为她。……这真是烦死我了，已经闹了整三年，打过多少回架，说过多少回和，总是不落局……。"

"这回还是到慰老爷家里去？……"

"还是到他家。他给他们说和也不止一两回了，我都不依。这倒没有什么。这回是他家新年会亲，连城里的七大人也在……。"

"七大人？"八三的眼睛睁大了。"他老人家也出来说话了么？……那是……。其实呢，去年我们将他们的灶都拆掉了[①]，总算已经出了一口恶气。况且爱姑回到那边去，其实呢，也没有什么味儿……。"他于是顺下眼睛去。

"我倒并不贪图回到那边去，八三哥！"爱姑忿忿地昂起头，说，"我是赌气。你想，'小畜生'姘上了小寡妇，就不要我，事情有这么容易的？'老畜生'只知道帮儿子，也不要我，好容易呀！七大人怎样？难道和知县大老爷换帖[②]，就不说人话了么？他不能像慰老爷似的不通，只说是'走散好走散好'。我倒要对他说说我这几年的艰难，且看七大人说谁不错！"

八三被说服了，再开不得口。

只有潺潺的船头激水声；船里很静寂。庄木三伸手去摸烟管，装上烟。

斜对面，挨八三坐着的一个胖子便从肚兜里掏出一柄打火刀，打着火线，给他按在烟斗上。

"对对。"③木三点头说。

"我们虽然是初会，木叔的名字却是早已知道的。"胖子恭敬地说。"是的，这里沿海三六十八村，谁不知道？施家的儿子姘上了寡妇，我们也早知道。去年木叔带了六位儿子去拆平了他家的灶，谁不说应该？……你老人家是高门大户都走得进的，脚步开阔，怕他们甚的！……"

"你这位阿叔真通气，"爱姑高兴地说，"我虽然不认识你这位阿叔是谁。"

"我叫汪得贵。"胖子连忙说。

"要撇掉我，是不行的。七大人也好，八大人也好。我总要闹得他们家败人亡！慰老爷不是劝过我四回么？连爹也看得赔贴的钱有点头昏眼热了……。"

"你这妈的！"木三低声说。

"可是我听说去年年底施家送给慰老爷一桌酒席哩，八公公。"蟹壳脸道。

"那不碍事。"汪得贵说，"酒席能塞得人发昏么？酒席如果能塞得人发昏，送大菜④又怎样？他们知书识理的人是专替人家讲公道话的，譬如，一个人受众人欺侮，他们就出来讲公道话，倒不在乎有没有酒喝。去年年底我们敝村的荣大爷从北京回来，他见过大场面的，不像我们乡下人一样。他就说，那边的第一个人物要算光太太，又硬……。"

"汪家汇头的客人上岸哩！"船家大声叫着，船已经要停下来。

"有我有我！"胖子立刻一把取了烟管，从中舱一跳，随着前进的船走在岸上了。

"对对！"他还向船里面的人点头，说。

船便在新的静寂中继续前进；水声又很听得出了，潺潺的。八三开始打瞌睡了，渐渐地向对面的钩刀式的脚张开了嘴。前舱中的两个老女人也低声哼起佛号来，她们撷着念珠，又都看爱姑，而且互视，努嘴，点头。

爱姑瞪着眼看定篷顶，大半正在悬想将来怎样闹得他们家败人亡；"老畜生"，"小畜生"，全都走投无路。慰老爷她是不放在眼里的，见过两回，不过一个团头团脑的矮子：这种人本村里就很多，无非脸色比他紫黑些。

庄木三的烟早已吸到底，火逼得斗底里的烟油吱吱地叫了，还吸着。他知道一过汪家汇头，就到庞庄；而且那村口的魁星阁⑤也确乎已经望得见。庞庄，他到过许多回，不足道的，以及慰老爷。他还记得女儿的哭回来，他的亲家和女婿的可恶，后来给他们怎样地吃亏。想到这里，过去的情景便在眼前展开，一到惩治他亲家这一局，他向来是要冷冷地微笑的，但这回却不，不知怎的忽而横梗着一个胖胖的七大人，将他脑里的局面挤得摆不整齐了。

船在继续的寂静中继续前进；独有念佛声却宏大起来；此外一切，都似乎陪着木叔和爱姑一同浸在沉思里。

"木叔，你老上岸罢，庞庄到了。"

木三他们被船家的声音警觉时，面前已是魁星阁了。他跳上岸，爱姑跟着，经过魁星阁下，向着慰老爷家走。朝南走过三十家门面，再转一个弯，就到了，早望见门口一列地泊着四只乌篷船。

他们跨进黑油大门时，便被邀进门房去；大门后已经坐满着两桌船夫和长年。爱姑不敢看他们，只是溜了一眼，倒也并不见有"老畜生"和"小畜生"的踪迹。

当工人搬出年糕汤来时，爱姑不由得越加局促不安起来了，连自己也不明白为什么。"难道和知县大老爷换帖，就不说人话么？"她想。"知书识理的人是讲公道话的。我要细细地对七大人说一说，从十五岁嫁过去做媳妇的时候起……"

她喝完年糕汤；知道时机将到。果然，不一会，她已经跟着一个长年，和她父亲经过大厅，又一弯，跨进客厅的门槛去了。

客厅里有许多东西，她不及细看；还有许多客，只见红青缎子马褂发闪。在这些中间第一眼就看见一个人，这一定是七大人了。

虽然也是团头团脑，却比慰老爷们魁梧得多；大的圆脸上长着两条细眼和漆黑的细胡须；头顶是秃的，可是那脑壳和脸都很红润，油光光地发亮。爱姑很觉得稀奇，但也立刻自己解释明白了：那一定是擦着猪油的。

"这就是'屁塞'⑥，就是古人大殓的时候塞在屁股眼里的。"七大人正拿着一条烂石似的东西，说着，又在自己的鼻子旁擦了两擦，接着道，"可惜是'新坑'⑦。倒也可以买得，至迟是汉。你看，这一点是'水银浸'……。"

"水银浸"周围即刻聚集了几个头，一个自然是慰老爷；还有几位少爷们，因为被威光压得像瘪臭虫了，爱姑先前竟没有见。

她不懂后一段话；无意，而且也不敢去研究什么"水银浸"，便偷空向四处一看望，只见她后面，紧挨着门旁的墙壁，正站着"老畜生"和"小畜生"。虽然只一瞥，但较之半年前偶然看见的时候，分明都见得苍老了。

接着大家就都从"水银浸"周围散开；慰老爷接过"屁塞"，坐下，用指头摩挲着，转脸向庄木三说话。

"就是你们两个么？"

"是的。"

"你的儿子一个也没有来？"

"他们没有工夫。"

"本来新年正月又何必来劳动你们。但是，还是只为那件事，……我想，你们也闹得够了。不是已经有两年多了么？我想，冤仇是宜解不宜结的。爱姑既然丈夫不对，公婆不喜欢……。也还是照先前说过那样：走散的好。我没有这么大面子，说不通。七大人是最爱讲公道话的，你们也知道。现在七大人的意思也这样：和我一样。可是七大人说，两面都认点晦气罢，叫施家再添十块钱：九十元！"

"……"

"九十元！你就是打官司打到皇帝伯伯跟前，也没有这么便宜。这话只有我们的七大人肯说。"

七大人睁起细眼，看着庄木三，点点头。

爱姑觉得事情有些危急了，她很怪平时沿海的居民对他都有几分惧怕的自己的父亲，为什么在这里竟说不出话。她以为这是大可不必的；她自从听到七大人的一段议论之后，虽不很懂，但不知怎的总觉得他其实是和蔼近人，并不如先前自己所揣想那样的可怕。

"七大人是知书识理，顶明白的，"她勇敢起来了。"不像我们乡下人。我是有冤无处诉；倒正要找七大人讲讲。自从我嫁过去，真是低头进，低头出，一礼不缺。他们就是专和我作对，一个个都像个'气杀钟馗⑧'。那年的黄鼠狼咬死了那匹大公鸡，那里是我没有关好吗？那是那只杀头癞皮狗偷吃糠拌饭，拱开了鸡橱门。那'小畜生'不分青红皂白，就夹脸一嘴巴……。"

七大人对她看了一眼。

"我知道那是有缘故的。这也逃不出七大人的明鉴；知书识理的人什么都知道。他就是着了那滥婊子的迷，要赶我出去。我是三茶六礼⑨定来的，花轿抬来的呵！那么容易吗？……我一定要给他们一个颜色看，就是打官司也不要紧。县里不行，还有府里呢……。"

"那些事是七大人都知道的。"慰老爷仰起脸来说。"爱姑，你要是不转头，没有什么便宜的。你就总是这模样。你看你的爹多少明白；你和你的弟兄都不像他。打官司打到府里，难道官府就不会问问七大人么？那时候是，'公事公办'，那是，……你简直……。"

"那我就拼出一条命，大家家败人亡。"

"那倒并不是拼命的事，"七大人这才慢慢地说了。"年纪轻轻。一个人总要和气些：'和气生财'。对不对？我一添就是十块，那简直已经是'天外道理'了。要不然，公婆说'走！'就得走。莫说府里，就是上海北京，就是外洋，都这样。你要不信，他就是刚从北京洋学堂里回来的，自己问他去。"于是转脸向着一个尖下巴的少爷道，"对不对？"

"的的确确。"尖下巴少爷赶忙挺直了身子，必恭毕敬地低声说。

爱姑觉得自己是完全孤立了；爹不说话，弟兄不敢来，慰老爷是原本帮他们的，七大人又不可靠，连尖下巴少爷也低声下气地像一个瘪臭虫，还打"顺风锣"。但她在胡里胡涂的脑中，还仿佛决定要作一回最后的奋斗。

"怎么连七大人……。"她满眼发了惊疑和失望的光。"是的……。我知道，我们粗人，什么也不知道。就怨我爹连人情世故都不知道，老发昏了。就专凭他们'老畜生''小畜生'摆布；他们会报丧似的急急忙忙钻狗洞，巴结人……。"

"七大人看看，"默默地站在她后面的"小畜生"忽然说话了。"她在大人面前还是这样。那在家里是，简直闹得六畜不安。叫我爹是'老畜生'，叫我是口口声声'小畜生'，'逃生子'⑩。"

"那个'娘滥十十万人生'的叫你'逃生子'？"爱姑回转脸去大声说，便又向着七大人道，"我还有话要当大众面前说说哩。他那里有好声好气呵，开口'贱胎'，闭口'娘杀'。自从结识了那婊子，连我的祖宗都入起来了。七大人，你给我批评批评，这……。"

她打了一个寒噤，连忙住口，因为她看见七大人忽然两眼向上一翻，圆脸一仰，细长胡子围着的嘴里同时发出一种高大摇曳的声音来了。

"来……兮！"七大人说。

她觉得心脏一停，接着便突突地乱跳，似乎大势已去，局面都变了；仿佛失足掉在水里一般，但又知道这实在是自己错。

立刻进来一个蓝袍子黑背心的男人，对七大人站定，垂手挺腰，像一根木棍。

全客厅里是"鸦雀无声"。七大人将嘴一动，但谁也听不清说什么。然而那男人，却已经听到了，而且这命令的力量仿佛又已钻进了他的骨髓里，将身子牵了两牵，"毛骨悚然"似的；一面答应道：

"是。"他倒退了几步，才翻身走出去。

爱姑知道意外的事情就要到来，那事情是万料不到，也防不了的。她这时才又知道七大人实在威严，先前都是自己的误解，所以太放肆，太粗卤了。她非常后悔，不由的自己说："我本来是专听七大人吩咐……。"

全客厅里是"鸦雀无声"。她的话虽然微细得如丝，慰老爷却像听到霹雳似的了；他跳了起来。

"对呀！七大人也真公平；爱姑也真明白！"他夸赞着便向庄木三，"老木，那你自然是没有什么说的了，她自己已经答应。我想你红绿帖是一定已经带来了的⑪，我通知过你。那么，大家都拿出来……。"

爱姑见她爹便伸手到肚兜里去掏东西；木棍似的那男人也进来了，将小乌龟模样的一个漆黑的扁的小东西递给七大人⑫。爱姑怕事情有变故，连忙去看庄木三，见他已经在茶几上打开一个蓝布包裹，取出洋钱来。

七大人也将小乌龟头拔下，从那身子里面倒一点东西在掌心上；木棍似的男人便接了那扁东西去。七大人随即用那一只手的一个指头蘸着掌心，向自己的鼻孔里塞了两塞，鼻孔和人中立刻黄焦焦了。他皱着鼻子，似乎要打喷嚏。

庄木三正在数洋钱。慰老爷从那没有数过的一叠里取出一点来，交还了"老畜生"；又将两份红绿帖子互换了地方，推给两面，嘴里说道：

"你们都收好。老木，你要点清数目呀。这不是好当玩意儿的，银钱事情……。"

"呃啾"的一声响，爱姑明知道是七大人打喷嚏了，但不由得转过眼去看。只见七大人张着嘴，仍旧在那里皱鼻子，一只手的两个指头却撮着一件东西，就是那"古人大殓的时候塞在屁股眼里的"，在鼻子旁边摩擦着。

好容易，庄木三点清了洋钱；两方面各将红绿帖子收起，大家的腰骨都似乎直得多，原先收紧着的脸相也宽懈下来，全客厅顿然见得一团和气了。

"好！事情是圆功了。"慰老爷看见他们两面都显出告别的神气，便吐一口气，说："那么，嗡，再没有什么别的了。恭喜大吉，总算解了一个结。你们要走了么？不要走，在我们家里喝了新年喜酒去：这是难得的。"

"我们不喝了。存着，明年再来喝罢。"爱姑说。

"谢谢慰老爷。我们不喝了。我们还有事情……。"庄木三，老畜生"和"小畜生"，都说着，恭恭敬敬地退出去。

"唔？怎么？不喝一点去么？"慰老爷还注视着走在最后的爱姑，说。

"是的，不喝了。谢谢慰老爷。"

一九二五年十一月六日

【注释】

① 拆灶：旧时绍兴等地农村的一种风俗。当民间发生纠纷时，一方将对方的锅灶拆掉，认为这是给对方很大的侮辱。

② 换帖：旧时朋友相契，结为异姓兄弟，各人将姓名、生辰、籍贯、家世等项写在帖子上，彼此交换保存，称为换帖。

③ 作者原注——"对对"是"对不起对不起"之略，或"得罪得罪"的合音。未详。

④ 大菜：旧时对西餐的俗称。

⑤ 魁星阁：供奉魁星的阁楼。魁星原是我国古代天文学中所谓二十八宿之一奎星的俗称。最初在汉代

78

人的纬书《孝经援神契》中有"奎主文昌"的说法，后奎星被附会为主宰科名和文运兴衰的神。

⑥ "屁塞"：古时人死后常用小型的玉、石等塞在死者的口、耳、鼻、肛门等处，据说可以保持尸体长久不烂。塞在肛门的叫"屁塞"。

⑦ 新坑：殉葬的金、玉等物，经后人发掘，其出土不久的叫"新坑"，出土年代久远的叫"旧坑"。又古人大殓时，常用水银粉涂在尸体上，以保持长久不烂。出土的殉葬的金、玉等物，浸染了水银的斑点，叫"水银浸"。

⑧ "气杀钟馗"：据旧小说《捉鬼传》载，钟馗是唐代秀才，后来考取状元，因为皇帝嫌他相貌丑陋，打算另选，于是"钟馗气得暴跳如雷"，自刎而死。民间"气杀钟馗"（凶相、难看的面孔等意思）的成语即由此而来。

⑨ 三茶六礼：意为明媒正娶。我国旧时习俗，娶妻多用茶为聘礼，所以女子受聘称为受茶。据明代陈耀文的《天中记》卷四十四说，"几种茶树必下子，移植则不复生，故俗聘妇必以茶为礼，义固有所取也。""六礼"，据《仪礼·士昏礼》（按，昏即婚），即纳采、问名、纳吉、纳征、请期、亲迎六种仪式。

⑩ 作者原注——私生子。

⑪ 红绿帖：旧时男女订婚时两家交换的帖子。

⑫ 小东西：指鼻烟壶。鼻烟，是一种由鼻孔吸入的粉末状的烟。

【赏析】

《离婚》中的爱姑是不幸婚姻的被损害者，起初，她要反抗，要得到公道，对胜利充满信心，发誓要"闹得他们家败人亡"，然而最终却甘于屈服。《离婚》以乡村的婚姻纠纷为切入点，旨在揭露国民的精神病态。

在这场婚姻斗争中爱姑是孤立的，她的兄弟们帮助她拆过婆家的灶台，但这次都不敢来了；父亲在去和谈的路途上就表现出对女儿的不满，和谈会上更是一言不发；渡船里的人们帮着爱姑说话，只是畏惧庄木三的势力，随声附和而已，他们并不理解爱姑，不可能成为爱姑的支持者，是爱姑潜在反对者。爱姑的孤独，表现了社会环境的愚昧和麻木。

小说世界中除七大人外的所有人，都存在着精神上的病态，他们无知、闭塞，盲目地崇奉城里的父母官。七老爷实际上不过是一个迂酸无能、贪图享乐，而又装腔作势的封建乡绅，可是一听到七老爷的名字，渡船里的八三"眼睛都睁大了"，心里直打鼓；和谈会上所有的人都对他毕恭毕敬；在爱姑眼里，七老爷更是一个"知书识理"，能够主持公道的人。七老爷的威严，代表了封建秩序和礼教的无上权威。所有的人都对他顶礼膜拜，爱姑自己在"大人"面前也心甘情愿地服从，这种盲目的奴性正是导致爱姑失败的根本原因。外表看来，爱姑大胆、泼辣，然而她内心深处是软弱的，充满奴性，对七老爷无比崇奉，是典型的"精神上的奴隶"。凭着这样的精神状态去向社会"讨公道",结果可想而知。《离婚》中所有的七大人的崇奉者(包括爱姑)所显现出来的世故与奴性,都源于旧道德与旧礼教对人的精神钳制。鲁迅始终关注着"病态社会"里的人的精神"病苦",其目的是为了揭示造成这种精神痛苦的根源。

在艺术技巧上,鲁迅并不着力于叙述一个曲折的、完整的故事,而是横向地勾勒出"航船上"与"和谈会"两幅极具江南气息的风俗画,在两个紧凑的场景中集中笔力去描绘人物。《离婚》的语言简峭传神,充分表现人物的性格,极具暗示性,如小说写到爱姑在渡船上摆着"勾刀样的脚",既刻画出她野性的一面,同时又暗示了这场"离婚"悲剧的产生也有爱姑自身性格方面的原因,由此而传达出丰富的意蕴。

【思考与练习】

1.请从多方面探讨爱姑被遗弃的原因。
2.分析比较鲁迅《祝福》中的祥林嫂和爱姑这两位女性形象。

菉竹山房①

吴组缃②

阴历五月初十日和阿圆到家,正是家乡所谓"火梅"天气:太阳和淫雨交替迫人,那苦况非身受的不能想象。母亲说,前些日子二姑姑托人传了口信来,问我们到家没有;说"我做姑姑的命不好,连侄儿侄媳也冷淡我"。意思之间是要我和阿圆到她老人家村上去住些时候。

二姑姑家我只于年小时去过一次,至今十多年了。我连年羁留外乡,过的是电灯电影洋装书籍柏油马路的另一世界的生活。每当想起家乡,就如记忆一个年远的传说一样。我脑中的二姑姑家,到现在更是模糊得如云如烟。那座阴森敞大的三进大屋,那间摊乱着雨蚀虫蛀的古书的学房,以及后园中的池塘竹木,想起来都如依稀的梦境。

二姑姑的故事好似一个旧传奇的仿本。她的红颜时代我自然没有见过,但从后来我所见到的她的风度上看来:修长的身材,清瘦白晰的脸庞,狭长而凄清的眼睛,以及沉默少言笑的阴暗调子,都和她的故事十分相称。

故事在这里不必说得太多。其实,我所知道的也就有限,因为家人长者都讳谈它。我所

80

知道的一点点，都是日长月远，家人谈话中偶然流露出来，由零碎撷拾起来的。

多年以前，叔祖的学塾中有个聪明年少的门生，是个三代孤子。因为看见叔祖屋里的帐幔，笔套，与一幅大云锦上的刺绣，绣的都是各种姿态的美丽蝴蝶，心里对这绣蝴蝶的人起了羡慕之情：而这绣蝴蝶的姑娘因为听叔祖常常夸说这人，心里自然也早就有了这人。这故事中的主人以后是乘一个怎样的机缘相见相识，我不知道，长辈们恐怕也少知道。在我所撷拾的零碎资料中，这以后便是这悲惨故事的顶峰：一个三春天气的午间，冷清的后园的太湖石洞中，祖母因看牡丹花，拿住了一对仓惶失措的系裤带的顽皮孩子。

这幕才子佳人的喜剧闹了出来，人人夸说的绣蝴蝶的小姐一时连丫头也要加以鄙夷。放佚风流的叔祖虽从中尽力撮合周旋，但当时究未成功。若干年后，扬子江中八月大潮，风浪陡作，少年赴南京应考，船翻身亡。绣蝴蝶的小姐那时才十九岁，闻耗后，在桂花树下自缢，为园丁所见，救活了，没死。少年家觉得这小姐尚有稍些可风之处，商得了女家同意，大吹大擂接小姐过去迎了灵柩；麻衣红绣鞋，抱着灵牌参拜家堂祖庙，做了新娘。

这故事要不是姑姑的，并不多么有趣；二姑姑要没这故事，我们这次也就不致急于要去。母亲自然怂恿我们去。说我们是新结婚，也难得回家一次。二姑姑家孤寂了一辈子，如今如此想念我们，这点子人情是不能不尽的。但是阿圆却有点怕我们家乡的老太太。这些老太太——举个例，就如我的大伯娘，她老人家就最喜欢搂阿圆在膝上喊宝宝，亲她的脸，咬她的肉，摩挲她的臂膊；又要我和她接吻给她老人家看。一得闲空就托支水烟袋坐到我们房里来，盯着眼看守着我们作迷迷笑脸，满口反复地说些叫人红脸不好意思的夸羡话。这种种啰唣我倒不大在意；可是阿圆就老被窘得脸红耳赤，不知该往哪里躲。——因此阿圆不愿去。

我知道弊病之所在，告诉阿圆：二姑姑不是这种善于表现的快乐天真的老太太。而且我会投年轻姑娘之所好，照二姑姑原来的故事又编上了许多的动人的穿插，说得阿圆感动得红了眼睛叹长气。听说二姑姑决不会给她那种啰唣，她的不愿去的心就完全消除；再听了二姑姑的故事，有趣得如从线装书中看下来的一样；又想到借此可以暂时躲避家乡的老太太；而且又知道金燕村中风景好，菉竹山房的屋舍阴凉宽畅：于是阿圆不愿去的心，变成急于要去了。

我说金燕村，就是二姑姑的村；菉竹山房就是二姑姑的家宅。沿着荆溪的石堤走，走的七八里地，回环合抱的山峦渐渐拥挤，两岸葱翠古老的槐柳渐密，溪暗赭色的大石渐多，哗哗的水激石块声越听越近。这段溪，渐不叫荆溪，由是叫响潭。响潭的两岸，槐树柳树榆树更多更老更葱茏，两面缝合，荫罩着乱喷白色水沫的河面，一缕太阳光也晒不下来。沿着响潭两岸的树林中，疏疏落落点缀着二十多座白垩瓦屋。西岸上，紧临着响潭，那座白屋分外大；梅花窗的围墙上面探露着一丛竹子，竹子一半是绿色的，一半已开了花，变成槁色。——这座村子便是金燕村，这座大屋便是二姑姑的家宅菉竹山房。

阿圆是外乡生长的，从前只在中国山水画上见过的景子，一朝忽然身历其境，欣跃之情自然难言。我一时回想起平日见惯的西式房子，柏油马路，烟囱，工厂等等，也觉得是重入梦境，作了许多缥缈之想。

二姑姑多年不见，显见得老迈了。

"昨天夜里结了三颗大灯花，今朝喜鹊在屋脊上叫了三四次，我知道要来人。"

那只苍白皱摺的脸没多少表情。说话的语气，走路的步法，和她老人家的脸庞同一调子：阴暗，凄苦，迟钝。她引我们进到内屋里，自己跚跚颤颤地到房里去张罗果盘，吩咐丫头为我们打脸水——这丫头叫兰花，本是我家的丫头，三十多岁了。二姑姑陪嫁丫头死去后，祖父便拨了身边的这丫头来服侍姑姑，和姑姑做伴。她陪姑姑住守这所大屋子已二十多年，跟姑姑念诗念经，学姑姑绣蝴蝶，她自己说不要成家的。

二姑姑说没指望我们来得如此快，房子都没打扫。领我们参观全宅，顺便叫我们自己拣一间合意的住。四个人分作三排走，姑姑在前，我俩在次，兰花在最后。阿圆蹈着姑姑的步子走，显见得拘束不自在，不时昂头顾我，作有趣的会意之笑。我们都无话说。

屋子高大，阴森，也是和姑姑的人相谐调的。石阶，地砖，柱础，甚至板壁上，都染涂着一层深深浅浅的暗绿，是苔尘。一种与陈腐的土木之气混合的霉气扑满鼻官。每一进屋的梁上都吊有淡黄色的燕子窝，有的已剥落，只留着痕迹；有的正孵着雏儿，叫得分外响。

我们每走到一进房子，由兰花先上前开锁；因为除姑姑住的一头两间的正屋而外，其余每一间房，每一道门都是上了锁的。看完了正屋，由侧门一条巷子走到花园中。邻着花园有座雅致的房，门额上写着"邀月"两个八分字。百叶窗，古瓶式的门，门上也有明瓦纸的册叶小窗。我爱这地方近花园，较别处明朗清新得多，和姑姑说，我们就住这间房。姑姑叫兰花开了锁，两扇门一推开，就噗噗落下三只东西来：两只是壁虎，一只是蝙蝠。我们都怔了一怔。壁虎是悠悠地爬走了；兰花拾起那只大蝙蝠，轻轻放到墙隅里，呓语着似地念了一套怪话：

"福公公，你让让房，有贵客要在这里住。"

阿圆惊惶不安的样子，牵一牵我的衣角，意思大约是对着这些情景，不敢在这间屋里住。二姑姑年老还不失其敏感，不知怎样她老人家就窥知了阿圆的心事：

"不要紧。——这些房子每年你姑爹回家时都扫扫一次。停会，叫兰花再好好来收拾。福公公虎爷爷都会让出去的。"

又说：

"这间邀月庐是你姑爹最喜欢的地方；去年你姑爹回来，叫我把它修葺一下。你看看，里面全是新崭崭的。"

我探身进去张看，兜了一脸蜘蛛网。里面果然是新崭崭的。墙上字画，桌上陈设，都很整齐。只是蒙上一层薄薄的尘灰罢了。

我们看兰花扎了竹叶把，拿了扫帚来打扫。姑姑自向前进去了。阿圆用一个小孩子的神秘惊奇的表情问我说：

"怎么说姑爹？……"

兰花放下竹叶把，瞪着两只阴沉的眼睛低幽地告诉阿圆说：

"爷爷灵验得很啦！三朝两天来给奶奶托梦。我也常看见的，公子帽，宝蓝衫，常在这园里走。"

阿圆扭着我的袖口，只是向着兰花的两只眼睛瞪看。兰花打扫好屋子，又忙着抱被褥毯子席子为我们安排床铺。里墙边原有一张檀木榻，榻几上面摆着一套围棋子，一盘瓷制的大蟠桃。把棋子蟠桃连同榻几拿去，铺上被席，便是我们的床了。二姑姑跚跚颤颤地走来，拿着一顶蚊帐给我们看，说这是姑爹用的帐，是玻璃纱制的；问我们怕不怕招凉。我自然愿意要这顶凉快帐子；但是阿圆却望我瞪着眼，好像连这顶美丽的帐子也有可怕之处。

这屋子的陈设是非常美致的，只看墙上的点缀就知道。东墙上挂着四幅大锦屏，上面绣着"篆竹山房唱和诗"，边沿上密密齐齐地绣着各色的小蝴蝶，一眼看上去就觉得很灿烂。西墙上挂着一幅彩色的《钟馗捉鬼图》，两边有洪北江的"梅雪松风清几榻，天光云影护琴书"的对子。床榻对面的南墙上有百叶窗子可以看花园，窗下一书桌，桌上一个朱砂古瓶，瓶里插着马尾云拂。

我觉得这地方好。陈设既古色古香，而窗外一丛半绿半黄的修竹，和墙外隐约可听的响潭之水，越衬托得闲适恬静。

不久吃晚饭，我们都默默无话。我和阿圆是不知在姑姑面前该说些什么好，姑姑自己呢，是不肯多说话的。偌大屋子如一大座古墓，没一丝人声；只有堂厅里的燕子啾啾地叫。兰花向天井檐上张一张，自言自语地说：

"青姑娘还不回来呢！"

二姑姑也不答话，点点头。阿圆偷眼看看我。——其实我自己也正在纳罕着的。吃了饭，正洗脸，一只燕子由天井飞来，在屋里绕了一道，就钻进檐下的窝里去了。兰花停了碗，把筷子放在嘴沿上，低低地说：

"青姑娘，你到这时才回来。"悠悠地长叹一口气。

我释然，向阿圆笑笑；阿圆却不曾笑，只瞪着眼看兰花。

我说邀月庐清新明朗，那是指日间而言。谁知这天晚上，大雨复作；一盏三支灯草的豆油檠摇晃不定；远远正屋里二姑姑和兰花低幽地念着晚经，听来简直是"秋坟鬼唱鲍家诗"；加以外面雨声虫声风弄竹声合奏起一支凄戾的交响曲，显得这周遭的确鬼气殊多。也不知是循着怎样的一个线索，很自然地便和阿圆谈起《聊斋》的故事来。谈一回，她越靠紧我一些，两眼只瞪着西墙上的《钟馗捉鬼图》，额上鼻上渐渐全渍着汗珠。钟馗手下按着的那个鬼，披着发，撕开血盆口，露出两支大獠牙，栩栩欲活。我偶然瞥一眼，也不由得一惊。这时觉得那钟馗，那恶鬼，姑姑和兰花，连同我们自己俩，都成了鬼故事中的人物了。

阿圆瑟缩地说："我想睡。"

她紧紧靠住我，我走一步，她走一步。睡到床上，自然很难睡着。不知辗转了多少时候，雨声渐止，月亮透过百叶窗，映照得满屋凄幽。一阵飒飒的风摇竹声后，忽然听得窗外有脚步之声。声音虽然轻微，但是入耳十分清楚。

"你……听见了……没有？"阿圆把头钻在我的腋下，喘息地低声问。

我也不禁毛骨悚然。

那声音渐听渐近，没有了；换上的是低沉的戚戚声，如鬼低诉。阿圆已浑身汗濡。我咳了一声，那声音突然寂止；听见这突然寂止，想起兰花日间所说的话，我也不由得不怕了。

半晌没有声息，紧张的心绪稍稍平缓，但是两人的神经都过分紧张，要想到梦乡去躲身，究竟不能办到。为要解除阿圆的恐怖，我找了些快乐高兴的话和她谈说。阿圆也就渐渐敢由我的腋下伸出头来了。我说：

"你想不想你的家？"

"想。"

"怕不怕了？"

"还有点怕。"

正答着话，她突然尖起嗓子大叫一声，搂住我，嚎啕，震抖，迫不成声：

"你……看……门上！……"

我看门上——门上那个册叶小窗露着一个鬼脸，向我们张望；月光斜映，隔着玻璃纱帐看得分外明晰。说时迟，那时快，那个鬼脸一晃，就沉下去不见了。我不知从那里涌上一股勇气，推开阿圆，三步跳去，拉开门。

门外是两个女鬼！

一个由通正屋的小巷窜远了；一个则因逃避不及，正在我的面前蹲着。

"是姑姑吗？"

"唔——"幽沉的一口气。

我抹着额上的冷汗，不禁轻松地笑了。我说：

"阿圆，莫怕了，是姑姑。"

一九三二年十一月二十六日

【注释】

① 选自《中国新文学大系·小说集》，茅盾编选，上海文艺出版社 2003 年版。

② 吴组缃（1908—1994），安徽泾县人，中国现代著名作家、学者。初期作品以悲剧风格抨击摧残人性的旧社会，后期作品转向描绘急剧破产的农村社会。文笔细腻委婉，风格悲凉。主要著作有《西柳集》《饭余集》以及长篇小说《鸭嘴涝》（后更名为《山洪》）等。

【赏析】

这篇小说以新婚的"我"和阿圆去看望二姑姑为线索，表现了一个传统女性无爱的凄凉人生，揭示出封建传统文化对人性和生命的压抑与摧残。

整篇小说通过乡村景色或清幽或明朗或阴冷的色调变化和对比，与富有特征的民情风物的描述，突现了二姑姑的生活空间。来自城市、带有现代文明生活气息的"我"和阿圆，在整个故事中所呈现心理感受的曲折变化，则反衬出了封建传统文化腐朽僵死、戕害人性的本质特征。

小说用大量的笔墨营造气氛，进行细致的渲染与烘托。文章结尾处，在惨淡月光下出现得"鬼脸"这一细节描写，不仅强化了小说阴森恐怖的氛围，同时也深刻地揭示了两个女人畸变的心理状态，起着画龙点睛的作用。

【思考与练习】

1. 试分析这篇小说中景物描写的作用。

2. 简要分析这篇小说中二姑姑身世的悲剧意义。

3. 试从人物塑造、艺术构思、作品主题等方面对《菉竹山房》作一评析。写一篇评述（字数不少于 600 字）。

命若琴弦①

史铁生②

莽莽苍苍的群山之中走着两个瞎子，一老一少，一前一后，两顶发了黑的草帽起伏蹿动，匆匆忙忙，像是随着一条不安静的河水在漂流。无所谓从哪儿来，也无所谓到哪儿去，每人带一把三弦琴，说书为生。

方圆几百上千里的这片大山中，峰峦叠嶂，沟壑纵横，人烟稀疏，走一天才能见一片开阔地，有几个村落。荒草丛中随时会飞起一对山鸡，跳出一只野兔、狐狸或者其他小野兽。山谷中常有鹞鹰盘旋。

寂静的群山没有一点阴影，太阳正热得凶。

"把三弦子抓在手里。"老瞎子喊，在山间震起回声。

"抓在手里呢。"小瞎子回答。

"操心身上的汗把三弦子弄湿了。弄湿了晚上弹你的肋条？"

"抓在手里呢。"

老少二人都赤着上身，各自拎了一条木棍探路。缠在腰间的粗布小褂已经被汗水洇湿了一大片。趟起来的黄土干得呛人③。这正是说书的旺季。天长，村子里的人吃罢晚饭都不呆在家里；有的人晚饭也不在家里吃，捧上碗到路边去或者到场院里。老瞎子想赶着多说书，整个热季领着小瞎子一个村子一个村子紧走，一晚上一晚上紧说。老瞎子一天比一天紧张、激动，心里算定：弹断一千根琴弦的日子就在这个夏天了，说不定就在前面的野羊坳。

暴躁了一整天的太阳这会儿正平静下来，光线开始变得深沉。远远近近的蝉鸣也舒缓了许多。

"小子！你不能走快点吗？"老瞎子在前面喊，不回头也不放慢脚步。

小瞎子紧跑几步，吊在屁股上的一只大挎包叮啷哐啷地响，离老瞎子仍有几丈远。

"野鸽子都往窝里飞啦。"

"什么？"小瞎子又紧走几步。

"我说野鸽子都回窝了，你还不快走！"

"噢。"

"你又鼓捣我那电匣子呢。"

"噫——！鬼动来。"

"那耳机子快让你鼓捣坏了。"

"鬼动来！"

老瞎子暗笑：你小子才活了几天？"蚂蚁打架我也听得着。"老瞎子说。

小瞎子不争辩了，悄悄把耳机子塞到挎包里去，跟在师父身后闷闷地走路。无尽无休的无聊的路。

走了一阵子，小瞎子听见有只獾在地里啃庄稼，就使劲学狗叫，那只獾连滚带爬地逃走了，他觉得有点开心，轻声哼了几句小调儿，哥哥呀妹妹的。师父不让他养狗，怕受村子里的狗欺负，也怕欺负了别人家的狗，误了生意。又走了一会儿，小瞎子又听见不远处有条蛇

86

在游动，弯腰摸了块石头砍过去，"哗啦啦"一阵高粱叶子响。老瞎子有点可怜他了，停下来等他。

"除了獾就是蛇。"小瞎子赶忙说，担心师父骂他。

"有了庄稼地了，不远了。"老瞎子把一个水壶递给徒弟。

"干咱们这营生的，一辈子就是走。"老瞎子又说。"累不？"

小瞎子不回答，知道师父最讨厌他说累。

"我师父才冤呢。就是你师爷，才冤呢，东奔西走一辈子，到了没弹够一千根琴弦。"

小瞎子听出师父这会儿心绪好，就问："什么是绿色的长乙（椅）？"

"什么？噢，八成是一把椅子吧。"

"曲折的油狼（游廊）呢？"

"油狼？什么油狼？"

"曲折的油狼。"

"不知道。"

"匣子里说的。"

"你就爱瞎听那些玩意儿。听那些玩意儿有什么用？天底下的好东西多啦，跟咱们有什么关系？"

"我就没听您说过，什么跟咱们有关系。"小瞎子把"有"字说得重。

"琴！三弦子！你爹让你跟了我来，是为让你弹好三弦子，学会说书。"

小瞎子故意把水喝得咕噜噜响。

再上路时小瞎子走在前头。

大山的阴影在沟谷里铺开来。地势也渐渐的平缓，开阔。

接近村子的时候，老瞎子喊住小瞎子，在背阴的山脚下找到一个小泉眼。细细的泉水从石缝里往外冒，淌下来，积成脸盆大的小洼，周围的野草长得茂盛，水流出去几十米便被干渴的土地吸干。

"过来洗洗吧，洗洗你那身臭汗味。"

小瞎子拨开野草在水洼边蹲下，心里还在猜想着"曲折的油狼"。

"把浑身都洗洗。你那样儿准像个小叫花子。"

"那您不就是个老叫花子了？"小瞎子把手按在水里，嘻嘻地笑。

老瞎子也笑，双手掬起水往脸上泼。"可咱们不是叫花子，咱们有手艺。"

"这地方咱们好像来过。"小瞎子侧耳听着四周的动静。

"可你的心思总不在学艺上。你这小子心太野。老人的话你从来不着耳朵听。"

"咱们准是来过这儿。"

"别打岔！你那三弦子弹得还差着远呢。咱这命就在这几根琴弦上，我师父当年就这么跟我说。"

泉水清凉凉的。小瞎子又哥哥呀妹妹的哼起来。

老瞎子挺来气："我说什么你听见了吗？"

"咱这命就在这几根琴弦上，您师父我师爷说的。我都听过八百遍了。您师父还给您留下一张药方，您得弹断一千根琴弦才能去抓那副药，吃了药您就能看见东西了。我听您说过一千遍了。"

"你不信？"

小瞎子不正面回答，说："干嘛非得弹断一千根琴弦才能去抓那副药呢？"

"那是药引子。机灵鬼儿，吃药得有药引子！"

"一千根断了的琴弦还不好弄？"小瞎子忍不住哧哧地笑。

"笑什么笑！你以为你懂得多少事？得真正是一根一根弹断了的才成。"

小瞎子不敢吱声了，听出师父又要动气。每回都是这样，师父容不得对这件事有怀疑。

老瞎子也没再做声，显得有些激动，双手搭在膝盖上，两颗骨头一样的眼珠对着苍天，像是一根一根地回忆着那些弹断的琴弦。盼了多少年了呀，老瞎子想，盼了五十年了！五十年中翻了多少架山，走了多少里路哇。挨了多少回晒，挨了多少回冻，心里受了多少委屈呀。一晚上一晚上地弹，心里总记着，得真正是一根一根尽心尽力地弹断的才成。现在快盼到了，绝出不了这个夏天了。老瞎子知道自己又没什么能要命的病，活过这个夏天一点不成问题。"我比我师父可运气多了，"他说，"我师父到底没能睁开眼睛看一回。"

"咳！我知道这地方是哪儿了！"小瞎子忽然喊起来。

老瞎子这才动了动，抓起自己的琴来摇了摇，叠好的纸片碰在蛇皮上发出细微的响声，那张药方就在琴槽里。

"师父，这儿不是野羊岭吗？"小瞎子问。

老瞎子没搭理他，听出这小子又不安稳了。

"前头就是野羊坳，是不是，师父？"

"小子，过来给我擦擦背。"老瞎子说，把弓一样的脊背弯给他。

"是不是野羊坳，师父？"

"是！干什么？你别又闹猫似的。"

小瞎子的心扑通扑通跳，老老实实地给师父擦背。老瞎子觉出他擦得很有劲。

"野羊坳怎么了？你别又叫驴似的会闻味儿。"

小瞎子心虚，不吭声，不让自己显出兴奋。

"又想什么呢？别当我不知道你那点心思。"

"又怎么了，我？"

"怎么了你？上回你在这儿疯得不够？那妮子是什么好货！"老瞎子心想，也许不该再带他到野羊坳来。可是野羊坳是个大村子，年年在这儿生意都好，能说上半个多月。老瞎子恨不能立刻弹断最后几根琴弦。

小瞎子嘴上嘟嘟囔囔的，心却飘飘的，想着野羊坳里那个尖声细气的小妮子。

"听我一句话，不害你，"老瞎子说，"那号事靠不住。"

"什么事？"

"少跟我贫嘴。你明白我说的什么事。"

"我就没听您说过，什么事靠得住。"小瞎子又偷偷地笑。

老瞎子没理他，骨头一样的眼珠又对着苍天。那儿，太阳正变成一汪血。

两面脊背和山是一样的黄褐色。一座已经老了，嶙峋瘦骨像是山根下裸露的基石。另一座正年轻。老瞎子七十岁，小瞎子才十七。

小瞎子十四岁上父亲把他送到老瞎子这儿来，为的是让他学说书，这辈子好有个本事；将来可以独自在世上活下去。

老瞎子说书已经说了五十多年。这一片偏僻荒凉的大山里的人们都知道他：头发一天天变白，背一天天变驼，年年月月背一把三弦琴满世界走，逢上有愿意出钱的地方就拨动琴弦唱一晚上，给寂寞的山村带来欢乐。开头常是这么几句："自从盘古分天地，三皇五帝到如今，有道君王安天下，无道君王害黎民。轻轻弹响三弦琴，慢慢稍停把歌论，歌有三千七百本，不知哪本动人心。"于是听书的众人喊起来，老的要听董永卖身葬父，小的要听武二郎夜走蜈蚣岭，女人们想听秦香莲。这是老瞎子最知足的一刻，身上的疲劳和心里的孤寂全忘却，不慌不忙地喝几口水，待众人的吵嚷声鼎沸，便把琴弦一阵紧拨，唱道："今日不把别人唱，单表公子小罗成。"或者："茶也喝来烟也吸，唱一回哭倒长城的孟姜女。"满场立刻鸦雀无声，老瞎子也全心沉到自己所说的书中去。

他会的老书数不尽。他还有一个电匣子，据说是花了大价钱从一个山外人手里买来，为的是学些新词儿，编些新曲儿。其实山里人倒不太在乎他说什么唱什么。人人都称赞他那三弦子弹得讲究，轻轻漫漫的，飘飘洒洒的，疯疯狂放的，那里头有天上的日月，有地上的生灵。老瞎子的嗓子能学出世上所有的声音，男人、女人、刮风下雨、兽啼禽鸣。不知道他脑子里能呈现出什么景象，他一落生就瞎了眼睛，从没见过这个世界。

小瞎子可以算见过世界，但只有三年，那时还不懂事。他对说书和弹琴并无多少兴趣，父亲把他送来的时候费尽了唇舌，好说歹说连哄带骗，最后不如说是那个电匣子把他留住。他抱着电匣子听得入神，甚至没发觉父亲什么时候离去。

这只神奇的匣子永远令他着迷，遥远的地方和稀奇古怪的事物使他幻想不绝，凭着三年朦胧的记忆，补充着万物的色彩和形象。譬如海，匣子里说蓝天就像大海，他记得蓝天，于是想象出海；匣子里说海是无边无际的水，他记得锅里的水，于是想象出满天排开的水锅。再譬如漂亮的姑娘，匣子里说就像盛开的花朵，他实在不相信会是那样，母亲的灵柩被抬到远山上去的时候，路上正开遍着野花，他永远记得却永远不愿意去想。但他愿意想姑娘，越来越愿意想；尤其是野羊坳的那个尖声细气的小妮子，总让他心里荡起波澜。直到有一回匣子里唱道，"姑娘的眼睛就像太阳"，这下他才找到了一个贴切的形象，想起母亲在红透的夕阳中向他走来的样子。其实人人都是根据自己的所知猜测着无穷的未知，以自己的感情勾画出世界。每个人的世界就都不同。

也总有一些东西小瞎子无从想象，譬如"曲折的油狼"。

这天晚上，小瞎子跟着师父在野羊坳说书，又听见那小妮子站在离他不远处尖声细气地说笑。书正说到紧要处——"罗成回马再交战，大胆苏烈又兴兵。苏烈大刀如流水，罗成长枪似腾云，好似海中龙吊宝，犹如深山虎争林。又战七日并七夜，罗成清茶无点唇……"老瞎子把琴弹得如雨骤风疾，字字句句唱得铿锵。小瞎子却心猿意马，手底下早乱了套数……

野羊岭上有一座小庙，离野羊坳村二里地，师徒二人就在这里住下。石头砌的院墙已经残断不全，几间小殿堂也歪斜欲倾百孔千疮，唯正中一间尚可遮蔽风雨，大约是因为这一间中毕竟还供奉着神灵。三尊泥像早脱尽了尘世的彩饰，还一身黄土本色返璞归真了，认不出是佛是道。院里院外、房顶墙头都长满荒藤野草，翁翁郁郁倒有生气。老瞎子每回到野羊坳说书都住这儿，不出房钱又不惹是非。小瞎子是第二次住在这儿。

散了书已经不早，老瞎子在正殿里安顿行李，小瞎子在侧殿的檐下生火烧水。去年砌下的灶稍加修整就可以用。小瞎子撅着屁股吹火，柴草不干，呛得他满院里转着圈咳嗽。

老瞎子在正殿里数叨他："我看你能干好什么。"

"柴湿嘛。"

"我没说这事。我说的是你的琴，今儿晚上的琴你弹成了什么。"

小瞎子不敢接这话茬，吸足了几口气又跪到灶火前去，鼓着腮帮子一通猛吹。"你要是不想干这行，就趁早给你爹捎信把你领回去。老这么闹猫闹狗的可不行，要闹回家闹去。"

小瞎子咳嗽着从灶火边跳开，几步蹿到院子另一头，呼哧呼哧大喘气，嘴里一边骂。

"说什么呢？"

"我骂这火。"

"有你那么吹火的?"

"那怎么吹?"

"怎么吹?哼,"老瞎子顿了顿,又说:"你就当这灶火是那妮子的脸!"

小瞎子又不敢搭腔了,跪到灶火前去再吹,心想:真的,不知道兰秀儿的脸什么样。那个尖声细气的小妮子叫兰秀儿。

"那要是妮子的脸,我看你不用教也会吹。"老瞎子说。

小瞎子笑起来,越笑越咳嗽。

"笑什么笑!"

"您吹过妮子脸?"

老瞎子一时语塞。小瞎子笑得坐在地上。"日他妈。"老瞎子骂道,笑笑,然后变了脸色,再不言语。

灶膛里腾的一声,火旺起来。小瞎子再去添柴,一心想着兰秀儿。才散了书的那会儿,兰秀儿挤到他跟前来小声说:"哎,上回你答应我什么来?"师父就在旁边,他没敢吭声。人群挤来挤去,一会儿又把兰秀儿挤到他身边。"噫,上回吃了人家的煮鸡蛋倒白吃了?"兰秀儿说,声音比上回大。这时候师父正忙着跟几个老汉拉话,他赶紧说:"嘘——,我记着呢。"兰秀儿又把声音压低:"你答应给我听电匣子你还没给我听。""嘘——,我记着呢。"幸亏那会儿人声嘈杂。

正殿里好半天没有动静。之后,琴声响了,老瞎子又上好了一根新弦。他本来应该高兴的,来野羊坳头一晚上就又弹断了一根琴弦。可是那琴声却低沉、零乱。

小瞎子渐渐听出琴声不对,在院里喊:"水开了,师父。"

没有回答。琴声一阵紧似一阵了。

小瞎子端了一盆热水进来,放在师父跟前,故意嘻嘻笑着说:"您今儿晚还想弹断一根是怎么着?"

老瞎子没听见,这会儿他自己的往事都在心中。琴声烦躁不安,像是年年旷野里的风雨,像是日夜山谷中的流溪,像是奔奔忙忙不知所归的脚步声。小瞎子有点害怕了:师父很久不这样了,师父一这样就要犯病,头疼、心口疼、浑身疼,会几个月爬不起炕来。

"师父,您先洗脚吧。"

琴声不停。

"师父,您该洗脚了。"小瞎子的声音发抖。

琴声不停。

"师父!"

琴声戛然而止,老瞎子叹了口气。小瞎子松了口气。

老瞎子洗脚，小瞎子乖乖地坐在他身边。

"睡去吧，"老瞎子说，"今儿个够累的了。"

"您呢？"

"你先睡，我得好好泡泡脚。人上了岁数毛病多。"老瞎子故意说得轻松。

"我等你一块儿睡。"

山深夜静。有了一点风，墙头的草叶子响。夜猫子在远处哀哀地叫。听得见野羊场里偶尔有几声狗吠，又引得孩子哭。月亮升起来，白光透过残损的窗棂进了殿堂，照见两个瞎子和三尊神像。

"等我干嘛，时候不早了。"

"你甭担心我，我怎么也不怎么。"老瞎子又说。

"听见没有，小子？"

小瞎子到底年轻，已经睡着。老瞎子推推他让他躺好，他嘴里咕嚷了几句倒头睡去。老瞎子给他盖被时，从那身日渐发育的筋肉上觉出，这孩子到了要想那些事的年龄，非得有一段苦日子过不可了。唉，这事谁也替不了谁。

老瞎子再把琴抱在怀里，摩挲着根根绷紧的琴弦，心里使劲念叨：又断了一根了，又断了一根了。再摇摇琴槽，有轻微的纸和蛇皮的摩擦声。唯独这事能为他排忧解烦。一辈子的愿望。

小瞎子做了一个好梦，醒来吓了一跳，鸡已经叫了。他一骨碌爬起来听听，师父正睡得香，心说还好。他摸到那个大挎包，悄悄地掏出电匣子，蹑手蹑脚出了门。

往野羊坳方向走了一会儿，他才觉出不对头，鸡叫声渐渐停歇，野羊坳里还是静静的没有人声。他愣了一会儿，鸡才叫头遍吗？灵机一动扭开电匣子。电匣子里也是静悄悄。现在是半夜。他半夜里听过匣子，什么都没有。这匣子对他来说还是个表，只要扭开一听，便知道是几点钟，什么时候有什么节目都是一定的。

小瞎子回到庙里，老瞎子正翻身。

"干嘛哪？"

"撒尿去了。"小瞎子说。

一上午，师父逼着他练琴。直到响午饭后，小瞎子才瞅机会溜出庙来，溜进野羊坳。鸡也在树荫下打盹，猪也在墙根下说着梦话，太阳又热得凶，村子里很安静。

小瞎子踩着磨盘，扒着兰秀儿家的墙头轻声喊："兰秀儿——兰秀儿——"

屋里传出雷似的鼾声。

他犹豫了片刻，把声音稍稍抬高："兰秀儿！——兰秀儿！"

狗叫起来。屋里的鼾声停了，一个闷声闷气的声音问："谁呀？"

小瞎子不敢回答，把脑袋从墙头上缩下来。

屋里吧唧了一阵嘴，又响起鼾声。

他叹口气，从磨盘上下来，快快地往回走。忽听见身后嘎吱一声院门响，随即一阵细碎的脚步声向他跑来。

"猜是谁？"尖声细气。小瞎子的眼睛被一双柔软的小手捂上了。——这才多余呢。兰秀儿不到十五岁，认真说还是个孩子。

"兰秀儿！"

"电匣子拿来没？"

小瞎子掀开衣襟，匣子挂在腰上。"嘘——，别在这儿，找个没人的地方听去。"

"咋啦？"

"回头招好些人。"

"咋啦？"

"那么多人听，费电。"

两个人东拐西弯，来到山背前那眼小泉边。小瞎子忽然想起件事，问兰秀儿："你见过曲折的油狼吗？"

"啥？"

"曲折的油狼。"

"曲折的油狼？"

"知道吗？"

"你知道？"

"当然。还有绿色的长椅。就是一把椅子。"

"椅子谁不知道。"

"那曲折的油狼呢？"

兰秀儿摇摇头，有点崇拜小瞎子了。小瞎子这才郑重其事地扭开电匣子，一支欢快的乐曲在山沟里飘荡。

这地方又凉快又没有人来打扰。

"这是'步步高'。"小瞎子说，跟着哼。

一会儿又换了支曲子，叫"旱天雷"，小瞎子还能跟着哼。兰秀儿觉得很惭愧。

"这曲子也叫'和尚思妻'。"

兰秀儿笑起来："瞎骗人！"

"你不信?"

"不信。"

"爱信不信。这匣子里说的古怪事多啦。"小瞎子玩着凉凉的泉水,想了一会儿。"你知道什么叫接吻吗?"

"你说什么叫?"

这回轮到小瞎子笑,光笑不答。兰秀儿明白准不是好话,红着脸不再问。

音乐播完了,一个女人说,"现在是讲卫生节目。"

"啥?"兰秀儿没听清。

"讲卫生。"

"是什么?"

"嗯——,你头发上有虱子吗?"

"去——,别动!"

小瞎子赶忙缩回手来,赶忙解释:"要有就是不讲卫生。"

"我才没有。"兰秀儿抓抓头,觉得有些刺痒。"噫——,瞧你自个儿吧!"兰秀儿一把搬过小瞎子的头。"看我捉几个大的。"

这时候听见老瞎子在半山上喊:"小子,还不给我回来!该做饭了,吃罢饭还得去说书!"他已经站在那儿听了好一会儿了。

野羊坳里已经昏暗,羊叫、驴叫、狗叫、孩子们叫,处处起了炊烟。野羊岭上还有一线残阳,小庙正在那淡薄的光中,没有声响。

小瞎子又撅着屁股烧火。老瞎子坐在一旁淘米,凭着听觉他能把米中的沙子拣出来。

"今天的柴挺干。"小瞎子说。

"嗯。"

"还是焖饭?"

"嗯。"

小瞎子这会儿精神百倍,很想找些话说,但是知道师父的气还没消,心说还是少找骂。两个人默默地干着自己的事,又默默地一块儿把饭做熟。岭上也没了阳光。

小瞎子盛了一碗小米饭,先给师父:"您吃吧。"声音怯怯的,无比驯顺。

老瞎子终于开了腔:"小子,你听我一句行不?"

"嗯。"小瞎子往嘴里扒饭,回答得含糊。

"你要是不愿意听,我就不说。"

"谁说不愿意听了?我说'嗯'!"

"我是过来人，总比你知道的多。"

小瞎子闷头扒拉饭。

"我经过那号事。"

"什么事？"

"又跟我贫嘴！"老瞎子把筷子往灶台上一摔。

"兰秀儿光是想听听电匣子。我们光是一块儿听电匣子来。"

"还有呢？"

"没有了。"

"没有了？"

"我还问她见没见过曲折的油狼。"

"我没问你这个！"

"后来，后来，"小瞎子不那么气壮了。"不知怎么一下就说起了虱子……"

"还有呢？"

"没了。真没了！"

两个人又默默地吃饭。老瞎子带了这徒弟好几年，知道这孩子不会撒谎，这孩子最让人放心的地方就是诚实、厚道。

"听我一句话，保准对你没坏处。以后离那妮子远点儿。"

"兰秀儿人不坏。"

"我知道她不坏，可你离她远点儿好。早年你师爷这么跟我说，我也不信……"

"师爷？说兰秀儿？"

"什么兰秀儿，那会儿还没她呢。那会儿还没有你们呢……"老瞎子阴郁的脸又转向暮色浓重的天际，骨头一样白色的眼珠不住地转动，不知道在那儿他能"看"见什么。

许久，小瞎子说："今儿晚上您多半又能弹断一根琴弦。"想让师父高兴些。

这天晚上师徒俩又在野羊坳说书。"上回唱到罗成死，三魂七魄赴幽冥，听歌君子莫嘈嚷，列位听我道下文。罗成阴魂出地府，一阵旋风就起身，旋风一阵来得快，长安不远面前存……"老瞎子的琴声也乱，小瞎子的琴声也乱。小瞎子回忆着那双柔软的小手捂在自己脸上的感觉，还有自己的头被兰秀儿搬过去时的滋味。老瞎子想起的事情更多……

夜里老瞎子翻来覆去睡不安稳，多少往事在他耳边喧嚣，在他心头动荡，身体里仿佛有什么东西要爆炸。坏了，要犯病，他想。头昏、胸口憋闷，浑身紧巴巴的难受。他坐起来，对自己叨咕："可别犯病，一犯病今年就甭想弹够那些琴弦了。"他又摸到琴。要能叮叮当当随心所欲地疯弹一阵，心头的忧伤或许就能平息，耳边的往事或许就会消散。可是小瞎子正睡得香甜。

他只好再全力去想那张药方和琴弦：还剩下几根，还只剩最后几根了。那时就可以去抓药了，然后就能看见这个世界——他无数次爬过的山，无数次走过的路，无数次感到过她的温暖和炽热的太阳，无数次梦想着的蓝天、月亮和星星……还有呢？突然间心里一阵空，空得深重。就只为了这些？还有什么？他朦胧中所盼望的东西似乎比这要多得多……

夜风在山里游荡。

猫头鹰又在凄哀地叫。

不过现在他老了，无论如何没几年活头了，失去的已经永远失去了，他像是刚刚意识到这一点。七十年中所受的全部辛苦就为了最后能看一眼世界，这值得吗？他问自己。

小瞎子在梦里笑，在梦里说："那是一把椅子，兰秀儿……"

老瞎子静静地坐着。静静地坐着的还有那三尊分不清是佛是道的泥像。

鸡叫头遍的时候老瞎子决定，天一亮就带这孩子离开野羊坳。否则这孩子受不了，他自己也受不了。兰秀儿人不坏，可这事会怎么结局，老瞎子比谁都"看"得清楚。鸡叫二遍，老瞎子开始收拾行李。

可是一早起来小瞎子病了，肚子疼，随即又发烧。老瞎子只好把行期推迟。

一连好几天，老瞎子无论是烧火、淘米、捡柴，还是给小瞎子挖药、煎药，心里总在说："值得，当然值得。"要是不这么反反复复对自己说，身上的力气似乎就全要垮掉。"我非要最后看一眼不可。""要不怎么着？就这么死了去？""再说就只剩下最后几根了。"后面三句都是理由。老瞎子又冷静下来，天天晚上还到野羊坳去说书。

这一下小瞎子倒来了福气。每天晚上师父到岭下去了，兰秀儿就猫似的轻轻跳进庙里来听匣子。兰秀儿还带来熟的鸡蛋，条件是得让她亲手去扭那匣子的开关。"往哪边扭？""往右。""扭不动。""往右，笨货，不知道哪边是右哇？""咔哒"一下，无论是什么便响起来，无论是什么两人都爱听。

又过了几天，老瞎子又弹断了三根琴弦。

这一晚，老瞎子在野羊坳里自弹自唱："不表罗成投胎事，又唱秦王李世民。秦王一听双泪流，可怜爱卿丧残身，你死一身不打紧，缺少扶朝上将军……"

野羊岭上的小庙里这间更热闹。电匣子的音量开得挺大，又是孩子哭，又是大人喊，轰隆隆地又响炮，滴滴答答地又吹号。月光照进正殿，小瞎子躺着啃鸡蛋，兰秀儿坐在他旁边。两个人都听得兴奋，时而大笑，时而稀里糊涂莫名其妙。

"这匣子你师父哪买来？"

"从一个山外头的人手里。"

"你们到山外头去过？"兰秀儿问。

"没。我早晚要去一回就是，坐坐火车。"

"火车？"

"火车你也不知道？笨货。"

"噢，知道知道，冒烟哩是不是？"

过了一会儿兰秀儿又说："保不准我就得到山外头去。"语调有些恓惶。

"是吗？"小瞎子一挺坐起来："那你到底瞧瞧曲折的油狼是什么。"

"你说是不是山外头的人都有电匣子？"

"谁知道。我说你听清楚没有？曲、折、的、油、狼，这东西就在山外头。"

"那我得跟他们要一个电匣子。"兰秀儿自言自语地想心事。

"要一个？"小瞎子笑了两声，然后屏住气，然后大笑："你干嘛不要俩？你可真本事大。你知道这匣子几千块钱一个？把你卖了吧，怕也换不来。"

兰秀儿心里正委屈，一把揪住小瞎子的耳朵使劲拧，骂道："好你个死瞎子。"

两个人在殿堂里扭打起来。三尊泥像袖手旁观帮不上忙。两个年轻的正在发育的身体碰撞在一起，纠缠在一起，一个把一个压在身下，一会儿又颠倒过来，骂声变成笑声。匣子在一边唱。

打了好一阵子，两个人都累得住了手，心怦怦跳，面对面躺着喘气，不言声儿，谁却也不愿意再拉开距离。

兰秀儿呼出的气吹在小瞎子脸上，小瞎子感到了诱惑，并且想起那天吹火时师父说的话，就往兰秀儿脸上吹气。兰秀儿并不躲。

"嘿，"小瞎子小声说："你知道接吻是什么了吗？"

"是什么？"兰秀儿的声音也小。

小瞎子对着兰秀儿的耳朵告诉她。兰秀儿不说话。老瞎子回来之前，他们试着亲了嘴儿，滋味真不坏……

就是这天晚上，老瞎子弹断了最后两根琴弦。两根弦一齐断了。他没料到。他几乎是连跑带爬地上了野羊岭，回到小庙里。

小瞎子吓了一跳："怎么了，师父？"

老瞎子气喘吁吁地坐在那儿，说不出话。

小瞎子有些犯嘀咕：莫非是他和兰秀儿干的事让师父知道了？

老瞎子这才相信：一切都是值得的。一辈子的辛苦都是值得的。能看一回，好好看一回，怎么都是值得的。

"小子，明天我就去抓药。"

"明天?"

"明天。"

"又断了一根了?"

"两根。两根都断了。"

老瞎子把那两根弦卸下来,放在手里揉搓了一会儿,然后把它们并到另外的九百九十八根中去,绑成一捆。

"明天就走?"

"天一亮就动身。"

小瞎子心里一阵发凉。老瞎子开始剥琴槽上的蛇皮。

"可我的病还没好利索。"小瞎子小声叨咕。

"噢,我想过了,你就先留在这儿,我用不了十天就回来。"

小瞎子喜出望外。

"你一个人行不?"

"行!"小瞎子紧忙说。

老瞎子早忘了兰秀儿的事。"吃的、喝的、烧的全有。你要是病好利索了,也该学着自个儿去说回书。行吗?"

"行。"小瞎子觉得有点对不住师父。

蛇皮剥开了,老瞎子从琴槽中取出一张叠得方方正正的纸条。他想起这药方放进琴槽时,自己才二十岁,便觉得浑身上下都好冷。

小瞎子也把那药方放在手里摸了一会儿,也有了几分肃穆。

"你师爷一辈子才冤呢。"

"他弹断了多少根?"

"他本来能弹够一千根,可他记成了八百。要不然他能弹断一千根。"

天不亮老瞎子就上路了。他说最多十天就回来,谁也没想到他竟去了那么久。

老瞎子回到野羊坳时已经是冬天。

漫天大雪,灰暗的天空连接着白色的群山。没有声息,处处也没有生气,空旷而沉寂。所以老瞎子那顶发了黑的草帽尤其蹒动得显著。他蹒蹒跚跚地爬上野羊岭。庙院中衰草瑟瑟,蹿出一只狐狸,仓皇逃远。

村里人告诉他,小瞎子已经走了些日子。

"我告诉他我回来。"

"不知道他干嘛就走了。"

"他没说去哪儿？留下什么话没？"

"他说让您甭找他。"

"什么时候走的？"

人们想了好久，都说是在兰秀儿嫁到山外去的那天。

老瞎子心里便一切全都明白。

众人劝老瞎子留下来，这么冰天雪地的上哪去？不如在野羊坳说一冬书。老瞎子指指他的琴，人们见琴柄上空荡荡已经没了琴弦。老瞎子面容也憔悴，呼吸也孱弱，嗓音也沙哑了，完全变了个人。他说得去找他的徒弟。

若不是还想着他的徒弟，老瞎子就回不到野羊坳。那张他保存了五十年的药方原来是一张无字的白纸。他不信，请了多少个识字而又诚实的人帮他看，人人都说那果真就是一张无字的白纸。老瞎子在药铺前的台阶上坐了一会儿，他以为是一会儿，其实已经几天几夜，骨头一样的眼珠在询问苍天，脸色也变成骨头一样的苍白。有人以为他是疯了，安慰他，劝他。老瞎子苦笑：七十岁了再疯还有什么意思？他只是再不想动弹，吸引着他活下去、走下去、唱下去的东西骤然间消失干净。就像一根不能拉紧的琴弦，再难弹出赏心悦耳的曲子。老瞎子的心弦断了。现在发现那目的原来是空的。老瞎子在一个小客店里住了很久，觉得身体里的一切都在熄灭。他整天躺在炕上，不弹也不唱，一天天迅速地衰老。直到花光了身上所有的钱，直到忽然想起了他的徒弟，他知道自己的死期将至，可那孩子在等他回去。

茫茫雪野，皑皑群山，天地之间蹿动着一个黑点。走近时，老瞎子的身影弯得如一座桥。他去找他的徒弟。他知道那孩子目前的心情、处境。

他想自己先得振作起来，但是不行，前面明明没有了目标。

他一路走，便怀恋起过去的日子，才知道以往那些奔奔忙忙兴致勃勃的翻山、赶路、弹琴，乃至心焦、忧虑都是多么欢乐！那时有个东西把心弦扯紧，虽然那东西原是虚设。老瞎子想起他师父临终时的情景。他师父把那张自己没用上的药方封进他的琴槽。"您别死，再活几年，您就能睁眼看一回了。"说这话时他还是个孩子。他师父久久不言语，最后说："记住，人的命就像这琴弦，拉紧了才能弹好，弹好了就够了。"……不错，那意思就是说：目的本来没有。老瞎子知道怎么对自己的徒弟说了。可是他又想：能把一切都告诉小瞎子吗？老瞎子又试着振作起来，可还是不行，总摆脱不掉那张无字的白纸……

在深山里，老瞎子找到了小瞎子。

小瞎子正跌倒在雪地里，一动不动，想那么等死。老瞎子懂得那绝不是装出来的悲哀。老瞎子把他拖进一个山洞，他已无力反抗。

老瞎子捡了些柴，打起一堆火。

小瞎子渐渐有了哭声。老瞎子放了心，任他尽情尽意地哭。只要还能哭就还有救，只要还能哭就有哭够的时候。

小瞎子哭了几天几夜，老瞎子就那么一声不吭地守候着。火头和哭声惊动了野兔子、山鸡、野羊、狐狸和鹞鹰……

终于小瞎子说话了："干嘛咱们是瞎子！"

"就因为咱们是瞎子。"老瞎子回答。

终于小瞎子又说："我想睁开眼看看，师父，我想睁开眼看看！哪怕就看一回。"

"你真那么想吗？"

"真想，真想——"

老瞎子把篝火拨得更旺些。

雪停了。铅灰色的天空中，太阳像一面闪光的小镜子。鹞鹰在平稳地滑翔。

"那就弹你的琴弦，"老瞎子说，"一根一根尽力地弹吧。"

"师父，您的药抓来了？"小瞎子如梦方醒。

"记住，得真正是弹断的才成。"

"您已经看见了吗？师父，您现在看得见了？"

小瞎子挣扎着起来，伸手去摸师父的眼窝。老瞎子把他的手抓住。

"记住，得弹断一千二百根。"

"一千二？"

"把你的琴给我，我把这药方给你封在琴槽里。"老瞎子现在才弄懂了他师父当年对他说的话——咱的命就在这琴弦上。

目的虽是虚设的，可非得有不行，不然琴弦怎么拉紧；拉不紧就弹不响。

"怎么是一千二，师父？"

"是一千二，我没弹够，我记成了一千。"老瞎子想：这孩子再怎么弹吧，还能弹断一千二百根？永远扯紧欢跳的琴弦，不必去看那张无字的白纸……

这地方偏僻荒凉，群山不断。荒草丛中随时会飞起一对山鸡，跳出一只野兔、狐狸或者其他小野兽。山谷中鹞鹰在盘旋。

现在让我们回到开始：

莽莽苍苍的群山之中走着两个瞎子，一老一少，一前一后，两顶发了黑的草帽起伏躜动，匆匆忙忙，像是随着一条不安静的河水在漂流。无所谓从哪儿来、到哪儿去，也无所谓谁是谁……

一九八五年四月二十日

【注释】

① 选自《史铁生精选集》，北京燕山出版社 2006 年版。

② 史铁生（1951—2010），出生于北京，1967 年毕业于清华大学附属中学，1969 年去延安插队，因双腿瘫痪于 1972 年回到北京。后来又患肾病并发展到尿毒症，需要靠透析维持生命。自称"职业是生病，业余在写作"。史铁生创作的散文《我与地坛》激励了无数人。代表作有《我的遥远的清平湾》《奶奶的星星》《老屋小记》《务虚笔记》《命若琴弦》和《我与地坛》等。2002 年，荣获华语文学传播大奖年度杰出成就奖。

③ 趟：同"蹚（tāng）"，走路时脚把路上的土翻起来。

【赏析】

小说《命若琴弦》通过对老瞎子和小瞎子悲剧命运的描写，以一种寓言的方式表现了人类的生与死、困境与超越困境的重大主题。

"莽莽苍苍的群山中走着两个瞎子。"小说的第一句就为故事定下了悲剧的基调，这是两个孤独地跋涉于群山中的探寻者的悲剧。作者精心为老瞎子和小瞎子设计了一个人生的目标，却又不让他们去实现。虽然老瞎子终于在弹断一千根琴弦时拿出药方，一生的希望却还是落空了，但也彻底悟出了师父谎言的真谛，给了小瞎子活下去的希望和勇气！师徒二人最终战胜了他们的悲剧命运，揭示了人类不屈服于命运的顽强与伟大，给人以振奋和鼓舞。

文章情节简单，事件的发展出乎意料却又在情理之中。叙述平实，语言通俗。一系列富有象征意味的意象，如群山、琴弦、瞎子、药引子等，包含着关于生命和生存的意义，为读者留下了极大的想象空间，从而达到艺术上的审美效果。

【思考与练习】

1．试分析小说为我们揭示的人类的生存意义。

2．小说的开头和结尾有相似的描写，这样写重复吗？作者为什么要这样写？

3．以"享受生活每一天"或"支撑的力量"为题，完成一篇随笔。

苦　恼①

契诃夫②

我向谁去诉说我的悲伤③？……

　　暮色昏暗。大片的湿雪绕着刚点亮的街灯懒洋洋地飘飞，落在房顶、马背、肩膀、帽子上，积成又软又薄的一层。车夫姚纳·波达波夫周身雪白，像个幽灵。他在赶车座位上坐着，一动也不动，身子往前伛着，伛到了活人的身子所能伛到的最大限度。即使有一个大雪堆倒在他的身上，仿佛他也会觉得不必把身上的雪抖掉似的。……他那匹小马也是一身白，也是一动都不动。它那呆呆不动的姿态、它那瘦骨棱棱的身架、它那棍子般直挺挺的腿，使它活像那种花一个戈比就能买到的马形蜜糖饼干。它多半在想心思。不论是谁，只要被人从犁头上硬拉开，从熟悉的灰色景致里硬拉开，硬给丢到这儿来，丢到这个充满古怪的亮光、不停的喧嚣、熙攘的行人的漩涡当中来，那他就不会不想心事。……姚纳和他的瘦马已经有很久停在那个地方没动了。他们还在午饭以前就从大车店里出来，至今还没拉到一趟生意。可是现在傍晚的暗影已经笼罩全城。街灯的黯淡的光已经变得明亮生动，街上也变得热闹起来了。

　　"赶车的，到维堡区。去！"姚纳听见了喊声。"赶车的！"

　　姚纳猛的哆嗦一下，从粘着雪花的睫毛里望出去，看见一个军人，穿一件带风帽的军大衣。

　　"到维堡区去！"军人又喊了一遍。"你睡着了还是怎么的？到维堡区去！"

　　为了表示同意，姚纳就抖动一下缰绳，于是从马背上和他肩膀上就有大片的雪撒下来。……那个军人坐上了雪橇。车夫吧哒着嘴唇叫马往前走，然后像天鹅似的伸长了脖子，微微欠起身子，与其说是由于必要，不如说是出于习惯地挥动一下鞭子。那匹瘦马也伸长脖子，弯起它那像棍子一样的腿，迟疑地离开原地走动起来了。……"你往哪儿闯，鬼东西！"姚纳立刻听见那一团团川流不息的黑影当中发出了喊叫声。"鬼把你支使到哪儿去啊？靠右走！"

　　"你连赶车都不会！靠右走！"军人生气地说。

　　一个赶轿式马车的车夫破口大骂。一个行人恶狠狠地瞪他一眼，抖掉自己衣袖上的雪，行人刚刚穿过马路，肩膀撞在那匹瘦马的脸上。姚纳在赶车座位上局促不安，像是坐在针尖上似的，往两旁撑开胳膊肘，不住转动眼珠，就跟有鬼附了体一样，仿佛他不明白自己是在什么地方，也不知道为什么在那儿似的。

"这些家伙真是混蛋!"那个军人打趣地说。"他们简直是故意来撞你,或者故意要扑到马蹄底下去。他们这是互相串通好的。"

姚纳回过头去瞧着乘客,努动他的嘴唇。……他分明想要说话,然而从他的喉咙里却没有吐出一个字来,只发出嘶嘶的声音。

"什么?"军人问。

姚纳撇着嘴苦笑一下,嗓子眼用一下劲,这才沙哑地说出口:"老爷,那个,我的儿子……这个星期死了。"

"哦!……他是害什么病死的?"

姚纳掉转整个身子朝着乘客说:

"谁知道呢,多半是得了热病吧。……他在医院里躺了三天就死了。……这是上帝的旨意哟。"

"你拐弯啊,魔鬼!"黑地里发出了喊叫声。"你瞎了眼还是怎么的,老狗!用眼睛瞧着!"

"赶你的车吧,赶你的车吧,……"乘客说。"照这样走下去,明天也到不了。快点走!"车夫就又伸长脖子,微微欠起身子,用一种稳重的优雅姿势挥动他的鞭子。后来他有好几次回过头去看他的乘客,可是乘客闭上眼睛,分明不愿意再听了。他把乘客拉到维堡区以后,就把雪橇赶到一家饭馆旁边停下来,坐在赶车座位上伛下腰,又不动了。……湿雪又把他和他的瘦马涂得满身是白。一个钟头过去,又一个钟头过去了。……人行道上有三个年轻人路过,把套靴踩得很响,互相诟骂,其中两个人又高又瘦,第三个却矮而驼背。

"赶车的,到警察桥去!"那个驼子用破锣般的声音说。

"一共三个人。……二十戈比!"

姚纳抖动缰绳,吧哒嘴唇。二十戈比的价钱是不公道的,然而他顾不上讲价了。……一个卢布也罢,五戈比也罢,如今在他都是一样,只要有乘客就行。……那几个青年人就互相推搡着,嘴里骂声不绝,走到雪橇跟前,三个人一齐抢到座位上去。这就有一个问题需要解决:该哪两个坐着,哪一个站着呢?经过长久的吵骂、变卦、责难以后,他们总算做出了决定:应该让驼子站着,因为他最矮。

"好,走吧!"驼子站在那儿,用破锣般的嗓音说,对着姚纳的后脑壳喷气。"快点跑!嘿,老兄,瞧瞧你的这顶帽子!全彼得堡也找不出比这更糟的了。……"

"嘻嘻,……嘻嘻,……"姚纳笑着说。"凑合着戴吧。……"

"喂,你少废话,赶车!莫非你要照这样走一路?是吗?要给你一个脖儿拐吗?……"

"我的脑袋痛得要炸开了,……"一个高个子说。"昨天在杜克玛索夫家里,我跟瓦斯卡一块儿喝了四瓶白兰地。"

"我不明白,你何必胡说呢?"另一个高个子愤愤地说。

"他胡说八道，就跟畜生似的。"

"要是我说了假话，就叫上帝惩罚我！我说的是实情。……"

"要说这是实情，那么，虱子能咳嗽也是实情了。"

"嘻嘻！"姚纳笑道。"这些老爷真快活！"

"呸，见你的鬼！……"驼子愤慨地说。"你到底赶不赶车，老不死的？难道就这样赶车？你抽它一鞭子！唷，魔鬼！唷！使劲抽它！"

姚纳感到他背后驼子的扭动的身子和颤动的声音。他听见那些骂他的话，看到这几个人，孤单的感觉就逐渐从他的胸中消散了。驼子骂个不停，诌出一长串稀奇古怪的骂人话，直骂得透不过气来，连连咳嗽。那两个高个子讲起一个叫娜杰日达·彼得罗芙娜的女人。姚纳不住地回过头去看他们。正好他们的谈话短暂地停顿一下，他就再次回过头去，嘟嘟哝哝说："我的……那个……我的儿子这个星期死了！"

"大家都要死的，……"驼子咳了一阵，擦擦嘴唇，叹口气说。"得了，你赶车吧，你赶车吧！诸位先生，照这样的走法我再也受不住了！他什么时候才会把我们拉到呢？"

"那你就稍微鼓励他一下，……给他一个脖儿拐！"

"老不死的，你听见没有？真的，我要揍你的脖子了！……跟你们这班人讲客气，那还不如索性走路的好！……你听见没有，老龙④？莫非你根本就不把我们的话放在心上？"

姚纳与其说是感到，不如说是听到他的后脑勺上啪的一响。

"嘻嘻，……"他笑道。"这些快活的老爷，……愿上帝保佑你们！"

"赶车的，你有老婆吗？"高个子问。

"我？嘻嘻，……这些快活的老爷！我的老婆现在成了烂泥地罗。……哈哈哈！……在坟墓里！……现在我的儿子也死了，可我还活着。……这真是怪事，死神认错门了。……它原本应该来找我，却去找了我的儿子。……"姚纳回转身，想讲一讲他儿子是怎样死的，可是这时候驼子轻松地呼出一口气，声明说谢天谢地，他们终于到了。

姚纳收下二十戈比以后，久久地看着那几个游荡的人的背影，后来他们走进一个黑暗的大门口，不见了。他又孤身一人，寂静又向他侵袭过来。……他的苦恼刚淡忘了不久，如今重又出现，更有力地撕扯他的胸膛。姚纳的眼睛不安而痛苦地打量街道两旁川流不息的人群：在这成千上万的人当中有没有一个人愿意听他倾诉衷曲呢？然而人群奔走不停，谁都没有注意到他，更没有注意到他的苦恼。……那种苦恼是广大无垠的。如果姚纳的胸膛裂开，那种苦恼滚滚地涌出来，那它仿佛就会淹没全世界，可是话虽如此，它却是人们看不见的。

这种苦恼竟包藏在这么一个渺小的躯壳里，就连白天打着火把也看不见。……姚纳瞧见一个扫院子的仆人拿着一个小蒲包，就决定跟他攀谈一下。

"老哥，现在几点钟了？"他问。

"九点多钟。……你停在这儿干什么？把你的雪橇赶开！"

姚纳把雪橇赶到几步以外去，伛下腰，听凭苦恼来折磨他。……他觉得向别人诉说也没有用了。……可是，五分钟还没过完，他就挺直身子，摇着头，仿佛感到一阵剧烈的疼痛似的；他拉了拉缰绳。……他受不住了。

"回大车店去，"他想。"回大车店去！"

那匹瘦马仿佛领会了他的想法，就小跑起来。大约过了一个半钟头，姚纳已经在一个肮脏的大火炉旁边坐着了。炉台上，地板上，长凳上，人们鼾声四起。空气又臭又闷。姚纳瞧着那些睡熟的人，搔了搔自己的身子，后悔不该这么早就回来。……"连买燕麦的钱都还没挣到⑤，"他想。"这就是我会这么苦恼的缘故了。一个人要是会料理自己的事，……让自己吃得饱饱的，自己的马也吃得饱饱的，那他就会永远心平气和。……"墙角上有一个年轻的车夫站起来，带着睡意嗽一嗽喉咙，往水桶那边走去。

"你是想喝水吧？"姚纳问。

"是啊，想喝水！"

"那就痛痛快快地喝吧。……我呢，老弟，我的儿子死了。……你听说了吗？这个星期在医院里死掉的。……竟有这样的事！"

姚纳看一下他的话产生了什么影响，可是一点影响也没看见。那个青年人已经盖好被子，连头蒙上，睡着了。老人就叹气，搔他的身子。……如同那个青年人渴望喝水一样，他渴望说话。他的儿子去世快满一个星期了，他却至今还没有跟任何人好好地谈一下这件事。……应当有条有理，详详细细地讲一讲才是。……应当讲一讲他的儿子怎样生病，怎样痛苦，临终说过些什么话，怎样死掉。……应当描摹一下怎样下葬，后来他怎样到医院里去取死人的衣服。他有个女儿阿尼霞住在乡下。……关于她也得讲一讲。……是啊，他现在可以讲的还会少吗？听的人应当惊叫，叹息，掉泪。……要是能跟娘们儿谈一谈，那就更好。她们虽然都是蠢货，可是听不上两句就会哭起来。

"去看一看马吧，"姚纳想。"要睡觉，有的是时间。……不用担心，总能睡够的。"

他穿上衣服，走到马房里，他的马就站在那儿。他想起燕麦、草料、天气。……关于他的儿子，他独自一人的时候是不能想的。……跟别人谈一谈倒还可以，至于想他，描摹他的模样，那太可怕，他受不了。……"你在吃草吗？"姚纳问他的马说，看见了它的发亮的眼睛。"好，吃吧，吃吧。……既然买燕麦的钱没有挣到，那咱们就吃草好了。……是唉……我已经太老，不能赶车了。……该由我的儿子来赶车才对，我不行了。……他才是个地道的马车夫。……只要他活着就好了。……"姚纳沉默了一会儿，继续说："就是这样嘛，我的小母马。……库兹玛·姚内奇不在了。……他下世了。……他无缘无故死了。……比方说，你现在有个小驹子，你就是这个小驹子的亲娘。……忽然，比方说，这个小驹子下世了。……你不是要伤心吗?"

那匹瘦马嚼着草料，听着，向它主人的手上呵气。

姚纳讲得入了迷，就把他心里的话统统对它讲了。……

【注释】

① 选自《契诃夫小说选》。

② 契诃夫（1860—1904），19世纪末俄国伟大的批判现实主义作家，短篇小说的巨匠，著名剧作家。作品有《小公务员之死》《苦恼》《变色龙》《第六病室》等。

③ 引自宗教诗《约瑟夫的哭泣和往事》。

④ 原文是"高雷内奇龙"，俄国神话中的一条怪龙。在此用做骂人的话。

⑤ 马的饲料。

【赏析】

再现"小人物"的不幸遭遇，是契诃夫短篇小说的主题之一。

本文讲述了主人公车夫姚纳的苦恼，姚纳的妻子、儿子都相继去世，生活贫困、孤苦无助的他想向别人倾诉心中的痛苦，然而偌大一个彼得堡找不到一个能听他说话的人，最后他只好对着自己的小母马诉说。作者以冷峻的笔触，揭示出19世纪沙皇统治下的社会下层小人物悲惨无援的处境和苦恼孤寂的心态。通过姚纳的遭遇，反映了底层劳动人民的悲惨命运，控诉了沙皇统治下俄国社会人与人之间的冷漠无情。

小说故事情节按照时间顺序铺排，紧紧围绕着车夫姚纳因死了儿子想向别人倾吐一下内心的愁苦这个可怜的心愿和欲望展开的，作者将"人与人"的关系与"人与马"的关系进行对比。文中姚纳先后四次想向军人、青年、看门人与年轻马夫诉说苦恼，但这些人对他都漠不关心。最后，他来到小母马跟前，小母马不仅听着"他的倾诉"，而且还"闻闻主人的手"。人无情而马有情，形成了鲜明的对比。能引起读者对主人公悲惨命运的同情，对世态炎凉的颤栗，对黑暗社会现实的憎恶。

小说的对话描写精练而有个性，表现了人物在特定环境、场合中的性格特征，刻画了人物的心理活动。姚纳与军人及三个青年的对话，不仅深刻揭示了军人与三个青年的自私自利、麻木不仁，而且也反映了姚纳内心深处极度苦闷的情绪，具有鲜明的个性特点和很强的表现力。

虽然没有曲折的情节和惊人的事变，但小说能以小见大，在平淡中发人深省，在简单的情节中反映重大的社会问题，体现了契诃夫短篇小说的独特风格。此外，小说细节描写的匠心独运，静态肖像描写的逼真传神，语言的朴实无华，都会给我们留下难忘的印象。

【思考与练习】

1. 小说运用了人与马作比的表现方法来写，请分析这样写对表现主题有什么作用？

2. 结合具体段落，说明人物对话对表现人物性格和心理所起的作用。

3. 小说开头的景物描写和人与马的静态肖像画描绘，说明其表现手法和表现作用。

4. 阅读契诃夫小说《胖子和瘦子》《小公务员之死》《凡卡》，谈谈作者在表现"小人物"生活题材的作品有何共性与差异。

【口语链接·演讲】

[知识概要]

（一）演讲的类型与技巧

演讲，又称演说、讲演。"演"包含"推演"（发挥）和"表演"（运用姿态手势等）之义。概括来说，演讲是指演讲主体在特定的场合（特定的时空与情境），面向大众，运用有声语言与无声语言的艺术手段，通过抒情，发表个人观点，阐明具体事理，以使听众受到启发与感召的现实性的言语交际活动。

1. 演讲的基本类型

演讲的类型很多，一般根据演讲的场合来决定演讲的风格特色，如法庭演讲要逻辑严密、证据确凿；生活演讲要轻松自然，感情充沛；礼仪演讲要言辞谦恭、仪态大方。

（1）按内容划分

①政治演讲。出于某种政治动机，就某个社会政治问题发表演讲，称为政治演讲。它具有强烈的目的性和鼓动性，且富有极强的雄辩色彩。具体包括外交演讲、军事演讲、政府工作报告等。

②学术演讲。就科研领域中的问题向社会公众阐述研究成果或过程、传授科学知识和学术见解的演讲称为学术演讲。学术演讲通常在学术研讨会或学术讲座上进行，其基本特征为：内容科学严谨、成果独创、语言通俗易懂。

③法庭演讲。公诉人、辩护人、诉讼代理人在法庭上所发表的演讲称为法庭演讲。它主要指诉讼人的公诉演讲、律师的辩护演讲。法庭演讲具有绝对公正性与对象针对性。

④竞选演讲。在特定的组织形式中，演讲者对某一职务或某项工作进行自荐式演讲称为竞选演讲。竞选者必须具备良好的心理素质与较高的语言表达水平，可以通过演讲的方式达到具有艺术性的自我推销的目的，但不能为了竞争选票而贬低对手。

⑤礼仪演讲。在各种社交礼仪上进行的演讲称为礼仪演讲，如宴请、贺喜等各类礼仪形式上都需要此类演讲。

其他如宗教演讲、经济演讲、生活演讲，在此不一一赘述。

（2）按表达形式分

①命题演讲。由他人拟定题目或拟定演讲范围，并经过充分准备所做的演讲称为命题演

讲，具体分为全命题演讲和半命题演讲。全命题演讲指演讲题目完全由他人拟定，演讲者根据拟定题目进行演讲，不得根据自己意愿随意改换题目，并在拟定题目要求下适当发挥；半命题演讲指根据演讲范围，演讲者自己拟定题目进行演讲。二者相比较而言，前者主题鲜明，内容稳定，但有较强局限；后者灵活性强，可拓展思维，深化主题。我国目前命题演讲大多采用半命题演讲形式。

②即兴演讲。演讲者在事先无准备的情况下，根据自身所处场合、所面对的特定听众，就临时出现的热点问题有感而发的演讲称为即兴演讲。如婚礼祝词、宴会祝酒词、欢迎致辞、丧事悼念、聚会演讲等。

③论辩演讲。由两方或多方就某一焦点问题产生不同见解，而展开的言语交锋称为论辩演讲，其特点是针锋相对、攻守兼备。

2. 演讲的技巧

演讲相比较于交谈和辩论，有其自身的独特性。这种独特性具体体现在演讲技巧的灵活运用上。演讲者的演讲能否征服听众，除了要考虑演讲内容本身之外，更要注重灵活运用相关的艺术技巧，其中最重要的就是有声语言表达技巧与无声语言表达技巧。

（1）有声语言表达技巧

有声语言是演讲者与听众进行思想沟通与交流的最直接渠道，因此，演讲者必须做到发音准确、吐字清晰；语调变化，抑扬顿挫。有声语言表达技巧里最重要的就是语音表现与语速表现。

①语音表现

有声语言的表达技巧中，最基本的是语音表现，因为听觉上的享受能使演讲引人入胜，从而获得最佳的演讲效果。那么，我们如何使自己的语音在演讲过程中充分发挥效果呢？

A.发音

演讲的性质要求演讲者必须使用普通话。普通话作为中华民族的共同语，具有语音标准化、规范化的特点，其中包括声母发音、韵母发音、语流音变等，平时要多练习朗诵，使各种发音器官准确到位地发音，对个别发音有困难的音节，可以选择"绕口令"的形式反复训练。

B.音质

音质，指声音的本质特色，即人的嗓音质量。好的嗓音的标志是：响亮悦耳、圆润柔和、富有磁性。男性与女性嗓音不同，就在于音质不同，前者低沉，后者高亮。嗓音虽然有先天因素，但值得注意的是，嗓音在后天练习过程中是可以逐步改善的，因此，必须克服以下几种不良声音：弱音、喉音、鼻音、刺音、沙音，这几种不良声音要依靠相应的练习方法进行纠正。

C.音量

肺是控制音量大小的关键器官，要善于运用肺部功能进行音量大小的自我控制，如果人多场大，音量要大，反之则小；如果感情激昂，情绪激动，音量要大，反之则小。

D.音调

音调，指声音的高低升降变化。现代汉语里的四声构成了音调的种类——阴平、阳平、上声、去声。阴平从头到尾音调平直、平缓、无变化，往往体现庄重、严肃、冷漠等情绪；阳平由低到高，逐步上升，往往表示惊讶、反问、鼓动、号召等语气；上声为先降后升，常常表示讽刺、怀疑、愤慨、幽默等语气；去声为由高降低，逐步下降，通常表示自信、坚持、赞扬、感叹等语气。整体而言，音调根据表达内容的需要进行调整，能产生和谐优美的听觉享受，从而取悦听众；反之，没有音调变化的演讲，犹如钟表转动，无生动可言，易于造成听众听觉疲劳，甚至昏昏欲睡。

E.重音

重音具有突出语义、突出主题，表现情感的作用。利用重音增强语音的表现力度，是语音表达的重要技巧之一。同样的一句话，重音位置的不同，所产生的语义也有差别，从而使表达的语气效果也产生较大差异。现代汉语里，重音分为语法重音和逻辑重音。语法重音位置相对固定，而逻辑重音则要根据语义表达的重点与强调某种特殊感情来安排重读位置。

F.停顿

停顿是演讲中的一种非常有效的表达艺术。演讲中适当运用停顿，不但不会使演讲散乱，反而会使演讲起伏跌宕、连贯畅通，引起惊醒，令听众享受到一种语言的节奏美。停顿分五种：自然停顿，即词语或句子间的自然间隙；语法停顿，即根据汉语语法区分语法成分时所形成的停顿；修辞停顿，即因修辞效果的需要而做的停顿；逻辑停顿，即为强调某一语义而安排的停顿；心理停顿，这是以演讲者与听者心理活动为依据而处理的一种停顿。它能激发听众的好奇心，集中听众的注意力，但应注意，这种停顿不宜过长，否则会产生负面效应。

②语速表现

语速一般分为快、中、慢三种。演讲语速的快慢，取决于演讲的思想内容、演讲的情绪及环境气氛等。一般而言，盛怒、紧张、激昂等内容适宜快速；一般的叙述、说明适宜中速；庄重、沉静、悲伤及要言至理等内容适宜慢速。三种语速应综合运用，达到缓急相间、快慢结合的艺术效果。

（2）无声语言表达技巧

演讲不仅需要声音来加以表达思想内容，有时候还要辅以各种态势语言。态势指仪表风度、姿态、神情、手势诸方面。通过态势语言进行思想感情与信息传播的辅助手段，我们称之为无声语言。陶行知先生曾说过："演讲如能使聋子看得懂，则演讲之技精矣！"

①眼睛

达·芬奇曾说：眼睛是心灵的窗户。因为眼睛能反映人的心理世界与思想感情，眼睛的变化是一个人微妙心理的折射镜。在演讲中，我们应时刻注意眼神的变化：用眼神的变化准确表达内心的情感；将目光注视方向的同一性与观察方位的多样性相结合。

②面部表情

面部表情通过面部肌肉的变化，来表达演讲者丰富的思想感情。人的很多表情，如高兴、悲哀、痛苦、烦恼、失望、忧虑、疑惑、畏惧等都能通过面部表情迅速敏捷地反映出来，什么样的心理活动就会产生什么样的面部表情。有的人在演讲时，目光呆滞、表情呆板，无论讲到什么地方，面部始终没有任何表情变化；而有的演讲者虽然注意到了面部表情的变化，但这种变化与自己思想情感的变化毫不协调。因此，演讲者必须注意自己的面部表情，使面部表情要紧随思想感情的变化而变化。

③手势

手势语也是无声语言的重要表现形式，它在演讲中的作用是不可低估的。手势语有上举、下压和平移等，在各类中又分双手、单手两种。就手势活动的范围而言，肩部以上可表示理想、想象、宏大、张扬的内容与情感；肩部至腹部，表示记叙事物，说明事理；腰部以下，表示憎恶、不悦、不屑等内容。除此以外，还有手掌的运用与拳的运用等手势，在此不一一赘述。

必须注意，演讲时需根据自己想要取得的演讲效果，综合使用不同的演讲手势，而且要用得自然恰当，但不可滥用手势，毕竟手势语是辅助手段，不可过多，以免分散听众注意力，同一手势不可一再重复使用，否则失去吸引力。

（二）即兴演讲的快速构思

在社交场合中，我们会遇到很多毫无准备的发言，比如正式聚会场合的即兴发言、陌生场合的自我介绍等，由于没有充足的时间与精力进行提前准备，我们必须进行即兴演讲。为了避免临场失言，我们该如何快速地选题立意与开篇入题呢？而针对即兴演讲的核心内容，我们又该如何快速地进行构思呢？

1. 即兴演讲的选题立意与开篇入题

（1）选题立意

①选题。即兴演讲的选题必须考虑以下几个方面的因素：何时、何地、何人、何事与

何身份。而对于选题的技巧而言，可以从即时、即景、即人三方面把握。所谓"即时选题"，是指据演讲者和听众所处的特定时间选择话题，主要涉及重大节日、纪念日等，如"五一""七一""八一""918""12·9"等。所谓"即景选题"，是指就眼前的场景选题来抒发感情，表达观点。中国诗词的抒情方式里有一种"借景抒情"，这一点与此类同；所谓"即人选题"，是指就听众进行选题或就某个特定的人的身份、性格、功过、生活等选题。

②立意。即兴演讲的立意有三个原则：准、新、深。所谓"准"，一是正确，符合事物发展规律；二是针对性强，能最大限度地适合特定的人和事。所谓"新"，指演讲的意向要有自己独特的见解，给人新鲜之感。所谓"深"，指演讲者提出的基本观点、主张和抒发的感情能深刻地揭示事物的本质与规律。

（2）开篇入题

即兴演讲开篇入题的方式很多，除以上提到的"即时、即景、即人"之外，还有三种常见的开篇入题方式：问题式开篇入题、案例式开篇入题、开门见山式开篇入题。

①问题式开篇入题

演讲者有针对性地提出问题，吸引听众注意，进而切入演讲主题，阐述观点。这种方式必须把问题提准，使提出的问题与自身所要阐述的观点能环环相扣。

②案例式开篇入题

案例式开篇入题包括历史典故开篇入题与现实事例开篇入题，前者要尽量选取新鲜的故事或旧瓶装新酒，使老故事富有新的内涵；后者要努力选用具有代表性且与听众关系密切的现实案例开篇。

③开门见山式开篇入题

这种方式是演讲者一开始讲话就鲜明地表明自己的立场、观点与态度。这种开篇方式类似于议论文中把中心论点放置于开头。用这种方法开篇应注意：一是演讲的场合较安静，听众注意力集中；二是演讲者观点明确，态度明朗。

列宁的演讲风格就是开门见山式切入主题。例如，1918 年 8 月 23 日，列宁在阿列克谢也夫民众文化馆群众大会上的讲话，开篇主题明确："今天我们党召开群众大会来谈谈这样一个题目，我们共产党人为什么而奋斗。对于这个问题，可以作一个最简短的回答，为了停止帝国主义战争，为了社会主义。"

2. 即兴演讲核心内容的构思

（1）层递式构思

层递式构思法是层层推进、逐步深入的一种构思过程与方法，这种构思法本质上是事物之间的必然联系在构思过程与方法上的反映。层递式构思法主要分为正向层递构思与反向层递构思。

正向层递构思是从某种原因推出一系列结果，如："盖闻明主图危以制变，忠臣虑难以立权。是以有非常之人，然后有非常之事；有非常之事，然后立非常之功。"（陈琳《为袁绍檄豫州文》）

反向层递构思是从某种结果追溯一系列原因，如："古之欲明明德于天下者，先治其国，欲治其国者，先齐其家；欲齐其家者，先修其身；欲修其身者，先正其心；欲正其心者，先诚其意；欲诚其意者，先致其知，致知在格物。"（《大学》）

（2）对比式构思

对比式构思法是把演讲的有关部分进行对比分析的一种构思方法，这种构思法的实质是同性思维与异性思维在演讲构思上的体现。

对比式构思法从方向上可分为纵向构思与横向构思。

纵向构思是在时间上，把同一事物的前后不同情况进行对比，借以支撑观点。例如，把改革开放前后我国各方面的情况进行对比，在对比中找出相异点，以此来进一步证明改革开放政策的正确性。

纵向构思是在空间上把不同的事物和现象进行对比，以便论证自己树立的观点。例如，将现代社会的饮食浪费现象与"光盘"行动现象进行对比，阐明浪费可耻、节约光荣、珍惜粮食、人人有责的演讲观点。

（3）分总式构思

分总式构思法是把演讲的内容加以分述与综述的方法，这种方法实质上是把对事物的演绎与归纳思维用于演讲构思上。

分总式构思法分为分述与综述。分述是把一个统一的事物演绎为几个不同的方面。例如，在分析某个人物时，常把这个人的总体素质分为优点与缺点或长处与短处。综述是把事物的有关方面归纳为总体，形成总体评价。例如，我们在分别叙述了一个人的思想水平、学术造诣、交往能力和领导能力后，形成对这个人的总体评价，就是这种综述法的具体运用。

（4）辐射式构思

辐射式构思法是一种由内向外、全方位发散的一种思维方法。这种构思法的实质是人的灵感思维在演讲构思中的反映。辐射式构思往往由某个点作轴心，在纵向、横向即时间、空间上全方位展开。在纵向上，能追溯到上下几十、几百乃至几千年；在空间上，能分散到几十、几百乃至上千个领域。因此，这种构思法可以使演讲者精骛八极，心游万仞。

3. 即兴演讲的结尾

俗话说"编筐编篓，贵在收口"。即兴演讲的结尾，具有收拢全篇、画龙点睛的重要作用：一是概括要点，给听众留下深刻印象；二是深化论点，发人深省，催人奋进。因此，高超的演说家无不在结尾上"咬文嚼字"，煞费苦心。

结尾的主要形式有：

（1）总结式。用简洁的语言收束全篇，点明主旨。如"前途是光明的，道路是曲折的，我们的路还很长，任务很艰巨，但我们一定能取得改革的成功！"

（2）哲理式。用寓意深刻的哲理启发听众思维。如"冬天已经来临，难道春天还会远吗？"

（3）祝愿式。用于表达良好的祝愿。如"祝××事业蒸蒸日上，业绩遥遥领先。"

（4）感召式。抒发激越的情怀，展望光明的前景，发出激动人心的口号。如"全国各族人民团结起来，以昂扬向上的奋发斗志与拼搏精神迎接党的十八大的召开。"

［案例评析］

［案例1］

《我有一个梦想》（节选）

[美]马丁·路德·金

一百年前，一位伟大的美国人签署了解放黑奴宣言，今天我们就是在他的雕像前集会。这一庄严宣言犹如灯塔的光芒，给千百万在那摧残生命的不义之火中受煎熬的黑奴带来了希望。它之到来犹如欢乐的黎明，结束了束缚黑人的漫漫长夜。

然而一百年后的今天，我们必须正视黑人还没有得到自由这一悲惨的事实。一百年后的今天，在种族隔离的镣铐和种族歧视的枷锁下，黑人的生活备受奴役。一百年后的今天，黑人仍生活在物质充裕的海洋中一个穷困的孤岛上；一百年后的今天，黑人仍然蜷缩在美国社会的角落里，并且意识到自己是故土家园中的流亡者。今天我们在这里集会，就是要把这种骇人听闻的情况公诸于世。

就某种意义而言，今天我们是为了要求兑现诺言而汇集到我们国家的首都来的。我们共和国的缔造者草拟宪法和独立宣言的气壮山河的词句时，曾向每一个美国人许下了诺言，他们承诺给予所有的人以生存、自由和追求幸福的不可剥夺的权利。

……

[评析]

《我有一个梦想》是按照提出问题、分析问题、解决问题的逻辑思路来安排演讲的。作者引经据典，从一百年前林肯签署的《解放黑奴宣言》讲起，自然而然地引到目前黑人生活的现状。引文的第一段语速较慢，作者是在一种较平和的状态下慢慢引出主题的，而到了第二段，语速明显加快，与第一段形成鲜明对比，以此来警醒世人重视当今黑奴的解放问题。引文第三段语速又降了下来，但加重了语气，语义重音也根据演讲内容进行了合理的安排，以此来突出一个主题：所有人，无论白人还是黑人，生存、自由和追求幸福都是不可剥夺的权利！可以说，全篇演讲词慷慨激昂，陈词激切，作者对有声与无声语言表达技巧的把握是相当到位的。这是由于作者本人作为黑人领袖，对社会矛盾有着切身的体会，因此形成了他自身独特的思想感情，在这种思想感情的引领下，各种演讲技巧融合于一体，使得他的演讲取得了暴风雨及海啸式的感召效果。

[案例2]

用发展的眼光看中国

——在剑桥大学的演讲

温家宝

尊敬的校长、老师们、同学们：

今天外边下着大雪，天气严寒，但是我的心是热的。我早已盼望在剑桥同老师、同学们见面，互相交流。现在正是金融危机的严冬季节，但是我看到年轻人，仿佛看到了春天，看到了光明和未来。因为我坚信，知识的力量，年轻人的勇气，是可以改变人的命运、国家的命运、整个世界的命运。一篇好的演讲应该是不加修饰的。用心说话，讲真话，这就是演讲的实质。我希望我的演讲能够给老师、同学们思想以启迪。你们能够记住其中一两句话，那我也就满足了。

到高等学府，我的心里总是充满敬意。这种心情是由于我对知识、对老师、对学校的尊敬。所以，我方才深深地给校长、给老师们鞠个躬，那不是礼节，而是一个学生对待校长和老师应尽的礼貌。

来到向往已久的剑桥大学，非常高兴。剑桥举世闻名，培养出牛顿、达尔文、培根等许多杰出的科学家、思想家，为人类文明进步做出了重要贡献。今年是剑桥建校800周年，我谨致以热烈祝贺！首先，我向剑桥大学赠送"中华数字书苑"，其中收录了中国出版的20万种电子图书，涉及中国政治、经济、历史、文化等各个领域，大家可以从中更多地了解中国。

这是我第四次访问英国。中英相距遥远，但两国人民的友好交往不断增多。香港问题的圆满解决，经贸、文教、科技等领域的有效合作，为发展中英全面战略伙伴关系奠定了坚实基础。在此，我向长期致力于中英友好的朋友们表示崇高的敬意！

今天，我演讲的题目是：用发展的眼光看中国。

我深深爱着的祖国——古老而又年轻。

说她古老，她是一个有着数千年文明史的东方大国。中华民族以自己的勤劳和智慧，创造了灿烂的古代文明，对人类发展做出过重大贡献。

说她年轻，新中国成立才60年，改革开放才30年。中国人民经过长期不懈的斗争建立了新中国，又经过艰苦的探索，终于找到了适合国情的发展道路——中国特色社会主义道路，文明古国焕发了青春活力。

……

我深深爱着的祖国——历经磨难而又自强不息。

我年轻时曾长期工作在中国的西北地区。在那浩瀚的沙漠中，生长着一种稀有的树种，叫胡杨。它扎根地下50多米，抗干旱、斗风沙、耐盐碱，生命力极其顽强。它"生而一千年不死，死而一千年不倒，倒而一千年不朽"，世人称为英雄树。我非常喜欢胡杨，它是中华民族坚忍不拔精神的象征。

……

我深深爱着的祖国——珍视传统而又开放兼容。

中华传统文化底蕴深厚、博大精深。"和"在中国古代历史上被奉为最高价值，是中华文化的精髓。中国古老的经典——《尚书》就提出"百姓昭明，协和万邦"的理想，主张人民和睦相处，国家友好往来。

"和为贵"的文化传统，哺育了中华民族宽广博大的胸怀。我们的民族，既能像大地承载万物一样，宽厚包容；又能像苍天刚健运行一样，彰显正义。

……

未来属于青年一代。中英关系的美好前景要靠青年去开拓。抚今追昔，我想起对中英文化交流做出重要贡献的剑桥校友李约瑟博士。他的鸿篇巨制《中国科学技术史》，在东西方两大文明之间架起了一座桥梁。继承传统、勇于创新，是剑桥大学的优秀品格。希望更多的剑桥人关注中国，用发展的眼光看中国，做中英交流的友好使者。我相信，只要中英两国青年相互学习，携手共进，一定会谱写出中英关系的崭新篇章。

谢谢大家！

[评析]

　　这是温家宝在英国剑桥大学的演讲词。全篇演讲词采用了案例式开篇入题法，使得温家宝与剑桥大学师生的关系相当融洽，这为演讲主题的进一步点明与深入创造了良好的氛围。接下来，他运用辐射式构思法向剑桥师生详细地阐释了中国精神，并采用对比式构思法论述了中国在中英关系中的重要地位与重要作用。最后，篇末收尾，点明此次剑桥之行的最终目的是要大力推进中英关系的和谐、健康与稳步的发展。至此，全篇演讲词主题升华到最高层，剑桥师生也因温家宝的精彩演讲爆发出了雷鸣般的掌声。

【演讲训练】

（一）命题演讲训练

1. 模拟训练

训练内容：观看一段精彩的演讲录像，然后要求当场默记后进行模仿。重点学习、掌握口语与姿态手势语言处理的技巧。

2. 续讲训练

根据下列题目与开头，构思演讲的脉络，并续接一段话。

①题目：大学生的责任

同学们，我今天演讲的题目是"大学生的责任"。大家一定会说，这题目都让人讲烂了，你怎么还讲呢？是啊，我为什么还要讲呢？以前，在一个同学的笔记本上，我发现了一首中英文结合的小诗，诗中写道："人生本当 happy！！何必苦苦 study，只求考试 pass，拿到文凭 go away。既是如此 busy，何必天天 study，娶个漂亮的 lady，抱个胖胖的 baby……"读到这里，我的心在颤抖，难道说，我们新时代的大学生，只为了考试 pass 和漂亮的 lady 吗？不，绝不！为此我今天要认真地讲一讲大学生的责任……

②题目：生命之树常青

伟大的德国诗人歌德曾有这样一句著名的诗句："生命之树常青"。是的，生命是阳光带来的，应该像阳光一样，不要浪费它，让它也去照耀人间……

3. 请就下列演讲题目进行命题演讲练习

（1）我的一个梦想

（2）关于××现象的思考

（3）我最难忘的……

（4）请勇敢地表现自己

（5）一句格言给我的启示

（二）即兴演讲训练

1. 即兴演讲

选取校内外大家关注的"热点"事件发表即兴演讲，题目自拟。

2.连词成文练习

将三个似乎毫无关联的词用几句话连缀起来，组成一段有意思的讲话。开始阶段可以给几分钟，以后则应该逐步减少时间，以达到拿到题目就讲的地步。

在训练到一定程度的基础上，将全班的小纸条集中起来，任意抽取三张，由全班同学练习。

【示例1】三个词是：校友会、咖啡、遭遇。

一次校友会后，几个老同学在某同学家里碰头。主人问我喝什么饮料，我说，来杯咖啡吧。咖啡，加点方糖，甜中有苦、苦中有甜，二者混杂在一起，有一股令人难忘的味道。我想：它正好与我们这一代人的遭遇相似，与我们对人生的回味相同。

【示例2】三个词是：春天、衣服破了、环境保护。

人的衣服破了，可以补，也可以处理掉、换件新衣服。地球母亲的衣服是臭氧层，现在也破了一个大洞。这件衣服补起来很难，更无法处理掉再换新。所以我们必须注意环境保护，不然再让臭氧层破坏下去，地球必然会受到严重的伤害，地球上将永远没有春天。

【能力拓展·演讲论坛】

演讲比赛是大学生经常开展的一项有益活动，它对融洽人际关系，活跃校园生活，增强表达能力，提高思想水平，加强学校的精神文明建设都有着十分重大的意义。一次成功的演讲比赛活动，涉及方方面面，因此，必须是一个团队组织才能完成。

[活动策划]

当需要组织一场演讲比赛并负责整个策划工作时，该做些什么？应当怎么做？

（一）收集有关信息

1. 了解并确定与演讲比赛有关的信息内容

当我们接到组织演讲比赛的任务之后，首先就要了解并确定与演讲比赛有关的信息内容，即要了解并确定：为什么要举行这场演讲比赛？参加演讲比赛的组织工作人员应该有哪些？演讲比赛时的听众是哪些人？演讲者如何选拔或确定？采用什么样的比赛形式？怎样安排演讲比赛的程序？演讲比赛的评委如何确定？如何拟定演讲比赛的评分细则？演讲比赛都需要有哪些经费支出？等等。

2. 确定与演讲比赛有关的信息搜索范围

明确了与演讲比赛有关的信息内容后，就要知道与演讲比赛有关的信息应该到哪里去搜索。

（1）可以请教学校相关部门的领导或工作人员，比如学工处、团委的领导或工作人员等。因为他们比较熟悉学生活动的组织情况。

（2）可以请教学校学生会或学校社团组织的负责人，他们曾经组织过演讲比赛或类似演讲比赛的活动，有着比较丰富的竞赛组织经验。

（3）可以请教曾经组织过演讲比赛或者类似演讲比赛活动的其他同学，从他们那里也许可以获得对我们有用的信息。

（4）可以到互联网上搜索与演讲比赛有关的信息内容。

（5）可以利用报纸杂志搜索与演讲比赛有关的信息内容。

3. 掌握常用的信息搜索方法

常用的信息搜索方法有：一是询问法。通过交谈、电话、电子邮件、QQ、微信等方式，向知情者访问，从他们提供的情况中发现并获取必要的信息。二是通过阅读报纸杂志和互联网上的资料发现并获取信息。

（二）明确任务分工

组织一场演讲比赛是一个团队行为，必须加强团队内部的合作，做好任务分工。

1. 把各项任务分配下去

要组织一次演讲比赛，具体事务比较繁杂，处于主导地位的组织者必须减轻自己的工作量，尽力把各项工作任务安排给每一个合作者，想方设法调动其他合作者的积极性、主动性和创造力。

2. 安排合适的人选

在考虑演讲比赛组织工作任务的分配时，处于主导地位的组织者必须善于发现其他合作者的特长，根据他们的特点安排合适的工作任务。擅长音响设备操作的，可以安排他们负责演讲比赛时音响设备的安装与调试；擅长书法的，可以安排他们负责海报宣传；心理素质好、擅长口语表达的，可以安排他们做演讲比赛时的主持人，负责主持比赛活动……总之，安排合适的人，去做适合他的事，才能保证演讲比赛各项任务圆满完成。

（三）撰写策划方案

作为演讲比赛活动的主要负责人，你还必须做好整个演讲比赛的活动策划，起草演讲比赛活动策划书。一份演讲比赛活动策划书，一般应包括：活动目的、活动主题、活动方式、活动时间、活动地点、参加活动人员、活动准备事项、活动实施步骤、活动要求、工作任务分工、评分细则和活动经费预算等要素。策划书应该符合格式规范，计划周密，事项翔实，要求明确，操作性强。

［活动宣传］

演讲比赛活动策划方案完成之后，为了让同学们了解演讲比赛前的必要准备，为了吸引广大同学关注并积极参与，有必要在活动实施前进行活动宣传。宣传方式包括：传单、海报、横幅、校园广播、网络、黑板报、电子广告牌等。在演讲比赛整个活动的实施过程中，处于主导地位的组织者，必须认真检查各项任务的完成情况，认真检查演讲比赛各项程序的安排和开展情况，做好活动记录。特别要注意以下几个事项：第一，选手抽签，确定比赛顺序是否顺利；第二，评分表制作工作是否已经完成；第三，会场布置是否突出演讲主题和主办单位；第四，摄影、录音或录像工作是否准备齐当；第五，评委、主持人、统分员、计时员、音控等工作人员是否已经到位。

［活动评估］

演讲比赛活动结束后，需要收集整理活动材料，包括演讲比赛活动策划书、演讲比赛活动记录、演讲比赛获奖名单、演讲比赛活动照片等。还要进行活动评估，评估内容包括：演讲比赛活动的准备工作评估、演讲比赛活动执行过程评估、演讲比赛活动经费评估、演讲比赛活动效果评估。在进行评估时，既要肯定取得的成绩和效果，也要反省活动的不足，找出问题的原因。最后写出演讲比赛活动总结。

［活动报道］

为了宣传演讲比赛活动的成果，扩大演讲比赛活动的正面影响，也为了公布演讲比赛的评奖结果，以体现活动组织的完整性，我们还应根据演讲比赛活动的特点和价值，及时写出新闻稿，向新闻媒体（包括社团报纸、学院报纸、校园网络、学校广播站甚至地方报纸等）报道演讲比赛活动的情况。

戏剧电影

牡丹亭·惊梦

汤显祖①

〔绕池游〕（旦上）梦回莺啭，乱煞年光遍。人立小庭深院。（贴）炷尽沉烟②，抛残绣线，怎今春关情似去年？

〔乌夜啼〕（旦）晓来望断梅关③，宿妆残④。（贴）你侧着宜春髻子恰凭阑⑤。（旦）剪不断，理还乱⑥，闷无端。（贴）已分付催花莺燕借春看。（旦）春香，可曾叫人扫除花径？（贴）吩咐了。（旦）取镜台衣服来。（贴取镜台衣服上）"云髻罢梳还对镜，罗衣欲换更添香⑦。"镜台衣服在此。

〔步步娇〕（旦）袅晴丝吹来闲庭院⑧，摇漾春如线。停半晌、整花钿。没揣菱花⑨，偷人半面，迤逗的彩云偏⑩。（行介）步香闺怎便把全身现！（贴）今日穿插的好。

〔醉扶归〕（旦）你道翠生生出落的裙衫儿茜⑪，艳晶晶花簪八宝填⑫，可知我常一生儿爱好是天然⑬。恰三春好处无人见⑭。不提防沉鱼落雁鸟惊喧⑮，则怕的羞花闭月花愁颤。

（贴）早茶时了，请行。（行介）你看：画廊金粉半零星，池馆苍苔一片青。踏草怕泥新绣袜⑯，惜花疼煞小金铃⑰。（旦）不到园林，怎知春色如许！

〔皂罗袍〕原来姹紫嫣红开遍⑱，似这般都付与断井颓垣。良辰美景奈何天，赏心乐事谁家院⑲！恁般景致，我老爷和奶奶再不提起。（合）朝飞暮卷⑳，云霞翠轩；雨丝风片，烟波画船——锦屏人忒看的这韶光贱㉑！（贴）是花都放了㉒，那牡丹还早。

〔好姐姐〕（旦）遍青山啼红了杜鹃㉓，荼蘼外烟丝醉软㉔。春香呵，牡丹虽好，他春归怎占的先㉕！（贴）成对儿莺燕呵。（合）闲凝眄，生生燕语明如翦，呖呖莺歌溜的圆。

（旦）去罢。（贴）这园子委是观之不足也㉖。（旦）提他怎的！（行介）

123

［隔尾］观之不足由他缱㉗，便赏遍了十二亭台是枉然。到不如兴尽回家闲过遣。

（作到介）（贴）开我西阁门，展我东阁床㉘。瓶插映山紫㉙，炉添沉水香。小姐，你歇息片时，俺瞧老夫人去也。（下）（旦叹介）"默地游春转，小试宜春面㉚。"春呵，得和你两留连，春去如何遣？咳！恁般天气，好困人也。春香那里？（作左右瞧介）（又低首沉吟介）天呵，春色恼人，信有之乎！常观诗词乐府，古之女子，因春感情，遇秋成恨，诚不谬矣。吾今年已二八，未逢折桂之夫；忽慕春情，怎得蟾宫之客？昔日韩夫人得遇于郎㉛，张生偶逢崔氏㉜，曾有《题红记》《崔徽传》二书。此佳人才子，前以密约偷期㉝，后皆得成秦晋㉞。（长叹介）吾生于宦族，长在名门。年已及笄㉟，不得早成佳配，诚为虚度青春，光阴如过隙耳。（泪介）可惜妾身颜色如花，岂料命如一叶乎㊱！

［山坡羊］没乱里春情难遣㊲，蓦地里怀人幽怨。则为俺生小婵娟，拣名门一例、一例里神仙眷。甚良缘，把青春抛的远！俺的睡情谁见？则索因循腼腆㊳。想幽梦谁边，和春光暗流转？迁延，这衷怀那处言！淹煎，泼残生㊴，除问天！

身子困乏了，且自隐几而眠㊵。（睡介）（梦生介）（生持柳枝上）"莺逢日暖歌声滑，人遇风情笑口开。一径落花随水入，今朝阮肇到天台㊶。"小生顺路儿跟着杜小姐回来，怎生不见？（回看介）呀，小姐，小姐。（旦作惊起相见介）（生）小生那一处不寻访小姐来，却在这里！（旦作斜视不语介）（生）恰好花园内，折取垂柳半枝。姐姐，你既淹通书史，可作诗以赏此柳枝乎？（旦作惊喜，欲言又止介）（背云）这生素昧平生，何因到此？（生笑介）小姐，咱爱杀你哩！

［山桃红］则为你如花美眷，似水流年，是答儿闲寻遍㊷。在幽闺自怜。小姐，和你那答儿讲话去。（旦作含笑不行）（生作牵衣介）（旦低问）那边去？（生）转过这芍药栏前，紧靠着湖山石边。（旦低问）秀才，去怎的？（生低答）和你把领扣松，衣带宽，袖梢儿揾着牙儿苫也，则待你忍耐温存一晌眠㊸。（旦作羞）（生前抱）（旦推介）（合）是那处曾相见，相看俨然，早难道这好处相逢无一言。（生强抱旦下）

（末扮花神束发冠红衣插花上）"催花御史惜花天㊹，检点春工又一年。蘸客伤心红雨下㊺，勾人悬梦彩云边。"吾乃掌管南安府后花园花神是也。因杜知府小姐丽娘，与柳梦梅秀才，后日有姻缘之分。杜小姐游春感伤，致使柳秀才入梦。咱花神专掌惜玉怜香，竟来保护他，要他云雨十分欢幸也。

［鲍老催］单则是混阳蒸变，看他似虫儿般蠢动把风情搧。一般儿娇凝翠绽魂儿颤㊻。这是景上缘㊼，想内成，因中见。呀！淫邪展污了花台殿。咱待拈片落花儿惊醒他。（向鬼门丢花介）他梦酣春透了怎留连？拈花闪碎的红如片。

秀才，才得到半梦儿，梦毕之时，好送杜小姐仍归香阁。吾神去也。（下）

[山桃红]（生、旦携手上）（生）这一霎天留人便，草藉花眠。小姐可好？（旦低头介）（生）则把云鬟点，红松翠偏。小姐休忘了呵，见了你紧相偎，慢厮连，恨不得肉儿般团成片也，逗的个日下胭脂雨上鲜。（旦）秀才，你可去呵？（合）是那处曾相见，相看俨然，早难道这好处相逢无一言。

（生）姐姐，你身子乏了，将息将息。（送旦依前作睡介）（轻拍旦介）姐姐，俺去了。（作回顾介）姐姐，你可十分将息，我再来瞧你那。"行来春色三分雨，睡去巫山一片云。"（下）（旦作惊醒，低叫介）秀才，秀才，你去了也？（又作痴睡介）（老旦上）"夫婿坐黄堂，娇娃立绣窗。怪他裙衩上，花鸟绣双双。"孩儿，孩儿，你为甚瞌睡在此？（旦作醒，叫秀才介）咳也！（老旦）孩儿怎的来？（旦作惊起介）奶奶到此！（老旦）我儿，何不做些针指，或观玩书史，舒展情怀？因何昼寝于此？（旦）孩儿适花园中闲玩，忽值春暄恼人，故此回房。无可消遣，不觉困倦少息。有失迎接，望母亲恕儿之罪。（老旦）孩儿，这后花园中冷静，少去闲行。（旦）领母亲严命。（老旦）孩儿，学堂看书去。（旦）先生不在，且自消停。（老旦叹介）女孩儿长成，自有许多情态，且自由他。正是："宛转随儿女，辛勤做老娘。"（下）（旦长叹介）（看老旦下介）哎也，天那，今日杜丽娘有些侥幸也。偶到后花园中，百花开遍，睹景伤情。没兴而回，昼眠香阁。忽见一生，年可弱冠[48]，丰姿俊妍。于园中折得柳丝一枝，笑对奴家说："姐姐既淹通书史，何不将柳枝题赏一篇？"那时待要应他一声，心中自忖，素昧平生，不知名姓，何得轻与交言。正如此想间，只见那生向前说了几名伤心话儿，将奴搂抱去牡丹亭畔，芍药栏边，共成云雨之欢。两情和合，真个是千般爱惜，万种温存。欢毕之时，又送我睡眠，几声"将息"。正待自送那生出门，忽值母亲来到，唤醒将来。我一身冷汗乃是南柯一梦。忙身参礼母亲，又被母亲絮了许多闲话。奴家口虽无言答应，心内思想梦中之事，何曾放怀。行坐不宁，自觉如有所失。娘呵，你教我学堂看书去，知他看那一种书消闷也？（作掩泪介）

[绵搭絮]雨香云片[49]，才到梦儿边。无奈高堂，唤醒纱窗睡不便。泼新鲜冷汗粘煎，闪的俺心悠步嚲[50]，意软鬟偏。不争多费尽神情[51]，坐起谁忺[52]？则待去眠。

（贴上）"晚妆销粉印，春润费香篝[53]。"小姐，熏了被窝睡罢。

[尾声]（旦）困春心游赏倦，也不索香熏绣被眠。天呵，有心情那梦儿还去不远。

春望逍遥出画堂，间梅遮柳不胜芳。

可知刘阮逢人处，回首东风一断肠。

【注释】

①　选自《牡丹亭》，1982年版。汤显祖（1550—1616），字义仍，号若士，亦号海若，又号清远道人，

125

别号玉茗堂主人。临川人。明代伟大的戏剧家、文学家，人称"东方的莎士比亚"。代表作《牡丹亭》几百年来享誉文坛，驰名海外。

② 沉烟：点燃的沉香。

③ 梅关：古关名。在大庾岭，宋代蔡挺置。

④ 宿妆残：隔夜的残妆。

⑤ 宜春髻子：相传立春那天，妇女剪彩色丝绸成燕子形，戴在髻上，上贴"宜春"二字。

⑥ 剪不断，理还乱：南唐后主李煜《乌夜啼》中的两句。

⑦ 罗衣欲换更添香两句：薛逢诗《宫词》中的两句，见《全唐诗》卷二十。

⑧ 晴丝：游丝、飞丝，也即后文所说的烟丝，虫类所吐的丝缕，常在空中飘游。在春天晴朗的日子最易看见。

⑨ 没揣：不料。菱花：镜子。古时用铜镜，背面所铸花纹一般为菱花，因此称菱花镜，或用菱花作镜子的代称。

⑩ 迤逗的彩云偏：迤逗，引惹，挑逗。彩云，美丽的发卷的代称。全句意思是，想不到镜子（拟人化）偷偷地照见了她。害得（迤逗的）她羞答答地把发卷也弄歪了。这几句写出一个少女的含情脉脉的微妙心理，她是连看见镜子里的自己的影子也有些不好意思的。

⑪ 翠生生出落的裙衫儿茜：翠生生，极言彩色鲜艳。出落，显出，衬托出。茜，绛红色。

⑫ 艳晶晶花簪八宝填：镶嵌着多种宝石的簪子。

⑬ 天然：天性使然。

⑭ 三春好处：比喻自己的青春美貌。

⑮ 沉鱼落雁：形容女人的美貌。下文羞花闭月，同。

⑯ 泥：玷污，这里作动词用。

⑰ 惜花疼煞小金铃：《开元天宝遗事》载"天宝初，宁王……于后园中纫红丝为绳，密缀金铃，系于花梢之上。每有鸟鹊翔集，则令园吏掣铃索以惊之。盖惜花之故也。"

⑱ 姹紫嫣红：花色鲜艳的样子。

⑲ 谁家：哪一家。一说作"什么"解，见张相《诗词曲语辞汇释·谁家条》。全句本谢灵运《拟魏太子邺中集诗序》，"天下良辰美景赏心乐事，四者难并"。

⑳ 朝飞暮卷：唐王勃《滕王阁诗》，"画栋朝飞南浦云，珠帘暮卷西山雨"。

㉑ 锦屏人：幽居深闺，不能领略自然美景的人。

㉒ 是：凡是、所有的。

㉓ 啼红了杜鹃：开遍了红色的杜鹃花。从杜鹃（鸟）泣血联想起来的。

㉔ 荼蘼（mò）：花名，晚春时开放。

㉕ 牡丹虽好，他春归怎占的先：牡丹虽美，但春尽才开花，怎能占春花中第一呢？

㉖ 观之不足：看不厌。

㉗ 缱：留恋、牵绾。

㉘ 开我西阁门，展我东阁床：《木兰诗》，"开我东阁门，坐我西阁床"。

㉙ 映山紫：映山红（杜鹃花）的一种。

㉚ 宜春面：立春时节所化新妆。

㉛ 韩夫人得遇于郎：唐僖宗时，宫女韩氏以红叶题诗，从御沟中流出，被于佑拾到。于佑也以红叶题诗，投入上流，寄给韩氏。后来两人结为夫妇。见《青琐高议》前集卷五《流红记》。

㉜ 张生偶逢崔氏：即张生和崔莺莺的爱情故事，见唐元稹《会真记》，后来《西厢记》演的就是这个故事。下文说的《崔徽传》是另外一个故事，见《丽情集》。妓女崔徽和裴敬中相爱，分别之后不再相见。崔徽请画工画了一幅像，托人带给敬中说，"崔徽一旦不及卷中人，徽且为郎死矣！"这里《崔徽传》疑是《莺莺传》或《西厢记》的笔误。

㉝ 偷期：幽会。

㉞ 得成秦晋：得成夫妇。春秋时代，秦、晋两国世代联姻，后世称联姻为秦晋。

㉟ 及笄（jī）：古代女子十五岁开始以笄（簪）束发，叫及笄。意指女子已成年，到了婚配的年龄。见《礼记·内则》。

㊱ 岂料命如一叶句：元好问《鹧鸪天·薄命妾》词"颜色如花画不成，命如叶薄可怜生"。

㊲ 没乱里：形容心绪很乱。

㊳ 则索因循腼腆：则索，只得、还须。腼腆，害羞的样子。

㊴ 淹煎，泼残生：淹煎，受熬煎，遭磨难。泼残生，苦命儿。泼，表示厌恶，原来是骂人的话。

㊵ 隐几：靠着几案。

㊶ 阮肇到天台：见到爱人。出自刘晨和阮肇在天台山桃源洞遇到仙女的故事。

㊷ 是答儿闲寻遍：意为到处寻找。是，凡是。下文"那答儿"，那边。

㊸ 一晌：一会儿。

㊹ 催花御史：《说郛》卷二十七《云仙散录》引《玉塵集》唐穆宗"每宫中花开，则以重顶帐蒙蔽栏槛，置惜花御史掌上"。

㊺ 蘸：沾着。

㊻ 单则是混阳蒸变，看他似虫儿般蠢动把风情搧。一般儿娇凝翠绽魂儿颤：形容幽会。

㊼ 景上缘：景，即影。与下文的"想""因"对举互义。景上缘，佛家说法，人世姻缘短暂而虚幻，而一切事物又都是由因缘造合而成。

㊽ 弱冠：古代男子二十岁行冠礼，表示已经成人。《礼·曲礼》上，"二十曰弱，三十曰壮，弱是相对

壮而言”。

㊾ 雨香云片：梦中的幽会。

㊿ 步亸：脚步偏斜。

(51) 不争多：差不多，几乎。

(52) 忺：惬意。

(53) 香篝：即香笼，薰香用。

【赏析】

《牡丹亭》系作者根据明话本《杜丽娘暮色还魂》等材料改编而成。剧本通过杜丽娘为爱情而死，又为爱情而复生的不同寻常的遭遇，赞颂了爱情起死回生的力量，反映了封建礼教对人性的摧残与迫害。全剧共五十五出，《惊梦》选自第十出，抒写了在美好的春光里，杜丽娘感叹闺阁生活的愁苦和对大自然及美好生活的向往。曲辞优美，广为称颂。

【思考与练习】

1. 曲子［好姐姐］表现了怎样的情感？

2. 曲中是如何把人物心理和景色描写糅合在一起的？

风雨故园（节选）

陈涌泉①

人 物

朱安　鲁迅　许广平　鲁母　俞芳　俞藻

第三幕

……

［鲁迅携母亲、朱安上。］

鲁迅：娘，我们到了。看，这就是我们的家。

鲁母：我总觉得我们的家还在绍兴。

鲁迅：过段时间环境熟了，你就不这样想了。

鲁母：穷家难舍，故土难离啊！

［在鲁迅母子对话过程中，朱安新奇地打量着周围的环境。显然，她对新的生活充满了憧憬，对这次团聚寄予了太多的希望。］

鲁迅：娘，你住东边房间。

鲁母：好好。（看房间）

鲁迅：（对朱安）你住西边房间。

朱安：（预感不妙）你呢？

鲁母：（回过神）是啊，你呢？

鲁迅：我住后面的房间。

鲁母：这怎么行？你们两个……

鲁迅：娘，我独自住一个房间便于工作，你看，我要备课，写作，经常还要在家接待客人。

鲁母：你可以把后面的房间当书房，工作完了再回西房休息嘛。

鲁迅：我常常熬夜，作息不规律，那样影响你们休息。

朱安：不要紧……

鲁迅：（抢着说）走，娘，我带你前后院看看。

鲁母：我不去，你把话说清楚……

鲁迅：走吧。（搀母亲下）看，院里这两株丁香树是我自己栽的，明年春天就开花了。

［朱安的憧憬在现实面前被击得粉碎，她慌乱的梳理着自己的思绪。］

朱安：（唱）十年来天天盼团聚，

　　　　　这"团聚"与分离有何异？

　　　　　我随他千里赴京地，

　　　　　难道是为了分室居？

　　　　　满腔希望随风去，

　　　　　点点泪水心头滴。

　　　　　疲惫的鸟儿又折翅，

　　　　　无所依来无所栖。

　　　　　这样的日子怎么过，

　　　　　这样的分居可有期？

　　　　　朱安啊，今生还有半辈子，

　　　　　不能这样把头低。

　　　　　莫灰心，莫泄气，

　　　　　想办法，挽棋局。

　　　　　　　你正站在岔路口，

　　　　　　　何去何从要仔细！

〔朱安思索片刻，走进鲁迅的卧室，稍顷，抱被子上，走进自己的房间。〕

鲁迅：（上，生气的）谁拿我的被子了？谁拿我的被子了?!

鲁母：（上）咋了？

鲁迅：我的被子不见了！

鲁母：被子不见了？不会吧。

鲁迅：肯定是她！（走进朱安的房间，抱被子上，回头）以后不要再动我的东西！

鲁母：阿张，你怎么就不明白她的心啊！

鲁迅：（脱口而出）谁明白我的心？这些年我怕你难过，怕他伤心，怕对不起这个，怕对不起那个，谁替我考虑过?!（冷静下来）对不起，我有些冲动了。（进卧室）

〔鲁母望着儿子的背影若有所思。〕

朱安：（神情呆滞的上）娘，我还是回绍兴吧。

鲁母：你说什么？回绍兴？

朱安：本来我想分了十几年，这回总该……以前虽说见不到，可还有个想头；像这样天天在一起，更难受。

鲁母：媳妇，娘知道你的心情，可你想过没有，咱一家人都来北京了，绍兴的房子已卖给别人，你回去怎么办？

〔朱安掩面而泣。〕

鲁母：不管咋说总算到一起了，你也不要太急，慢慢来。再说，娘对你不是很好嘛，你和娘不是很合得来嘛。听娘的，啊！

……

第四幕

〔邻家小姐妹俞芳、俞藻放学归来，一路歌声。〕

俞藻：姐姐，大先生答应给我们买积木，不知买了没有。

俞芳：走，进去问问。

朱安：（上）小芳、小藻，放学了。

俞芳：放学了。大先生在家吗？

朱安：今天有课，还没回来呢。

俞藻：（用手一指）看，大先生回来了。

二姐妹：（迎上）大先生，大先生！

［鲁迅上，一手提着两盒积木，一手提着两盒点心。］

俞藻：你给我们买积木了吗？

鲁迅：我敢不给你们买嘛。来，一人一盒。

二姐妹：（接过积木欢呼雀跃）谢谢大先生！

鲁迅：（把点心递给朱安）这是点心，你和娘一人一盒。

［朱安接过进屋。］

俞藻：（摆弄着）大先生，这怎么玩儿啊？

鲁迅：来，我教你们怎么玩。（说着便席地而坐，教二人一起玩）

［幕后伴唱：

"无情未必真豪杰，

怜子如何不丈夫。

知否眼前慈爱者，

内心深处亦孤独。"］

俞藻：大先生，我有一个问题。

鲁迅：什么问题？

俞藻：这么喜欢小孩，自己怎么不要一个呢？

［鲁迅无从回答。］

俞藻：是大师母不会生吗？

［众隐去。］

［另一表演区起光，朱安心头一震。］

朱安：（唱）听此言，心欲碎，

我满腹苦衷说与谁？

二十年夫妻分床睡，

夜夜独自守空帷。

我想要儿哪里寻，

我想要儿何处追？

天下女人我最可悲，

白来世上走一回。

不知道做母亲啥滋味，

没听过喊妈妈有多美。

看人家儿女绕膝如痴如醉，

131

背转身自己泪暗垂。

眼看着人生已过大半辈，

红日西坠挽不回！

［二姐妹向朱安走来。］

俞芳：大师母，你怎么哭了？

朱安：大先生连话都不愿同我说，我怎么会有小孩？

俞芳：（见朱安那样难受，忍不住指责妹妹）都是你胡说，看我回去不告诉爸妈！

俞藻：（知道自己闯了祸，吓得哭起来）我又不是故意的……

朱安：好了好了，不哭了，大师母又没怪你，要怪只能怪我自己。（擦干眼泪）小芳、小藻，我想求你们一件事。

二姐妹：什么事？

朱安：大先生教你们做的体操，你们教教我吧。

俞芳：你学体操干吗？

朱安：大先生会的我也要会。

俞芳：（虽然并未完全理解朱安话中的含义，但爽快地答应下来）那好吧。来，跟我做，一、二、三、四，五、六、七、八……

［朱安做不准，俞藻在一旁纠正。］

俞藻：不对不对，应该是这样的。（示范）

俞芳：（继续）二、二、三、四，五、六、七、八……

俞藻：不对不对，（少不更事）你真笨！看，这样，这样……

［朱安仍做不准。］

俞藻：（失去耐性）你怎么这么笨！

朱安：（十分尴尬，但像一个听话的孩子）我重做，我重做。

［朱安一双小脚站不稳，腰弯不下去，跳跳不起来，动作很滑稽，既好笑又可怜，但她努力做着。］

［幕后儿歌声：

"小蜗牛，小蜗牛，

爬啊爬，不回头……"］

［鲁迅正在灯下伏案写作。］

［鲁母走进来。］

鲁母：阿张。

鲁迅：（站起身）娘，有事？

鲁母：娘有句话想给你说说。

鲁迅：（扶母亲坐下）娘，你说吧。

鲁母：你都四十五了，到现在连一儿半女都没有……

鲁迅：娘，你又说这。

鲁母：娘当然要说了。你是个孝顺儿子，怎么就不理解娘的心情？你不慌着要儿子，娘还急着抱孙子呢。

［鲁迅无言。］

鲁母：娘也看出来了，你和媳妇是不可能了。要不，遇到合适的你再娶一房？

鲁迅：娘，你就别操这些闲心了。

鲁母：给你说正经的，怎么是闲心。我看广平这姑娘就不错。

［许广平进来。］

许广平：先生——哦，太夫人也在。

鲁母：（高兴地）广平来了。

许广平：我有些事情想给先生谈谈。

鲁母：（起身）那好，你们谈。

许广平：太夫人慢走。

鲁母：（出门）你们谈，你们谈。（说着又回头朝屋里看了一眼，笑着下）

鲁迅：请坐吧。

许广平：（急切的）听说你上了他们的通缉名单，有这事吗？

鲁迅：让他们通缉去吧，反正我就要走了。

许广平：去哪里？

鲁迅：这里的空气让我憋闷得喘不过气来，我准备接受林语堂的邀请去厦门大学任教。

许广平：（突然握住鲁迅的手，深情地注视着他）带上我！

［鲁迅全身突然触电一般，四十五岁的人了，这样的场面却是第一次经历，他急忙抽出手。］

许广平：先生。

鲁迅：（唱）数月来与广平频繁交往，灰暗的世界里有了阳光。

许广平：（唱）他胸中蕴含着深邃思想，浑身洋溢着真理的光芒。

鲁迅：（唱）她青春活力四射情奔放，滚烫的目光能把人灼伤。

许广平：（唱）女师大风潮中挺身抵挡，同学们增添了无穷力量。

鲁迅：（唱）旧制度旧教育极力反抗，敢冲锋敢抗争英勇顽强。

许广平：（唱）旧婚姻带给他无限痛苦，为什么我不能敞开心房？

鲁迅：（唱）二十年不知爱情什么样，突然间神箭射中我胸膛！

许广平：（唱）我等待等待又等待。

鲁迅：（唱）我彷徨彷徨复彷徨。

许广平：（唱）我何时才要张开口？

鲁迅：（唱）我怕她真的把口张。

许广平：（唱）不知他心中怎样想？

鲁迅：（唱）担心再把朱安伤。

许广平：这徒具形式的婚姻你还要守下去吗？

鲁迅：母亲送给我的礼物，我只得好好供奉。

许广平：志向不同，言语不通，这二十年真不知道你怎么熬过来的？

鲁迅：忍。爱是不可能的，休又等于害了她，我只有妥协，为了她，也为了母亲。

许广平：你也得为自己想想，妥协的本身难道不是痛苦吗？

鲁迅：是，可又有什么办法？她的确很可怜，做了旧习惯的牺牲；我不能责备别人，只好陪着做一世牺牲，完结四千年的旧帐。

许广平：你曾经给我们讲过，无爱的婚姻是不道德的，你没有必要死守这份旧社会留给你的遗产，做一世牺牲。

鲁迅：我也想过爱，但我不能，我不配。

许广平：神未必这样想。

鲁迅：说实在的，我怕封建卫道士们大放流言，我怕不明真相的人说这说那。

许广平：爱是两个人的事情，两情相悦，才是真爱，真爱是可以牺牲一切的，名誉、地位、家庭、财富，忍受责骂，承担委屈……有什么可怕的？

鲁迅：可是……

许广平：先生！

（唱）你为人师表天下敬，

　　　我仰慕之情油然生。

　　　今生情愿追随你，

　　　朝夕携手同路行。

　　　不怕他封建思想盘踞神经，

　　　不怕他卑鄙血液染黑了心；

不怕他横给我们加罪名，

让所有狡计去发昏！

鲁迅：（回避着广平滚烫的目光）不不，她怎么办？

许广平：我们可以供养她一生。

鲁迅：（犹豫不决）让我再考虑考虑。

许广平：先生，二十年前你在一首诗里写下了你对这桩婚姻的无奈，"灵台无计逃神矢，风雨如磐黯故园"。其实你心里也有一个"故园"，至今还走不出去。在你身上存在着太多矛盾——你是反封建的斗士，却摆脱不了包办婚姻；你呼唤人的解放，却解放不了自己！

［鲁迅深受触动，沉默着、思考着。］

许广平：（再次握起鲁迅的双手，深情的双眸里充满期待）先生！

鲁迅：（报以轻柔继而缓缓的紧握）你战胜了，我可以爱。

［两人拥抱在一起。］

［朱安端茶上，看到这一幕，茶盘掉到地上。］

［丁香树花期将过，繁花中长出碧绿的叶子。］

［朱安一下子苍老了许多，她斜倚在丁香树下，如梦似幻。］

朱安：（呓语般）我没老公了，我没老公了。他走了，他们一起走了……这回他不会回来了，再不会回来了……我知道，我不漂亮，没文化，可相貌是父母给的，知识是别人教的，我有什么办法啊！这能是我的错吗？（盯着一双小脚）

都怪你，我恨你，我恨你！

［朱安用力撕扯着裹脚布，长长的裹脚布漫天飞舞，如长蛇，似绳索。］

［朱安倒在地上。］

鲁母：（上，惊）媳妇！（搀朱安）你不要紧吧？

朱安：（坐起身）我没事。

鲁母：本来一开始他就不同意这门婚事，都是我……这些年我也知道自己错了，所以你二弟、三弟的婚事我再也不管了。要说这也没啥大不了的，管他娶几房，只要娘在，你永远是正房。

朱安：娘，你回屋歇着吧，我再坐一会儿。

鲁母：想开点儿，反正我们俩还在一起。其实，这也是好事，你想，他们要能生个一男半女，我们也算有后了。（下）

［朱安扶着树干站起身，发现树上有只小蜗牛。］

朱安：小蜗牛，你怎么还在这里爬啊？丁香花已经落了，你也不换个地方？你知道吗？大先生走了。过去我一直想，只要好好服侍他，一切顺着他，将来他总会对我好的——我好比是你，从树底一点一点往上爬，爬得虽慢，总有一天会爬到树顶的。可是现在我没力气爬了，我爬不动了，真的爬不动了！

　　［幕后儿歌声：

　　"小蜗牛，小蜗牛，

　　爬啊爬，不回头……"］

　　朱安：（唱）小蜗牛，小蜗牛，

　　　　　　　　爬啊爬，我爬不到头。

　　　　　　　　有朝一日摔下地，

　　　　　　　　粉身碎骨筋被抽！

　　　　　　　　我只有自己舔舐自己的伤口，

　　　　　　　　无声的泪水肚里流。

　　　　　　　　二十岁与他订婚后，

　　　　　　　　日夜盼着结鸾俦；

　　　　　　　　一盼盼了六七载，

　　　　　　　　盼来的却是洞房冷飕飕；

　　　　　　　　未饮交杯酒，

　　　　　　　　未把片言留，

　　　　　　　　翌日东洋去，

　　　　　　　　三年才回舟。

　　　　　　　　回来却又不团聚，

　　　　　　　　分居分了二十秋。

　　　　　　　　二十年未曾和他牵过手，

　　　　　　　　二十年不知道啥叫温柔。

　　　　　　　　二十年我还是个女儿身，

　　　　　　　　二十年常常守着一个愁！

　　　　　　　　如今他高飞又远走，

　　　　　　　　心底的希望一旦休。

　　　　　　　　昏惨惨，没了去路，

　　　　　　　　痛切切，心儿似揪。

　　　　　　　　只怪自己没文化，

　　　　　　　　只怪自己虑不周。

他是一座高高的山，

不是我爬的矮墙头。

当初就不该把瓜强扭，

抱着幻想手不丢。

难为了他啊也苦了我，

夫不夫妻不妻我忧他忧！

今生已将终身误，

来世我再也不把女人投！

［舞台上走过了朱安的一生——青年、中年、老年的形象依次重现。］

［飘飘洒洒，丁香花花落如雨。］

［幕后的伴唱：

"丁香花，丁香花，

吹落枝头任飘洒。

万般哀怨自消受，

一缕清香留天涯。"］

［花雨中，朱安雕塑般凝望远方。］

……

尾声

［字幕：1936 年 10 月 19 日，鲁迅先生在上海去世。］

（朱安手捧祭品上。她一身素装，白绳挽髻，含悲忍痛。）

朱安：（摆放祭品）大先生，这是你平时最爱吃的白薯蓣片，我亲手给你炸的，吃点吧。我很想去上海送送你，看你一眼，在你的坟头添把土，可娘身体不好，我走不开。听说有成千上万的人为你送葬，那么多人想着你，念着你，为你伤心，为你流泪，人到这份上，值啊。虽说这辈子和你只是空头夫妻，可我也感到脸上有光彩。最近我老是想，要是咱俩真在一起过一辈子，你会是个什么样子呢？我知道，那肯定不是现在的你了。

（焚烧纸钱）大先生，这些钱你收好了。

［幕后儿歌声又起：

"小蜗牛，小蜗牛，

爬啊爬，不回头……"］

朱安：（望着火苗突然一惊）啊，小蜗牛！你怎么跑到火里啦？（赶紧用手扒，捧起）死了，死了，你为什么要往火里爬啊！走，我给你埋个地方去，我给你埋个地方去……

［黄叶飘飘。］

［朱安佝偻着身子一步一步走向舞台的纵深处，留给我们一个远去的背影。］

朱安：（画外音）我真想变成一只蜗牛，一点一点爬到上海，静静守在你的坟前。

没有人知道我是谁，但我自己知道……

［字幕：1947 年 6 月 29 日，朱安在北京去世。］

［幕徐落。］

——剧终

【注释】

①　陈涌泉，青年剧作家，河南省优秀专家，中国戏剧文学学会理事，河南省戏剧家协会理事，现任职于河南省艺术研究院。创作大型舞台剧十多部，作品在全国产生了较大影响。主要戏剧作品有《程婴救孤》《阿Q与孔乙己》《婚姻大事》《风雨故园》等，曾获国家文华大奖、文华剧作奖、第七届中国艺术节观众最喜爱的剧目奖，《程婴救孤》被列为 2004—2005 年度国家舞台艺术十大精品榜首，获中国人口文化奖金奖、最佳编剧奖等。

【赏析】

《风雨故园》是一部感情饱满、悲天悯人的剧作。

首先是朱安之情。朱安，长期埋藏在鲁迅巨大的身影下，埋藏在历史的雾霭中，在世人的视野中只是一个淡淡的影子，甚至连影子也不是。而《风雨故园》，还其一个人、一个女人、一个有血有肉感情丰沛的女人的本来面目。她虽终生没有得到鲁迅的爱情，内心痛苦，但对鲁迅充满敬畏；当鲁迅已经成为"民族魂"的时候，她愿变作一只蜗牛，无声地栖于大先生的墓前。她对鲁迅，从无怨怼；对命运，只有无奈；她的绝望，不可能像娜拉那样出走，她忍辱负重，甘心牺牲、牺牲、牺牲……

其次是鲁迅之情。鲁迅不单单是对包办婚姻之失败的痛苦，从他隐忍、克制，从他对母亲之孝，从他对许广平的爱，更从他对那个黑暗时代民族的爱，显现出一个立体的鲁迅。"无情未必真豪杰，怜子如何不丈夫。"在剧作里，我们看到，鲁迅不仅在文化、历史的宏大叙事中，"处于黑白之间""肩起黑暗的闸门"，他在家庭中何尝不是如此！他对朱安的态度，更显出现实的荒诞，我不杀伯仁，伯仁因我而死！彷徨，呐喊，逃矢无计，凄风骤雨，这是社会中的鲁迅，也是家庭中的鲁迅。

再次是剧作者之情。作者复活了朱安，这个影子一般的存在物，而使其成为一个人；作者再造了朱安，这个我们可能感到琐屑微渺的女人，而使其成为一个悲剧人物，一个感之令人悲、思之令人敬的大写的人。作者也写出了真正的悲剧，此剧，不只是社会悲剧，是古希腊式的命运悲剧，是人生悲剧，是性格悲剧。鲁迅与朱安的巨大差异，在剧中得到了成功地叙述，而他们都有什么错误呢？鲁迅自己给悲剧下的定义："把美好的东西，撕碎了给人看。"信然，黑格尔之"无错的悲剧"、鲁迅之"几乎无事的悲剧"，不都是对此的阐释与引申吗？

（摘自刘哲《河南日报》）

【思考与练习】

1．为刻画人物、深化主题，编导独具匠心，小蜗牛的运用别有深意。试分析它的作用。

2．通过剧中人物的唱词和对话，了解朱安是一个什么性格的人。鲁迅在封建的包办婚姻中，他的立场和观点是怎样的？

3．阅读下面的文字，谈谈你对《风雨故园》的认识。

完整的认识一枚硬币

——《风雨故园》创作谈

陈涌泉

世间的事情有时就是这样不可思议，我们仿佛已经掌握了事实的全部，却远远没有接近本质。比如，鲁迅在中国几乎是家喻户晓的伟人，而他与朱安维系一生、困扰一生的婚姻却鲜为人知。我们自以为很了解他了，对他的成就耳熟能详，却根本没有走进他的心灵。

自然，知道朱安者鲜有其人也就在情理之中了。《朱安女士》（《风雨故园》是中途改的名）剧本出手后，我不得不一遍又一遍给一个又一个"文化人"解释："朱安就是鲁迅的夫人"，也就不足为怪了。一切好像都是正常的，一切又都那么不正常。长期以来，我们不是在一直传颂着鲁迅和许广平的经典爱情吗？鲁迅的情感世界就好像一枚完整的硬币，我们怎么会对一面熟悉而对另一面陌生，甚至浑然不知呢？

中华人民共和国成立后，随着鲁迅的被神化，相当长的时期内，在有关鲁迅先生的各种宣传、展览中看不到朱安的影子，北京鲁迅故居里朱安的住室一直被称为鲁迅的"藏书室"，许多人甚至根本不知道鲁迅还有这么一桩封建包办婚姻，而知道的人由于种种原因又在回避，不愿说明事实真相，还有人千方百计想避开她，抹杀她。其实，回避鲁迅与朱安的婚姻，结果只能使事实本身越描越黑，从鲁迅生前到死后，直到今天的"贬鲁潮"中，借这桩婚姻指责鲁迅者不乏其人。正视鲁迅与朱安婚姻的不幸，承认这桩婚姻对两人、特别是对朱安的伤害，非但无损于鲁迅的形象，反而使鲁迅的伟大更加真实。

我曾经惊诧过去人们对鲁迅的神化、对朱安的回避，庆幸经历了二十多年的解放思想，鲁迅终于可以回归人间，朱安终于可以重见天日，然而，剧本脱稿到立上舞台过程中的所见所闻，又让我深深体会到思想的解放还远不彻底，一些人的头脑里极左年代留下的观念还是那样根深蒂固，在为尊者讳的同时，仍然对一个弱者采取着极大的漠视。倒是鲁迅先生的后代——周海婴、周令飞父子的豁达与开明给了我信心。他们已经明确认识到，只有让鲁迅走下神坛还原为有血有肉的人，才能让鲁迅更好的走进 21 世纪；朱安的悲剧并不是哪个人造成的，而是一个时代的悲剧。在这些方面的认识上，他们已经远远走在了一些人的前面。"青山遮不住，毕竟东流去"，《风雨故园》的公演不正是折射出时代进步的足音吗？

让更多的人知道世上曾经有一个叫做朱安的女子，她嫁给了一个后来名扬天下的人，却一生没得到他的心，生前没有爱，死后又失去了名；让更多的人知道"伟大的文学家、思想家、革命家，也有着自己的伤心和无奈，一个反封建斗士却无法逃脱封建包办婚姻的伤害，不得不做长达二十年的妥协"；让更多的人知道原来自己远未接近事实的真相，从而对传统文化和中国近现代史产生新的反思……我希望自己的作品能起到一点点这样的作用。早在排练之初给剧组同事们的讲座中，我就这样讲，希望通过大家的舞台实践，能够"还朱安以尊重，还鲁迅以公正，还历史以真实"。

我从来没有怀疑过这样做的意义，后来，一个发自大不列颠、回荡在瑞典皇家学院的声音又进一步坚定了我的信心——"在戏剧中的真实，是非常难找的，可能永远找不到。但寻找真实还是必要的，是戏剧的驱动力，是戏剧家的任务……确定我们生活和我们社会的真正的真实，是一种重大责任，是我们都不可推卸的"。这个声音的主人就是剧作家、2005 年诺贝尔文学奖得主哈罗德·品特。

魂断蓝桥（节选）

[美] 罗伯特·E.舍伍德[①]

（烛光俱乐部）

洛依：你们舞蹈演员吃什么？

玛拉：哦，舞蹈演员吃有营养的、脂肪少的。

洛依：啊，今晚例外。你这有什么特别的菜吗？要高脂肪、难消化的……

侍者：龙虾不错，先生！

玛拉：嗯。

侍者：还有酒。

洛依：稍微喝点淡酒不违犯你们舞蹈演员的规矩吧？

玛拉：哦，今晚上……不违犯。

洛依：喝4盎。

侍者：40块，先生。

洛依：你的舞跳得很美！

玛拉：我看不见得。

洛依：啊，内行不懂，只有外行懂，我跟你说跳得很美！

玛拉：这说明你确实是外行。

洛依：你再见到我高兴吗？

玛拉：高兴。

洛依：我感觉到了。为你干杯！快活吗？

玛拉：快活的。

洛依：可是我还是不太了解你，只是这美极了！

玛拉：你干吗这么看着我？

洛依：你知道我们分手以后，我忘了你长得什么样了，怎么也想不起来了，我想她美吗？她丑吗？什么模样想不起来了，我非得赶到剧场看看你长得什么样。

玛拉：现在不会再忘了吧？

洛依：我想不会，不会的，一辈子都不会忘的！

玛拉：那么关于我你想知道什么？

（报幕：女士们、先生们现在演奏今晚最后一个舞曲，请大家跳"一路平安"。）

洛依：待会跟你说，现在跳舞吧！

玛拉：这些蜡烛什么意思？

洛依：一会儿你就知道了！

（"一路平安"的音乐声响起）

（雨中在玛拉宿舍的院子里——车子上）

玛拉：你好！

洛依：你好！

玛拉：你来看我太好了！

洛依：别这么说！

玛拉：你没走？

洛依：海峡有水雷放假四十八小时！

玛拉：这真太好了！

洛依：是的，有整整两天。你知道我一夜都在想你，睡也睡不着！

玛拉：你终于学会记住我了！

洛依：呵呵，是啊，刚刚学会。玛拉，今天我们干什么？

玛拉：因为我……我……我……

洛依：现在由不得你这样了！

玛拉：这样？

洛依：这样犹豫，你不能再犹豫了！

玛拉：不能？

洛依：不能！

玛拉：那我们应该怎样呢？

洛依：去跟我结婚！

玛拉：哦，洛依，你疯了吧！

洛依：疯狂是美好的感觉！

玛拉：我不要你这样！

洛依：我才不呢！

玛拉：可你还不了解我！

洛依：会了解的，用我一生来了解。

玛拉：洛依，你现在在打仗，因为你快要离开这了，因为你觉得必须在两天内度过你整个的一生！

洛依：我们去结婚吧，除了你，别的人我都不要！

玛拉：你怎么可以这样肯定？

洛依：别再支支吾吾了，别再问了，别再犹豫了，就这样定了，知道吗？这样肯定了，知道吗？这样决定了，知道吗？去跟我结婚吧，知道吗？

玛拉：是，亲爱的！

（汽车上）

玛拉：怎么回事，亲爱的，我们去哪？

洛依：去宣布定婚！回兵营去。啊，玛拉，你听我说，目前我们会陷于什么样的麻烦？

玛拉：好的！

洛依：我要你知道某些情况，首先我亲爱的年轻小姐，我是兰德歇步兵团的上尉，挺唬人吧？

玛拉：挺唬人！

洛依：一个兰德歇步兵团的上尉是不能草率结婚的，要得备很多手续和仪式。

玛拉：我知道。

洛依：这有点繁文缛节！

玛拉：是吗？

洛依：嗯，比如一个兰德歇步兵团的上尉要结婚必须得到他的上校的同意。

玛拉：这很困难吗？

洛依：啊，也许困难也许不！

玛拉：我看不那么容易！

洛依：啊，那得看怎么恳求了，看恳求的魅力，看他的热情和口才玛拉，看着我！

玛拉：是，上尉！

洛依：怎么？你怀疑吗？

玛拉：你太自信了，上尉！你简直疯狂了，上尉！你又莽撞又固执又——我爱你！上尉！

【注释】

① 罗伯特·E.舍伍德（1889—1955），美国著名编剧，曾荣获普利策剧作家奖，所编影片《魂断蓝桥》获第十三届奥斯卡最佳黑白片提名（1941），美国百部经典名片之一，"最受欢迎的爱情电影"之一。他和约翰·哈利逊改编的《蝴蝶梦》曾获奥斯卡最佳影片，并获最佳编剧提名。所编影片《黄金时代》获第十九届奥斯卡最佳影片奖（1947）。

【赏析】

《魂断蓝桥》是一部风靡全球半个多世纪的好莱坞战争体裁的爱情故事片，是电影史上三大凄美不朽的爱情悲剧（《魂断蓝桥》《乱世佳人》《卡萨布兰卡》）之一，是一部荡气回肠的爱情经典之作、一段美丽而忧伤的爱情故事、一曲催人泪下的爱情绝唱。它之所以让人屏息凝神，不只是因为硝烟中的爱情使人沉醉、美丽中的缺憾使人扼腕，更重要的是生命中爱的永恒使人心驰神往……正如片名体现的那样，片中的女主角不仅把生命留在了这座桥上，而且把自己的爱情、信念和灵魂一同埋葬在这座桥上。

《魂断蓝桥》的内容传奇，文艺气息浓厚，具有极高的催泪效果。两次战争的先后呼应使得这个爱情悲剧的背后有着鲜明的反战讯息。如果不是因为战争，也许这一切的悲剧都不会发生。它的成功，不仅仅是向人们展示了爱的真谛，更重要的是向人们昭示了和平的宝贵和战争的罪恶。"拒绝战争，争取和平"，是影片暗含的主题。

《魂断蓝桥》是西方电影在东方获得成功的经典。影片以其缠绵悱恻的悲剧情节、演员们细腻的表演、感人至深的情感效应，打动着感情细腻的东方人，片中凄婉的爱情故事更能引起人们的共鸣。

《魂断蓝桥》是一部荡气回肠的爱情经典之作。导演以其独特的视角、纯熟的技艺向世人展现了一个色彩斑斓的历史画面，没有气势磅礴的场景，没有扑朔迷离的悬念，有的只是近似回忆般朦胧的视觉享受，有的只是小桥流水般优美的意境，有的只是从剧中人发丝间、明眸间、手指间一点一滴流露出的对爱情的执着和坚贞的信念。本来是一段缠绵动人的爱情故事，却如镜花水月一般以悲剧结尾……

【思考与练习】

1. 分析洛依和玛拉的对白，把握两人的性格特点。

2. 观看影片《魂断蓝桥》，谈谈全剧是如何体现"拒绝战争，争取和平"的主旨的？

3. 观看《乱世佳人》《卡萨布兰卡》，对电影史上三大凄美不朽的爱情悲剧影片进行鉴赏讨论。

【口语链接·辩论】

[知识概要]

（一）辩论类型和特点

"辩论"一词从词语释义来说有辨析论说、辩驳争论、议论等。在生活中，人们彼此用一定的理由来说明自己对事物或问题的见解，揭露对方的矛盾，以便取得最后的认识或达成共同的意见，这就是辩论。

辩论是现实生活中常见的一种交流沟通的手段。在生活中，我们常常会碰到与别人观点不一致的时候，或者是遭到误会需要替自己辩解的情形，如何很好地说服别人或者替自己解围，这些都需要进行辩论。与别人辩论时，假如我们不注意辩论的技巧，很有可能让自己或我们的团体陷入不利的境地。

可见，辩论能力是我们应重视培养的一种语言能力，它是理论和实践的结合，需要敏锐的思维力、准确的判断力、细致的分析力；同时，它还需要丰富的知识、流利的口才以及在大庭广众中敢于陈述自己见解的魄力和勇气。

1. 辩论的三要素

辩论必须具备以下三个要素，缺一不能称之为辩论。

（1）辩论中必须存在着持不同意见的双方或多方。有不同意见的双方或多方存在，才能出现思想交锋。一个人不可能自己同自己辩论，一个人头脑中几种想法或做法的权衡和比较，那是思考或思辨，而不是辩论。

（2）辩论必须针对同一事物或同一问题，即我们通常所说的同一论题。如果各方谈论的论题不同，就不能实现有意义的辩论。例如，一个人说"知识比能力更重要"，一个人说"大学生的主要任务是学习"，由于两人所认识的对象不同，因此两个观点不能构成辩论。只有当一个人说"知识比能力更重要"，另一个人说"能力比知识更重要"，这样两个论题才构成辩论。因为这两个论题所认识的对象相同，又是相互对立的思想，而这两个判断至多只能有一个为真，不可能都真。这样就有了谁是谁非的问题，就必然要引起辩论。

（3）辩论的诸方有或多或少的共同认识或共同承认的前提，如思维的同一律、不矛盾律、排中律和充足理由律及正确推理的方法等，还应当有社会公理、科学规律等是非真伪标准和价值取向。没有这些共同承认的东西，辩论只会是一场混战，不可能得出结论。总之，辩论诸方有共同的话题，而又有不同意见。从哲学观点看，辩论的诸方是一种对立统一的关系。

2. 辩论的特征

（1）辩论人员的双边性。辩论是双边活动，最少两人或两方参加，单方面在发表自己的看法或观点只能是议论而已。

（2）辩论观点的对立性。双方观点是对立的，或是或非，这样才有辩论的可能，否则就是谈判。

（3）论证的严密性。只有合乎思维逻辑的辩论，才可能获胜；否则只能是诡辩，即有意地把真理说成是错误、把错误说成是真理的狡辩，那是很容易被别人看穿并揭露的。

（4）追求真理的目的性。辩论目的是追求真理，取得共识，辩论双方没有对错之分。

（二）辩论策略与技巧

我国南北朝时期的文学理论家、文学批评家刘勰在《文心雕龙·论说》中指出"一言之辩，重于九鼎之宝，三寸之舌，强于百万之师"，足见雄辩的魅力与威力。辩论是通过人们因不同观点而引起的言语交锋，达到相互了解、谅解和信任，进而实现人际沟通的一种手段。因为，通过言语交锋，彼此能够更好地了解对方的立场和观点，可以求同存异，达到高层次的心理沟通。由此可见，辩论与一般的语言交流有很大的不同。此外，辩论的话题本身往往没有一个绝对正确的结果，所谓决定辩论胜负的不是看谁掌握了或者坚持了真理，而是看谁能够在理论上自圆其说，能够表现出高超的辩论技巧、风趣幽默的语言、令人尊重的个人魅力，看谁更有人气。所以，要达到辩论的目的，关键在于辩论的方法和技巧。下文我们将结合一些成功的辩论案例，给大家介绍几种辩论的技巧。

1. 攻其要害

在辩论赛中常常会出现这样的情况：双方纠缠在一些细枝末节的问题、例子或表达上争论不休，结果，看上去辩得很热闹，实际上已离题万里。这是辩论的大忌。一个重要的技巧就是要在对方一辩、二辩陈词后，迅速地判明对方立论中的要害问题，从而抓住这一问题，一攻到底，以便从理论上彻底击败对方。

例如，在第一届国际大专辩论赛复旦大学队与剑桥大学队的辩论中，"温饱是谈道德的必要条件"这一辩题的要害是：在不温饱的状况下，是否能谈道德？在辩论中只有始终抓住这个要害问题，才能给对方以致命的打击。在辩论中，人们常常有"避实就虚"的说法，偶尔使用这种技巧是必要的。比如，当对方提出一个我们无法回答的问题时，假如强不知以为知，勉强去回答，不但会失分，甚至可能闹笑话。在这种情况下，就要机智地避开对方的问题，另外找对方的弱点攻过去。然而，在更多的情况下，我们需要的是"避虚就实""避轻就重"，即善于在基本的、关键的问题上打硬仗。如果对方一提问题，我方立即回避，势必会给评委和听众留下不好的印象，以为我方不敢正视对方的问题。此外，如果我方对对方提出的基本立论和概念打击不力，也是很失分的。善于敏锐地抓住对方要害，猛攻下去，务求必胜，乃是辩论的重要技巧。

2. 穷追不舍

场上要保持头脑冷静，当注意到对方对本方某个问题避而不答或回答不力时，应连续攻击，穷追不舍，哪怕把问题再重复一遍也好。往往易犯的毛病的是自己急于说出某句"精妙"的话，根本不去注意队友问了什么问题以及对方是如何回答的，这种个人主义应该避免。如以下辩论赛片段：

许金龙：对方辩友，他要有人勤加于灌溉，我想请问对方辩友，请您正面回答我，您喜不喜欢杀人放火？（笑声）

季翔：我当然不喜欢，因为我受过了教化。但我并不以我的人性本恶为耻辱。我想请问对方，你们的善花是如何结出恶果的？（掌声）

吴淑燕：我想先请问对方同学，您的教育能够使您一辈子不流露本性吗？如果您不小心流露本性，那我们大家可要遭殃了。

严嘉：所以，我要不断地注意修身自己呀！曾子为什么说"吾日三省吾身"呢？所以，我再次想请问对方辩友，你们说内因没有的话，那恶花为什么会从善果里产生呢？

王信国：我来告诉大家为什么会有，这是因为教育跟环境的影响！我倒请对方辩友直接回答我们问题，到底人世间为什么会有善行的发生，请你告诉大家。

姜丰：我方明明回答过了，为什么对方辩友就是对此听而不闻呢？到底是没听见，还是没听懂啊？（笑声、掌声）

许金龙：你有本事再说一遍，为什么我们听了，从来没有听懂过呢？我想请问对方辩友，您说荀子说性恶，但是所有的学者都知道荀子是无善无恶说。

蒋昌建：我第三次请问对方辩友，善花如何开出恶果呢？第一个所谓恶的老师从哪来呢？

吴淑燕：我倒想请问对方同学了，如果人性本恶，是谁第一个教导人性要本善的？这第一个到底为什么会自我觉醒？

季翔：我方三辩早就解释过了，我想第四次请问对方辩友，善花是如何结出恶果的？

王信国：我再说一次，善花为什么结出恶果——有善端，但是因为后天的环境跟教育的影响，使他做出恶行。对方辩友应该听清楚了吧？我再想请问对方辩友，今天泰丽莎修女的行为，世界上盛行好的行为，为什么她会做出善行呢？

季翔：如果恶都是由外部环境造成的，那外部环境中的恶又是从何而来的呢？

蔡仲达：对方辩友，请你们不要回避问题，中国台湾的正严法师救济安徽省的大水，按你们的推论不就是泯灭人性吗？

严嘉：但是，对方要注意到，8月28号《联合早报》也告诉我们这两天新加坡游客要当心，因为中国台湾出现了千面迷魂这种大盗。（笑声、掌声）

许金龙：我们就很担心人性本恶如果成立的话，那样不过是顺性而为，有什么需要惩罚的呢？

蒋昌建：对方终于模糊了，我倒想请问，你们开来开去善花如何开出恶果，第五次了啊！（笑声、掌声）

在这个案例中，正方就是抓住了反方回答不力，穷追不舍，赢得了掌声。

3. 利用矛盾

由于辩论双方各由四位队员组成，四位队员在辩论过程中常常会出现矛盾，即使是同一位队员，在自由辩论中，由于出语很快，也有可能出现矛盾。一旦出现这样的情况，就应当马上抓住机会，竭力扩大对方的矛盾，使之自顾不暇，无力进攻我方。

比如，在第一届国际大专辩论赛复旦大学队与剑桥大学队的辩论中，剑桥大学队的三辩认为法律不是道德，二辩则认为法律是基本的道德。这两种见解显然是相互矛盾的，复旦大学队乘机扩大对方两位辩手之间的观点裂痕，迫使对方陷入窘境。

又如剑桥大学队一辩起先把"温饱"看作是人类生存的基本状态，后来在复旦大学队的凌厉攻势下，又大谈"饥寒"状态，这就是与先前的见解发生了矛盾，复旦大学队"以子之矛，攻子之盾"，使对方于急切之中，理屈词穷，无言以对。

4. 引蛇出洞

在辩论中，常常会出现胶着状态：当对方死死守住其立论，不管我方如何进攻，对方只用几句话来应付时，如果仍采用正面进攻的方法，必然收效甚微。在这种情况下，要尽快调整进攻手段，采取迂回的方法，从看来并不重要的问题入手，诱使对方离开阵地，从而打击对方，在评委和听众的心目中造成轰动效应。

在国际大专辩论赛复旦大学队和悉尼大学队辩论"艾滋病是医学问题，不是社会问题"时，悉尼大学队死守着"艾滋病是由HIV病毒引起的，只能是医学问题"的见解，不为所动。于是，复旦大学队采取了"引蛇出洞"的战术，复旦大学队二辩突然发问："请问对方，今年世界艾滋病日的口号是什么？"对方四位辩手面面相觑，为不至于在场上失分太多，对方一辩站起来乱答一通，复旦大学队立即予以纠正，指出今年的口号是"时不我待，行动起来"，这就等于在对方的阵地上打开了一个缺口，从而瓦解了对方的坚固阵线。

5. 李代桃僵

当我们碰到一些在逻辑上或理论上都比较难辩的辩题时，不得不采用"李代桃僵"的方法，引入新的概念来化解困难。比如，"艾滋病是医学问题，不是社会问题"这一辩题就是很难辩的，因为艾滋病既是医学问题，又是社会问题，从常识上看，是很难把这两个问题截然分开的。复旦大学队辩手在谈到辩论技巧时说道："按照我方预先的设想，如果让我方来辩正方的话，我们就会引入'社会影响'这一新概念，从而肯定艾滋病有一定的'社会影响'，但不是'社会问题'，并严格地确定'社会影响'的含义，这样，对方就很难攻进来。后来，我们在抽签中得到了辩题的反方，即'艾滋病是社会问题，不是医学问题'，在这种情况下，如果我们完全否认艾滋病是医学问题，也会于理太悖，因此，我们在辩论中引入了'医学途径'这一概念，强调要用'社会系统工程'的方法去解决艾滋病，而在这一工程中，'医学途径'则是必要的部分之一。这样一来，我方的周旋余地就大了，对方得花很大力气纠缠在我方提出的新概念上，其攻击力就大大地弱化了。"复旦大学队很好地利用了"李代桃僵"的战术，这一战术之意义就在于引入一个新概念与对方周旋，从而确保本方立论中的某些关键概念隐在后面，不直接受到对方的攻击。

6. 慎用诡辩

在前文中我们已经提到，所谓诡辩就是有意地把真理说成是错误，把错误说成是真理的狡辩。用一句简单明了的话来说，就是有意地颠倒是非，混淆黑白。玩弄诡辩术的人，从表面上来看，似乎能言善辩，道理很多。他们在讲话的时候往往滔滔不绝，振振有词。他们每论证一个问题，也总是可以拿出许多"根据"和"理由"来。但是，这些根据和理由都是不能成立的。他们只不过是主观地玩弄一些概念，搞些虚假或片面论据，做些歪曲的论证，目的是为自己荒谬的理论和行为做辩护。

例如：

正方：毛驴没有污染，可是能走上高速公路吗？

反方：毛驴就真的没有污染吗？

当对方第一句话是判断句，第二句话是反问句时，本方应该先注意这句判断句是否成立，这在辩论中属于"盲点"，容易忽略。这种战术在许多情况下就属于诡辩，就像对方指着一个正方形说正方形与圆形是不同的，而本方攻击说他指的根本不是一个标准的正方形。所以上一例中正方可以这样反驳："当然世界上没有绝对不造成污染的东西，但毛驴难道是因为有污染才不能走上高速公路吗？"这种战术要慎用。

7. 釜底抽薪

刁钻的选择性提问，是许多辩手惯用的进攻招式之一。通常，这种提问是有预谋的，它能置人于"两难"境地，无论对方做哪种选择都于己不利。对付这种提问的一个具体技法是，从对方的选择性提问中，抽出一个预设选项进行强有力的反诘，从根本上挫败对方的锐气，这种技法就是釜底抽薪。

例如，在"思想道德应该适应（超越）市场经济"的辩论中，有如下一轮交锋：

反方：……我问雷锋精神到底是无私奉献精神，还是等价交换精神？

正方：……对方辩友这里错误地理解了等价交换。等价交换就是说，所有的交换都要等价，但并不是说所有的事情都是在交换。雷锋还没有想到交换，当然雷锋精神谈不上等价了。（全场掌声）

既然谈不上等价，那么自然不可能是等价精神，反方应该立即打蛇随棍上，指出这一点，并将问题展开深入。

反方：那我还要请问对方辩友，我们的思想道德的核心是为人民服务的精神，还是求利的精神？

正方：为人民服务难道不是市场经济的要求吗？（掌声）

正方的回答其实很不恰当，而此时反方的知识储备或者应变能力严重不足，如果反问一句"难道毛泽东同志提出为人民服务是为了顺应市场经济的要求么"，则立刻将正方推至风口浪尖，迫使其选择回避。

第一回合中，反方有"请君入瓮"之意，有备而来。显然，如果以定式思维被动答问，就难以处理反方预设的"两难"：选择前者，则刚好证明了反方"思想道德应该超越市场经济"的观点；选择后者，则有悖事实，更是谬之千里。但是，正方辩手却跳出了反方"非此即彼"的框框设定，反过来单刀直入，从两个预设选项抽出"等价交换"，以倒树寻根之势彻彻底底地推翻了它作为预设选项的正确性，语气从容，语锋犀利，其应变之灵活、技法之高明，令人叹为观止！

当然，辩场上的实际情况十分复杂，要想在论辩中变被动为主动，掌握一些反客为主的技巧还仅仅是一方面的因素；另一方面，反客为主还需要仰仗于非常到位的即兴发挥，而这一点却是无章可循的。

8. 善用逻辑

辩论是一种逻辑性很强的语言表达活动，所以在辩论时只有善用逻辑，才能做到稳扎稳打。在辩论中善用逻辑可以通过循环论证、归谬论证、破除两难境地、打破类比等方式。

例如，循环论证常常是在立论中就已准备好的，这种论辩手法会有出乎意料的效果，不管从哪个角度进攻，总是能自圆其说。

复旦大学在"人性本善"一题中曾经设置过一个循环论证，基本立论是：人有人性和兽性，人所以有善行，是因为有人性，人所以有恶行，是因为有兽性。

正方：泰丽莎修女的善行，英国小男孩为了救自己的妹妹不惜献出自己的生命，这不是人性的光辉吗？

反方：但是，我们也看到二次世界大战夺去了几千万人的生命，而巴尔干半岛现在仍然战火熊熊，面对人类这些恶行，对方同学还能说人性本善吗？

正方：当我们谈起这些恶行时，总是说"兽性大发"，又怎么能让人性来承受这不白之冤呢？

正方为了论证人性是善的，他的论据是：恶的都是兽性。这是一种典型的循环论证。

又如归谬。所谓归谬就是先假设对方的逻辑是正确的，然后推导出荒谬的结论，以此证明对方的错误。这是辩论中常用的有力武器，很多看来难以攻击的诡辩，一经归谬，会有"柳暗花明又一村"之感。

例如，论题"法治能消除腐败"。

反方：请对方举个例子，哪怕是一个例子，世界上有哪个国家、哪个地区用法治消除了腐败？

正方：过去没有消除，现在没有消除，就等于将来一定不能消除吗？那我们还谈什么共产主义必然实现，共产主义以前也从来没实现过嘛！

正方对反方的这个要害问题如果避而不答，那就要丢分了，而以归谬驳斥对方提问中隐含的逻辑，却化险为夷。

辩论是一个非常灵活的过程，在这一过程中，可以施展的技巧很多，只要你做好充分的准备，在辩论中保持清醒的头脑，灵活运用各种技巧，就有可能在辩论赛中取得较好的成绩。

（三）辩论赛的流程

目前，我国国内的辩论赛通常都是参考国际大专辩论赛的流程。它是国际上最知名的辩论赛，2007年正式更名为"国际大学群英辩论会"。国际大专辩论赛从1993年首届举行至今，每两年举行一届，轮流在新加坡和北京举行，为华语辩论的最高舞台之一。国际大专辩论赛举办的目的是推广和发扬辩论艺术和中文文化。

历届以来，大赛赛制也不断发展完善，令比赛更具有观赏性和竞争性。比赛中辩手精彩的辩词、理论功底以及临场应变和团队配合往往成为人们念念不忘的经典。

在这里我们给大家介绍的是2005届国际大专辩论赛的比赛流程，它是一般辩论赛中最普遍的一种比赛流程。不过，它只是诸多比赛流程中的一种，实际操作中有大量不同流程存在，我们也可以根据自己的实际进行调整。

此届国际大专辩论赛分预赛、复赛、半决赛和决赛四轮比赛。通过比赛选出优胜队参加下一轮比赛。比赛采用投票表决的办法。所有比赛时间相同，具体程序如下：

（1）主席致开场词，介绍该场参赛队员、评判团成员和比赛规则；

（2）开篇立论开始，正反双方一辩依次进行，时间各 2 分 30 秒；

（3）攻辩时间 6 分钟，每队各 3 分钟；

（4）攻辩小结，每队各 1 分 30 秒；

（5）自由辩论 8 分钟，每队各 4 分钟；

（6）反方四辩总结陈词，时间 3 分钟；

（7）正方四辩总结陈词，时间 3 分钟；

（8）评判团进行评判，工作人员计分作统分工作；

（9）请本场的评判代表分析赛情；

（10）主席宣布本场比赛各队的得分情况及最后结果；

（11）本场比赛结束，退场。

每位辩手发言时间剩 30 秒时，将有一次笛声提示，当辩论时间用完时，有两次笛声提示，辩手应立刻停止发言。

大家需要对辩论赛的几个关键流程有所了解。

1. 开篇立论

在开篇立论阶段，双方一辩轮流从总体上阐述本方的观点和看法，开篇立论无须在理论的层面上过多纠缠，立论要求逻辑清晰，言简意赅。

2. 攻辩

攻辩由双方二、三辩参加，正反方交替进行。正反方二、三辩各有且必须有一次作为攻方，辩方由攻方任意指定，不受次数限制，要求是一方提问、一方回答。攻辩双方必须单独完成本轮攻辩，不得中途更替。

攻辩阶段通常有以下规则：

（1）质询者控制质询时间，可以提出与题目有关的合理而清晰的问题，并可以随时停止被质询者之问答。

（2）攻辩时间内，质询者应询问问题，不得自行申论或就质询所获之结果进行引申，否则视为违规。质询者自行申论或引申发言时，答辩者有权要求其停止。

（3）答辩者应回答质询者所提之任何问题，但问题明显不合理时，被质询者须说明理由，拒绝回答。

（4）答辩者可以要求质询者重述其质询，但不得恶意为之，否则视为违规。

（5）答辩者不得对质询者提出询问，否则视为违规。

（6）答辩者提出反质询时，质询者须要求其停止，并拒绝回答。

3. 自由辩论

自由辩论必须交替进行。当自由辩论开始时，先由正方任何一名队员起立发言。完毕后，反方的任何一位队员应立即发言，双方依次轮流发言，直到双方时间用完为止。

在自由辩论时间里，每一位辩手的发言次序、次数和时间均不受限制，队员可以相互提供发言线索。

当一队的发言时间剩30秒钟时，将有一声笛声提示，当该队的发言时间用完时，会有两声笛声提示，该队应立即停止发言。如果一队的发言时间已经用尽，另一队还有剩余时间，则该队的辩手可以继续发言，直到该队的时间用完为止。

自由辩论是检验一个队整体配合能力以及每一位辩手实力的重要阶段。辩手应充分利用这段时间，简洁明了地加强自己的论点，机智有力地反驳对方的论点，如果流于空洞无物的攻击或有意回避对方的质询及发言观点，或者出现语误、空场等情形，都将影响该队的成绩。

4. 总结陈词

总结陈词阶段，辩论双方应针对辩论会整体态势进行总结陈词，脱离实际、背诵事先准备的稿件，都会适当扣分。

（四）辩论词的写作

在比较正式的场合中，辩论词是辩论的基础和准备。像剧本是一剧之本一样，辩论词也是辩论成功的保证。

通常来说，辩论词没有固定的格式，因为它写出来主要不是给别人看的，而是说出来给大家听的。所以辩论词的结构较为灵活，不必在文章内部的过渡和衔接方面过多用力，语言简练明确，以阐明事理为主，对文笔要求不是很高。

一般来说，若是为辩论赛准备的辩论词应该包括以下几个部分：开篇立论辩词、攻辩辩词、自由辩论辩词、总结陈词。这四个部分的辩论词是根据辩论赛的几个流程来确定的，它相应地是为这几个流程服务的，所以在写作上略有不同，但从总体来看，立论辩词和总结陈词的结构相似，攻辩辩词和自由辩论辩词的结构相似。下面我们分两类给大家介绍辩论词的写作。

1. 立论辩词和总结陈词的写法

立论辩词和总结陈词的结构一般应包括标题、正文两个部分。

（1）标题

标题可点明辩论词的中心，或标明中心事件，或标明中心论题，最好让人看到标题就能了解辩论的内容。也可以直接写上"立论辩词""总结陈词"作为标题。

（2）正文

辩论词的正文一般包括开头、主体、结尾三部分。开头应接触辩论题目，提出辩论词的主要内容，使听众了解你要讲的东西，当然开头也应有点技巧，使听众有兴趣听下去。

主体是辩论词的重点部分，要突出中心，用典型的材料、有力的分析，使听众点头赞同。

结尾可归纳自己的见解，使听众有个完整的印象。结尾要有力，能给人启示和回味。

例如，1993年国际大专辩论赛决赛正方一辩的立论辩词：

大家好！哲学家康德主张，人不分聪明才智、贫富美丑都具有理性。孟子认为人性本善，所以进一步又加了一句，每个人都有恻隐之心。而佛家说，一心迷是众生，一心觉则是佛。正因为人性本善，所以人随时随地都可以放下屠刀、立地成佛。我方主张人性本善，就是主张人性的根源点是善的，有善端才会有善行。

我方不否认在人类社会中存在有恶行，但是恶行的产生则是由外在环境所造成，所以恶是结果而不是原因。如果硬要说恶是因不是果，也就是说人性本恶，那么人世间根本不能产生真正的道德。虽然英国哲学家霍布斯极力主张在人性本恶的前提下人类可以形成道德，但是，想想看，如果人性本恶，人类一切道德规范都是作为人类最大的利己手段。当道德成为手段时，道德还是道德吗？也就是说，人一旦违犯道德而不会受到处罚，人就不会遵守道德的约束了。深夜两点我走在道路上看到红灯，如果人性本恶我就会闯过去，因为不过是为了个人方便。但事实上并不是如此，仍然有许多人遵守交通规则。而根据人性本恶的前提假设，霍布斯认为必须有一个绝对的、无所不在的权威监督每个人履行道德规约。如果人性本恶，没有一个人会心甘情愿地遵守道德规约，但是事实证明：人还是有善行、人还是有道德、还是有利他的行为。如果人性本恶，那么我们只有两种选择：第一个是活在一个"老大哥"无时无刻不监督我们的世界当中；第二个是我们人类社会将是彼此不再相信。如果这样的话，我就会看到一个老太太跌倒了有人把她扶起来，人们则说他居心不良；而我们在辩论会中建立起来的友谊都是虚假的装腔作势。但是，我们会发现，在人类历史社会当中，没有一个绝对权威的君主曾经产生过，但是舍己为人的事情在不断地发生。而在生活当中，为善不为人知的生徒小民更是比比皆是。

泰丽莎修女的善行，大乘佛教中所说的"众生永远不得渡，则已终身不作佛"的慈悲宏愿，难道不正是人性本善的最佳印证吗？谢谢！

这一辩论词的开头，由康德、孟子及佛家的主张引出了"人性本善"的论题，有依有据，简洁清晰地让我们了解了辩方的观点。在主体部分，通过对"人性本恶"观点的否定分析，让听众信服，突出了"人还是有善行、人还是有道德、还是有利他的行为"这一中心。结尾非常的简洁，通过泰丽莎修女的善行、大乘佛教中的言辞，再一次强调了"人性本善"的观点。

总结陈词的写法与立论辩词相同，所不同的是，总结陈词作为双方辩论的最后一个阶段，它的内容要结合对方的辩词和辩论过程中的思考来进行总结和修改，以使陈词更有针对性，不能把赛前写好的辩词原原本本地念或背出来。

2. 攻辩辩词和自由辩论辩词的写法

攻辩辩词和自由辩论辩词的结构相对更自由，主要是根据我们的论题和对方可能提出的问题的揣测，为辩论做一些准备。它也分为标题和正文两部分。标题与立论辩词和总结陈词的写法相同；正文在写法上，可分条逐项地列出，以使内容更清晰，需要时可随时提取。

下面是一位辩手分别为攻辩和自由辩论所准备的辩词：

攻辩辩词

（1）针对引导概念提问时：教师在大学教学中应起的引导作用是：协调（而不是调度）、参谋（而不是指挥）、教练（而不是裁判）、支持（而不是扶持）、帮助（而不是包办），"运用之妙，存乎一心"。我建议对方辩友不妨先认清教师引导的概念再来提问！

（2）针对引导的弊端提问时：教师的引导作用是学生学习的外因，少了外因这个先决条件，势必会消解学生思维的广度、强度和深度。

大学教师在"整合"课程资源之后，学生的"心智之门"并不会自动开启，还要引导他们进入自主学习的"大观园"，入境、入情、入心，才能真正认识"贾宝玉"和"林黛玉"。引导是教育的基本方式，叶圣陶说过，"教是为了达到不需要教"的目的，引导是一种自在、自为、自觉的师生行为关系。我觉得对方辩友这样理解引导的含义实在是太狭隘了！

达到不需要教，就是要教给学生自己学习的本领，让他们自己学习一辈子。好比扶孩子走路一样，等孩子长大了，自然会走路了。当进入了大学，大学阶段各种补习、进修的兴起，全都在引导学习者向自学方面不断进展。老师对学生是极有帮助的。所谓帮助，主要不在传授知识，而在于引导学生自己去求得知识，也就是引导学生自己去发现问题，解决问题。

自由辩论辩词

（1）"古之圣人，其出人也远矣，犹且从师而问焉。"古代的圣人，他们超出一般人很多了，可是还跟老师请教呢，是否对方辩友真的觉得，进入大学，自己已经耻学于师了？请对方辩友给一个满意的答复？谢谢！

（2）大学老师不仅要传递书本教材上的知识，还要帮助引导学生正确对待和解决多种价值观念、生活方式的分歧、冲突问题如此等等一系列的问题。大学老师这么用心良苦地教人育人，忙里忙外，没有得到学生的认可姑且不说，遭到的竟然是诸如对方辩友之类的学生的漠视和不理解，我都在为我们的大学老师感到可悲！

（3）缺少了大学教师引导的学习，就如同少了罗盘的航船，只能随波逐流。大学老师不仅仅是灌输给学生知识，更重要的是要引导学生发现、解决问题。这难道不正应了韩愈《师说》中的那句"师者，所以传道授业解惑也"的道理吗？

教师对学生的引导不只是停留在感性的认识基础上，而应升华到理性的层次上，有时候老师的一个表情，一个暗示，甚至是一个不经意间的举动都可能称之为引导，这个影响很有可能是一生的。那么，这个学生毕业之后，无论他是待在地球上，还是登上了"神舟七号"，大学教师对他的引导将贯彻始终！

当阿富汗战争刚刚爆发时，北大网络教学确立的主题是"阿富汗战争爆发的原因"；当伊拉克战争还未结束时，该校教师设计的主题是"预测伊拉克战争对世界格局的影响"。这就是在引导学生透过战火硝烟，探究问题本质。要依照对方辩友的逻辑，北大为了教学，难道还要派实习生亲赴阿富汗或者拉克战场去体验所谓的"主动学习"完成课题吗？要是那样的话，现在的大学生，恐怕大多数已经成为烈士了吧！引导学生以核心知识为支点，采用主动探究式学习方法，利用各种学习资源对知识进行纵向上的加深和横向上的扩展，自主完成知识的构建。从而，培养学生自主探索学习的能力和进行知识建构的兴趣及积极性，才能最终使学生学习主动化。由此看来，刚才对方辩友所说的主动学习还是要以教师引导为前提！如果你们真的要否认教师引导这个前提的话，那我在这里就要问对方辩友了——人到底是先长眉毛还是先长胡子？是先有炎黄还是先有你的？

从上面的范文可以看出，攻辩辩词主要是根据对对方可能提出的问题的揣测而提出的，这是辩论前应做好的一项准备，如果对方提出了这样的询问，我们可以怎样回答。对可能出现的询问估计越多，就可以做越多的准备，也就增加了辩论成功的可能性。

自由辩论辩词主要是记录能证明我们观点的材料，如名人名言、名人轶事、相关的事实和数据等，以备需要时提取。

辩论词更多的只是一份辩论发言的草稿，只要它能帮助在辩论中做到保持逻辑清晰、帮助记忆并可随时提取材料即可。但辩论词的写作还应该注意以下几个方面。

（1）辩论词是要以理服人的，因此要做到观点正确，材料典型、充分，材料与观点之间的论述关系要严密，这样才能把道理讲透彻，才能做到以理服人。

（2）辩论不仅要宣传自己的见解，还要驳倒对方的观点，既要辨别，又要论述。因此，不能只顾自己说自己的，还要听别人是怎么说的，别人哪个看法不对、哪个材料错了、哪个地方论述有漏洞，这些都要抓住，在自己的辩论词中加以揭露和批驳，这样，辩论词便有论辩性了。论辩性是辩论词力量的表现。

（3）辩论词不只是写出来给人看的，更主要的是讲出来给人听。所以，为了使人听得懂，就要写得通俗些、流畅些，不能用太长的句子，不能用太偏僻的词，碰上一些同音易混的词，还要事先换换词儿。总之，一切从听众出发，写的辩论词便自然让人听得懂、听得清了。

辩论者可将辩论词写在任意纸或自制卡片上，同时可附上相关资料，发言时以备参考。此外还应注意的是，发言或辩论的时候不能宣读事先已拟好的稿件或展示预先准备好的图表或字板，这在辩论赛中属违规。

[案例评析]

[案例1] 适时使用反驳方式

"跳槽是否有利于人才发挥作用"的论辩中，有这样一节辩词：

正方：张勇，全国乒乓球锦标赛的冠军，就是从江苏跳槽到陕西，对方辩友还说他没有为陕西人民做出贡献，真叫人心寒啊！

反方：请问到体工队可能是跳槽去的吗？这恰恰是我们这里提倡的合理流动啊！对方辩友戴着跳槽眼镜看问题，当然天下乌鸦一般黑，所有的流动都是跳槽了。

[评析]

以上案例是适时使用反驳方法——正本清源。所谓正本清源，是取其比喻义而言，就是指出对方论据与论题的关联不紧或者背道而驰，从根本上矫正对方论据的立足点，把它拉入我方"势力范围"，使其恰好为我方观点服务。这段辩词就很巧妙地运用了这种技巧。正方举张勇为例，他从江苏到陕西后，获得了更好发展自己的空间，这是事实。反方马上指出对方具体例证引用失误：张勇到体工队，不可能是通过"跳槽"这种不规范的人才流动方式去的，而恰恰是在"公平、平等、竞争、择优"的原则下"合理流动"去的，可信度高、说服力强、震撼力大，收到了较为明显的反客为主的效果。

[案例2] 适时使用模糊语言

一个青年男子带未婚妻及未婚妻的母亲在湖上划船。未婚妻的母亲一时触景生情，问道："如果我和我女儿不小心一起落在水里，你打算先救谁呢？"面对这个难题，男子深思一下，幽默地笑了笑说："那我先救未来的妈妈。"两个人听了都露出了满意的笑容。

[评析]

以上案例适时使用模糊语言为自己解围。所谓模糊回答，是一种使用含义不确定的模糊语言，不让对方精确地把握答语含义的回答。论辩中，巧妙运用这种方法，可以从容对付那些不好回答或不应回答的问题。未婚妻和未婚妻之母都在场，此问题实在不好简单回答，因为这二人冷落了谁都不好。而未婚妻的妈妈既可指未来的岳母，又可指将来生孩子之后的妻子，真是妙极，难怪两人听了都露出满意的笑容。

【辩论训练】

（一）思考并回答下列问题

1．什么是欲进先退法，它在辩论中的长处是什么？
2．找出几个现实生活中的实例，说说类比法在辩论中的好处是什么？
3．幽默法的使用需要怎样的文化储备，谈谈你的体会。

（二）指出下列文字材料属何种论辩方法

演员："导演，请你关照买一瓶真的白兰地，好不好？因为没有真的东西，恐怕演来不逼真。"

导演："很好，不过明天拍服毒一场戏，怎么办？"

（三）请用类比法进行反驳

小李二十六岁了。一天小李的男朋友到家里来，小李的妈妈见了，直截了当地说："你要和我的女儿结婚，那好，先拿两万六千元见面礼来！"

"干吗要两万六千元呢？"男朋友不解地问。

"女儿是我生的，养二十六年啦，每年就算一千元吧，两万六千元还算便宜了你呢！"

男朋友反驳说：……

（四）请用二难推理法进行反驳

国王：有谁能说一件非常荒唐的事，让我不得不说出这是谎话，我就分给他一半江山。
农民：（提一支斗进王宫）陛下欠我一斗金子，我是来讨还金子的。
国王：（大吃一惊）我如此富有，怎么会欠你一斗金子。

聪明的农民这样说……

【提示】

假设：农民说的是真话，会怎样；农民说的是假话，又会怎样？

（五）就下列辩题，在课堂中进行群体辩论

1.逐利是君子／逐利不是君子

2.平平淡淡才是真 / 平平淡淡不是真

3.人的实践过程比结果更重要 / 人的实践结果比过程更重要

4.生存比尊严更重要 / 尊严比生存更重要

5.高等职业教育应重视理论教学 / 高等职业教育应重视实践教学

6.大学期间，修德重于修业 / 大学期间，修业重于修德

要求：

1.选定其中一题（或正或反），设计好观点与逻辑框架。

2.一人上台，先陈述自己的观点，然后与全班同学辩论。陈述观点不得超过 2 分钟，整场辩论不得超过 5 分钟。学生依次轮流上台。

[评分标准]

（1）辩论技巧：辩手是否言语流畅、立场明确，能否从多角度、多层次分析、理解、认识辩题，叙述是否有层次性、条理性，论证是否具有说服力。

（2）内容资料：论据是否充分、合理、恰当、有力、引述资料是否正确、翔实。

（3）自由辩论：能否始终坚持自己的立场，主动、准确、及时、机智地反驳对方的观点，思路清晰、立场坚定、逻辑正确、应对灵活。

（4）整体配合：是否有团队精神，能否相互支持，论辩衔接是否流畅，论点结构是否完整，是否形成一个有机整体。

（5）表情风度：辩手表情、手势是否恰当、自然、大方，不强词夺理，尊重对方，尊重评委和观众，富有幽默感。

【能力拓展·唇枪舌战】

辩论赛可以提高大学生的语言表达能力、思维能力、临场应变能力、团队协作能力，同时还可以锻炼大学生的心理素质，帮助大学生在未来激烈的职场竞争中学会推销自己，更好地表达和证明自己的观点及看法，所以它是大学中常组织的一项活动。当接到组织一场辩论赛的任务，并负责整个策划工作时，该做些什么？怎么做呢？

[活动策划]

第一步：确定辩题

依据学生的情况，结合社会发展中的热点现象和问题，通过认证分析、讨论，确定辩论赛的辩题。辩题要有可辩性，题目严谨，正反方题目必须明确。

第二步：确定评分标准

评分标准可参考国家大专辩论赛的评分标准，但同时应根据本校学生的特征、文化水平、思维水平做相应的调整。通常辩论赛应对团体和辩手分别设置评分标准。团体的评分标准应从辩题中心和主旨、辩题创意、整体配合、语言等方面来设置；辩手的评分标准应从语言表达能力、辩论艺术技巧、个人举止风度等方面来设置。

第三步：做好人员安排

辩论赛需要主持 1 名，每场双方辩手各 4 名（一辩、二辩、三辩、四辩），评委 5 名，时间记录人员 2 名。如这些人员是学生，还应进行适当的培训。

第四步：明确辩论环节

上文我们给大家介绍了辩论赛的常见流程及规则，在组织辩论赛时，还应根据实际情况进行修改，尤其是时间的约定要合理。

第五步：撰写活动方案

在明确了以上项目后，作为辩论赛的组织者，还需起草活动方案。一份辩论赛活动方案，一般应包括：活动目的、活动主题、活动方式、活动时间、活动地点、参加活动人员、活动准备事项、活动实施步骤、活动要求、工作任务分工、评分细则和活动经费预算等要素。活动方案应该符合格式规范，计划周密，事项翔实，要求明确，操作性强。

第六步：公布活动方案、做好活动宣传

活动方案确定后，通过适当的方式公布出来，并做好活动宣传，让相关人员和观众了解活动安排，并参加辩论赛。

[活动宣传]

辩论赛策划方案完成之后，为了让参赛选手了解辩论赛开始前的必要准备，为了吸引广大同学关注并积极参与，有必要在活动实施前进行活动宣传。宣传方式包括：传单、海报、横幅、校园广播、网络、黑板报、电子广告牌等。

[活动实施]

在辩论赛活动实施过程中，作为组织者，必须认真检查各项工作的完成情况，认真检查比赛各项程序的安排和开展情况，做好活动记录。特别要注意以下几个事项：第一，主持人、双方辩手、评委、时间记录人员是否到位；第二，评分表是否发到了评委手上；第三，会场布置是否突出了辩论赛的主题和主办单位；第四，摄影、录音或录像工作是否准备齐当。

[活动评估]

辩论赛活动结束后，需要收集整理活动材料，包括辩论赛活动策划书、辩论赛活动记录、辩论赛活动照片、辩论赛获奖名单等。还要进行活动评估，评估内容包括：辩论赛活动的准备工作评估、辩论赛活动执行过程评估、辩论赛活动经费评估、辩论赛活动效果评估。在进行评估时，既要肯定取得的成绩和效果，也要反省活动的不足，找出问题的原因。最后写出辩论赛活动总结。

为了宣传辩论赛活动的成果，扩大辩论赛活动的正面影响，也为了公布辩论赛的评奖结果，以体现活动组织的完整性，我们还应根据辩论赛的特点和价值，及时写出新闻稿，向新闻媒体（包括社团报纸、学院报纸、校园网络、学校广播站，甚至地方报纸等）报道辩论赛的情况。

附录一

中国文学史概述

一、诗歌

中国是一个诗歌大国，在我国文学发展史上，诗歌是较早出现并发展最为广泛的一种文学样式。

关于诗歌的产生，按照马克思主义的观点，应该与生产劳动有关。相传黄帝时所作的《弹歌》："断竹，续竹，飞土，逐肉。"（东汉赵晔《吴越春秋》），是有记载的最早的诗歌。虽是后人的记载，但是已经可以看出它是一首原始猎歌。它完整地叙述了整个的狩猎过程，简洁、明快、节奏鲜明。到了周代，随着生产、生活内容的不断丰富，人们积累了丰富的乐歌创作的经验，诗歌的艺术也达到了较高水平，而且有了可靠的文献记录。《诗经》——我国文学史上第一部诗歌总集应运而生。

《诗经》收诗305篇，分"风""雅""颂"三部分，代表了西周初年至春秋中叶约500余年间的诗歌创作。《诗经》中的作品大都可以配乐演唱，其中国风就是15个地区的民歌。这些民歌，基本上是劳动人民的口头创作，具有鲜明的时代感和人民性。赋、比、兴的表现手法，以四言为主的句式，重章叠句以及复沓的方法，对后世文学创作产生了十分积极的影响。其现实主义精神为历代进步文人所崇尚。

战国后期，在南方的楚国产生了一种具有楚文化独特风采的新诗体——楚辞（骚体）。楚辞句式长短参差，以六言、七言为主，多用"兮"字。楚辞的奠基人屈原，运用这种形式创作了《离骚》《九歌》《九章》等不朽诗篇，成为我国文学史上第一位伟大诗人。楚辞的出现，标志着中国诗歌从民间集体歌唱发展到诗人独立创作的更高阶段。《诗经》和《楚辞》是后世诗歌发展的两大源头，在文学史上并称"风骚"，共同开创了我国古代诗歌现实主义和浪漫主义并驾齐驱、融会发展的优秀传统，并对后世文学的发展产生广泛而深刻的影响。

汉代出现的"乐府诗"原由汉代专门掌管音乐机构名称——"乐府"而来的。汉乐府民歌最突出的艺术特色是它的叙事性。这是由它继承《诗经》民歌"饥者歌其食，劳者歌其事"的现实主义传统，"缘事而发"的内容所决定的。与《诗经》中的作品相比，"乐府"诗更加通俗易懂，叙事完整，有一定的故事情节，并且形式自由多样，有五言句、七言句、杂言句。尤其是五言句，体现了诗歌艺术的新发展。后被东汉文人广泛使用。《陌上桑》与《孔雀东南飞》就是汉乐府民歌中最优秀作品的代表，也是叙事诗的代表作。

汉末魏晋时期，文学进入自觉时代。以曹家父子、"建安七子"、蔡琰等一大批优秀作家为代表的诗人，学习乐府民歌，创作了许多优秀诗篇，打破了两汉以来辞赋独盛的局面。他们的作品大多反映时代动乱和人民疾苦，抒发个人理想抱负，内容充实、感情真挚、语言刚健清俊、意境慷慨悲凉，形成"建安风骨"。建安诗歌以曹植和王粲的成就最为杰出。陶渊明是魏晋南北朝时期成就最高的诗人，其风格清新自然、朴素真挚，一扫当时玄言诗繁丽浮华的局面，给诗坛吹进了一阵自然之风。陶诗中的田园生活，自然恬淡，开创了我国山水田园诗派的先河。

中国古代诗歌有"古体诗"和"近体诗"之分。在唐代以前，诗歌在格律上没有严格的要求。自从初唐以后，才真正出现了严格意义上的格律诗（因为与"古体诗"相对应，所以又称"近体诗"）。格律诗通常指五言或七言的律诗、绝句和排律，在句数、字数、音律、对仗等方面有着严格的要求。

唐代是中国诗歌发展史上的黄金时代，其诗歌发展出现了空前的繁荣。具体表现在：诗体完备，流派众多，名家辈出，作品丰富。据《全唐诗》所录，诗歌近五万首。诗人两千两百多。其中独具风格的诗人有五六十人。"初唐四杰"、陈子昂、王维、孟浩然、高适、岑参、王昌龄、李白、杜甫、白居易、韩愈、孟郊、柳宗元、李贺、杜牧、李商隐等一大批诗人，足以撑起唐代诗歌盛世的天空。

"初唐四杰"努力突破宫廷诗风，在诗歌格律上进行了大胆的探索；陈子昂上承汉魏风骨，在复古的旗帜下实现诗歌内容的真正革新；以王维、孟浩然为代表的山水田园诗派，描写自然风光、表现隐逸生活、抒发失意情感，提高了诗歌再现自然的艺术技巧；以高适、岑参为代表的边塞诗派，歌唱边疆雄奇壮丽的风光、描写征人思妇的情感、表现建功立业的英雄气概。接着，出现了我国历史上浪漫主义和现实主义两座不朽的丰碑。被人们称作"诗仙"的李白继承和发扬中国诗歌的浪漫主义传统，歌颂祖国大好河山，强烈抒发主观情感，表现理想与现实的矛盾，感情奔放炽烈，风格豪放飘逸；被人们尊为"诗圣"的杜甫继承和发扬传统的现实主义精神，其诗广泛而深刻地反映了唐王朝由盛转衰的时代风貌，被誉为"诗史"，感情内在深沉，风格沉郁顿挫。安史之乱后，进入中唐时期，经过短期的过渡，唐诗呈现出第二次繁荣。以白居易、元稹为代表，倡导了一场新乐府运动。他们主张"文章合为时而著，歌诗合为事而作"，创作了《新乐府》《秦中吟》等针砭时弊的讽喻诗。白居易的《长恨歌》《琵琶行》是古代长篇歌行名篇，扣人心弦，传诵至今。晚唐诗人中以李商隐、杜牧成就最高，有"小李杜"之誉。杜牧擅七绝，咏史怀古、抒情写景，李商隐工七律，风格深情绵邈，绮丽婉曲，尤其是"无题"诗，更是意蕴隽永，兴寄深微。

宋代诗歌是在唐代诗歌基础上发展起来的，但宋诗总体成就不如唐诗。"以文字为诗，以才学为诗，以议论为诗，平易浅显，浑厚含蓄不足"是宋诗的基本特征。对比而言，唐诗主情韵，开朗俊健，以境胜；宋诗主理致，深幽曲折，以意胜。宋代诗坛成就最大的是苏轼和黄庭坚。苏轼是宋代文艺大家，他的诗说理抒情，启人心智，发展了宋诗好议论、散文化的倾向。黄庭坚是江西诗派宗主，注重诗歌语言的借鉴和创造，其诗崇尚杜甫，瘦硬生新。南宋诗人的杰出代表是中兴四大诗人陆游、尤袤、杨万里、范成大，他们都出于江西诗派而终能自成一家。陆游是宋代伟大的爱国诗人，存诗近万首，他的诗激励着一代又一代的仁人志士。南宋后期出现"永嘉四灵"和江湖诗派，他们的作品现实感不强，诗歌比较浮弱。到宋末，文天祥、汪元量等人的爱国诗篇，为宋代诗坛添上了最后一抹光彩。

我们在感慨宋诗没落的时候，不能不提到宋代对中国文学乃至对世界文学的一大贡献。这就是"词"。

词是一种起于隋、兴于唐、盛于宋、衰于元明、复兴于清，配合燕乐歌唱、句式参差不齐的新体格律抒情诗。在唐代称"曲子词"，后来才称"词"。又叫"诗余"、乐府、长短句等。广义地讲，词也属于诗。在形式上，每首词都有词调，而且受词调的音乐节奏的限制，词的句式不像诗那样整齐，而是参差错落，有长有短，故又称长短句。又因每首词的字句的多少分为小令、中令、长调。每首词都有调名，称为词调。每调的音乐有一阕的，为单调；有两阕的称双调；有三阕的较少。每调都有一定的句数、字数和韵律。在押韵方面，为适应词调所限定的感情以及抒情的需要，词的押韵比诗显得更灵活多变。晚唐五代时出现了词的专家与专集，如温庭筠是第一个大力填词的词人，他确立了词体规范，开花间词风，被称为"花间鼻祖"。他编的《花间集》共收集了十八位词人写的五百首词。从此，词在中国文学史上独立成为一体，并与诗并行发展。五代词人中成就最高的是南唐后主李煜，他以词作抒写自己的人生际遇和真实性情，写故国之思和亡国之痛，不事雕饰，缘情而行，语言朴素自然，感情真挚动人。王国维评云："词至李后主而眼界始大，感慨遂深，遂变伶工之词而为士大夫之词。"（人间词话，王国维，上海古籍出版社，1998年）

宋代名家辈出，是词的繁荣时期。《全宋词》收录宋词二万余首。词人一千四百余位。晏殊、欧阳修、柳永、苏轼、秦观、贺铸、周邦彦、李清照、辛弃疾、张元干、岳飞等人就是宋词辉煌成就的杰出代表。词从产生到北宋初期，大都是风格柔婉，其内容多表现离怀别绪以及花前月下的柔情蜜意。如晏殊、欧阳修等，同时期的柳永对宋词进行了第一次革新，创制并写作了大量的慢词，以写相思旅愁见长，多用铺叙和白描的手法，语言俚俗，富于平民色彩。到了苏轼，对词的题材有所拓展，用词来抒写自己的抱负，创造了一种豪迈的风格。南北宋之交出现我国古代最优秀的女词人李清照，开创了言浅意深、本色当行的"易安体"。她善于炼字炼意，擅长白描，往往三言两语就勾勒出清新动人的意境。南宋初期，由于民族矛盾的激化，许多词人在词中着重抒写半壁江山沦亡之恨和收复失地、统一国家的志向，如陆游、辛弃疾等。受题材的制约，词在艺术流派方面也不如诗那样众多。人们习惯上把词分为"婉约派"与"豪放派"两大流派。在艺术上，词长于比兴，注重寄托。因此，词显得含蓄深婉，声情并茂。

到了元代，散曲作为一种新兴样式，是韵文在形式上的进一步发展。它是在金代"俗谣俚曲"的基础上发展起来的。与传统诗词相比，它大大扩展了表现范围，形式更自由，语言更活泼，具有俚俗韵味，给诗坛注入了一股清新之风。散曲包括小令和套数（套曲）两种形式：小令是单支曲子，套曲是由两支以上属同一宫调的曲子依次连缀而成。前期代表作家有关汉卿、马致远等，其作品通俗平易、诙谐泼辣；后期代表作家有张可久、乔吉等，他们一改前期散曲的本色，趋于雅正典丽。元曲中的上乘之作有马致远的小令《天净沙·秋思》、睢景臣的套曲《般涉调·口肖遍·高祖还乡》。在元代短短九十余年间，留下姓名的散曲作家就有近两百余人，可见当时曲风之盛。

明代诗歌明显呈衰败之势，尽管有高启、刘基以及后来的"前后七子"等人的诗歌出现，但基本是无力回天。明中叶以后，以李梦阳、何景明为首的"前七子"和以李攀龙、王世贞为首的"后七子"，先后发起复古运动，反对"台阁体"，主张"文必秦汉，诗必盛唐"。但他们盲目尊古，一味模拟，最后完全陷入拟古主义的歧途，受到有识者的批评。接着，王慎中、唐顺之、茅坤、归有光等人反对"前后七子"的艺术教条主义，强调学习汉唐。继而又有以袁宏道为代表的"公安派"，主张"独抒性灵，不拘格套"，极大地冲击了"前后七子"的复古主张。稍后的"竟陵派"钟惺、谭元春等人，主张与"公安派"相仿，但追求幽深孤峭的诗风。

清代文学论者有"全面繁荣之说"，但诗、词、曲在总体上是呈衰竭之势。清初，黄宗羲、顾炎武、王夫之等人的诗歌具有强烈的民族感情和爱国思想。钱谦益、吴伟业等在清初诗坛影响很大。王士禛提倡的"神韵"说，成为当时诗坛领袖。清中叶以后，考据学风极旺，影响到当时的诗坛，远离现实、重视形式和以学问为诗之风大盛；相对而言，郑燮反映民情之作、袁枚直抒性情之作、黄景仁独写哀怨之作较有特色。道光、咸丰年间，内忧外患日益严重，龚自珍以诗为武器，揭露社会黑暗，抒发报国大志，成为近代诗歌史上开一代风气的第一位大诗人。黄遵宪则是继龚自珍之后，最早从理论和创作实践上给"诗界革命"开辟道路的最为杰出的诗人。

"五四"新文化运动时期，恰恰是以新诗的创作为突破口实现了文学的革命。以自由诗、白话诗的形式开始了现代诗歌发展的新时代。

胡适、刘半农、沈尹默、俞平伯、康白情、周作人等都积极投身到新诗创作中来。"提倡新文学，提倡白话文"。胡适的《尝试集》是中国现代文学史上第一部白话新诗集。真正开一代诗风，为现代诗歌开辟了新天地并奠定现代诗歌历史地位的是郭沫若的诗集《女神》。之后中国诗坛上出现的湖畔诗人，歌颂青春与自然的诗较好地体现了时代精神。闻一多是继郭沫若之后又一位对新诗成熟做出划时代贡献的大诗人。新诗的形式更加灵活自由、内容更加丰富多彩，真正冲破了旧有的种种禁锢束缚，走进了一个崭新的时代。徐志摩、戴望舒以及艾青、臧克家等人都在中国诗歌史上留下了浓重的一笔。

二、散文

中国文学最早出现的虽然是诗歌，但散文也同样源远流长、历史悠久。散文的发展，始于利用文字来记事。中国的文字记事大约从商代开始，这时的甲骨卜辞应该是最早的散文。可见散文的历史之悠久，不过散文的概念却出现的比较晚。据考证，散文一词最早出现在宋代。宋代王应麟在《词学指南》一书中第一次将古文一分为二，一为"四六"，一为散文。"四六"即"骈四俪六"之意，就是"骈体文"。实际上就是把文章分为散文和韵文。

甲骨文记录的卜辞，可以看作是散文的胚胎。先秦历史散文多为记事，《汉书·艺文志》曰："古之王者，世有史官，君举必书，所以慎言行，昭法式也。左史记言，右史记事。事为《春秋》，言为《尚书》，帝王靡不同之。"中国史官建制较早，王朝及诸侯均设有史官。就目前来看，《尚书》是最早的文件汇编。虽说文辞古奥，但从散文发展历史来看，却意义重大。《春秋》是孔子依据鲁国史修订的编年体史书。战国时期，社会急剧变化，诸侯之间、国家之间相互告之、褒善贬恶，需要大量的记载。因此，《左传》《国语》《战国策》等历史著作便大量出现。

《左传》《国语》，虽然汇编的仍是大量史官记录，但已不是严格意义上的官方著作。战国末年及至秦汉之际的《战国策》，则主要是策士们的个人著作。历史散文的演进过程是官方色彩在散文中逐渐淡化的过程，也是文学色彩逐渐增强的过程。《左传》和《战国策》在记录史实的同时，已相当注意讲究叙述的故事性、生动性，采用一些有趣的情节来增强所描述人物形象的感召力。先秦的历史散文，是历史学家记事的手段，也是思想家、哲学家说理的工具，由较为单纯的记事开始，逐渐增加了说理教化的成分，文史哲熔于一炉。

　　春秋末期和战国时期是我国历史上经济制度和政治制度的大变动时期。各诸侯国之间及其内部的斗争错综复杂，加上生产力的发展和经济的繁荣，促进了"士"阶层的出现。代表不同阶级、不同阶层利益的学术派别应运而生。诸子散文便是春秋战国时期各个学派阐述自己学说的著作。诸子散文是当时学者们阐述自己政治、哲学、伦理等方面观点的文章，不完全是文学作品。但因为它包含许多文学方面的因素，所以对后代文学创作、特别是散文创作具有重大影响，它在文学史上有着不可磨灭的贡献。诸子学说，尤其是儒家学说和道家学说，在中国文化史、思想史上从古至今，在知识分子和民众之中产生一代又一代的影响，这也是中国文学史所不可忽视的。《论语》是早期的诸子散文，是儒家的经典。它记录了孔子政治、哲学、教育、美学、道德、伦理、文艺等各方面思想，这部语录体散文的生命力，不仅在中华民族历史上几经起伏而经久不衰，而且在逐步地走向世界，其中的原因，就是它非常精妙地将文史哲熔于一体。《论语》的简约精练、生动传神和深刻思辨，也是为文的不朽典范。《老子》是一部政治色彩较浓的哲理著作。《庄子》主张顺应自然，承认事物的相对性，但否定客观事物的差别，对人生采取虚无主义的态度。作品辞藻华丽，气势开阔，充满浓厚的浪漫主义色彩，是中国古代最具特色的散文，在中国文学史上发生过深远的影响。我们从后世的阮籍、陶渊明、李白、苏轼、辛弃疾、曹雪芹及至当代的郭沫若等人身上，都可以看到《庄子》在思维方式、文学风格、写作技巧等诸多方面对他们的影响。屈原是中国文学史上最伟大的浪漫主义诗人，他虽然没有散文作品流传，但在中国散文发展史上，又不能不提到他，因为他与后来赋的发展密不可分，这不仅是因为古代文论中早就有"赋者，古诗之流也"的"辞赋一体"说，更重要的是赋这一文体的开山作家——战国时期的宋玉和屈原有着直接的师承关系。《史记》称宋玉和唐勒、景差"皆好辞而以赋见称，然皆祖屈原之从容辞令"。宋玉的《风赋》《九辩》《登徒子好色赋》《高唐赋》等，对后来赋的发展及散文创作，都产生了一定的影响。

　　秦汉时期，先是由于秦始皇残酷地焚书坑儒，文学创作处于极度低谷。后来的两汉文学、辞赋占有重要地位，汉赋也泛称辞赋，从楚辞演变而来。它的本质，就是通过精心安排美丽的文字，对称的句式，严谨的结构，表现社会和自然的种种奇特事物和绚丽景象，刺激读者的感受力和想象力。学术界认为赋与诗歌的关系更为密切，但也强调其对散文发展的影响。两汉散文最有特色的是司马迁的纪传体《史记》和以司马相如为代表的汉代大赋，这在当时就有定论。《汉书·公子弘传》中说："文章则司马迁、相如。"此外，贾谊和枚乘在赋与散文方面的成就，也是光耀后世的。以曹操父子为代表的建安文学的主要成就在诗歌方面，文学史上所称道的"建安风骨"也主要就诗歌而言，但曹操的散文也很有特色，鲁迅在《魏晋风度及文章与药及酒之关系》一文称他为"改造文章的祖师"，他的散文不受任何陈规的约束，立意大胆，词锋爽利，一扫汉代儒生文章那种援引经义、迂阔空洞的习气。曹氏父子和"建安

"七子"在事实上所形成的文学集团，使文学出现了生机勃勃的兴盛局面。

唐宋时期，以诗词为标志，中国文学又走向了一个高峰，与诗词比肩而来的唐宋散文，同样闪耀着璀璨的光彩。韩愈、柳宗元以复古相号召，领导了一场实质是文学革新的古文运动。在这种思想指导下，他们的散文有比较充实的思想内容，力求反映各种社会现实问题，感情真切，内容、形式都达到了推陈出新的境地。古文运动一直延续至宋，苏氏父子不仅在散文创作方面成就斐然，在散文创作理论方面也颇有见地。苏轼主张的散文"输写腑脏"，便是散文理论的一面高扬的旗帜。欧阳修、王安石、曾巩、"三苏"六家及唐代的韩、柳，被后人尊崇为"唐宋八大家"，他们的作品一直是人们学习古代散文的楷模。

元明的散文显得沉寂了一些，但也不是无可观者，晚明时期以张岱为代表的小品散文，意蕴悠长。小品风格的散文虽不是晚明时期才出现，但它的盛行却是晚明时期，其特点又从关乎闲逸之情而格外地偏向诙谐嘲讽。清代散文，当然首推以方苞、刘大魁、姚鼐为代表的桐城派，方、刘讲究文章的义理和文法，姚鼐提出要讲究考据，形成了许多清规戒律，这对于在唐宋时期便主张的"文无定法"无疑是一个倒退，这种作茧自缚，在一定程度上束缚了散文的发展。然而在散文创作实践中，桐城派的一些作家又往往冲出了他们自己的理论主张写出了一些优美的散文。桐城派统领文坛近300年，它的影响一直延续到民国，这也是中国文学史上一个很奇特的现象。

到了近现代直至当代，散文作家们认真总结并吸取前人的优秀传统经验，又借鉴外来的创作手法，使散文更加丰富多彩。鲁迅是文化旗手，也是非常优秀的散文作家。他独具一格的杂文，最富批判力量和艺术光彩。"五四"以后，一些作家如巴金、冰心、郁达夫、徐志摩、沈从文等均有佳作传世。他们以或热烈、或沉静的情感，或写实、或象征的手法，或粗犷、或细腻的笔调，或淡雅、或绚丽的色彩促成了现代散文的繁荣局面。

三、小说

小说，作为明确的概念，提出的时间较晚，而且经历了漫长的历史演变过程。如从口头创作算起，中国小说的产生应该比散文的产生更早些。我们可以把最早的神话、传说看作是最早的小说。鲁迅先生说："至于小说，我以为倒是起源于休息的。人在劳动时，既用歌吟以自娱，借它忘却劳苦了，则到休息时亦必要寻找一种事情以消遣闲暇。这种事情，就是彼此谈论故事，而这谈论故事，正就是小说的起源。"（《鲁迅全集》九卷）

作为一个明确的概念，"小说"一词最早见于《庄子·外物篇》："饰小说以干县令，其于大达亦远矣。""干"是求的意思，"县"通"悬"，是高的意思，"令"是声誉。意为修饰琐屑的言辞以求取高誉，离开通晓大道的境界就太远了。可见这里的小说，是指那些不合大道的琐屑之谈，不是文体意义上的小说。与今人所谓小说相去甚远。一般认为，庄子所讲的小说与后来所讲的小说不同。然而庄子在这里将一些所谓夸张、虚构甚至荒诞的街谈巷议称为"小说"，也道出了后世小说的某些要素。其实庄子在《外物篇》中以惊人的夸张笔法编织的任公子钓鱼的故事，和他所引申说明的道理，读起来也颇具小说的魅力。汉代，小说作为一种明确的文体概念被提了出来。先是东汉荀悦撰写《汉记》中引西汉刘向父子《七略》的话："又有小说家者流，盖出于街谈巷议所造。"后来桓谭《新论》说："若其小说家，合丛残小语，近取譬论，以作短书，治身理家，有可观之辞。"（《文选》卷三十一江淹杂体诗《李都尉从军》李善注引）至此，"小说"成为一种文体，擅长此体的人被称为"小说家"。班固在《汉书·艺文志·诸子略》中列九流十家，著录儒家、道家、阴阳家、法家、名家、墨家、纵横家、杂家、农家及小说家共十家，小说家作为一派列于末位。班固没有明确地指出小说的形式，但他列举了15家小说的篇名并作了小注，内容非常广泛、庞杂，具有文史不分的特征，至今大多都已散佚了。班固以后，小说被认为是一种文体的名称，其所指范围随时代变化而不断扩大。

在中国传统文学观念中，一直分正宗的文学和邪宗的文学两部分，在很长时间内诗和文章（散文）被视为正宗，至于小说，则如鲁迅《且介亭杂文二集》中所说："小说和戏剧，中国向来是看作邪宗的。"因此它的发展、成熟也晚于诗歌和散文。班固在《汉书·艺文志·诸子略》中列九流十家后又说："小说家者流，盖出于稗官，街谈巷语，道听途说之所造也。"这里所说的稗官是指朝廷为搜集街谈巷语所设的小官，不是指小说的作者。小说也是指普通老百姓所说的小话，不是文体意义上的小说。鲁迅认为朝廷搜集"一般小民所谈的小话，借以考察国之民情，风俗而已，并无现在所谓小说之价值"。（《中国小说的历史的变迁》）可见小说在相当长时间里是受到排斥的，被社会所瞧不起，这种极不合理的观念，在客观上阻碍了小说的创作与发展，这也就是为什么我国在汉朝以前的古籍中，没有真正意义上小说的重要原因。《山海经》和《穆天子传》中的某些篇章，虽含有小说意味，但鲁迅将它们归入神话与传说一类。《吴越春秋》和《越绝书》中的某些篇章，虽有一些虚构，对人物故事也有若干具体描写，但终归是历史。然而，小说这种文体的发展最终是由文学自身规律所决定的。所以汉以后，小说还是顽强地零星出现、流传。

小说发展到魏晋南北朝时开始繁荣。这时写小说几乎形成风气。不仅数量多而且内容丰富。不过这时的小说无论人物塑造还是情节安排，都显得比较粗糙。这个时期的小说，就其内容来说，大体可以分为两类：一类是谈鬼论神的"志怪小说"；一类是轶闻琐事的"轶事小说"。前者如干宝的《搜神记》，后者如刘义庆的《世说新语》。明代胡应麟在《少室山房笔丛》（卷28）中，将他所认为的古小说归纳为"志怪""传奇""杂录""丛谈""辩订""箴规"六类。鲁迅先生曾花很大功夫辑录了《古小说钩沉》，收集古小说共36种。到了唐代，思想意识形态开放活跃，文学观念也大为转变，逐渐摆脱了小说为邪宗的束缚，所以鲁迅在《中国小说史略》里说，至唐人"则始有意为小说"。文学史上将唐人小说称为传奇。元稹的《莺莺传》、李朝威的《柳毅传》以及蒋防的《霍小玉传》对后来小说的发展有着十分重要的意义。另一位小说作家是李公佐，他的讽刺小说《南柯太守传》《枕中记》结构严谨、描摹生动。这些小说的出现，标志着小说这一文体的进一步成熟。

白话小说"话本"在宋代迅速崛起，是中国文学史上的一件大事。话本原是"说话"艺人的底本，是随着民间"说话"技艺发展起来的一种文学形式，并且很快成为小说的主流。鲁迅在《中国小说史略》中说："说话之事，虽在说话人各运匠心，随时生发，而仍有底本以作凭依，是为话本。"在艺术上，话本比之以前的小说有很多新的发展。说话人为了吸引听众，很注意情节；还有就是开始运用细节来刻画人物；此外就是通过富有戏剧性的对话来表现人物性格特征。这些表明古典小说中的现实主义创作方法比唐传奇又前进了一大步。说话也就是说书，说书人要有个说书的底本，这就是小说话本。后来的李卓吾、冯梦龙等提倡通俗文艺，并且亲自从事整理与出版工作，不但使很多有可能散失的话本得以保留，而且在整理的过程中，经过他们的加工，这些话本在艺术上得到很大提高，为小说话本转变为话本小说走出了关键的一步。明代"三言""二拍"就是话本小说的代表，在篇幅上都具有较大的规模，这为后来长篇小说的繁荣打下了基础。

章回小说是我国古典长篇小说的唯一形式，是由宋元讲史、话本演化而来的。元末明初出现了一批章回小说，如《三国志通俗演义》《水浒传》等。这些小说比起讲史来有很大地发展。其中人物和故事的核心是历史的，但更多内容是后人所创造成的。稍后出现的《西游记》《金瓶梅》，故事情节更趋复杂，描写更为细腻。可以说《三国演义》《水浒传》《西游记》《金瓶梅》这四部长篇小说的出现，是中国文学史上小说创作、特别是长篇小说创作的高峰。可以说这是宋元时代说话与话本小说发展的必然结果。

在唐传奇之后，宋元文言小说虽然数量不少，但缺乏独创，明代创作传奇和志怪小说的风气日盛，但其水平仍然没有超越前人。直至清代蒲松龄《聊斋志异》的出现，才把我国文言小说推到更高的阶段。而吴敬梓《儒林外史》和曹雪芹《红楼梦》的先后出现，则标志着中国小说创作繁盛时期的到来。清代长篇小说首推《红楼梦》，这部以个人和家族历史为背景的宏篇巨著，不仅以其艺术上的精致完美达到了中国古典小说的巅峰，而且以其深刻传神的人物画面打动着众多读者；《儒林外史》所描摹刻画的普遍性社会景观，从根本上揭示了封建制度对人才的摧残，也说明了封建社会必然走向腐朽的内在原因。到了晚清，国外小说纷纷被翻译到中国来，一些有识之士纷纷撰写小说专论。作为明确的文学概念，已经成为文学的重要组成部分。

"五四"运动以后，小说创作获得了丰收。鲁迅的《狂人日记》《阿Q正传》，茅盾的《子夜》，巴金的《激流三部曲》，老舍的《骆驼祥子》，沈从文的《边城》等，都是中国小说史上一个又一个丰碑。

四、戏剧

中国古代的戏剧，历史悠久，形式独特。它把歌曲、舞蹈、宾白、杂技以及动作表演有机地结合起来，根据规定的情境，表现一个完整的故事情节，具有丰富的表现力和民族特色。

戏剧与戏剧文学是紧密联系而又有区别的两个概念，两者的关系就好比建筑物与建筑蓝图的关系。戏剧是运用文学、音乐、美术、舞蹈等艺术要素来塑造人物形象，反映社会生活的综合艺术。戏剧文学即剧本，乃一剧之本，是戏剧的文学因素。因此，要了解戏剧文学，必须首先要认识和把握有关戏剧的知识。

对于戏剧艺术的分类，古今中外有不同的理解。根据不同的角度和标准，有不同的分法：

从戏剧题材范围来分类，戏剧可分为现代剧、历史剧、神话剧等；

从戏剧结构形态分类，戏剧可分为独幕剧、多幕剧等；

从戏剧演出条件分类，戏剧可分为舞台剧、街头剧、广播剧等；

从戏剧表演手段来分类，戏剧可分为话剧、歌舞剧、诗剧等。话剧是以对话和动作为主要表现手段来展开剧情的戏剧。在西方，戏剧即是话剧；歌舞剧是综合音乐、诗歌、舞蹈等艺术，以歌唱、舞蹈为主要表现手段的戏剧。它主要通过唱词、舞蹈动作、音乐曲调的设计来表现剧情。因此，要求歌唱、舞蹈和音乐要达到高度的和谐统一。中国的传统戏剧又称作戏曲，属于歌舞剧；诗剧是用诗体对话写成的戏剧。西方19世纪前多用此形式，但有的诗剧并不适合剧场演出，只供阅读使用。

从戏剧冲突的性质分类，戏剧可分为悲剧、喜剧、正剧。悲剧是指描写正面人物或英雄人物在为某种进步的理想、正义的事业、合理的要求进行不屈的斗争中，付出了重大的代价，遭受苦难或死亡的戏剧。鲁迅曾说过"悲剧将人生的有价值的东西毁灭给人看"。悲剧的魅力就在于通过主人公的意外或不幸，唤起人们的同情、怜悯，促使人们严肃地正视生活，认识历史进程的曲折性，从而激发人们更强烈地对丑恶的憎恶，以及为正义而斗争的热情。悲剧又可分为命运悲剧，如《俄狄浦斯王》。性格悲剧，如《哈姆雷特》。社会悲剧，如《玩偶之家》；喜剧是指用强烈的夸张手法或轻松的表现形式，把主人公的错误行为、恶劣品质或高尚品质随戏剧冲突的展开而展现出来，引人发笑的戏剧。根据不同的内容，喜剧又可分为讽刺喜剧，如《伪君子》。幽默喜剧，如《一坛黄金》。颂扬喜剧，如《一只马蜂》；正剧是悲剧因素与喜剧因素交织在一起的戏剧。正剧可以让悲喜两种感情因素相互转化，这与人们的现实生活更加接近，因此它是最普通、最常见的一种戏剧。

中国戏剧经历了漫长的孕育和发展过程。它的起源可以追溯到原始时代的歌舞和祭祀。如《尚书·舜典》记载："予击石拊石，百兽率舞。"《吕氏春秋》也有类似记载。这种狩猎前的表演，孕育着戏剧的因素。当然与诗歌、散文相比，中国的戏剧产生的还是要晚一些。当诗歌已具备各种样式，当散文已有多次变化，小说也已呈现发展的趋势时，中国的戏剧也逐渐形成了自己完整的形态。

虽然直到 12 世纪左右中国的戏剧才在文坛占据一定的地位，但上溯历朝历代都有各种相对独立的戏剧形式。上古至五代出现的各种含戏剧因素的艺术形式是中国戏剧的萌芽。原始歌舞、祭祀仪式表演中已包含了歌唱、表演等戏剧因素。汉代兴起的"角觝戏"是中国戏剧的雏形。"角觝戏"是在歌舞中揉进了打斗的成分，进而由演员有意识地表演一些情节简单的故事。如《东海黄公》表演的是东海姓黄的老人与老虎搏斗的故事。南北朝时出现"踏摇娘"，戏剧中的歌、舞、科、白等主要成分都已具备。进入唐代，随着诗文、小说等文学形式的发展，在戏剧方面则以"参军戏"为代表。"参军戏"是一种演出滑稽调笑并带有讽喻意义的戏剧，一般两个角色，一名参军和一名仓鹘，即兴表演讽刺滑稽，类似于现代的相声。这些都体现了表演艺术的逐步成熟，从简单到复杂，从低级到高级，不断丰富，为中国戏剧的形成准备了良好的条件。

宋代是中国戏剧形成的重要时期。宋代很多的艺术体裁已相当接近戏剧，例如将多个词牌重复唱出故事、只歌不舞的鼓子词，集众多曲调所组成的叙事曲诸宫调等，而有声乐的傀儡戏和皮影戏在当时已相当普及。在此基础上，吸收融合历代歌舞艺术和民间说话、讲唱、影戏、杂扮等技艺的成就，对滑稽故事表演和歌舞戏兼收并蓄，产生了宋杂剧。宋杂剧是各种滑稽表演、歌舞、杂戏的通称，与后来的元杂剧在体制上有区别，它分艳段、正杂剧、杂扮三部分演出。艳段类似话本的"入话"；正杂剧共有两段，演出完整的故事；杂扮则多为调笑性质的段子。演员也由参军戏的两个角色扩充到四人或五人为一场。孟元老《东京梦华录》记载中元节演出《目连救母》杂剧的情况时说："构肆乐人，自过七夕，便搬《目连救母》杂剧，直至十五日止，观者增倍。"可以推知杂剧盛行的状况。宋杂剧在剧本体制和角色行当方面，为元杂剧的形成打下了基础。

金灭北宋，进入南宋，宋杂剧出现了南北分流的局面。在南方的温州一带出现了南戏，又叫温州杂剧，用南曲歌唱。南戏的故事完整，结构复杂，角色行当也较为完备。但南戏剧本保存下来的很少，现存最早的是南宋末年的《张协状元》。在北方，出现了金院本，体裁与宋杂剧相同。此外，宋金时期兴起的诸宫调，是当时相当流行的一种讲唱艺术形式，它的体制宏大，曲调丰富，在音乐曲调方面为元杂剧的形成做好了准备。其代表作品是董解元《西厢记诸宫调》，对王实甫《西厢记》的创作产生了直接的影响。

到了元代，元曲成为与唐诗、宋词并称的时代主流文学。元曲包括两部分，杂剧和散曲。散曲属诗词范畴，杂剧属戏剧范畴。元杂剧是在宋杂剧、金院本艺术养分的基础上，吸收诸宫调及北方民间歌谣、舞蹈的成分而形成的综合性的戏剧艺术。元杂剧是中国传统戏剧艺术发展到成熟阶段的标志。元杂剧摆脱了诗词的框框，它让文学不单只是文人雅士的玩意，而把人民的生活活生生的彰示出来。它的组织形式有一定的惯例，在结构上一般是"四折一楔子"，只有个别的是一本五折、六折，在音乐曲调方面，采用的是北曲联套的形式。

在元代近百年的时间里，杂剧创作风靡全国，作家云起，佳作辈出。著名的剧作家有被誉为"元曲四大家"的关汉卿、郑光祖、白朴、马致远。关汉卿是元杂剧作家最优秀的代表，居"元曲四大家"之首，是中国戏剧的奠基人。他的《窦娥冤》是中国乃至世界戏剧史上的一部杰出的悲剧，描写了一个善良无辜的童养媳窦娥的悲惨遭遇，以高利贷剥削为导线，恶霸横行、官吏贪污、狱刑黑暗为爆发剂，构成了一桩千古奇冤的戏剧。马致远的《汉宫秋》，借助昭君和番的历史题材，来暗喻民族压迫和亡国之痛。白朴的《墙头马上》则成功地塑造了一位敢于反抗封建礼教的女性形象。郑光祖的《倩女幽魂》以巧妙的构思、离奇的情节，描述了张倩女、王文举充满浓厚浪漫色彩的爱情故事。元杂剧中被称为"天下夺魁"的是王实甫的《西厢记》，它代表了元代戏剧的最高成就，它以"愿天下有情的都成了眷属"的鲜明的反封建主题，塑造出的个性鲜明的艺术形象以及诗剧般的抒情语言，给人以强烈的艺术感染，展现出强大的艺术魅力。其他，如康进之的《李逵负荆》、石君宝的《秋胡戏妻》、李好古的《张生煮海》，以及无名氏的《陈州粜米》《货郎旦》等也是元杂剧中的优秀作品。元代后期杂剧趋向衰微，南戏这种产生于宋代的戏剧形式重新兴盛起来。南戏，又称温州杂剧，是用南曲演唱的一种戏剧形式。与杂剧相比，南戏在形式上更加自由，更容易表现现实生活，曲调婉转柔媚。南戏代表作品有被称作"荆、白、拜、杀"的四大传奇，即《荆钗记》《白兔记》《拜月亭》《杀狗记》。高明的《琵琶记》被称作"南戏之祖"，它以赵五娘和蔡伯喈不同遭遇的两条线索交叉进行，从多角度展示人物个性和内心世界，逐步摆脱了戏剧形象单线描绘的局限。元末南戏的繁荣为明清传奇奠定了基础。

明代商业经济发展，封建禁令松弛，使戏剧艺术创作走向新的繁荣，传奇便是这个时期戏剧的标志。传奇的前身是宋元时代的南戏，它把文字质朴、形式比较灵活的南戏，发展成为优美完整的长篇巨制。尤其是明代中叶以后传奇更是佳作迭出、竞放异彩。有"东方莎士比亚"之称的汤显祖是明代最杰出的传奇作家，他的代表作品是《临川四梦》。其中《牡丹亭》是其讴歌真情的得意之作。描写了柳梦梅和杜丽娘"由生而死，由死而生"情意不绝的感人故事，其凄丽奇幻的格局，充满浪漫主义气息。梁辰鱼的《浣纱记》、王世贞的《鸣凤记》和李开先的《宝剑记》是明代的三大传奇。此外，明代出现的临川派、吴江派、昆山派等戏剧流派之间的争鸣，也极大地促进了戏剧的进一步发展。

清代传奇创作继续发展，以李玉为代表的"苏州派"更多地采取现实主义的方法，同时重视舞台效果，取得了较高的成就。《清忠谱》是李玉的代表作品。他第一次将群众斗争场面搬上了戏剧舞台。清代传奇中成就最高的是洪升和孔尚任，人称"南洪北孔"。他们的代表作《长生殿》和《桃花扇》被称为清代戏剧"双璧"。这两部作品，都是借离合之情，写兴亡之感，把爱情和政治结合起来，使爱情剧达到了新的高度。清代中叶，传奇由盛转衰，过去占统治地位的昆腔逐渐被弋阳腔、秦腔、梆子腔等地方戏所取代。出现了所谓的"花雅之争"。在这场"花雅之争"的过程中，各种声腔剧种得到了交流，随着徽调和汉调的融合，以及昆、弋诸腔艺术养料的广泛吸收，形成了一个新的大型剧种——北京皮黄戏，它是京剧的前身。

近代戏剧在传统戏剧的基础上又有新的发展，京剧已形成为全国性的剧种。新的戏剧形式话剧也出现了。

附录二

影视艺术概述

影视是社会传播面最广的艺术形式之一，影视艺术以其视听综合、时空综合、艺术与技术综合的绝对优势而引人瞩目，被誉为最年轻、最富于潜力的新兴艺术，它的发展直接影响着社会进步与精神文明建设。

影视艺术是一门综合艺术，它是科技与艺术的结晶，在众多艺术样式中，电影艺术（包括电视艺术）是诞生最晚的，科学技术是影视艺术诞生的必要条件，为影视艺术的发展打下了重要的基础，并且还直接影响了影视语言的形态。如果没有光学、电学、声学、化学、感光胶卷、光学镜头、摄影机、放映机等现代工业技术及产品做先决条件，如果没有今天的高科技手段做支撑，电影就不会诞生。

通常认为，1895 年法国路易·卢米埃尔兄弟制造的"活动电影"《卢米埃尔工厂的大门》是电影诞生的标志。1927 年，有声电影正式诞生。从 1950 年开始，电视艺术也开始登上历史舞台。作为一门独立的艺术，电影被认为是继文学、戏剧、绘画、音乐、舞蹈、雕塑之后诞生的"第七艺术"。经过百年的发展历程，影视艺术包罗万象，范围广泛，所以它在艺术领域中最具艺术魅力。

一、影视的声画关系

现代影视是一门声画结合的艺术。因为银幕空间和银幕形象，是由画面和声音共同构筑并由视觉和听觉共同被人感受的。首先，就银幕空间和银幕形象的塑造而言，画面需要声音的支持，同时声音也离不开视觉形象。生活经验告诉我们，人们对视觉空间的真正感觉是与他们对声音的体验紧密相连的。其次，就表达情绪而言，由于画面与声音各自所具备的多义性，决定了不同的声画组合会产生不同的甚至完全相反的情绪和涵义。因此，它要求声音和画面结合后产生相应的确定性。由此可见，声画结合是现代电影的基本特性。

影视的声画关系通常主要有以下三种形式。

（一）声画合一

这是指画面中的视像和它所发出的声音同时呈现并同时消失，两者吻合一致。它的主要作用在于加强画面的真实感，提高视觉形象的感染力。

（二）声画分立

这是指画面中的声音和形象不同步，互相剥离，即声音和发声体不在同一画面，声音以画外音的形式出现。声画分立意味着声音和形象具备相对的独立性，它们通过分离的形式，在新的基础上求得和谐统一。声画分立的直接结果，是突出了声音的作用，使它从依附于形象的从属地位中解放出来，成为独立的艺术元素，从而丰富了电影的表现手段。

（三）声画对位

这是指声音和画面分别表现不同的内容，它们分头并进而又殊途同归，从不同方面表现同一涵义。声画对位与声画分立的区别在于分析问题的角度不一。前者是指内容上的对列，后者是指形式上的差别。声画对位的结果，产生了某种声画原来各自并不具备的新寓意，通过观众的联想达到对比、象征、比喻等效果，给人以独特的审美享受。利用声画对位，也可以造成某种象征意义，从而丰富表现手段。

在一部影视作品中，声画合一、声画分立和声画对位的手段是多方面的，它们常常组合在一起，交替使用，进一步丰富了影视的艺术表现手段，为影视的表现力开拓了广阔的空间。

二、影视蒙太奇

影视有自己的独特语言，那就是声音、画面等视听元素；影视也有自己的语法构造，那就是蒙太奇。蒙太奇源于法国建筑学上的术语"Montage"的译音，原意是构成、装配。可见，蒙太奇也就是艺术剪裁组接工作。较为规范地说，所谓蒙太奇，就是将若干视听元素构成片段构成场景，将若干场景构成段落，将若干段落构成整片。从剧本创作到后期制作，蒙太奇无处不在。

蒙太奇的艺术功能主要有：能创造出时间与空间，表达出对主题的认识；能制造快慢、强弱等节奏，创造出动感情绪；能产生出画面或声音以外的崭新的意义。而蒙太奇的类型则丰富多彩，按照产生的时间先后，可分为叙事蒙太奇和表现蒙太奇；按照叙事方式的不同，可将叙事蒙太奇进一步分为连续蒙太奇、颠倒蒙太奇、平行蒙太奇、交替蒙太奇、重复蒙太奇等；按照表现方式的不同，可将表现蒙太奇进一步分为隐喻蒙太奇、对比蒙太奇、诗意蒙太奇、杂耍蒙太奇、色彩蒙太奇和心理蒙太奇等。蒙太奇的艺术技巧一般以叫板、错觉、对话、音乐、音响、画外音作为它的连接方式。

三、影视艺术鉴赏概述

影视艺术鉴赏，既要把握一般文学的欣赏要点，还要把握影视特点，以其人物形象的塑造和主题为中心，品味出有别于其他艺术形式的"这一种"的特色。影视艺术鉴赏应该包括鉴赏和评论两个方面，可以品味声画关系、品味蒙太奇手法、品味人物的神态表情、品味细节、品味编剧、品味演员演技，还可以从品味其选材的详略、情节发展的跌宕起伏、构思的推陈出新、人物塑造的丰富多彩等角度考虑。好的影视艺术都能贴近并反映社会生活，优秀的影视艺术家，总是站在时代的前列，关注着人民的甘苦，思考并回答社会现实的重大问题。因此，他们的影视作品总是打上鲜明的时代烙印。当然这就需要影视艺术家们敏锐地观察生活，深入地思考生活，准确地把握时代的脉搏，揭示出社会生活的本质，并且通过自己独特的艺术构思和艺术创造，使自己的作品具有浓郁的时代感与现实感，塑造出感人的艺术形象，只有这样，才能真正引起广大观众的共鸣，也只有这样，影视艺术作品才真正具有不朽的艺术生命力。

（选自《影视鉴赏导引》，陈和，北京交通大学出版社，2009 年）

附录三

普通话水平测试等级标准

普通话水平测试（PSC：PUTONGHUA SHUIPING CESHI）是对应试人运用普通话的规范程度的口语考试。全部测试内容均以口头方式进行。普通话水平等级分为三级六等，即一、二、三级，每个级别再分出甲乙两个等次；一级甲等为最高，三级乙等为最低。普通话水平测试不是口才的评定，而是对应试人掌握和运用普通话所达到的规范程度的测查和评定，是应试人的汉语标准语测试。应试人在运用普通话口语进行表达过程中所表现的语音、词汇、语法规范程度，是评定其所达到的水平等级的重要依据。普通话水平测试标准如下。

97分及其以上，为一级甲等；92分及其以上但不足97分，为一级乙等。

87分及其以上但不足92分，为二级甲等；80分及其以上但不足87分，为二级乙等。

70分及其以上但不足80分，为三级甲等；60分及其以上但不足70分，为三级乙等。

一级甲等：朗读和自由交谈时，语音标准，语汇、语法正确无误，语调自然，表达流畅。测试总失分率在3%以内。

一级乙等：朗读和自由交谈时，语音标准，语汇、语法正确无误，语调自然，表达流畅。偶有字音、字调失误。测试总失分率在8%以内。

二级甲等：朗读和自由交谈时，声韵调发音基本标准，语调自然，表达流畅。少数难点音（平翘舌音、前后鼻尾音、边鼻音等）有时出现失误。语汇、语法极少有误。测试总失分率在13%以内。

二级乙等：朗读和自由交谈时，个别调值不准，声韵母发音有不到位现象。难点音较多（平翘舌音、前后鼻尾音、边鼻音、fu-hu、z-zh-j、送气不送气、i-ü不分、保留浊塞音、浊塞擦音、丢介音、复韵母单音化等），失误较多。方言语调不明显，有使用方言词、方言语法的情况。测试总失分率在20%以内。

三级甲等：朗读和自由交谈时，声韵母发音失误较多，难点音超出常见范围，声调调值多不准。方言语调明显。语汇、语法有失误。测试总失分率在30%以内。

三级乙等：朗读和自由交谈时，声韵调发音失误多，方音特征突出。方言语调明显。语汇、语法失误较多。外地人听其谈话有听不懂的情况。测试总失分率在40%以内。

附录四

常用标点符号用法举要

一、概念

标点符号是书面语言的有机组成部分，是书面语言不可缺少的辅助工具。它帮助人们确切地表达思想感情和理解书面语言。

句子，前后都有停顿并带有一定的句调，表示相对完整的意义。句子前后或中间的停顿，在口头语言中，表现出来就是时间间隔，在书面语言中，就用标点符号来表示。一般来说，汉语中的句子分以下几种。

陈述句：用来说明事实的句子。

祈使句：用来要求听话人做某件事情的句子。

疑问句：用来提出问题的句子。

感叹句：用来抒发某种强烈感情的句子。

复句、分句：意思上有密切联系的小句子组织在一起构成一个大句子。这样的大句子叫复句，复句中的每个小句子叫分句。

构成句子的语言单位是词语，即词和短语（词组）。词即最小的能独立运用的语言单位。短语，即由两个或两个以上的词按一定的语法规则组成的表达一定意义的语言单位，也叫词组。

二、用法

名称	符号	用法说明	举例
句号[①]	。	1. 用于陈述句的末尾。	北京是中华人民共和国的首都。
		2. 用于语气舒缓的祈使句末尾。	请您稍等一下。
问号	？	1. 用于疑问句的末尾。	他叫什么名字？
		2. 用于反问句的末尾。	难道你不了解我吗？

179

（续表）

名称	符号	用法说明	举例
叹号	！	1. 用于感叹句的末尾。	为祖国的繁荣昌盛而奋斗！
		2. 用于语气强烈的祈使句末尾。	停止射击！
		3. 用于语气强烈的反问句末尾。	我哪里比得上他呀！
逗号	，	1. 句子内部主语与谓语之间如需停顿，用逗号。	我们看得见的星星，绝大多数是恒星。
		2. 句子内部动词与宾语之间如需停顿，用逗号。	应该看到，科学需要一个人贡献出毕生的精力。
		3. 句子内部状语后边如需停顿，用逗号。	对于这个城市，他并不陌生。
		4. 复句内各分句之间的停顿，除了有时要用分号外，都要用逗号。	据说苏州园林有一百多处，我到过的不过十多处。
顿号	、	用于句子内部并列词语之间的停顿。	正方形是四边相等、四角均为直角的四边形。
分号②	；	1. 用于复句内部并列分句之间的停顿。	语言，人们用来抒情达意；文字，人们用来记言记事。
		2. 用于分行列举的各项之间。	中华人民共和国行政区域划分如下： （一）全国分为省、自治区、直辖市； （二）省、自治区分为市、自治州、县、自治县； （三）县、自治县分为镇（乡）、民族乡。
冒号	：	1. 用于称呼语后边，表示提起下文。	同志们，朋友们：现在开会了……
		2. 用于"说、想、是、证明、宣布、指出、透露、例如、如下"等词语后边，提起下文。	他十分惊讶地说："啊，原来是你！"
		3. 用于总说性话语的后边，表示引起下文的分说。	北京紫禁城有四座城门：午门、神武门、东华门、西华门。
		4. 用于需要解释的词语后边，表示引出解释或说明。	外文图书展销会 日期：10 月 20 日至 11 月 10 日 时间：上午 9 时至下午 4 时 地点：北京市朝阳区工体东路 16 号 主办单位：中国图书进出口总公司
		5. 用于总括性话语的前边，以总结上文。	张华考上了北京大学；李萍上了高职院校；我在超市当收银员：我们都有美好的前途。
引号③	"" ''	1. 用于行文中直接引用的部分。	"满招损，谦受益"这句格言，流传到今天已有两千多年了。
		2. 用于需要着重论述的对象。	古人对于写文章有个基本要求，叫做"有物有序"。"有物"就是要有内容，"有序"就是要有条理。

（续表）

名称	符号	用法说明	举例
		3. 用于具有特殊含义的词语。	这样的"聪明人"还是少一点好。
		4. 引号里面还要用引号时，外面一层用双引号，里面一层用单引号。	他站起来问："老师，'有条不紊'是什么意思？"
括号④	（）	用于行文中注释的部分。注释句子中某些词语的，括注紧贴在被注释词语之后；注释整个句子的，括注放在句末标点之后。	（1）中国猿人（全名为"中国猿人北京种"或简称"北京人"）在我国的发现，是对古人类学的一个重大贡献。 （2）写研究性文章跟文学创作不同，不能摊开稿纸搞"即兴"。（其实文学创作也要有素养才能有"即兴"）
破折号	——	1. 用于行文中解释说明的部分。	迈进金黄色的大门，穿过宽敞的风门厅和衣帽厅，就到了大会堂建筑的枢纽部分——中央大厅。
		2. 用于话题突然转变。	"今天好热啊！——你什么时候去上海？"张强对刚刚进门的小王说。
		3. 用于声音延长的拟声词后面。	"呜——"火车开动了。
		4. 用于事项列举分承的各项之前。	根据研究对象的不同，环境物理学分为以下五个分支学科： ——环境声学； ——环境光学； ——环境热学； ——环境电磁学； ——环境空气动力学。
省略号⑤	……	1. 用于引文的省略。	她轻轻地哼起了《摇篮曲》："月儿明，风儿静，树叶儿遮窗棂啊……"
		2. 用于列举的省略。	在广州的花市上，牡丹、吊钟、水仙、梅花、菊花、山茶、墨兰……春秋冬三季的鲜花都挤在一起啦！
		3. 用于话语中间，表示说明断断续续。	"我……对不起……大家，我……没有……完成……任务。"
连接号⑥	—	1. 两个相关的名词构成一个意义单位，中间用连接号。	我国秦岭—淮河以北地区属于温带季风气候区，夏季高温多雨，冬季寒冷干燥。
		2. 相关的时间、地点或数目之间，用连接号，表示起止。	鲁迅（1881—1936），原名周树人，字豫才，浙江绍兴人。
		3. 相关的字母、阿拉伯数字等之间，用连接号，表示产品型号。	在太平洋地区，除了已经建成投入使用的HAW—4和TPC—3海底光缆之外，又有TPC—4海底光缆投入运营。
		4. 几个相关的项目表示递进式发展，中间用连接号。	人类的发展可以分为古猿—猿人—古人—新人这四个阶段。

181

（续表）

名称	符号	用法说明	举例
间隔号	·	1. 用于外国人和某些少数民族人名内各部分的分界。	烈奥纳多·达·芬奇 爱新觉罗·努尔哈赤
		2. 用于书名与篇（章、卷）名之间的分隔。	《中国大百科全书·物理学》《三国志·蜀志·诸葛亮传》。
书名号	《 》 〈 〉	用于书名、篇名、报纸名、刊物名等。	《红楼梦》的作者是曹雪芹。 课文里有一篇鲁迅的《从百草园到三味书屋》。 他的文章在《人民日报》上发表了。桌上放着一本《中国语文》。 《〈中国工人〉发刊词》发表于 1940 年 2 月 7 日。
专名号⑦	——	用于人名、地名、朝代名等专名下面。	司马相如者，汉 蜀郡 成都人也，字长卿 。

附注：

①句号的形式为"。"。句号还有一种形式，即一个小圆点"．"，一般在科技文献中使用。

②非并列关系（如转折关系、因果关系等）的多重复句，第一层的前后两部分之间，也用分号。

③直行文稿引号改用双引号"﹁﹂"和单引号"﹁﹂"。

④此外还有方括号"[ ]"、六角括号"〔 〕"和方头括号"【 】"。

⑤如果是整段文章或诗行的省略，可以使用十二个小圆点来表示。

⑥连接号还有另外三种形式，即长横"——"（占两个字的位置）、半字线"－"（占半个字的位置）和浪纹"～"（占一个字的位置）。

⑦专名号只用在古籍或某些文史著作里面。为了跟专名号配合，这类著作里的书名号可以用浪线"﹏﹏"表示。

◎ 常用的标点符号有 16 种，分为点号和标号。

点 号	句号 。	问号 ？	感叹号 ！	逗号 ，	顿号 、	分号 ；	冒号 ：		
标 号	引号 " " ' '	括号 （ ） [ ]	破折号 ——	省略号 ……	书名号 《 》 < >	着重号 ·	间隔号 ·	连接号 —	专名号 ——
	占两格 左上角 右上角	各占 一格	占两格	占两格 每格 三个点	占两格	标字下	标字间	占一格	标字下

应用文写作

项目一 公务文书类写作

任务1 公文写作概要

知识概要

（一）公文的概念

公文是公务文书的简称，是党政机关在行政管理过程中形成的具有法定效力和规范体式的文书，是依法行政和进行公务活动的重要工具。根据中共中央办公厅、国务院办公厅2012年4月16日联合发布的《党政机关公文处理工作条例》（中办发〔2012〕14号）的规定（下称《条例》）：党政机关公文是党政机关实施领导、履行职能、处理公务的具有特定效力和规范体式的文书，是传达贯彻党和国家方针政策，公布法规和规章，指导、布置和商洽工作，请示和答复问题，报告、通报和交流情况等的重要工具。

（二）公文的种类

根据2012年4月16日中共中央办公厅和国务院办公厅联合发布、2012年7月1日起实施的《党政机关公文处理工作条例》（见附录一）规定，公文种类主要有以下15种。其中，最常用的是通知、通告、通报、请示、报告、函以及纪要。

（1）决议。适用于会议讨论通过的重大决策事项。

（2）决定。适用于对重要事项做出决策和部署、奖惩有关单位和人员、变更或者撤销下级机关不适当的决定事项。

（3）命令（令）。适用于公布行政法规和规章、宣布施行重大强制性措施、批准授予和晋升衔级、嘉奖有关单位和人员。

（4）公报。适用于公布重要决定或者重大事项。

（5）公告。适用于向国内外宣布重要事项或者法定事项。

（6）通告。适用于在一定范围内公布应当遵守或者周知的事项。

（7）意见。适用于对重要问题提出见解和处理办法。

（8）通知。适用于发布、传达要求下级机关执行和有关单位周知或者执行的事项，批转、转发公文。

（9）通报。适用于表彰先进、批评错误、传达重要精神和告知重要情况。

（10）报告。适用于向上级机关汇报工作、反映情况，回复上级机关的询问。

（11）请示。适用于向上级机关请求指示、批准。

（12）批复。适用于答复下级机关请示事项。

（13）议案。适用于各级人民政府按照法律程序向同级人民代表大会或者人民代表大会常务委员会提请审议事项。

（14）函。适用于不相隶属机关之间商洽工作、询问和答复问题、请求批准和答复审批事项。

（15）纪要。适用于记载会议主要情况和议定事项。

对于以上 15 种公文，可以从不同角度，按照不同的标准进行分类。

（1）按公文的行文方向，即发文机关和受文机关的行文走向，公文可分为上行文、平行文、下行文。

①上行文是指下级机关部门向上级机关报送的公文，如请示、报告等。

②平行文指同级机关或不相隶属机关之间的行文，如函、议案等。通知、纪要有时也可作为平行文。

③下行文是指上级机关向所属下级机关的行文，如决议、决定、命令、意见、通知、通报、批复、纪要等。

（2）按公文送达和办理的时限要求，可分为特急公文（标注"特急"）、加急公文（标注"加急"）、常规公文。公文内容有时限要求，需迅速传递办理的，称紧急公文。紧急文件可分为特急和加急两种，紧急公文应随到随办，时限要求越高，传递、办理的速度也就要求越快。

（3）按涉密程度，公文可分为绝密公文（绝密件）、机密公文（机密件）、秘密公文（秘密件）、普通公文（普通件）。绝密、机密、秘密公文又称保密文件，是指内容涉及党和国家的机密，需要控制知密范围和知密对象的文件。文件的密级越高，传达、阅办、保管的要求也越严。

（4）按公文的作用，公文可分为：指示性公文，如命令、决定等；指导性公文，如批复、会议纪要等；报批性公文，如请示、报告等；知照性公文，如公告、通告、通知、函等。

（5）按内容和发送范围，公文可分为普发性公文和非普发性公文。

公文的种类繁多，标准不同类别则不同。不同的公文文种，有不同的使用目的和适用范围、要求。撰写公文时，文种的正确选择极其重要，文种选用不当必然延时误事；文种选用恰当，则能保证工作的顺利进行，大大有利于机关工作效率的提高。公文的文种应当根据行文目的、发文机关的职权和与主送机关的行文关系确定。

（三）公文的特点

1. 内容的公务性、政策性

党政机关公文既然是党政机关在行政管理过程中形成的具有法定效力和规范体式的文书，是依法行政和进行公务活动的重要工具，那么各级党政机关制发的公文，都必须用来传达贯彻执行党和国家的方针政策。

2. 体式的规范性、办理的程序性

各种类别的公文，其内容、文体、结构、用语都有较为严格的规范性。尤其是公文的体式，必须符合《党政机关公文处理工作条例》规定的格式，文面必须由眉首、主体、版记三大部分组成，每一部分有各自规定的内容、字体、排版模式等。公文的收发、管理、保密等都需要履行法定的程序，公文的发文处理有草拟、审核、签发、复核、缮印、用印、登记、分发等程序，收文办理有签收、登记、审核、拟办、批办、承办、催办等程序，公文的立卷、归档、保密、销毁等同样有严格的程序性。

3. 功效的实用性、时效性

公文是用来处理公务的文书，所以它总是根据现实需要、针对实际问题而制发，有着明显的实用性。《党政机关公文处理工作条例》第十三条明确指出："行文应当确有必要，注重效用。"同时，公文所针对的问题，总是存在于特定的时间范围之内，一旦时过境迁，公文的实用价值也会随之丧失。因此，公文的写作、传递和办理，都要求迅速及时。

4. 作者的法定性，读者的特定性

公文的作者是法定的，是能以自己的名义行使职权和承担义务的国家党政机关。公文起草者，只是组织的代笔人。公文必须以这些组织的名义或其法定代表人的名义制发。发文机关必须依照法定权限和职能制发公文，不能越权行文、违法违章行文。公文的读者具有特定性，有的公文的读者是特指的受文机关，有的公文的读者，是社会的全体成员。在公文格式上有专门规定，即"主送机关""抄送机关"和"传达（阅读）范围"。

5. 法定权力的制约性

公文既然是依法行政的有力工具、在行政管理过程中具有法定效力的功能，那么公文对受文机关或对象在法定的时间和空间范围内就具有制约性。

6. 语言的严谨性、简明性

公文的语言在性质和数量界限方面都受到严格的限定，它是一种说明性语言，而不是文学类的描写性语言，同时公文是代表领导机关立场说话的，必须庄重严谨。公文语言的任务在于传达发文机关的意图，它应使人明白、快捷地了解公文，这就要求它的语言是简洁明晰的。

技法要领

（一）规范严谨

党政机关公文格式，是最高国家机关所制定的，必须按照《条例》等法规进行安排。在安排格式时，要按部分和项目的规范来安排，甚至一两毫米也要讲究。

（二）抓住要素

在格式项目中，对于写作来说，有一些比较重要。这些项目有：眉首的发文机关标志和发文字号、主体的标题、主送机关和正文。

模式模板

（一）公文的模式

《党政机关公文处理条例》第九条规定："公文一般由份号、密级和保密期限、紧急程度、发文机关标志、发文字号、签发人、标题、主送机关、正文、附件说明、发文机关署名、成文日期、印章、附注、附件、抄送机关、印发机关和印发日期、页码等组成。"据此，我们将公文分为眉首、主体、版记三大部分。

1. 眉首部分

公文的文头，又称版头，由份号、密级和保密期限、紧急程度、文件名称、发文机关标志、发文字号及签发人等项目组成。一般性文件的文头项目"文件名称"和"发文字号"不可少，其他视情况而定。这部分占文件首页三分之一，行政公文用一条横线，党务公文需在横线中间印上一颗实心红色五星将它与主文部分隔开。

（1）份号

公文印制份数的顺序号，即一份文件在该文总印数中的顺序的编号，用6位阿拉伯数字表示，标注于公文首页左上角。涉密公文应标明份数序号。

（2）密级和保密期限

公文的秘密等级和保密的期限。涉密公文应当根据涉密程度分别标注"绝密""机密""秘密"和保密期限。它的制作形式是"密级＋★＋保密时限"。

（3）紧急程度

公文送达和办理的时限要求。根据紧急程度，紧急公文应当分别标注"特急""加急"，电报应当分别标注"特提""特急""加急""平急"。

公文的紧急程度是以公务催办的急度来确定的，任何发文机关都要认真对待，不要随意采用，更不要在误时下发的文件中随意加上急度。

（4）发文机关标志

由发文机关全称或者规范化简称加"文件"二字组成，也可以使用发文机关全称或者规范化简称。如"国务院文件""江苏省人民政府文件"等用红色宋体大字号居中印在公文首页上部。联合行文时，发文机关标志可以并用联合发文机关名称，也可以单独用主办机关名称。在民族自治地方，发文机关名称可以并用自治民族的文字和汉字印制。

（5）发文字号

发文字号指某一公文在发文机关一个年度内的发文总号的实际顺序号。发文字号由发文机关代字（简称）、发文年份全称（用〔 〕括住）和发文顺序号三部分组成，如"×府〔2006〕×号"或"×政〔2006〕×号"。标注于发文机关标识正下方。联合行文，只标明主办机关发文字号。

（6）签发人

签发人指批准发出公文的机关领导人的签名。位置在发文字号下行的右侧，书写"签发人"及其姓名。如果是联合行文，则联合行文的所有单位批准该文发出的负责人均需签名。上行文应当标注签发人姓名。

2. 主体部分

主体部分是文件的核心部分，由标题、主送机关、正文、附件说明、成文时间、印章、附注等组成。

（1）标题

标题由发文机关名称、事由和文种组成。公文标题应当准确简要地概括公文的主要内容并标明公文种类，一般应当标明发文机关。公文标题中除法规规章名称加书名号外，一般不用标点符号。常说的标题"三要素"指"发文机关""事由""文种"。三要素齐备的标题属于"完整式标题"，如"国务院关于加强文化遗产保护的通知"；"非完整式"标题指取发文机关或事由中的一项加上文种而构成的标题，如"关于切实加强应急管理工作的通知""××县政府会议纪要"。也有仅以文种为题的标题。

（2）主送机关

主送机关指公文的主要受理机关，应当使用机关全称、规范化简称或者同类型机关统称。如主送机关不止一个时，同类型、相并列的机关之间用顿号间隔，不同类型、非并列关系的机关之间用逗号间隔，最后加冒号。只有一些行文方向不定、没有特指主送机关的公布性公文，如公告、通告及部分事项性通知则不写主送机关。

（3）正文

公文的主体，用来表述公文的内容。

行政公文正文分事由、事项、结尾三个部分，事由也称原由、缘由，意指起草文件的起因。事项指文件要求执行或要说明清楚的事项（后者如情况报告事项）。结尾的主要内容有执行要求，它经常说明应怎样贯彻落实有关文件事项。行政公文的结尾要注意使用惯用语式，许多文种都有自己独特的惯用尾语，缺少惯用尾语，在公文写作的格式中是不被允许的，如请示必须写上"以上请示妥否，请批复"一类的惯用尾语。在正文写作中，如使用非规范化简称，应当先用全称并注明简称；如使用外文名称，在其第一次出现时要注明中文名称。

（4）附件说明

公文附件是公文正件的附属材料，也即是补充说明正文内容的材料，如图表、名单、规定、被转发的文件等。

公文有的有附件，有的没有附件。公文如有附件应注明附件序号和名称，在正文下空一行左空二字，用3号仿宋体字标识"附件"，后标全角冒号和名称。

附件如有序号应使用阿拉伯数码（如"附件：1.××××××"），附件名称后不加标点符号。

附件应与公文正文一起装订，并在附件左上角第一行顶格标识"附件"，有序号时标识序号；附件的序号和名称前后标识应一致。如附件与公文正文不能一起装订，应在附件左上角第一行顶格标识公文的发文字号，并在其后标识附件（或者带序号）。附件放在公文生效标识印章之后。公文附件是公文正文内容组成部分，与公文正文一样具有同等效力。

（5）成文时间

成文时间又称署时，具体指公文经签发后发出生效的时间。成文时间署会议通过或者发文机关负责人签发的日期，联合行文署最后签发机关负责人签发的日期，电报以发出日期为准，特殊情况署印发日期。

成文时间用阿拉伯数字将年、月、日标全，年份应标全称，月、日不编虚位（即1不编为01）。如"2015年6月1日"。

（6）印章

公文中有发文机关署名的，应当加盖发文机关印章，并与署名机关相符。有特定发文机关标志的普发性公文和电报可以不加盖印章。用印应端正、清晰，上弦不压正文，下弦要骑年盖月。复制件作正式公文使用，要加盖新印章，以作证明。

（7）附注

"注"字的意思有"注意事项"和"注解"两层意思，具体内容有：说明公文的传达范围、注释引文的出处、解释有关专门术语等。附注是公文印发传达范围等需要说明的事项，居左空两字加圆括号编排在成文日期下一行。

3. 版记部分

版记又称文尾。由抄送机关、印发机关和印发日期、页码等项组成。

（1）抄送机关

除主送机关外需要执行或者知晓公文内容的其他机关，应当使用机关全称、规范化简称，或者同类型机关统称。

抄送机关在印发机关和印发日期之上一行、左右各空一字编排。"抄送"二字后加全角冒号和抄送机关名称，回行时与冒号后的首字对齐，最后一个抄送机关名称后标句号。

如需把主送机关移至版记，除将"抄送"二字改为"主送"外，编排方法同抄送机关。既有主送机关又有抄送机关时，应当将主送机关置于抄送机关之上一行，之间不加分隔线。

（2）印发机关和印发日期。印发机关指具体主办、制发公文的部门。一般是机关的办公厅（室）或秘书处（科）。印发日期指公文送印完成的时间。

（3）页码。页码编排在公文版心下边缘之下，数字左右各放一条一字线；单页码居右空一字，双页码居左空一字。公文的版记页前有空白页的，空白页和版记页均不编排页码。公文的附件与正文一起装订时，页码应当连续编排。

上述公文版式，是就公文的完备格式说的，具体到每一份公文，它所采用的项目都可能有出入。要全面了解行政公文拟写的规范性，必须认真研究学习《党政机关公文处理工作条例》和《党政机关公文格式》，并注意在实践中不断摸索，总结经验。

（二）模板

提　纲	模　　板
眉首部分： 份号 秘密等级 紧急程度	**000001** **机密★×年** **特急**
文件名称	**×××人民政府文件**
发文字号 签发人（上行文）	**×办〔20××〕×号　　　签发人：×××**
主体部分： 标题	**关于××××××的请示**
主送机关 正文	××××： 　　×××××××××××××××××××××× ×××××××××××××。
附件	附件：1.××××× 　　　　2.×××××
发文机关印章	发文机关署名
成文日期	20××年×月×日
附注	附注：
版记部分： 抄送机关 印发机关 印发日期	抄送：×××，×××，××× ×××人民政府办公室　20××年×月×日印发
页码	—1—

技能训练

（一）请指出下列公文格式存在的问题

中共中央办公厅文件

中办发（2012）14号

中共中央办公厅 国务院办公厅
关于印发《党政机关公文处理工作条例》的通知

各省、自治区、直辖市党委和人民政府，中央和国家机关各部委，

解放军各总部、各大单位，各人民团体：

《党政机关公文处理工作条例》已经党中央、国务院同意，现印发给你们，请遵照执行自。

2012年7月1日起施行。1996年5月3日发布的《中国共产党机关公文处理条例》、2000年

8月24日国务院办公厅发布的《国家行政机关公文处理办法》同时废止。

中共中央办公厅

国务院办公厅

2012年4月16日

（此件发至县团级）

2012年4月16日印发　　　　　　　　　　　　　　　中共中央办公厅秘书局

（二）格式编制训练

步骤1　每人用一张A4纸按规定长度画出公文格式简表；

步骤2　教师不断指导，个别修正；

步骤3　教师引导学生从代码起填写项目，按照字体字号，注释说明，特别对发文机关标志、发文字号等规定进行编写；

步骤4　每组举办研讨会，负责人主持，修改评审每个同学的格式图，讨论每个项目编制是否符合要求；

步骤5　每组负责人就本组完成情况发言，并展示最优公文格式图；

步骤6　教师总结。

任务 2　通　知

知识概要

（一）概念

《条例》规定，通知是"适用于发布、传达要求下级机关执行和有关单位周知或者执行的事项，批转、转发公文"的公文。

（二）特点

1. 适用范围广

各级各类国家机关、社会团体、企事业单位均可使用，既可传达事项，也可转发和批转公文，还可任免人员；内容可以是国家活动、政府工作和社会生活的各个方面；行文方向以下行为主，即发给下级单位或个人。

2. 使用频率高

因为通知的适用范围特别广泛，上至高级机关，下至基层单位，大到知照全国性的事情，小到要求某些人参加某些会议，都可以用通知来发，因此在行政公文中通知使用频率也最高。

（三）分类

1. 批转通知

①转发公文的通知。这种通知转发不相隶属机关和上级机关的公文。例如，《浙江省人民政府办公厅转发省财政厅工作报告的通知》是转发平级机关的公文；广东省人民政府办公厅《转发省对口支援三峡库区工作领导小组办公室关于对口支援三峡库区近期工作方案的通知》是转发不相隶属单位的公文；广西壮族自治区人民政府《转发国务院关于调整机关、事业单位工作人员工龄津贴标准的通知》则是转发上级机关的公文。

②批转公文的通知。批转下级机关的公文，主要有请示、报告、会议纪要等。这些公文经

上级机关批准、认可，再用通知转发下去贯彻执行。此时，被批转的公文里下级工作意见实际已转为上级的意见。例如，中共广东省委、广东省人民政府批转《全省稳定山权林权，落实林业生产责任制试点工作座谈会议纪要》的通知。批转公文的通知与转发公文的通知同样具有指导作用，通知中，被转发机关的意见实际是上级机关的意见。

2. 事项通知

通知的事项，指发文机关要求办理或者要求阅知的事项。这种通知的作用主要用来布置工作，安排开展活动，解决实际工作中某些具体问题，指示性、指导性很明显。

3. 会议通知

这是向参加会议的机关、单位行文，告知会议有关事项的公文。这种通知内容单一，要求把参加会议的有关事项写清楚，一般包括：会议名称、内容、地点、参加范围、会期、报到时间、地点，需带文件、材料等。

4. 任免通知

按人员管理权限，由上级机关决定任免人员，再把任免决定用通知行文，向指定范围公布。

文体示例

（一）批转通知

1. 批转性通知

要　领	范　文
标题：发文机关＋事由＋文种	国务院批转关于行政审批制度改革工作实施意见的通知
主送机关：	各省、自治区、直辖市人民政府，国务院各部委、各直属机构：
正文： 一、事项　批转主体 二、结尾　批转要求即批语	监察部、国务院法制办、国务院体改办、中央编办《关于行政审批制度改革工作的实施意见》已经国务院批准，现转发给你们，请认真贯彻执行。
公文生效标志 成文日期	中华人民共和国国务院（印章） 20××年×月×日

2. 转发性通知

要　领	范　文
标题：发文机关＋事由＋文种 主送机关： 正文： 事项 转发主体	山东省人民政府关于转发国务院加强出入境中介活动管理的通知 各市、县人民政府，省府直属有关单位： 　　现将《国务院关于加强出入境中介活动管理的通知》（国发〔20××〕×号，以下简称《通知》）转发给你们，并结合我省实际，提出如下意见，请一并贯彻落实。 　　一、提高认识，加强领导。各级领导务必把这次清理整顿工作摆上议事日程，切实抓紧抓好。为保障这项工作的顺利开展，按时保质完成任务，各级清理整顿工作由公安和工商行政管理部门具体负责，劳动、教育等部门按照职责分工做好配合协助工作。各部门必须按照《通知》要求开展自查自纠工作，各级政府予以监督、指导。 　　二、抓住重点，全面清理。（以下略）
结尾 转发要求即批语	全省清理整顿出入境中介机构工作在今年底前结束，各地于12月15日前将清理整顿情况及时上报省公安厅、工商局。由省公安厅、工商局于20××年×月×日前汇总向省人民政府报告。
公文生效标志 成文日期	山东省人民政府（印章） 20××年×月×日

3. 印发性通知

要　领	范　文
标题：发文机关＋事由＋文种 主送机关： 正文： 一、事项　印发主体 二、结尾　印发要求即批语	教育部办公厅关于印发《国家精品课程建设工作实施办法》的通知 各省、自治区、直辖市教育厅（教委），新疆生产建设兵团教委，教育部直属各高等学校： 　　根据《教育部关于启动高等学校教学质量与教学改革工程精品课程建设工作的通知》（教高〔20××〕1号）精神，为保证国家精品课程建设的顺利实施，特制定《国家精品课程建设工作实施办法》，现印发给你们，请遵照执行。
公文生效标志 成文日期	教育部办公厅（印章） 20××年×月×日

（二）事务通知

要　领	范　文
标题：事由＋文种 主送机关： 正文： 一、原由 二、事项 三、结语	××公司关于编制二〇一二年度财务决算报表的通知 各核算单位： 　　根据市财政局关于上报 2012 年度财务决算报表的通知（×财发〔2012〕42 号）精神，公司要求各核算单位认真编制 2012 年度决算报表，现将有关事项通知如下： 　　一、编制报表时间：2013 年 1 月 5 日至 2012 年 1 月 31 日。 　　二、上报本部门决算报表时间：2013 年 2 月 1 日。 　　三、上报部门：公司资金管理中心。 　　四、编制办法及报表格式：见附件。 　　希望各核算单位本着实事求是、精细准确的原则，认真做好 2012 年度决算报表编制工作。 　　附件：1. 2012 年度决算报表编制办法 　　　　　2. 2012 年度决算报表格式
公文生效标志 成文日期	××公司（印章） 2012 年 12 月 10 日

（三）会议通知

要　领	范　文
标题：事由＋文种 主送机关： 正文：一、原由 二、事项 会议组织机构 会议内容 与会人员	关于召开校园文化建设工作交流研讨会的通知 各市职教学会德育工作委员会： 　　中国职业技术教育学会德育工作委员会校园文化建设研究会决定在我省南京市召开成立大会暨校园文化建设工作交流研讨会，请通知你市会员单位派员准时参加。现将有关事项通知如下。 　　一、会议主办、承办单位 　　主办单位：中国职业技术教育学会德育工作委员会校园文化建设研究会。 　　承办单位：江苏省职教学会德育工作委员会、南京高等职业技术学校。 　　二、会议内容 　　1. 校园文化建设研究会成立大会； 　　2. 教育部职成司领导或中国职教学会德育工作委员会有关领导做报告或讲话； 　　3. 知名教育专家做学术报告； 　　4. 南京高等职业技术学校校园文化建设经验介绍及活动观摩； 　　5. 布置校园文化建设研究会下一阶段的具体工作； 　　6. 进行校园文化建设研讨交流。 　　三、参加会议人员 　　1. 教育部职成教司和教育部职成教司德育处有关领导，江苏省教育厅和南京市教

（续表）

要　领	范　文
	育局有关领导，中国职业技术教育学会德育工作委员会有关领导，校园文化建设研究会领导，校园文化建设专家与学者，校园文化研究会会员代表，全国各地职业学校有关领导、教师。 　　2. 江苏省职教学会德育工作委员会会员单位学校（每校一人）、江苏省职教德育教科研中心组成员。
时间地点	四、会议时间、地点 　　1. 会议时间：2012 年 9 月 27 — 9 月 28 日。 　　2. 报到时间：9 月 26 日下午 5:00 前。 　　3. 会议报到、住宿地点：（略）
其他事项	五、其他事项 　　1. 每人缴纳会务费 300 元，差旅费、住宿费用自理。 　　2. 为保证大会顺利召开和会务工作的有序性，参加会议人员务必于 9 月 19 日前将回执传真或发电子邮件至南京高等职业技术学校校长办公室×××老师处。 　　传真：025-86×××××××。电子邮箱：××××××。 　　3. 乘车线路：（略） 　　4. 会议联系人： 江苏省职教学会德育工作委员会秘书处××× 手机：139××××××××
公文生效标志 成文日期	江苏省职教学会德育工作委员会（印章） 2012 年 9 月 10 日
会议回执	参加会议回执 | 姓名 | 性别 | 民族 | 职务 | 单位 | 联系电话 | |---|---|---|---|---|---| | | | | | | | | | | | | | | （此回执务必于 9 月 9 日前传真或发电子邮件至南京高等职业技术学校。 传真：×××××。电子邮箱：×××××）

197

（四）任免性通知

要　　领	范　　文
标题 主送机关： 正文：事项	中共××大学委员会关于徐××等同志职务任免的通知 各×××： 　　根据工作需要，经公开选拔，组织考核，现决定聘任徐××同志为学生工作处处长，聘任王××同志为××分院院长。 　　免去李××同志学生工作处处长职务，免去方××同志的××分院院长职务。
公文生效标志 成文日期	中共××大学委员会（印章） 20××年×月×日

技法要领

（一）明确正式公文通知与一般事务性通知的区别，严格遵守公文的格式要求

国家党政机关或企事业单位在处理日常工作，尤其是召开内部会议时，经常使用一些一般事务性通知。这类通知通常不作为正式行政公文看待，不编号、也不存档，因此格式要求也不太严格。但作为正式行政公文的通知则需要按办文程序处理。

（二）分清通知的不同种类，准确把握语言分寸

通知的种类繁多。不同种类的通知，语气、态度各不相同。例如，事务性通知，语气坚定、态度严肃，使人读后有一种必须照办、不容犹豫的感觉。

（三）掌握通知的用途和特点，不混用错用

通知是当前各级党政机关中使用最为广泛的一种公文，它具有多种用途，有时甚至可以代行其他行政公文的职能，但是，这决不意味着通知可以滥用。

模式模板

（一）模式

1. 标题

通知的标题有两种：完全式是发文机关、事由、文种齐全的标题，省略式则是根据需要省

去其中的一项或两项。有些特殊的通知，在标题中应写明性质，在通知前加上说明词语，如紧急通知、补充通知、联合通知等。

2. 主送机关

写明收受通知的机关或单位名称。

3. 正文

（1）批转性通知的写法。正文可以称为"批语"，把被批转、转发的文件看作是通知的主体内容，批语表明发文机关的态度，提出贯彻执行的要求，一般起提示、按语的作用。

（2）事项性通知的写法。正文要使受文单位了解通知的内容，即事项，做什么、怎样做、有什么要求。正文一般分三部分。开头部分，一般是通知的原由和目的，说明为什么要发此通知、目的是什么。正文的主体部分，即事项部分，把通知的具体内容一项一项列出来，把布置的工作或需周知的事项，阐述清楚，讲清目的、要求、措施、办法等，这类通知多数用于布置工作，因此有人称之为工作通知。第三部分是结尾，提出贯彻执行要求，如"请遵照执行""请认真贯彻执行"，也有的通知结尾没有习惯用语。

写事项性通知，要开门见山，不要转弯抹角。在叙述通知时，要突出重点，把主要的、重要的写在前面。根据需要，主要的内容可以详写，次要的内容尽量简略。

（3）会议通知的写法。会议通知内容一般包括会议的名称、时间、地点、内容、参加人员、报到时间、地点、需带材料、文件等。格式比较固定，如果不按要求写作，也会出现这样或那样的毛病。

4. 署名和日期

署名和日期应写明成文时间并加盖机关印章。

（二）模板

1. 批转通知模板

提　纲	模　板
标题：发文机关+批转+原标题+文种 主送机关：下一级周知 正文： 一、通过机关 二、发布文件 三、批语：态度，意义，要求等 公文生效标志 成文日期	＿＿＿＿＿关于批转《＿＿＿＿》的通知 各＿＿＿＿＿＿： 　　＿＿＿＿同意《＿＿＿＿》，现印发给你们，请遵照执行。 　　《＿＿》是 ＿＿＿＿＿＿＿＿＿＿＿＿＿＿ 要认真贯彻落实《＿＿＿＿》的精神，按照《＿＿＿＿》提出的指导方针、主要目标和任务，切实做好＿＿＿＿工作，为 ＿＿＿＿＿＿ 　　　　　　　　　发文机关署名（印章） 　　　　　　　　　××××年×月×日

2. 事项通知模板

提　纲	模　板
标题：事由＋文种 主送机关 正文： 一、原由 （一）目的 （二）依据 二、事项	关于＿＿＿＿＿＿＿的通知 各＿＿＿＿＿＿＿＿　： 　＿＿＿＿＿＿＿＿＿＿＿ ＿＿＿＿＿＿＿＿＿＿＿＿＿ ＿＿＿＿＿＿＿＿＿＿＿＿＿ ＿＿＿＿＿为＿＿＿＿＿＿＿＿＿＿ 根据＿＿＿＿＿＿的有关规定，特作如下通知： 一、＿＿＿＿＿＿＿＿＿＿＿＿ 二、＿＿＿＿＿＿＿＿＿＿＿＿ ＿＿＿＿＿＿＿＿＿
公文生效标志 成文日期	发文机关署名（印章） ××××年×月×日

3. 会议通知模板

提　纲	模　板
标题：事由＋文种 主送机关 正文： 一、原由 二、事项	关于＿＿＿＿＿＿＿的通知 各＿＿＿＿＿＿　： 　为了＿＿＿＿定于＿＿年＿＿月至，在＿＿＿＿＿举办＿＿＿＿会 （议）。现将有关事项通知如下： 一、会议主题 ＿＿＿＿＿＿＿＿＿＿＿＿＿ 二、会议内容 1.参会人员 ＿＿＿＿＿＿＿＿＿＿＿＿＿ 四、报名时间及要求 ＿＿＿＿＿＿＿＿＿＿＿＿＿
公文生效标志 成文日期	发文机关署名（印章） ××××年×月×日

技能训练

（一）根据右侧的评析部分，使用规范的修改符号，逐条修改公文的不当之处

×× 大学召开

布置学术研讨工作会议的通知

各学院、教务处、科研处：

为顺利开展今年学术研讨工作，学校准备召开
布置学术研讨工作的会议。现将有关内容通知如下：

一、会议时间

2015 年 3 月 2 日。

二、会议地点

行政楼 2 楼会议室。

三、参加人员

各学院负责科研工作的院长和相关人员。

四、会议内容

1.布置学校今年科研总体工作。

2.听取各学院今年科研工作设想。

2015 年 2 月 26 日

①标题缺少介词"关于"。

②时间不具体。

③应有会议要求。

④缺少发文机关（印章）。

（二）写作训练

步骤 1　每人提出一项企业需要写作通知的事项

教师启发事项，要密切结合企业实际，对事务性工作进行选择。例如，讨论某项政策性文件/开会/开展普遍性的活动。

步骤 2　分组讨论、选优

要求各组举办创意座谈会，组长主持，收集整理事项，讨论每个事项是否符合通知要求。

步骤 3　写作

每组选出 2 个事项，一个由组长执笔起草全文草稿，一个由全体成员一起起草提纲及全文草稿。

步骤 4　教师讲评

任务 3 通 告

知识概要

（一）概念

《条例》规定，通告"适用于在一定范围内公布应当遵守或者周知的事项"。

通告属于泛向行文，也就没有主送机关，受文对象极为广泛，是所有与该文告内容有关的社会组织和个人。

（二）特点

1. 知照性。公布需要人们周知的事项。

2. 约束性。要求人们必须遵守内容。

3. 专业性。有专业主管部门在一定的业务范围内公布。

（三）分类

1. 周知性事项通告。社会组织在执行公务的过程中有许多情况需要社会有关方面知晓，以便相互配合，避免误解和纠纷，应用此类通告。内容一般是业务性和单一性的。

2. 遵守性事项通告。这类通告用于向社会公布应当遵守的事项，内容具有政策性和法规性，因此具有强制性和行政约束力。

文体示例

（一）周知性通告

要　领	范　文
标题	沧州市人民政府 关于在市区进行防空警报试鸣的通告
正文 一、原由 二、事项	为提高广大市民国防观念和人防意识，检验防空警报控制系统运行状态，确保在战时防空、平时防灾中有效传递和发放警报信号，经市政府研究，决定于 2016 年 7 月 7 日上午 10 时至 10 时 23 分在市区统一进行防空警报试鸣。具体时间和信号区分为： 　　10:00—10:03 预先警报：鸣 36 秒，停 24 秒，反复 3 次； 　　10:10—10:13 空袭警报：鸣 6 秒，停 6 秒，反复 15 次； 　　10:20—10:23 解除警报：连续鸣响 180 秒。 　　望有关部门与单位搞好宣传工作，广大市民保持正常工作和生活秩序。
公文生效标志 成文日期	沧州市人民政府办公室（印章） 2016 年 7 月 2 日

（二）遵守性通告

要　领	范　文
标题：省略式	关于 2015 年春节焰火晚会临时交通管制的通告
正文 一、原由：目的和依据 二、事项	为确保 2015 年广州春节焰火晚会的顺利举行，根据《中华人民共和国道路交通安全法》的有关规定，我局决定于 2015 年 2 月 18 日 19 时至 22 时，对晚会现场周边道路实行临时交通管制。具体如下： 　　沙面、滨江西路（宝岗大道以西）、洲咀大街、陆居路、明心路、长堤街禁止一切机动车辆通行；六二三路、黄沙大道（多宝路口以东）、西堤二马路、沿江西路（解放南路以西）、人民桥、同福西路（洪德路以西）、内环路 A 线六二三路出口、人民高架路文化公园匝道口将根据道路交通情况实行临时交通管制措施，禁止无关机动车辆进入。执行紧急任务的军、警用车、消防车、救护车、工程救险车，持通行证和领事馆的车辆除外。 　　途经上述路段的机动车辆请提前绕道行驶。 　　违反本通告的，由公安机关交通管理部门依法予以处理。
三、结语	特此通告。
公文生效标志 成文日期	广州市公安局（印章） 2015 年 1 月 24 日

技法要领

（一）正确使用文种

通告容易与公告、通知混淆，要注意它们的区别，正确选择好文种。一般来说公告管大事，通告管一般化的事，且要求遵守或周知。通知也要求办理与周知，但行文对象比公告、通告具体。

（二）事项要清楚

通告事项要写得清楚明白，条理分明。

（三）语言要通俗简洁

通告面向社会，面向广大群众发布，在用语方面，既要注意多使用短句，以收简洁明快之效，又要体现公文语言的特征。

模式模板

（一）模式

通告由标题、正文、署名和日期构成。除有特定的受文对象外，通告一般不写主送机关。

1. 标题

一般有两种写法：一是完全式，写明发文机关、事由、文种，如《工商总署关于打击走私、投机倒卖进出口物品的通告》；二是省略式，有的省略了发文机关或事由只写明发文机关或事由和文种，如《中华人民共和国财政部通告》；有的省略了发文机关和事由两项，只写《通告》。高级机关发布比较重要事项的通告，标题应用前两种；企业事业单位、基层单位的通告，事项比较具体，不那么重要的，一般可用最后一种。

2. 正文

原由，说明为什么发此通告。

事项，即通告的具体内容。内容比较简单，可不分条来写；如果内容比较多，则应分列条项。

结语，一般写"特此通告"之类的话，以示强调，提起注意。有些通告不用结语。

3. 署名和日期

署名和日期应写明成文时间并加盖机关公章。

（二）模板

提　纲	模　板
标题	关于＿＿＿＿＿＿＿＿＿＿＿＿＿＿＿＿的通告
正文 一、原由 二、事项 三、结语	为＿＿＿＿＿＿＿＿＿＿＿＿＿＿＿＿＿＿＿＿＿＿＿＿＿＿＿。具体如下： ＿＿＿＿＿＿＿＿＿＿＿＿＿＿＿＿＿＿＿＿＿＿＿＿＿＿＿ ＿＿＿＿＿＿＿＿＿＿＿＿＿＿＿＿＿＿＿＿＿＿＿＿＿＿＿ ＿＿＿＿＿＿＿＿＿＿＿＿＿＿＿＿＿＿＿＿＿＿＿＿＿＿＿ ＿＿＿＿＿＿＿＿＿＿＿＿＿＿＿＿＿＿＿＿＿＿＿＿＿＿＿ ＿＿＿＿＿＿＿＿＿＿＿＿＿＿＿＿＿＿＿＿＿＿＿＿＿＿＿ ＿＿＿＿＿＿＿＿＿＿＿＿＿＿＿＿＿＿＿＿＿＿＿＿＿＿＿ 特此通告。
公文生效标志 成文日期	发文机关署名（印章） ××××年×月×日

技能训练

据此消息，请代市公安局拟一份通告

××市老年大学很受退休职工的欢迎。为进一步为老年人服务，在学员×××的提议下，老年大学打算举办老年自行车比赛，征求老年大学学员意见，绝大部分都表示赞成。比赛定名为"青松杯"老年自行车赛，并获得了×××店的 12000 元赞助。比赛将于 2013 年 2 月 10 日上午 9 时至 12 时在××市举行。为保证赛事顺利进行，公安局拟对东环路、北环路、桐泾北路、桐泾南路、南环西路、南环东路实行交通管制，届时将禁止一切机动车辆通行（警车、救护车、消防车例外）。

任务4 通 报

知识概要

（一）概念

《条例》规定：通报用于"适用于表彰先进、批评错误、传达重要精神和告知重要情况"。

（二）特性

1.典型性

无论是表彰通报，还是批评通报，事例都应当是具有典型意义的，非一般性的事迹或错误。

2.教育性

表彰通报是通过表彰先进典型，让先进思想发扬光大，鼓舞人们学先进，找差距；批评通报则是一方面让当事人认识错误，改正错误，另一方面是让人们吸取教训，引以为戒；情况通报通过传达交流重要精神或情况引起人们的注意。三者的目的都是为了让人们从中受到教育。

3.知照性

通报传递了信息，起到告知通晓的作用，扩大了所通报事项的影响，具有知照、告晓的特点。

（三）分类

根据适用范围，通报分为三类：表扬性通报、批评性通报和情况通报。

文体示例

（一）表彰通报

要　领	范　文
标题：发文机关＋事由＋文种	**四川省人民政府 四川省军区** **关于表扬 2017 年度征兵工作先进单位和先进个人的通报**
主送机关	各市（州）、县（市、区）人民政府，各军分区（警备区）、县（市、区）人民武装部，省政府各部门、各直属机构，有关单位：
正文 一、事项 二、评价 三、希望	2017 年，全省各级各部门和兵役机关以习近平新时代中国特色社会主义思想为指导，深入贯彻党的十九大精神和习近平强军思想，认真落实国务院、中央军委决策部署，坚持以兵员质量为核心，狠抓各项工作落实，圆满完成新兵征集任务，涌现出一批征兵工作先进单位和先进个人。为鼓励先进、树立典型，省政府、省军区决定对广安市人民政府、四川师范学院等 28 个先进单位和何其蔚、李泽波等 40 名先进个人予以通报表扬。 　　希望获得表扬的单位和个人珍惜荣誉、再接再厉，在今后工作中取得更大成绩。全省各级各部门、兵役机关、高等院校及广大兵役工作者要进一步以习近平新时代中国特色社会主义思想为指导，全面深入贯彻落实党的十九大、十九届二中、三中全会精神及习近平强军思想，以先进单位和先进个人为榜样，开拓进取，扎实工作，努力完成今年征兵任务，为新时代国防和军队建设做出新的贡献。
附件	附件：2017 年度征兵工作先进单位和先进个人名单
公文生效标志 成文日期	四川省人民政府（印章） 四川省军区（印章） 2018 年 7 月 12 日

（二）批评通报

要　领	范　文
标题：事由＋文种	**关于万通加油站火灾情况的通报**
主送机关 正文 一、事实简述 二、批评事项	各乡镇人民政府，县政府各工作部门、直属事业机构： 　　20××年×月×日 2 时 45 分，位于人民路和河滨路交叉口的万通加油站发生火灾，接警后消防队及时开展灭火，交警实施了交通管制，公安干警对周围群众进行了疏散，后经县里各部门和绥德消防队的共同努力，成功扑灭大火。 　　火灾发生后，公安局和消防队立即对火灾原因展开调查，事故调查表明，火灾系加油站职工卸油时没有按照操作程序使用静电设施，加之卸油口阀门密封性不好，有油滴漏出来，引起火灾。

（续表）

要　领	范　文
三、评价意义	此次火灾虽没有造成人员伤亡和重大财产损失，但影响恶劣，同时进一步暴露了我县在油品市场监督管理过程中存在安全意识淡薄、安全监管工作不到位、安全隐患排查整治不彻底等问题。经县政府研究，决定对监管不到位的安监局、商贸办、工商局、消防队等部门单位给予全县通报批评。
四、希望号召	希望此次被通报的部门单位认真查找原因，吸取教训，尽快采取措施，积极进行整改工作。各乡镇、各部门要进一步提高认识，引以为戒，认真组织开展安全大检查和隐患排查治理活动，切实落实安全措施消除事故隐患，严密防范安全事故发生，确保全县社会大局和谐稳定。
五、结语	特此通报。
公文生效标志成文日期	××县人民政府（印章） 　　　　　　　　　　　　　　20××年×月×日

（三）情况通报

提纲	模板
标题：发文机关+事由+文种 主送机关： 正文： 一、情况简述 二、通报事项	<div align="center">××职业技术学院安全大检查情况通报</div>学院各部门： 　　冬季是安全事故和各类案（事）件多发期。近来，全国各地连续发生多起重特大安全事故和案件，这些情况，再一次给我们的安全工作敲响了警钟。为维护校园的安全，避免各类安全事故和案（事）件的发生，确保师生人身安全和集体与个人财产安全，根据校党委和主管校领导的要求，学校在 11 月 29 日到 12 月 4 日，连续开展了为期一周的安全大检查，现将安全大检查情况通报如下： 　　一、11 月 26 日、29 日，党委书记张××同志在学校中层干部会议上传达了省教委关于安全工作的明传电报，再三强调了学校安全工作的重要性，要求各部门引起高度重视。会后，主管领导原××副校长又召开总务、保卫、食堂、公寓等部门负责人会议，对开展冬季安全大检查进行了具体部署。11 月 29 日，学校下发了《关于加强校园安全工作开展冬季安全大检查的通知》，对加强安全管理、安全教育和安全检查进行了具体安排。 　　二、11 月 29 日至 12 月 3 日，学校各系、部、部门对所属区域进行了安全自查，对查出的隐患积极进行了整改。 　　三、11 月 30 日，学校后勤服务中心对全校各重点部位的电气线路进行了专项检查，修复开关线路 3 处。 　　四、12 月 1 日下午，学校张××书记带领主管副校长和保卫处、总务处有关人员对教学楼、学生公寓和食堂进行了安全检查，校领导对所检查部位的安全工作提出了具体的要求和建议。 　　五、12 月 1 日晚 10:00，公寓和物业管理部对全校四个学生公寓进行了安全检查，共查出学生在公寓违章使用电器和吸烟 14 人，分别由所在系、部按《学生公寓违纪处理办法》进行了处理。 　　六、12 月 2 日晚上 10:00，学校组织了保卫处、学生处、各系部书记和辅导员共 26 人，分 4 个检查组，对全校学生公寓进行了突击安全大检查，学生公寓安全秩序良好，未发现违章使用电器等情况，对查出的 2 名外出租房学生交所在系部按校纪处理。

（续表）

提 纲	模 板
	七、12 月 3 日下午 4:00，学校保卫处会同总务处、学生处、教务处、学校办公室对学校各部位进行了全校性安全大检查，各部门均能按要求进行安全自查，积极整改。
三、希望号召	目前正值冬季，元旦、寒假和春节也即将来临，望学校各部门以高度的责任感，认真履行岗位职责，切实落实安全责任制，继续深入抓好安全工作，使学校环境安全稳定。
公文生效标志：成文日期：	××职业技术学院（印章） 2012 年 12 月 7 日

技法要领

（一）行文要及时

通报的时间性较强，时间久了，就失去了指导当前工作的意义。

（二）事例要真实

不论是表彰性的、批评性的通报，还是情况通报，必须是真人真事，文稿要坚持写实性的风格，所通报的事实，应让人们感到值得学习，或引以为戒，或应该知晓。突出其教育性，切忌小题大做。

（三）表扬或批评的通报用语要求

用词要准确，要讲究分寸，评价要恰如其分，对事例不能随意夸大或缩小。

模式模板

（一）模式

1. 标题

通报的标题和通知一样有完全式和省略式两种，完全式是发文机关、事由、文种齐全的标题。省略式则是根据需要省去其中的一项或两项。

2. 主送机关

一般写所有下一级。

3. 正文

正文由四部分组成：

（1）情况原由。概括叙述通报的事因即事项发生的时间、地点、人物、原因、结果等，要抓准实质性问题。

（2）分析评价。往往用一两句议论，简要分析评价通报的事情，揭示问题的实质，点明其意义所在，指出从中吸取哪些经验和教训，通过正反两方面的事例教育人们。要表明发文单位肯定或否定的态度。

（3）决定事项。宣布对有关人员或团体进行奖励或处分的决定。一般只有一句话，也有的分条列项。

（4）希望要求。号召人们向表彰的人物和事迹学习或者要求大家从错误事实中吸取教训，引以为戒。

4.署名和日期

应写明成文时间并加盖机关公章。

（二）模板

提　纲	模　板
标题：发文机关＋事由＋文种	关于＿＿＿＿＿＿＿＿＿的通报
主送机关：	＿＿＿＿＿＿＿＿＿＿：
正文： 一、事实 二、评价 一二句即可	＿＿＿＿＿＿＿＿＿＿＿＿＿ ＿＿＿＿＿＿＿＿＿＿＿＿＿ ＿＿＿＿＿＿＿＿＿＿＿＿＿ ＿＿＿＿＿
三、决定 四、希望	＿＿＿＿特予通报＿＿＿＿＿。 希望＿＿＿＿＿＿＿＿＿＿＿ ＿＿＿＿＿＿＿＿＿＿＿
公文生效标志： 成文日期：	发文机关署名（印章） ××××年×月×日

技能训练

（一）试指出下列公文格式的毛病

关于表彰苏××同志临危不惧、勇擒歹徒事迹的通报

各级党组织：

八月五日晚九点多钟，××市出租公司直属车队驾驶员廖××的车子遭到歹徒袭击。罪犯用枪顶住廖××的头，命令他把车子开往南站。廖××巧妙地骗过罪犯，将车开到锦江

河畔的十字路口。廖××机智地把车速从四档减到二档，悄悄打开车门，一踏刹车，飞身下车，高喊"抓坏人、抓坏人"。此刻，歹徒狗急跳墙，向廖××射击，打中他的右手。正在值勤的一中队交通民警苏××听到枪声，立即赶到出事地点，突然又是一枪，苏××同志头部中弹鲜血直流，他顾不得伤痛，拼命捉去，周围几十名群众见状，都向歹徒追去。几分钟后，罪犯被团团围住，苏××猛扑上去将凶手死死抱住，歹徒被当场缴枪抓获。

苏××今年二十岁，他于一九××年×月×日，经过招聘考核，成为全省第一批合同制民警。三个月的培训结束后，分到××市交警一中队工作。最初几个月，中队领导就发现苏××同志身上有一股别人没有的劲头，工作踏实，一丝不苟。酷夏，烈日当头，在没有遮阳伞的岗位执勤，他从不躲到阴凉处，而是站在路中的岗台边上；雨天，他不进房子躲雨，仍然穿着雨衣坚守岗位。上班值岗时，他在四个路口来回走动。哪里有堵车现象，他就出现在哪里积极疏导；有老人、盲人、小孩过街，他上前搀扶；过路的载重架子车、三轮车上大桥缓坡吃力，他上前推一把；过路的群众自行车坏了，他帮助修理。他连续两年被评为市局先进个人。一九××年×月光荣地加入了中国共产党。

苏××同志勇斗歹徒的行为被人们称为伟大的、高尚的壮举。鉴于苏××同志一贯表现突出，在关键时刻又经住了严峻考验，特通报表扬。希望全市干警向苏××同志学习，学习他勇于献身、临危不惧的精神，争做一名合格的公安战士，为保卫四化建设，做出新的贡献。

××市公安局政治部

20××年×月×日

（二）写作训练

步骤1 每人提出一项企业需要写作通报的事项

教师启发事项，要密切结合企业实际，对事务性工作进行选择。例如，讨论某项政策性文件/开会/开展普遍性的活动。

步骤2 分组讨论、选优

要求各组举办创意座谈会，组长主持，收集整理事项，讨论每个事项是否符合通报要求。

步骤3 写作

每组选出2个事项，一个由组长执笔起草全文草稿，一个由全体成员一起起草提纲及全文草稿。

步骤4 教师讲评

任务5 请 示

知识概要

（一）概念

《条例》规定，请示"适用于向上级机关请求指示、批准"。请示属上行文。

（二）特点

1. 时间的超前性

凡需要上级指示、批准、帮助的，都应该是还没有实行的。不能边干边请示、先干后请示，这种"先斩后奏"做法是违反办事原则的。

2. 内容的单一性

请示必须"一事一请""一事一文"，不能一文写几件事情，更不能把不同类型的事情写在一篇请示里，否则，上级机关无法批复，使上下级工作都受到影响。

3. 行文的规定性

《条例》对请示的行文规则专门做了规定：请示"一般只写一个主送机关，需要同时送其他机关的，应当用抄送形式，但不得抄送其下级机关"，"'报告'中不得夹带请示事项"（上级部门对报告可以不作处理，报告中如果夹带请示事项，势必延误工作），"除上级机关负责人直接交办的事项外，不得以机关名义向上级机关负责人报送'请示'等。

4. 语言的祈请性

请示是请求上级给予指示或批准，行文要语气诚恳，带有祈请性，不能使用指示性的语言。

（三）分类

1. 事项性请示

这种请示是下级机关请求上级机关审核批准某项或者开展某项工作的请示，属于请求批准性的请示。这种请示多用于机构设置、审定编制、人事任免、重要决定、重大决策、大型项目安排等事项。这些事项按规定本级机关无权决定，必须请示上级机关批准。

2. 政策性请示

下级机关往往会在工作中碰到某一方针、政策等不明确、不理解的问题，或者碰到新问题和情况。要弄清楚和解决这些问题，可用请示行文，并提出解决的意见，请求上级机关给予明确的解释和指示。

文体示例

（一）事项性请示

要 领	范 文
标题：事由+文种 主送机关 正文 一、原由 二、事项 三、结语 公文生效标志 成文日期	关于解决救灾贷款规模和救灾资金的紧急请示 中国农业银行总行： 　　今年入汛以来，我省连续遭受大暴雨、飑线风、冰雹袭击，造成了严重的洪涝灾害。4月1日至6月27日，全省平均降雨量981毫米，有36个县（市）降雨量超过1000毫米，最高的达1736毫米。仅6月1日至27日，全省平均降雨量461毫米，比历年同期增加1倍，接近新中国成立以来雨量最多的1854年，部分地区超过1854年同期雨量的122毫米。这次降雨来势凶猛，突发性强，持续时间长，暴雨过程多，降雨集中且强度大，致使山洪暴发，江河水位多次猛涨，大幅度超过警戒水位。信江、乐安河、修河水位超过历史最高水平，其中袁河宜春站超过历史最高水位0.99米，赣州站水位也达新中国成立以来第二位。因长江洪水来得早、水位高，致使鄱阳湖水位已超过历史同期最高水位，许多地区多次受淹遭灾。 　　严重的洪涝灾害，给我省工农业生产和人民生命财产造成了巨大损失。据不完全统计，截至6月28日，全省有85个县（市）、1696个乡（镇）1519.13万人不同程度受灾；有29个县（市）城区进水受淹，2915个自然村、114.27万人被洪水围困；冲毁自然村22个、1184户；因灾死亡202人，伤4835人；受灾农作物面积103.58万公顷，成灾面积72万公顷，其中绝收面积32.65万公顷，毁坏农田41043公顷，倒塌房屋12.46万间，8.18万人无家可归；死亡大牲畜33万头；毁坏公路路基面3217.26千米，105、316、320、206、318、323等六条国道讯线路1091千米、广播线路1928千米；2.3万家企业（含乡镇企业）受灾，其中：4221家因灾停产，5167家部分停产。据初步统计，全省因灾直接经济损失97.33亿元。 　　近日，我行已尽最大努力紧急调剂3000万元贷款规模投入重灾区。由于信贷资金十分紧张，6月中旬，我省备付率仅5.54%，扣除"汇出汇款"须在人民银行存入保证金（特种存款）的因素，实际备付率仅5.02%。本月下旬归还总行借款0.3亿元，尚需清算占用农行资金0.84亿元，以及由于灾民一方面支取存款增多，另一方面农行发放救灾贷款，预计本月下旬将出现贷差0.6亿元，仅此三项6月下旬就要运用资金1.74亿元，月末备付率将继续下降。因此，救灾资金确实无力解决。 　　为了尽快支持灾区灾民和企业尽快恢复生产、生活，恳请总行解决我省年度救灾贷款规模6亿元、救灾资金3亿元，其中：银行救灾规模2亿元，信用社救灾规模4亿元。 　　专此请示，恳请批复。 　　　　　　　　　　　　　中国农业银行××省分行（印章） 　　　　　　　　　　　　　　　××××年×月×日

（二）政策性请示

要　领	范　文
标题：事由＋文种	<div align="center">关于交通肇事是否给予被害者家属抚恤问题的请示</div>
主送机关：上一级 正文： 一、原由 二、事项 三、结语	最高人民法院： 　　据我省××县人民法院请示，他们对交通肇事致被害人死亡，是否给予被害者家属抚恤的问题，有不同意见。一种意见认为，被害者是有劳动能力的人，并遗有家属要抚养的，就给予抚恤；被害者若是没有劳动能力的老人或儿童，就不给予抚恤。另一种意见认为，只要不是由被害者自己的过失所引起的死亡事故，不管被害者有无劳动能力，都应酌情给予抚恤。我们同意后一种意见，几年来实践经验证明，这样做有利于安抚死者家属。 　　妥否，请批复。
公文生效标志 成文日期	<div align="right">××省高级人民法院（印章） ××××年×月×日</div>

技法要领

（一）一文一事

一份请示只能写一件事，这是《条例》所规定的，也是实际工作的需要。如果一文多事，可能导致受文机关无法批复。

（二）单头请示

请示只能主送一个上级领导机关或者主管部门。如果需要，可以抄送有关机关。这就可以避免出现推诿、扯皮的现象。

（三）不越级请示

这一点，请示与其他行政公文是一样的。如果因特殊情况或紧急事项必须越级请示时，要同时抄送越过的直接上级机关。除个别领导直接交办的事项外，请示一般不直接送领导个人。

（四）不抄送下级

请示是上行公文，行文时不得同时抄送下级以免造成工作混乱，更不能要求下级机关执行上级机关未批准和批复的事项。

模式模板

（一）模式

1. 标题

请示标题一般要写明"发文机关+事由+文种"，发文机关有时可以省略，如前面提到的《关于解决救灾贷款规模和救灾资金的紧急请示》。写标题要注意，不能将"请示"写成"报告"或"请示报告"，原由中也不要重复出现"申请""请求"之类词语。

2. 主送机关

请示的主送机关只能写有直接隶属关系的一个上级机关，由主送机关负责答复。如果发文单位受双重领导，则用抄送的方式将请示件抄送一份给另一个上级机关。

3. 正文

请示的正文都要包括原由、事项和结语三部分。

（1）原由。请示的原由是请示事项和要求的理由及依据。要先把原由讲清楚，然后再写请示的事项和要求，这才能顺理成章。原由很重要，关系到事项是否成立，是否可行，当然关系到上级机关审批请示的态度。因此，原由常常十分完备，依据、情况、意义、作用等都要写上。

（2）事项。包括办法、措施、主张、看法等。请示的事项，要符合法规，符合实际，具有可行性和可操作性。因此，事项要写得具体、明白。如果请示的事项内容比较复杂，要分清主次，一条一条地写出来，条理要清楚，重点要突出。注意：事项简单的，往往和结语合为一句话。请示事项应该避免不明确、不具体的情况和把原由、事项混在一起的情况。否则，不得要领，不知要求解决什么问题。

（3）结语。请示的结语有"妥否，请批复""如无不妥，请批复"等。结语是请示必不可少的一项内容，不能遗漏，更不能含糊其辞。

4.署名和日期

署名和日期应写明成文时间并加盖机关公章。

（二）模板

提　纲	模　板
标题	关于＿＿＿＿＿＿＿＿＿＿的请示
主送机关 正文	＿＿＿＿＿＿＿： ＿＿＿＿＿＿＿＿＿＿＿＿＿＿＿＿＿＿＿＿＿＿

一、原由 二、事项	_____ _____ 为 _____ _____请示事项如下： 一、_____ _____ 二、_____ _____
三、结语	妥否，请批复。
公文生效标志 成文日期	发文机关署名（印章） ××××年×月×日

技能训练

（一）试指出下列公文格式的毛病

出国报告

××石油管理局秦国权局长：

为了加强对外技术交流与合作，经研究，我公司决定派×××同志赴×国×公司进行考察。妥否，请批准。

×××公司
二○一四年五月十日

（二）写作训练

步骤 1　请示事项讨论

每人提出一项企业部门或者基层单位需要写作请示的事项。教师启发事项，要密切结合市场经济和企业实际，对事务性工作进行选择。例如，讨论某项政策性文件/建造厂房/工作法推广/开展活动/开拓营销区域。

步骤 2　分组讨论、选优

举办创意座谈会，组长主持，收集整理事项，讨论每个事项是否符合请示要求。

步骤 3　写作练习

每组选出 2 个事项，一个组长执笔起草全文草稿，一个由全体成员一起起草全文草稿。

步骤 4　教师讲评

任务6 报 告

（一）概念

《条例》规定："报告适用于向上级机关汇报工作、反映情况，回复上级机关的询问。"

（二）特点

1. 行文的单向性

报告是一种下级机关向上级机关单向行文、不需要上级机关给予答复和反馈的公文。报告用于下情上传，为上级机关了解下情、决策和指导工作提供依据。报告中一般不对上级机关提出具体要求，更不能夹带请示事项。

2. 表达的陈述性

报告无论是汇报工作还是反映情况，均应以陈述事实为主，即把有关事实，包括取得的主要成绩、做法或经验、存在问题和今后打算等如实地报告给上级机关，使上级机关能根据报告情况作出判断。应将事实梳理归纳，分清主次，将主要的、重要的事实陈述清楚，可以按时间顺序、工作发展过程或逻辑关系分设几个小标题，有层次地概括叙述。报告的表达方式以叙述和说明为主。

（三）分类

报告种类较多。习惯上按内容划分，将报告分为工作报告、情况报告及答复报告。

1. 工作报告

用于下级机关向上级机关汇报某一阶段的正常工作。

2. 情况报告

用于向上级机关反映情况。情况报告及时把本地区、本单位发生的重大事件或者在一定范围内带有倾向性的情况向上级机关报告。

3. 答复报告

用于下级答复上级查询事项。

文体示例

（一）工作报告

要　　领	范　　文
标题：事由+文种 主送机关 正文 一、原由	关于加强农田水利基本建设议案的办理方案报告 广东省人大常委会： 　　省十届人大三次会议代表提出的《关于加强农田水利基本建设的议案》（第 0018、0019、0037、0038、0068、0070、0085、0154、0156、0195、0208、0234 号），交由省人民政府办理。2005 年 3 月下旬，省政府组织省农业厅、发展改革委、财政厅、国土资源厅、水利厅等有关单位，邀请省人大农村农业委员会参加，组成 4 个调研组，分赴广州、汕头、韶关、河源、梅州等 17 个地级以上市进行专题调研。在此基础上，省政府经过反复研究，广泛征求意见，提出了办理方案。现报告如下： 　　一、我省农田水利基本建设情况和存在的主要问题 　　广东地处热带、亚热带季风气候区，台风、暴雨洪涝、干旱等自然灾害频繁发生。近年来，随着气候变暖，全省干旱严重，甚至出现连续性和普遍性干旱。2004 年全省有 2/3 的地级市 83 个县出现了旱情，农业生产遭到严重影响。据统计，农作物受旱面积达 1000 多万亩，旱情严重的粤北、粤西、粤东地区受旱面积达 900 多万亩，直接经济损失近 40 亿元；晚造粮食作物受灾面积 713 万亩，其中成灾面积 325 万亩，绝收面积 48 万亩，损失粮食达 40 万吨。 　　广东耕地资源稀缺，"七山一水两分田"，人多地少。2004 年末全省耕地总资源为 4010 万亩，其中常用耕地面积 3161.7 万亩，比 2000 年减少 217 万亩，全省人均占有耕地面积 0.4 亩，不到全国人均耕地数量的一半，远低于联合国粮农组织划定的 0.8 亩的警戒线。据调查分析，目前全省土地可供开发整理补充耕地的总潜力为 329 万亩，其中土地整理潜力约 62 万亩，土地复垦潜力约 21 万亩，土地开发潜力约 246 万亩，土地后备资源十分有限。随着经济社会的发展和城市化进程加快，耕地面积逐步减少不可避免。 　　省委、省政府历来高度重视农田水利基本建设工作。20 世纪五六十年代重点进行江海堤围整治和修建山塘水库治旱，修建以灌溉为主的蓄水工程；20 世纪 70 年代以治水、改土、增肥为中心，实行山、水、田、林、路综合治理。十一届三中全会后，特别是近几年来，全省各地加大投入力度，大力开展农田水利基本建设。各地结合现代化农业示范区、农业综合开发、商品粮基地和改造中低产田等项目的实施，建设了一批高产稳产农田，增强农田抗灾能力和农业综合生产能力，提高了农作物产量和耕地复种指数，对保护和提高粮食生产能力，促进农业和农村经济发展，增加农民收入起到了重要的作用。据统计，2001—2004 年全省累计建设高产稳产农田 220 万亩，改造中低产田 142 万亩，新增旱涝保收面积 100 万亩，新增灌溉面积 220 万亩，改善灌溉面积 245 万亩，新增除涝面积 33 万亩。 　　我省农田水利基本建设虽然有一定发展，但仍不能适应新时期农村社会经济发展的需要，目前存在的主要问题有：

（续表）

要　领	范　文
二、事项	（一）对农田水利基本建设工作认识不足，资金投入少。（略） （二）农田水利基础设施老化失修，抗灾能力差。（略） （三）耕地质量下降，中低产田面积大。（略） （四）农田水利设施管理养护机制不健全。（略） 　　二、农田水利基本建设的目标和主要措施 　　根据省人大代表在议案中提出的要求和我省实际情况，省政府决定，从 2006 年起至 2010 年，在全省基本农田保护区内，整治 160 万亩未曾整治过的农田，建设小陂头 300 个。整治的农田以健全完善农田排灌系统为主，按照"因地制宜、分类指导、统一规划、突出重点、连片治理、讲求实效"的原则，把整治的农田建成"涝能排、旱能灌、渠相连"的旱涝保收农田，示范带动全省农田水利基本建设，促进粮食增产、农业增效、农民增收。主要措施是： 　　（一）提高认识，加强领导。（以下略） 　　（二）积极探索农田水利基本建设和管护方法。 　　各级政府要积极探索新形势下开展农田水利基本建设的新机制、新办法。（略） 　　本议案由省农业厅负责组织实施。 　　以上报告，请予审议。
附件	附件：加强农田水利基本建设议案实施计划一览表
公文生效标志 成文日期	广东省人民政府（印章） 20××年×月×日

（二）情况报告

要　领	范　文
标题：	<center>铁道部关于 193 次旅客快车发生重大颠覆事故的报告</center>
主送机关 正文： 一、原由 事故概况 二、事项 抢救工作	国务院： 　　5 月 28 日 16 时 05 分，由济南开往佳木斯的 193 次旅客快车行驶至沈山线锦州铁路局管辖内的兴隆店车站（距沈阳 43 千米）时，发生重大颠覆事故，造成 3 名旅客和 4 名列车乘务人员受伤，报废机车一台，客车四辆，导车一辆，损坏机车一台，客车五辆、货车一辆和部分线路、路岔等设备，沈山下行正线中断运输近 20 小时，直接经济损失达 170 余万元。 　　事故发生后，东北铁路办事处和锦州、沈阳铁路局负责同志立即随救援列车或救护车赶赴事故现场，组织抢救，抢修工作。当地驻军、地方党政领导同志和部分群众、学生也投入抢救工作。辽宁省、沈阳市的领导同志及沈阳军区、辽宁省军区有关负责同志先后赶到现场，组织抢救伤员，疏运旅客。我部李克非副部长率安监室和运输、机务、车辆、工务、电务、公安各局负责同志也于当日连夜赶赴现场，指挥抢修工作，调查分析事故原因，慰问伤员，并对省市党政领导和部队表示感谢。在省市领导和驻军的大力支持下，伤员的抢救和治疗工作安排得比较周密，受伤的旅客和列车乘务人员，除少数送入就近的新民县医院抢救外，其余的均由沈阳市和军队、铁路医疗部门派车接到沈阳，及时得到了抢救和治疗。

（续表）

要　领	范　文
事故原因 事故影响 事故教训 安全工作 事故处理	经调查分析，造成这次事故的直接原因，是锦州铁路局大虎山工段兴隆店养路工区工人在该处做无缝线路补修作业时，违反劳动纪律和操作规程，将起道机立放在钢轨内侧，擅离岗位，到附近的道口看守房去吃冰棍，当××次快车通过时，撞上起道机，引起列车脱轨颠覆事故。 　　这次事故是发生在旅客列车上的一次严重事故，又是发生在全国开展的安全月活动中，使国家和人民生命财产蒙受了巨大的损失，在政治上造成了极坏的影响，性质是非常严重的，我们的心情十分沉痛。这次事故的发生和最近一个时期安全工作不稳定的状况，说明了我们铁路基础工作薄弱，管理不善，思想政治工作不落实，反映了我们作风不扎实，对安全工作抓得不力，在安全生产中管理不严、职工纪律松弛的问题长期没有得到解决。 　　为使全路职工从这起严重事故中吸取教训，我们于5月31日召开了有各铁路局、铁路分局、全路各工务段负责同志参加的紧急电话会议，通报了这次事故，提出了搞好安全生产的紧急措施。要求铁路各部门、各单位必须把安全工作放在第一位，各级领导干部要树立安全第一的思想，并向全体职工进行安全教育，使每个职工都牢固地树立起对国家、对人民极端负责的观念，认真落实岗位责任制，严格遵守劳动纪律，一丝不苟地执行规章制度和操作规程；各单位要针对近年来新工人比重不断增加的情况，加强对新工人的教育和考核工作，各行车和涉及安全生产的主要工种不经考试合格不得单独作业，对各种行车设备要进行一次认真检查，发现问题立即解决；同时，各单位要切实解决职工生活中应该而且可以解决的问题，解除职工的"后顾之忧"；动员广大职工干部迅速行动起来，以这次事故为教训，采取措施，堵塞漏洞，保证行车安全。 　　我们在6月份开展的"人民铁路为人民"活动中，要把搞好安全生产作为重点，并在今后当作长期的根本任务来抓。党、政、工、团各部门要从不同的角度抓好安全工作，迅速改变目前安全生产不好的被动局面。 　　锦州铁路局对这次事故的主要责任者，已按照法律程序提出起诉，追究刑事责任；对与事故有关的分局、工务段领导也作为了严肃的、正确的处理。铁道部决定对锦州铁路局局长董庭恒同志和党委书记李克基同志给予行政记过处分。这次事故虽然发生在下边，但我们负有重要的领导责任，为接受教训，教育全路职工，恳请国务院给我们以处分。
公文生效标志 成文日期	铁道部（印章） 　　　　　　　　　　　　　　　　　××××年×月×日

（三）答复报告

要　领	范　文
标题：发文机关+ 事由+文种 主送机关 正文 一、原因 二、事 三、结语 公文生效标志 成文日期	关于我校工会干部有关待遇的报告 市总工会： 　　×年×月×日函悉。现将我校工会干部有关待遇报告如下： 　　一、我校基层工会主席由教师兼任，每年减免工作量 40 学时。 　　二、部门工会主席任职期间享受本单位行政副职待遇，由教师担任的每年减免工作量 30 学时。 　　三、校工会委员任职期间减免工作量 30 学时，部门工会委员每年减免工作量 15 学时。 　　专此报告。 　　　　　　　　　　　　　　　　　　××大学工会（印章） 　　　　　　　　　　　　　　　　　　××××年×月×日

技法要领

（一）立意要新

提炼主题，应该在占有大量材料的基础上进行分析研究，归纳出新颖的观点，从而形成主题。用敏锐的眼光，发现新的有价值的材料，从新的角度、新的立足点去分析取舍材料，这样才能提炼出立意新的主题，反映出本质的、带规律性的问题。

（二）内容要真

报告的内容必须是真实的、实事求是的，有喜报喜，有忧报忧，绝不能编造假情况，欺骗上级。所以，起草报告的人员，要深入调查研究，尽可能亲自调查了解，掌握第一手材料，然后进行分析归纳，去伪存真。材料中要有典型的具体事例。

（三）重点突出

报告的内容要根据主题的要求来安排，分清主次轻重：重点的、主要方面的内容要安排在前面详写，非重点的、次要方面的内容略写，可写可不写的内容就不写。

（四）不夹带请示事项

对于报告，受文单位不用答复，如果夹带请示事项，不便处理，甚至会贻误工作。《条例》明文规定报告"不得夹带请示事项"。需要上级机关解决一些问题，应该另处用"请示"行文，不能出现"请示报告"的文种。

模式模板

（一）模式

1. 标题

报告的标题与其他公文一样，也有两种形式：一种是由发文机关、事由和文种三部分组成；另一种是可省略发文机关，只有事由和文种两部分。

2. 主送机关

一般为直接上级机关或提出询问、要求答复的其他上级机关。

3. 正文

正文通常由三部分组成。

原由，又叫导语，是事项的依据，一般写得比较概括，但要把有关情况写清楚，说明报告的原因。导语提出观点，说明情况，摆明依据，为下文叙述报告事项设立前提，增强报告的说服力和逻辑力量。

事项。事项是主体，也是核心，是向上级机关报告的具体内容。要抓住主要内容，突出重点，有层次有条理地展开，用最准确、最简洁的语言，把报告的事项写出来。

结尾。根据报告的不同内容使用不同习惯用语。常用的有"特此报告""以上报告，请审阅"等。

4. 署名和日期

应写明成文时间并加盖机关公章。

（二）模板

1. 工作报告

提　纲	模　板
标题：事由＋文种 主送机关 正文 一、原由 二、事项 1.工作情况 2.存在问题 3.今后打算 公文生效标志 成文日期	关于＿＿＿＿＿报告 ＿＿＿＿＿＿＿： 现报告如下：＿＿＿＿＿＿＿＿ ＿＿＿＿＿＿＿＿＿＿＿＿＿＿ ＿＿＿＿＿＿＿＿＿＿＿＿＿＿ ＿＿＿＿＿＿＿＿＿＿＿＿＿＿ ＿＿＿＿＿＿＿＿＿＿＿＿＿＿ 　　　　　发文机关署名（印章） 　　　　　××××年×月×日

2. 情况报告

提　纲	模　板
标题：事由＋文种	关于_____报告
主送机关	_____：
正文 一、原由 二、事项 1.概述情况 2.分析评价 3.处理结果或意见	现报告如下：_____ _____ _____ _____ _____ _____
公文生效标 成文日期	发文机关署名（印章） ××××年×月×日

技能训练

（一）试指出下列公文格式存在的问题并予以修改

消防整改

××市消防总队防火部：

俗话说得好："安全责任重于泰山。"这句话充分说明了安全工作的重要性。水火无情人有情，我们必须抓住预防这一环节，认真履行我们消防工作者的职责，保护老百姓生命财产的安全。纵观古今中外，有多少财产被毁于一旦，不全都是因为火灾吗？教训是深刻的。因此，我们必须抓住当前，做好消防检查整改工作。

根据消防总队防火部监督检查通报，为做好这项工作，现开展自查整改工作。

一、认真自查

1.发现有一部分维修设备损坏。

2.进货销售记录内容不全，过于简单。

二、及时整改

根据自查情况我厂立即采取措施，认真开展整改工作：

1.在近期内将维修设备，按照有关标准进行整改保证不出现维修后灭火器出现质量问题。

2.健全进货检验记录和销售记录，保证不出售无任何证书、无检测报告、无中文标识的"三无产品"。

对于维修灭火器质量问题，我厂一定要常抓不懈，加强管理。对于各种问题一经发现，一定要及时消除，把好进货渠道，坚决不进不符合规定的消防产品。一定要加强对本身营销行为的约束，规范自身管理，确保产品质量。

对发现假冒伪劣或不合格的消防产品以及扰乱正常市场和秩序行为，一定要积极举报，逐步形成行业自我管理和自我调整的自律机制。

××市园鑫消防器材维修中心

徐剑飞

二〇一二年八月十三日

（二）根据下列材料写一份报告

2012年5月8日，广平市云城区国税局岱山分局祁门征收点发生一起恶性暴力抗税事件。该征收点负责人章云幸到祁门镇建权石材厂执行公务时，被该厂负责人余江野蛮、强行殴打致伤。

事件经过：

肇事人余江，今年初承租祁门建权石材厂经营石材生意，于3月1日正式投产，一直未纳税。3月底章云幸到该厂解释税法，通知余江抽空到主管税务机关办理纳税事宜，遭其拒绝；4月初，章云幸到该厂发出"定期定额通知书"，限期申报纳税，余江拒绝在"双定表"上签字。为严肃税收法纪，5月8日，章云幸再次到该厂催缴税款，余江大为恼火，恶语威胁，并大打出手，向章云幸鼻梁处猛击一拳。经云浮市人民医院X光照片显示，章云幸鼻梁内肌肉受损、积有瘀血，并出现严重头晕、胸痛等并发病症。

处理过程和结果：

事件发生后，岱山分局迅速向当地派出所报案，积极向各级领导和有关部门汇报情况。同时派出稽查人员跟踪调查肇事人以往纳税情况，经查实余江去年9—12月与人合伙租安塘镇一石材厂经营花岗岩板材，从未缴过税。在各级领导和有关部门的重视和支持下，经公安机关调查核实，认定肇事人余江纳税意识薄弱，不履行纳税义务，采用侮辱、漫骂、殴打的手段对待依法执行公务的税务人员，情节恶劣，其行为构成抗税罪，依法给予行政拘留。按照《中华人民共和国税收征收管理法》第六十七条规定，追缴余江应缴的全部税款9000元，并按所抗税款9000元的3倍处以罚款，计27000元。由余江负担章云幸全部医疗费用直至痊愈，并上门赔礼道歉。

为了做到下情上传，云城区圈税局决定向市国税局正式行文报告这一情况，请你代拟这份报告。

任务7 函

知识概要

（一）概念

《条例》规定：函"适用于不相隶属机关之间商洽工作、询问和答复问题、请求批准和答复审批事项"。

函属平行文种，主要用于平行机关之间或不相隶属的机关之间，特殊情况下也用于上下级之间对某些事务性的具体问题的联系，以及机关单位与个人的公务联系。

（二）特点

正因为函的应用范围比较广泛，加之行文比较自由、灵活，传递方便，因此使用频率很高。其特性如下。

1. 简便性

一事一函，把事情说清楚就行。

2. 灵活性

函比其他正式公文灵活。它可以按照公文格式拟写，按正式文种签发，也可以按普通信件拟写，有的函甚至可以不用标题。对组织、对个人、对上下左右都可以使用，写作内容也没有固定格式和限制。

（三）分类

依据不同的标准，可以将其划分为不同的类别。

1. 从函的形式上看，它可以分为公函和便函两类

尽管都可以用于处理公务，但公函属于正式公文，要用文头，写编号，严格按公文格式行文，还要立卷、存档；便函只是普通件，不用文头，也不编号，不需存档，使用较为方便。

2.从函的行文关系上看，它可分为来函与复函两类

来函又叫发函，是主动给其他机关去的函，用以交流信息、协商工作。复函，是被动地答复相应商请的函件。

3.从函的作用上分，它可分为四种

商洽函，用于互不隶属或平级机关之间商洽工作；询问函，向有关机关询问情况，提出问题，要求对方答复；答复函，针对询问答复问题；请批函，一般是就某一方面的业务向没有隶属关系的"主管"部门的行文，请求批准。

文体示例

（一）商洽函

要　领	范　文
标题	关于商请派车运送民工的函
主送机关 正文 一、原由 二、事项 三、结语	江苏省交通运输厅： 　　为做好今年的春运工作，及时运送在我省工作的外省民工回家过年，我们组织了民工运送专门车队，但由于我们运力不足，车辆不够，估计不能满足民工要求，特请贵省派出大型客车20辆，与我省组成运送民工车队，负责运送贵省在我省工作的民工。 　　妥否，请函复。
公文生效标志 成文日期	广东省交通运输厅（印章） ××××年××月×日

（二）请批函

要　领	范　文
标题	关于拟录用20××届大学毕业生的函
主送机关 正文 一、事项 二、结尾	省人力资源和社会保障厅： 　　根据中共××省委组织部、××省人力资源和社会保障厅《关于20××年省级机关录用应届大学优秀毕业生的通知》规定，我们对拟录用到我厅机关工作的大学毕业生按规定程序进行了统一考试、面试、体检、政审。经厅党组研究，拟录用大学毕业生24名。 　　现将有关录用审批材料报上，请审批。 　　附件：1.审批材料24份
公文生效标志 成文日期	××省国家安全厅（印章） ××××年×月×日

（三）答复函

要　领	范　文
标题	关于批准录用×××等 24 名同志为国家公务员的函
主送机关 正文 一、原由 二、事项 三、结尾	省国家安全厅： 　　你厅《关于拟录用 20××届大学毕业生的函》（×安政〔2005〕18 号）收悉。 　　根据中共××省委组织部、××省人力资源和社会保障厅《关于部分省级机关从 20××年应届高校毕业生中考试录用国家公务员和机关工作人员的通知》的规定，经考试、考核合格，批准录用×××等 24 名同志为国家公务员。 　　特此函复。 　　附件：1.录用人员名单
公文生效标志 成文日期	××省人力资源和社会保障厅（印章） ××××年×月×日

技法要领

（一）格式规范

公函是正式文件，必须严格遵守公文的格式要求，文头、发文字号、主送机关、标题、印章等成分必须齐备，不可遗漏。

（二）用语平和、诚恳

公函是平行文，一般适用于舒缓、谦和、互相尊重、平等协商的语气。对一些尚未确定的事，要多用商量的口吻，本着平等协商，以诚相待的态度。要注意语气平和有礼，不要倚势压人或强人所难，也不必逢迎恭维、曲意客套。

（三）行文简洁明确

发函要做到一文一事，事项简明扼要，便于对方尽快办理和答复。复函要有问而答，不能答非所问，不能绕弯子，不能含糊其辞，不必重复赘述。

（四）条理明晰

函一般篇幅比较短，但有些篇幅较长，这就要注意行文的条理，如果事项的条理不清，对方就不知所云，会影响办事的效率。

模式模板

（一）模式

1. 标题

正式公函的标题与其他公文文种标题格式相同，一般由发文机关、事由、文种三部分组成。由于函具有较大的灵活性，因而其标题可以作一些省略，主要有两种情况：一是省去事由，如《中华人民共和国司法部函》；二是省去发文机关名称，如《关于联合举办审判人员培训班的函》。若是去函，标题中只写函，如上述两种情况；若是复函，则写明复函，如《人事部关于同意与成都市人民政府共同组建中国成都人才市场的复函》。

2. 主送机关

具有专指性，应写明受文机关全称。本机关、本部门内部单位之间以函行文时，可以使用简称。

3. 正文

函的正文包括发文缘由、事项和结语三部分。

（1）原由。需写明为什么去函或复函的依据和理由。不同类型的公函的写法稍有不同，比如商洽性和询问性去函，应清楚地写明商洽的原委、询问的问题、告知的情况等，以便得到对方的支持、理解和回答；如果是复函，先要在开头写明"×年×月×日×× 来函收悉"，然后根据来函询问的问题和商洽的工作给予明确答复，以表示对来函方工作的支持和己方认真负责的态度。

（2）事项。事项即函所要商洽、询问、答复或请求批准的事项，这是正文的主体和核心部分。要做到一事一函、内容简单准确、用语妥帖得体。

（3）结语。公函的结语根据情况的不同有较大的差异，但都必须注意礼貌用语，摒弃不必要的客套。如果去函仅仅是为了告知对方机关某事，可以用"特发函告"；如果去函是要求对方回答的，可以用"请予函复""以上意见，请予函复""盼复""请即函复"等；如果是复函，可以用"此复""特此函复"；如果是请求批准函，结尾可写上"请批准""请予审批"（但不宜写"请予指示"），以表示对业务主管部门职权的尊重；若是批准函，其结尾应以"特此函复"为宜，以表示对对方的尊重。

4. 署名和日期

署名和日期应写明成文时间并加盖机关公章。

（二）模板

提　纲	模　板
标题 主送机关 正文 一、原由 二、事项 三、结语 公文生效标志 成文日期	关于＿＿＿＿＿＿＿＿＿＿的函 ＿＿＿＿＿＿： ＿＿＿＿＿＿＿＿＿＿＿＿＿＿＿＿＿＿＿ 以上意见，请予函复。 发文机关（印章） ××××年×月×日

技能训练

（一）比较下面同一内容的两封函，哪一封写得比较好？请简述理由

A式： 关于派人来校学习参观的复函

××××××学院：

贵院《关于……函》（××函〔20××〕×号）收悉。我院教育改革刚刚开始起步，加上生活条件差，故院长决定，目前对外一律不予接待，请勿前来。此复。

××××学院（印章）

20××年××月×日

B式： 关于派人来校学习参观的复函

××××××学院：

贵院《关于……函》（××函〔20××〕×号）收悉。我院教育改革工作还处于摸索阶段，目前尚缺乏经验。此外，我们这里交通、食宿都不便，故请贵院暂勿派人前来。待我们教育改革理顺关系、生活条件有所改善时，我们即与贵院联系，敬请谅解。谨此函复。

××××学院（印章）

20××年××月×日

（二）写作训练

长虹装潢公司为提高专业技术人员的业务水平和科研能力，决定选派王××、李×、章××三人去××职业技术学院进修装潢设计和计算机，员工进修费用由公司支付。请你代该公司向××职业技术学院写一份公函联系此事。

如果××职业技术学院同意接受员工进修，请你代拟一份复函，将开学时间，报到手续办理及进修费用支付办法一并告之。

229

任务8 纪 要

知识概要

（一）概念

《条例》规定：纪要"适用于记载会议情况和议定事项"。

"纪"是记载、记录之意，"纪要"也作"记要"。纪要是记载、传达会议情况和议定事项的公文。它通过记载会议的基本情况、会议成果、会议议定事项，综合概括反映会议精神，以便使与会者统一认识，会后作为全面如实地进行传达组织开展工作的依据。同时，"纪要"是可以多向行文，具有上报、下达以及同级单位进行交流的作用。

（二）特点

1. 纪实性与指导性

纪要根据会议记录作为原始材料整理而成，是对会议成果的如实记载，不能有所阐发或发挥，要全面、真实、准确地反映会议的主要精神和宗旨。纪要记载的会议精神或工作措施是有工作的导向性的，一经下发，便对有关单位和人员具有指导作用和约束力，起着类似于指示、决定或决议等指挥性公文的作用。

2. 概括性与简要性

纪要必须精其髓、概其要，以极为简洁精炼的文字高度概括会议的内容和结论。重点说明会议的主要参加者、基本议程、与会者有哪些主要观点、最后达成了什么共识、形成了什么决定或决议，就可以把会议的基本情况如实反映出来，不必像记流水账一样事无巨细一律照录。同时，会议纪要用墨省俭，表述简要，大多是通过摘要式将会议的主要内容、议定事项写出来。

3. 发布方式的独特性

纪要没有独立行文功能，它一般是形成其他执行性文件的原始文件，所以纪要不能像其他行政公文那样单独传送：往上传送时，要写上一个报送报告，把它作为附件，往下发送时，要有一发文通知，也把它作为附件。

4. 格式制作的特殊性

它一般只由标题和正文组成，没有文头和主送机关，不需标署名和日期，一般不写成文日期（如果有成文时间则写在标题下方），无须加盖印章。

文体示例

要　领	范　文
标题：会议名称+文种 开头：会议概况 主体：议定事项	防 汛 抗 灾 部 署 工 作 会 议 纪 要 （20××年6月19日）　　为了做好近期全省防汛抗灾工作，今天上午在省政府办公楼会议室，由省长主持召开会议，听取了省水利厅厅长、省防汛抗旱指挥部副指挥关于我省近期防汛抗灾情况的汇报，对下一步防汛抗灾工作进行了认真研究部署。 　　会议指出，当前我省防汛形势十分严峻，我省部分地区连降暴雨，发生了较大的山洪灾害，已经造成了人员伤亡和一定的财产损失。目前，在我省山区、半山区、丘陵地区发生暴雨的主要特点是突发性强、历时短、雨量强度大、成灾快，预测、预报和预防难度大，极易造成人员伤亡和财产损失，必须引起高度重视。 　　会议强调，各级政府和有关部门要高度重视防汛工作，确保大江大河、大型和重点中型水库不溃堤、不垮坝，确保大中城市和重要设施的防洪安全，中小河流和一般中小型水库设防标准内洪水不溃堤、不垮坝。当前，特别要防御局地暴雨造成的山洪、泥石流灾害，做到及时预报、快速反应、组织得力、救助有效，尽全力避免人员伤亡，把灾害造成的损失降低到最低程度。 　　会议议定事项如下： 　　一、实行严格的防汛抗灾工作责任制。要进一步落实防汛工作地方行政首长负责制，制定和完善防山洪灾害应急预案，并组织群众进行避险演练。各级政府及防汛指挥部和所有成员单位，必须安排领导带班和专人值班值宿，坚持24小时值班制度，不允许领导干部和工作人员脱岗离岗，对所有失职渎职者都要依法依纪追究责任。要密切监视雨情、汛情和灾情，主要领导上岗到位，确保联络畅通，一旦发生险情，要立即组织抢险救灾，并做好群众安全转移工作。同时，要加强灾情统计上报工作，一旦发生险情和灾情，要立即向上级政府和防汛指挥部报告，对不报、漏报和迟报的要追究主要领导和有关责任人的责任。 　　二、各级财政部门要加大防汛资金的投入力度。当前要重点保障雨情、水情预测预报和信息传输设备方面的资金需要，保证抗洪抢险物资的有效贮备和抢险队伍的经费需要。省财政预先拨付1800万元用于防汛，市、县级财政也要根据实际情况，加大对防汛资金的投入。 　　三、进一步加强防汛抗灾知识的宣传。宣传部门要制作各类宣传品，用多种方式大力宣传和普及防汛抢险救灾和自救知识，增强群众防灾避险意识，提高自救、自保和逃生能力。广大民众要关注每天的气象预报，尽量避免在低洼地带、河套地区和行洪地段进行活动。 　　四、要确保汛期中小学生的生命安全。省教育厅已派出检查组赴各地进行大检查，检查工作要抓实抓细，对检查中发现的问题要及时整改，检查后如再发生问题，要追究当地政府和检查组的责任。要严禁学生在D类危房上课，B、C类危房要及时加固维修，消除安全隐患。低洼地带、水库下游、河流附近的学校，要制定防汛应急预案，加强对师生自救、自保和逃生能力的知识教育和培训，并进行实战演练。降雨特别集中的时候，可以采取停课、提前放假等方式，防止出现意外。

（续表）

要　领	范　文
	五、切实做好重大洪灾的预测、预报、预防工作。各地、各部门一定要加强预测预报，确保雨情汛情及时报告和信息畅通。易受山洪灾害的村屯，要安排专人监测雨情汛情，实行领导值班，各村屯要架设广播喇叭，以便险情发生时及时通知群众尽快转移。抓紧制定和落实完善所有村屯的救灾避险预案，搞好演练，落实避险措施。由于山地、丘陵区暴雨具有突发性，山区、半山区、中小河流沿岸、水库下游地区，居民家中、公共场所、有关单位都要备好临时救生器具，以防人员伤亡。

技法要领

（一）如实反映情况

会议纪要必须真实、准确、全面地反映会议情况和会议精神，对与会人发言的提炼、概括，一定要符合原意；会上没有讨论的事项，不能写入纪要中去。

（二）突出会议中心

会议纪要必须体现会议的意图和目的，自始至终紧扣会议中心。为此，要全面掌握会议情况，广泛搜集与会议有关的文件、材料、记录、简报，围绕中心进行分类、筛选，以完整地体现会议精神。凡无助于体现会议精神的材料，即使很生动，也不要写进纪要中去。

（三）善于归纳提炼

对会上发表的各种不同意见，要进行认真分析，注意按会议确定的主旨选择有代表性的意见归纳整理，集中多数人的意见，形成会议决议。除讨论会议纪要外，分歧性的意见不宜写进纪要。

（四）篇幅力求简短

会议纪要由于内容多，掌握不好容易拉长篇幅。因此，其文字应简明扼要，行文应有议有叙，叙述中可以适当引用与会人的典型发言，以增强真实性、生动性。

（五）注意会议纪要与会议记录的区别

会议纪要与会议记录，二者都是会议的产物，记载会议情况和议定事项，具有很强的纪实性。两者区别主要在于：

（1）文体性质的不同。会议记录是机关内部记录发言的事务性原始文字资料，只是作为资料凭证保存，不是正式文件，也不外发；会议纪要则是对会议记录加工整理，择要撰写的正式公文，外发后对有关部门具有约束力。

（2）内容的不同。会议记录是发言的原始记录，全面、客观、真实；会议纪要则是对会议记录的综合归纳，更为理论化和条理化。

（3）形式的不同。会议记录没有统一的格式，且正式会议必有；会议纪要作为正式公文则有固定的格式，且并非每次会议必有，只有当会议结果需正式行文外发时才撰写制作。

（4）保存发布方式的不同。会议记录仅作为内部资料保存，不予发布；会议纪要则按公文程序发文，按公文处理办法保存。

模式模板

（一）模式

1. 标题

常见三种：一是会议名称（全称或简称，或以开会地点作为会议名称）加上"纪要"二字，如《局长办公会议纪要》；二是在前一种标题的基础上，加上主持会议或转发会议纪要的领导机关的名称，如《卫生部关于全国地方病防治工作会议纪要》；三是双标题，正标题揭示会议主题，副标题写明什么会议纪要，如《为行业立标准，为公众谋利益——中国独立审计准则制定工作座谈会纪要》。

2. 正文

会议纪要的正文通常由开头、主体和结尾三部分组成。

（1）开头。概述会议的基本情况。它的内容包括会议的名称、目的、内容、时间、地点、召集单位、参会单位、规模、参加人员、主要议题和会议成果等，其中时间、地点、主持人和会议主题四者不可缺少，其他可视具体写作情况而定。

（2）主体。主体部分是会议纪要的核心部分，会议的主要精神、议定的事项、讨论意见、布置的工作和提出的要求、主要观点及争鸣情况等等，都在这一部分予以表达。主体的写法一般有三种：

①条项式。大中型会议或议题较多的会议纪要，一般要把会议讨论和决定的事项分条分项、依主次轻重有序地写出。这种纪要一般用于需要基层全面领会、深入贯彻的会议。

②综合式。把会议的基本情况，讨论研究的主要问题，与会人员的认识、议定的有关事项等综合概括，进行整体的阐述和说明。往往不加小标题，篇幅短小，扼要反映会议精神，适

用于小型会议或内容单一的会议。

③摘要式。把会上具有典型性、代表性的发言加以整理，提炼出内容要点和精神实质，按照发言顺序或内容性质，分别加以阐述说明。这种写法比较客观、具体地反映会议讨论的情况和每个发言者的意见，以此体现会议的主要精神和基本内容，适用于小型座谈会、研讨会。

（3）结尾。结尾一般提出希望、号召，要求有关单位认真贯彻会议精神，努力完成会上提出的任务。但是在实际运用中，多数会议纪要不设置含有上述内容的结尾，也没有专门结尾的用语。

（二）模板

提　纲	模　板
标题：会议名称+文种	＿＿＿＿＿＿＿＿＿＿＿＿会议纪要 （成文日期）
开头：会议概况	＿＿＿＿＿＿＿＿＿＿＿＿＿＿＿＿＿＿＿＿＿＿＿＿ ＿＿＿＿＿＿＿＿＿＿＿＿＿＿＿＿＿＿。
主体：议定事项	＿＿＿＿＿＿＿＿＿＿＿＿＿＿＿＿＿＿＿＿＿＿＿＿ ＿＿＿＿＿＿＿＿＿＿＿＿＿。
结尾：提出希望、号召	＿＿＿＿＿＿＿＿＿＿＿＿＿＿＿＿＿＿＿＿＿＿＿＿ ＿＿＿＿＿＿＿＿＿＿＿。

技能训练

下面是一篇格式完整、规范的会议记录，请你以会议主办单位的名义，将其整理成一篇会议纪要

××学院第×次办公会议记录

时间：××××年×月×日上午×时

地点：第一会议室

出席人：罗××（院长）、吴××（总务处长）、黄××（院长办公室主任）、谢××（院长办公室秘书）及各系各部门主要负责人

缺席人：朱××、王××（到省开会）

主持人：罗××院长

记录：谢××（院长办公室秘书）

（一）报告

1. 吴××报告院基本建设进展情况。（略）

2. 主持人传达省人民政府《关于压缩行政经费的通知》。（略）

（二）讨论

我院如何按照省人民政府的《通知》精神抓好行政费用的合理开支，切实做到既勤俭节约，又不影响正常教学。

（三）决议

1. 利用两个半天时间（具体时间各系各单位自己安排，但必须安排在本周内）组织有关人员集中转达学习《通知》精神，提高认识，统一思想。

2. 各系各单位负责人在认真学习的基础上利用下周政治学习时间向群众传达宣传。

3. 各系各单位责成有关人员根据通知的指示精神，重新审查和修订本年度行政经费开支预算，并于两周内报院长办公室。

4. 各系各单位必须严格控制派出参加校外会议及外出学习的人数。财务部门要严格把关控制经费开支。

5. 利用学习和贯彻《通知》精神的机会，对全院师生员工普遍开展一次勤俭节约、艰苦朴素的传统教育。

主持人（签名）

记录员（签名）

项目二 事务文书类写作

任务1 条 据

知识概要

（一）概念

"条"即便条，"据"即单据，条据是人们在日常工作、学习、生活中，彼此之间为处理财物或事务往来，写给对方的作为某种凭证的或有所说明的字条。

（二）条据的特点

1. 凭证性。
2. 说明性。
3. 简便性。

（三）条据的种类和作用

1. 说明性条据

一方向另一方提出要求，交代事情或个人向单位请假时，所写的简单书信，叫做说明性条据。如便条、留言条、请假条等。请假条是学生对校方、职工对公司领导请假时使用；留言条、托事条一般在私人交往中使用。这三种条据均不能用于机关团体之间的事务性联系。

请假条说明请假原因、情况，可留作文字依据；因对方不在场，又无法联系，可用文字留下须交代的或对方须知的事情，以便办理。

236

2. 凭证性条据

借钱还物、收受物品时，用书面文字写出依据，表示借、欠、还、领等既成事实，是财物往来的一种凭证。如借条、欠条、收条、领条等。

3. 条据作用

凭证性条据用于日常生活的方方面面，对钱款或物品的借、收、欠、领，起到依据、凭证作用。私人之间可以使用，单位内部或单位之间也可以使用。

技法要领

（一）说明性条据

1. 请假条使用的致敬语是固定的，即"此致""敬礼"或单用"敬礼"，不宜使用其他致敬语。如果是病假，最好附上医生的诊断证明作为依据。

2. 留言条不使用致敬语，托事条虽然没有使用致敬词，但在正文中使用"您好""谢谢"之类的表敬语。落款处，留言条使用的时间较短，一般不写年份，而写月、日及具体的钟点，例如"6月15日晚8点"；请假条、托事条都写年份。

3. 书写清晰工整，语言简明确切，以免由于书写潦草、表述不清或指代不明，引起对方误解，延误事情。

（二）凭证性条据

1. 凭证性条据涉及的财物数额要写清楚，数字要大写，即：零、壹、贰、叁、肆、伍、陆、柒、捌、玖、拾、佰、仟、万、亿，后面要写明计量单位，数字前不留空格。如果是钱币，还应写上币种名称；如果金额末位数不是"分"的话，则应在金额末尾数后加"整"字，以防恶意添加或篡改。

2. 要用不易变色的黑或蓝黑墨水书写，不要用铅笔、圆珠笔、易褪色的墨水或红色墨水书写。字迹应该工整、清楚，不要用草书，以免误认。

3. 内容不可涂改，文面保持整洁。如确实需要改动内容，改动处必须加盖印章，若能另写一张更好。

4. 要避免使用易产生歧义的字词，以免造成纠纷。

5. "借条"与"欠条"是有区别的。借条是向单位或个人借款借物，写给对方的凭据；欠条是向单位或个人借款借物，归还了一部分，还有一部分未归还，对未归还部分，写下的凭据。借条证明借款物的关系，欠条证明欠款物的关系。借款物肯定是欠款物，但欠款物则不一定是借款物。

◎**特别提醒：**

欠条，是当事人双方在经济往来中，以某种经济结算的方式产生的一种债务关系。比如买卖、损害赔偿、劳务等形成的欠款，欠款人向债权人出具的一种结算事实。依据法律规定欠条的法定诉讼时效期限是 2 年。已注明履行清偿欠款日期的欠条，诉讼时效期限从注明清偿欠款日期的当日起算。对没有注明履行清偿欠款日期的欠条，诉讼时效期限从欠款人出具欠条的第二日起算。

借条，是证明借贷合同关系，是出借人向借款人交付借款时，借款人向出借人出具的一种借贷事实的依据。法律规定借条的诉讼时效期限是 2 年，从借条上注明的还款日期的当日起算。超过 2 年出借人未向人民法院主张权利的，人民法院将不再保护。对没有注明还款日期的借条，出借人可以随时向借款人要求还款。但是，如果出借人在借款人出具借条后的 20 年内没有主张权利的诉讼时效，不再起算。

欠条与借条时效性的区别：没有注明清偿债务期限的借条的诉讼时效期限是 20 年。但对没有注明清偿债务期限的欠条的诉讼时效期限只有 2 年。另外，法律对已经注明清偿债务期限的借条和欠条的诉讼时效期限的规定都是一样的 2 年。

所以，欠条与借条的时效性有很大的不同，如果没有约定履行期限的，欠条的时效性只有 2 年，而借条的时效性长达 20 年，建议在一般的借款中，最好由出借人写借条。

文体示例

（一）说明性条据

1. 请假条

要 领	范 文
标题	请假条
称谓 正文：原因、请假天数、祈请语	李老师： 　我今天早晨长跑拉伤肌肉，经校医治疗，需在宿舍休息，特此请假 1 天。请批准为盼。 　此致
致敬语	敬礼！ 　附：校医诊断证明 1 份
落款（署名和日期）	学生 孙强 2016 年 3 月 8 日

2. 留言条

要　领	范　文
标题 称谓 正文：原因、交代的事情 落款（署名和日期）	留言条 柳老师： 　　请您到会议接待中心办理完手续后，到楼下的饭厅吃晚饭，我们在那里等您。 　　　　　　　　　　　　　　　　　李晓江 　　　　　　　　　　　　　　8 月 15 日晚 7 点

3. 托事条

要　领	范　文
标题（可省） 称谓 正文：原因、交代的事情 落款（署名和日期）	托事条 许秘书： 　　您好！ 　　请为我购买明天开往上海的 G×× 次一等座车票 1 张，如明天的车票买不到，可买后天的。谢谢！ 　　（回来后，如我不在办公室，可打我手机：136×××××××） 　　　　　　　　　　　　　　　　李辉托付 　　　　　　　　　　　　　　2015 年 7 月 3 日

（二）凭证性条据

1. 借条

要　领	范　文
标题 正文：被借一方单位或个人姓名 落款（署名和日期）	借　条 今借到王伟人民币贰万陆仟元整，半年内如数还清。 　此据。 　　　　　　　　　　　　　　经手人：李伟明 　　　　　　　　　　　　　　2015 年 6 月 16 日

2. 收条

要　领	范　文
标题 正文：送来钱物的单位名称或个人姓名 落款（署名和日期）	收　条 今收到联想电脑公司赞助的 ××× 电脑贰台、人民币壹拾万元整。 　此据。 　　　　　　　　　　　　　　经手人：刘淑萍 　　　　　　　　　　　　　　2015 年 6 月 23 日

3. 欠条

要　领	范　文
标题 正文：被拖欠一方个人姓名或单位，钱物的金额或数量及归还期限 落款（署名和日期）	**欠　条** 今欠吴一鸣人民币贰万陆仟元整，半年内如数还清。 此据。 经手人：张伟明 2015 年 7 月 3 日

4. 领条

要　领	范　文
标题 正文：被领单位名称，钱款金额，物品数量 落款（署名和日期）	**领　条** 今领到保卫处发的办公桌叁张、暖壶壹拾贰把。 此据。 经手人：刘天 2015 年 7 月 3 日

模式模板

（一）模式

1. 说明性条据

（1）标题：标题要居中，要清楚醒目。请假条一般都有标题，留言条、便条一般省略标题。

（2）称谓：另起一行顶格写，后加冒号。条据一般是在熟人之间使用，称呼一般可以用简称，如张老师、小王等。一般写出姓氏加职务名称，例如"李老师""赵经理"等。

（3）正文：另起一行空两格，一般要写清原因、时间、具体事情或有关要求等。请假条要写明请假起止时间，还要写出"请您批准"之类的祈请语。

（4）致敬词：最常用的有"此致""敬礼""谢谢"等。"此致""敬礼"写在正文之下。"此致"空两格，"敬礼"另起一行，顶格写。

（5）落款：署名和日期，写在致敬词下一行。请假条中的请假时间是指当前写请假条的时间。

2. 凭证性条据

（1）标题：标题要居中，要写明条据种类的名称，如"借条""收条""欠条""领条"或写"今借到""今收到""今欠""今领到"等。条据不写称谓，直接写正文。

（2）正文：另起一行空两格，一般要写明立字据的事由或事实，具体钱款、物品的名称、数量，如果是借条或欠条，还应写上还款日期、还款方式、利息支付等其他事项；如果是代收条，可由代收人接收对方的钱物后，代替当事人写一个收条，写明代收情况，交与当事人的时限等。

正文结束，还应写上"**此据**"两字收束，可紧接在正文后面写，也可另起一行空两可格写。

（3）落款：署名和日期，正文的右下方署立字据人的姓名，在署名时，应在姓名前写上"借款人""欠款人""收款人""领取人"或"经手人"等名称。如果要写上单位名称，应加盖公章。署名下行写具体的日期。

（二）模板

1. 说明性条据

提　纲	模　板
标题：条据类别 称谓：姓氏＋职务名称 正文：原因、时间、事项、要求	＿＿＿＿＿＿条 ×××： 　　＿＿＿＿＿＿＿＿＿＿＿＿＿＿＿＿ ＿＿＿＿＿＿＿＿＿＿＿＿＿＿＿＿＿＿＿ ＿＿＿＿＿＿＿＿＿＿＿＿＿＿＿＿＿＿＿ ＿＿＿＿＿＿＿＿＿＿＿。
致敬词	此致 敬礼！
落款（署名和日期）	××× 　　　　　　　　　　×××× 年×月×日

2. 凭证性条据

提　纲	模　板
标题：条据类别	＿＿＿＿＿＿条
正文：事由或事实，具体钱款、物品的名称、数量	今＿＿＿＿＿＿＿＿＿＿＿＿＿＿＿＿＿ ＿＿＿＿＿＿＿＿＿＿＿＿＿＿＿＿＿＿＿＿ ＿＿＿＿＿＿＿＿＿＿＿＿＿＿＿。
收束语	此据。
落款（署名和日期）	经手人：××× 　　　　　　　　　××××年×月×日

技能训练

（一）将右侧病文修改后，按正确格式，写在左框中

	代 收 条
	今天，代收到张维同学家长送来的棉衣一件，等他实习回来后交给本人。
	代收人：宿管老师李红
	2015 年 11 月 19 日

（二）写作训练

1. 张兰同学因患流行性病毒感冒，不能到校上课，医院开了病假证明。请你以张兰的名义给李老师写一个请假条，请假日期是 6 月 23 日至 24 日。

2. 学校办公室主任安排王红一项外出调研任务。为顺利完成任务，王红于 5 月 26 日向办公室借用录像机一台，借款 2700 元，约定 6 天后归还。6 天后，王红还回了录像机和未使用的 416 元钱。又过了两天，王红到财务处报销后到办公室还回了全部余款。在这个过程中，王红应做些什么？请写出相对应的条据。

任务 2　启　事

知识概要

（一）启事的概念

启事是机关、企事业单位、团体或个人，需要向公众说明或希望公众协助办理的一种公开文告。它一般张贴在公共场所或刊登在报刊上。

（二）启事的种类

启事的种类较多，常用的主要有以下三大类。

1. 寻领类启事，如寻人启事、寻物启事、招领启事等。

2. 告知类启事，如迁移启事、更名启事、开业启事等。

3. 征招类启事，如招生启事、招聘启事、征文启事、征婚启事等。

（三）启事的特点

1. 知照性

启事是向大众告知事宜，它只具有知照性，不具备强制性和约束力，启事的对象可以参与启事中所要求的事，也可以不参与。

2. 简明性

启事要求表达简洁明了，既为了方便读者对启事的内容一目了然，也节约篇幅，力求用最少的文字达到最好的告启效果。

文体示例

（一）寻领类启事

要　领	范　文
标题： 正文： 一、原因 二、事项 三、联系方式 落款（署名和日期）	寻物启事 　　本人不慎于×月×日上午×时左右在××公司大门附近丢失一个红色手提包，内有发票、存折及700多元人民币，有拾获者请与××公司财务科张小姐联系。必有重谢。 　　联系电话：83055642 启事人：××× ××××年×月×日

（二）告知类启事

要　领	范　文
标题： 正文： 一、原因 二、事项 落款（署名和日期）	开业启事 　　本商店装修工程已告完工，定于×月×日正式营业，经营×××。欢迎广大顾客前来选购。 ×××商店 ××××年×月×日

（三）征招类启事

要　领	范　文
标题： 正文： 一、原因 二、事项 三、联系方式 落款（署名和日期）	招聘启事 　　××有限公司（台商独资）随着公司业务的不断扩大，经市人才交流服务中心批准，现诚聘销售人员6名，具体条件如下： 　　1. 应聘条件：女性，具有本市户口，高中以上学历，年龄20岁以上，身高1.65米左右，相貌气质佳，口头表达能力强。 　　2. 本公司对受聘人员试用3个月，正式聘任后工资待遇从优。 　　3. 招聘方法：应聘人员持个人简历、彩色免冠近照（大一寸）3张、学历证书到本公司人力资源部报名。 　　面试时间：×年×月×日 　　　　　　　上午：8:30 — 11:30 　　　　　　　下午：2:00 — 5:00 　　联系人：×××　　　　　电话：××××××× 　　　　　　　　　××有限公司 　　　　　　　　　××××年×月×日

技法要领

（一）事项完备，条例清楚

各类启事基本上都应条例分明地告知有关事项的时间、地点、人物、原因、结果、请求事项、联系地址、联系方式等，如有附带的经济报酬，也应写明具体的数额，使所有的告知内容一次性表达完毕，以保证启事效力。

（二）语言精炼，篇幅短小

在事项完备、条例清楚的前提下，要注意言简意赅，短小精悍。

模式模板

（一）模式

启事一般包括标题、正文、署名和日期三个部分。

1. 标题

启事的标题有三种形式：

（1）事由+文种。这是最常见的启事标题，如"招聘启事""更名启事"。

（2）名称+事由+文种。如《人民文学》征稿启事。

（3）只标明文种，如"启事"。

一般说来，为了使启事一目了然，标题不提倡单用文种"启事"二字。

2. 正文

不同的告启事项，其正文的内容也会有不同，但一般来说应包含三个方面：

（1）启事的原因。以简明的文字在开头部分交代发布启事的原因。

（2）启事的事项。这是启事的核心部分。应具体陈述启事发布者所提请公众注意和参与的具体内容和实际方式。写作时，应尽量从公众的角度考虑，使他们既能获取自己所需的信息，又便于操作。因此，应该交代全面，措辞准确。

（3）联系方式。写明单位地址、联系人、联系电话，有些还要注明有效时间等。

3. 署名和日期

落款要写明启事者的姓名和日期。如果启事者是单位，要加盖公章。

（二）模板

提　纲	模　板
标题：事由+文种	＿＿＿＿＿＿＿＿＿＿＿＿启事
正文： 1.原因	＿＿＿＿＿＿＿＿＿＿＿＿＿＿＿＿＿＿＿＿ ＿＿＿＿＿＿＿＿＿＿＿＿＿＿＿＿＿＿＿＿ ＿＿＿＿＿＿＿＿＿＿＿＿＿＿＿＿＿＿＿＿
2.事项	＿＿＿＿＿＿＿＿＿＿＿＿＿＿＿＿＿＿＿＿ ＿＿＿＿＿＿＿＿＿＿＿＿＿＿＿＿＿＿＿＿ ＿＿＿＿＿＿＿＿＿＿＿＿＿＿＿＿＿＿＿＿
3.联系方式	联系人（单位）：×××　　　联系电话：××××××××
落款（署名和日期）	×××××× ××××年×月×日

技能训练

（一）下面是一则刊登在某刊物 1988 年第 12 期"鹊桥"专栏内的征婚启事，请修改

集体征婚启事

我们是江苏无锡文林镇，近年来生活丰裕，可是由于男女比例失调，许多青年未能成婚，他们大都在 30 左右，有才有艺的好小伙子。希望寻年龄在 25 岁左右，身高在 1.55 米以上，无病残，勤劳朴实，有家庭观念的女同志为伴，地区不限。有意者请附近照，寄江苏无锡南门外陈建平收转。此致敬礼。

（二）写作训练

图书馆三楼第五阅览室 5 月 9 日晚上 9 点闭馆时，旅游系的王小红同学发现邻座椅子上有一只黑色女式小包，就转交给了管理员张维娟老师。经王小红回忆，坐在这一位置上女同学个子不高，可能是机械系或模具系学生。经查看，小包上有一周杰伦的照片挂件，内有人民币 139.3 元，还有一支黑色的圆珠笔。第二天，张维娟老师将小包交给了馆长，馆长又交给了位于 302 室的图书馆办公室。请以图书馆办公室的名义写一则招领启事。

任务 3　申 请 书

知识概要

（一）申请书的概念及作用

申请书是个人或集体向组织、机关、企事业单位或社会团体表述愿望、提出请求时使用的一种专用书信。

申请书是向上级机关和领导反映情况、解决工作中存在问题的有效手段，是沟通、协调关系，提高工作效率的好方法。申请书把个人或单位的愿望、要求向组织或上级领导表达出来，加深了组织和领导对自己或下级的了解，争取了组织和领导的帮助与批准，加强了上下级之间、集体与个人之间的关系，对促进社会主义物质文明和精神文明的建设具有很大的作用，是一种用途极为广泛的实用文体。

（二）申请书的特点

1. 单一性

申请书是一种专用书信，要求一事一议。主题要明确，内容要单纯，即一份申请书只提出一个请求即可。

2. 请求性

申请书是为做好某项工作，解决某个问题或某方面的困难而提出的申请。因此，申请书的语言必须符合请求的特性，语气谦逊平和，语言简洁明了，申述自己的理由、表明自己的态度要诚恳、有分寸。

3. 规范性

作为专用书信，申请书必须按照书信的格式来行文，符合书信格式的基本规范。

（三）申请书的类型

申请书的种类很多，从用途上来看，主要有以下几种。

1. 思想政治生活方面的申请

这种政治申请一般是指个人为提高思想、发展事业、搞好专业工作，请求加入某些进步的党派组织、群众团体或学术机构等。如申请加入中国共产党、加入某学科学术研究机构、加入工会、参军等。

2. 工作学习方面的申请

这是下级在工作、生活等方面对上级有所请求时，或个人在工作、学业上希望有更好的发展与提高时，所递交的申请。如物资、设备需求的申请书，入学申请书，带职进修申请书，出国留学申请书，调动申请书等。

3. 日常生活方面的申请

这是个人在日常生活中，遇到某些问题或困难时，需要个人申请才可以被组织、集体、单位考虑、照顾或着手给予解决而写的申请书。如申请福利性住房、个人申请开业或困难补助申请等。

文体示例

要　领	范　文
标题： 称谓： 正文： 1.申请事项 2.申请理由 3.申请态度 结语 落款（署名和日期）	入会申请书 ×××学院计算机协会： 　　我是×××职业技术学院经济管理系的一名计算机爱好者，愿意加入贵会，成为一名会员。 　　贵会是我院一批爱好计算机文化及计算机基础的同学共同发起的社团组织。自成立以来，计算机协会始终本着"推广计算机知识，培养计算机人才，锻炼动手能力，弘扬开拓精神"的办会宗旨，以培养新世纪人才为己任，培养高水平管理计算机人才为目的，把初学计算机的爱好者带入广阔的计算机天地，为众多的计算机爱好者提供了一个良好的学习和锻炼的环境。 　　计算机协会有着良好的学习环境，有着出色的管理，是个积极向上、充满活力的团体组织。我愿意加入协会，遵守协会的规章制度，在不断提高自身计算机应用能力的同时，完成协会交给的各项任务。 　　请接受我的申请。 　　　　　　　　　　　　　　　　　申请人：××× 　　　　　　　　　　　　　　　×××× 年×月×日

技法要领

（1）阐明申请事项和理由必须真实客观，不可夸大，否则容易适得其反。

（2）申请书行文要自然流畅、语言简练。

（3）申请书应一事一书，切忌一书数事。

模式模板

（一）模式

申请书的结构由标题、称谓、正文、结语、落款（署名和日期）五部分构成。

1. 标题

申请书的标题有两种形式：一种是直接用文种"申请书"作标题；另一种是申请事项加文种构成，如"入团申请书"等。标题的字体可以稍大，也可与正文一样。

2. 称谓

称谓即在标题下另起行，顶格加冒号写明接受申请书的组织、机关、团体的名称或有关负责同志的姓名。如"××团支部："、"系总支领导同志："等。

3. 正文

正文包括以下 3 项内容：

（1）申请事项。开篇就要写清向领导、组织提出申请什么，要开门见山，直截了当。

（2）申请理由。为什么申请，也就是说明申请书依据和理由，突出主要理由，条件要充分。

（3）申请态度。最后进一步向接受者表明自己的诚恳希望和要求，或表明自己的态度。

4. 结语

另起一行空两格。申请书可以有结语，也可以没有。结语一般是表示敬意的话，如"此致敬礼"等；也可写表示请求的话，如"请组织考验"、"请审查"、"敬请领导批准"等语。

5. 落款（署名和日期）

正文的右下方，写上申请人姓名或申请单位名称（加公盖章），并注明写作日期。

（二）模板

提　纲	模　板
标题： 称谓： 正文： 申请事项 一、申请理由 二、申请态度 结语 落款（署名和日期）	_____申请书 _____： _____ _____ _____ 敬请领导批准！ 　　　　　　　　　　申请人：××× 　　　　　　　　　　××××年×月×日

技能训练

写作训练

1. 谭天是某学校的书法爱好者，他在中学阶段曾多次参加市级书法比赛，获少年组优胜奖。为了进一步提高书法水平，拟参加市青少年书法协会。请你根据上述内容，以谭天名义写一份入会申请书。

2. 张敏在××职业技术学院营销专业毕业后，筹集了6万元资金，欲自主创业，开一家"品牌折扣店"。请你为其向工商局写一份企业设立登记申请书。

任务4 计 划

知识概要

（一）计划的概念和作用

计划是一个单位、部门或个人，为了更好地完成工作、生产或学习等任务而事先提出具体的要求，规定明确的目标，制订相应的措施，把这些内容书面化、条理化形成的书面材料。它的主要作用为：

1. 指导作用

计划，通常是根据某种需要，结合本部门、本单位或本人的实际制订的，它是工作的方向，是行动的指南。

2. 推动作用

制订计划的过程一般是集思广益的过程，因此，可以通过制订计划调动多方面的积极性，能够增强员工的责任意识和主动意识，从而推动各项工作的顺利开展。

3. 保证监督作用

有了计划，可以随时检查工作、生产、学习的进度，便于保证计划所制订的目标的实现。

（二）计划的特点

1. 针对性

计划是根据党和国家的方针、政策精神和有关法律、法规，针对本系统、本地区、本单位、本部门的实际情况制订的。不从实际出发制订的计划，是毫无价值的计划。

2. 预见性

这是计划的本质特点。计划是在行动之前制订的，它以实现今后的目标，完成下一步工作、学习任务为目的。它是在总结过去的成绩，分析目前的工作实际，预测今后发展趋势的基础上制订的。对客观现实准确的认识和科学的预测是增强计划预见性的保证。

3.可行性

这是计划能够实施的保证。计划如果没有预见性，那就失去了制订它的意义；而如果计划没有可行性，就如同一纸空文，没有任何用处。计划的可行性，在于它是依照党和国家的方针政策制订，又是在总结过去、分析现状的基础上所作的科学预见，基本顺应着事物的客观规律。所以，计划所提出的目标和任务、方法和步骤、要求和措施等，应当是可靠的和切实可行的，这就从客观上保证了计划的实施。

4.约束性

计划一经通过、批准，在它所涉及的范围内，就有了一定的约束性，机关、单位、部门、个人在工作中必须按要求予以贯彻执行，不得随意变更，更不能顶着不办。

（三）计划的种类

计划是一个统称，依据不同的标准，可把计划分成不同的种类。

1.按性质划分，有综合性计划和专题性计划。

2.按内容划分，有工作计划、生产计划、军事计划、教学计划、科研计划、学习计划等。

3.按时限划分，有周计划、旬计划、月份计划、年度计划、跨年度计划等，也可以将它们归并为短期计划、中期计划、长期计划。

4.按范围划分，有国家计划、地区计划、部门计划、单位计划、班组计划、个人计划等。

5.按形式划分，有条文式计划、表格式计划、文表结合式计划。

6.按名称划分，有规划、计划、方案、要点、安排、设想、打算等。

文体示例

要　领	范　文
标题： 正文： 一、前言 二、主体 1.指导思想 2.目标任务	城镇技能再就业计划 　　为落实国务院关于大力发展职业教育和做好就业、再就业工作的要求，强化下岗失业人员技能培训，以培训促进再就业，决定在"十二五"期间，面向城镇下岗失业人员实施城镇技能再就业计划。 　　一、指导思想 　　围绕下岗失业人员就业、再就业和稳定就业需要，通过开展针对性、实用性强的职业技能培训，提高下岗失业人员转业转岗所需技能水平，并提供相应的技能鉴定和技能岗位对接服务，以增强劳动者技能来促进他们更多更好地实现再就业。 　　二、目标任务 　　2011年至2015年5年内，对2000万（每年400万）下岗失业人员开展职业技能培训，培训合格率达到90%，培训后再就业率达到60%。同时，在全国300个城市普遍建立相应机制，实现再就业培训与技能鉴定的紧密衔接，提高技能岗位对接服务成效。

（续表）

要　领	范　文
3.措施步骤	三、主要内容 　　（一）开展职业技能培训，提高职业技能水平。要结合劳动力市场需求，进一步密切与用人单位的沟通和联系，大力开展订单培训和定向培训，使培训与就业紧密结合。要根据国家职业标准和用人单位岗位规范要求，强化职业技能实训，突出操作训练，提高下岗失业人员的岗位适应能力和职业技能水平。要结合本地实际，开发和选定适合下岗失业人员自谋职业的技能培训项目。要根据下岗失业人员特点和需求，采取日夜校、长短班、送教上门以及远程培训等多种灵活的方式和手段，方便其就地就近参加培训。 　　（二）实施职业技能鉴定，提供技能水平认证服务。对参加职业技能培训并有鉴定要求的下岗失业人员，各级职业技能鉴定机构要主动提供鉴定服务，对其职业能力进行客观评价；对鉴定合格的，按规定发放相应的职业资格证书。同时，要结合生产服务岗位需求和下岗失业人员特点，开展专项职业能力考核工作。对持《再就业优惠证》人员通过初次技能鉴定、生活确有困难的，要落实职业技能鉴定补贴政策。 　　（三）做好就业服务，促进技能岗位对接。公共职业介绍机构要积极帮助前来求职的下岗失业人员参加培训提高技能，通过多种方式，公告定点培训机构和培训项目信息。要广泛开展职业指导，帮助下岗失业人员根据市场需求和自身特点，选择合适的培训项目参加培训。继续实施"技能岗位对接行动"，面向下岗失业人员开展专项就业服务活动，加强就业信息、职业介绍、劳动保障事务代理、社会保险服务等工作，改进服务方式，切实帮助下岗失业人员尽快实现再就业。 　　四、保障措施 　　（一）加大工作力度，明确目标任务。各地要进一步提高对再就业培训工作的重视程度，制定专项工作计划，落实目标任务，逐步建立培训、鉴定和就业服务有机结合，促进下岗失业人员技能再就业的长效机制。要将再就业培训工作纳入目标管理，实行业绩考核，定期进行督促检查。要加强与政府有关部门的沟通与合作，共同推动工作。 　　（二）广泛发动社会，建立健全社会化的再就业培训网络。动员社会各方面，包括工会、共青团、妇联以及其他社会组织举办的教育培训机构积极承担再就业培训任务。按照"条件公开、平等竞争、合理布局、择优认定、社会公示和公布"原则，确定一批社会信誉佳、专业特色强、培训质量高、就业效果好的教育培训机构作为实施再就业培训的定点机构。引导定点机构根据市场需求调整专业设置和课程内容，实现技能培训与市场需求的有效衔接。有条件的地区可建设公共实训基地，面向社会开展技能操作训练和技能鉴定服务。 　　（三）完善补贴办法，健全培训效果评价机制。要按照国家有关规定，从各级财政促进再就业资金中落实培训和鉴定补贴经费，根据培训和鉴定的实际成本，合理确定补贴标准，对符合条件的人员给予相应的培训和鉴定补贴。进一步完善经费补贴与培训质量和促进就业效果挂钩的机制和办法。要根据培训合格率、职业资格证书取得率、就业率以及培训计划落实情况等对定点机构定期进行监督检查和业绩考核。 　　（四）加大宣传力度，营造良好氛围。要充分利用广播电视、报纸杂志、图书图画等多种新闻媒体和介质，广泛宣传各级政府制定的培训就业政策，宣传提高职业技能对促进就业的重要性，宣传培训工作成效显著的教育培训机构的经验做法，宣传下岗失业人员参加培训后成功实现再就业的典型事例，引导更多劳动者参加培训，提高技能，实现技能再就业。
落款（署名和日期）	劳动和社会保障部 2010 年 12 月 9 日

技法要领

（一）协调工作，统筹兼顾

计划的制订和写作，必须从整体利益出发，把本单位、本部门的小计划纳入国家、上级的大计划之中，正确处理好个人与集体、当前与长远、局部与整体的关系。

（二）目标明确，实事求是

计划的目标应写得具体明确，切忌含糊不清，模棱两可，职责不明。计划的制订要依据实际情况，不能闭门造车。

（三）措施具体，层次分明

对每一项工作要有完整的具体措施，要根据每一个时期任务的主次、缓急来安排工作的程序，要突出中心工作和重点任务。

模式模板

（一）模式

计划的格式没有明文规定，常见的有条文式、表格式和条文表格结合式三种。

1. 条文式计划

条文式计划一般由标题、正文、署名和日期三部分组成。

（1）标题

计划要有明确的标题，标题的位置在第一行正中，字体可稍大。如果计划还未成熟，应在标题后括号内注明"初稿""讨论稿""草案"或"征求意见稿"等字样。标题一般有以下三种形式：

① 四项式：制订计划单位名称+适用时限+内容+文种。如《××职业技术学院2012年招生工作计划》《××厂铅印车间第四季度增产节约计划》。

② 三项式：单位名称+内容+文种或者时限+内容+文种。如《××学校中文秘书专业实习方案》（省略时限）、《2011年春季植树造林计划》（省略单位名称）。

③ 二项式：内容+文种。如《关于故黄河污染治理计划》（省略单位名称和时限）。

（2）正文

一般由前言、主体、结尾三部分组成。

①前言

一般包括制订计划的指导思想和现实依据。前言与后面的内容之间，常常用"为此，特制订本计划如下"或"为此，要抓好以下几方面的工作"等承启语进行过渡。

②主体

◎ 目标和任务。写出一定时间内要完成的任务，要达到的指标，从主到次，突出重点，分项列出，每项写一件事，要明确具体，使人知道"做什么"。

◎ 措施和办法。写明采取何种办法，利用哪些条件，由什么单位或部门负责，如何协调配合等内容。措施和办法要具有科学性，便于操作，使人明白"怎么做"。

◎ 步骤和程序。写明实现计划分哪几个步骤、计划的进展程度及完成期限等内容，使人明确"何时完成"。有些计划也把步骤和程序、措施和办法穿插起来写，一些长期规划，因时间跨度大，预见性要求高，只能提出终极目标，分段目标及完成时间可以不写。

③结尾

计划的结尾可以用来强调重点任务和执行要求，也可以用来表明完成计划的信心和决心，还可以用来提出希望、发出号召。

（3）署名和日期

在正文右下方署上制订计划的单位名称和日期。如果单位名称已在标题中出现，此处只需写明日期。上报或下达的计划，还应在日期上加盖单位印章。

2. 表格式计划

简单的、纯业务性的、数据比较多的专题计划常采用表格式写法。如一些生产计划、财务计划、购销计划的内容和数字，科研计划的项目、成果类别等，常用表格计划。

表格式计划一般由标题、表格和文字组成。

（1）标题与条文式计划的标题构成相同。

（2）表格就是计划的正文内容，通过填报数据来反映计划事项。经常性的专项工作计划都由上级部门或本部门统一印制，印刷的表格要逐项填写。若原表格不能反映计划内容，就要根据计划事项设计新的表格。

（3）文字说明是辅助部分。当表格不能清楚、充分地表达计划事项时，就须辅以简略的文字说明。文字说明一般应补充说明：①计划依据；②计划要求；③实施办法。文字说明常常分条简要陈述。如果表格本身已能充分说明计划事项，文字说明可以不写。

3. 文表结合式计划

有些内容较为复杂的计划，既需要用文字介绍计划的事项，又有较多的数据资料需要表述，就可采用条文加表格的形式。

这种结合式计划一般分标题、条文和表格三部分。标题和条文式计划的标题构成相同。正文开始或有简短的前言或直截了当、分条列项地说明计划的事项，然后将有关数字填写在精心设计的表格之中。

（二）模板

提　纲	模　板
标题 正文： 一、前言：依据和目的，概括计划内容 二、主体： 1.目标 2.措施 3.步骤 三、结尾：提出号召和要求	＿＿＿＿＿＿＿＿＿＿计划 ＿＿＿＿＿＿＿＿＿＿＿＿＿＿ ＿＿＿＿＿＿＿＿＿＿＿＿＿＿ ＿＿＿＿＿＿＿＿＿ 一、目标 ＿＿＿＿＿＿＿＿＿＿＿＿＿＿ ＿＿＿＿＿＿＿＿＿＿ 二、措施 ＿＿＿＿＿＿＿＿＿＿＿＿＿＿ ＿＿＿＿＿＿＿＿＿＿＿＿＿＿ 三、步骤 ＿＿＿＿＿＿＿＿＿＿＿＿＿＿ ＿＿＿＿＿＿＿＿＿＿＿＿＿＿ ＿＿＿＿＿＿＿＿＿＿＿＿＿＿
落款（署名和日期）	××× ××××年×月×日

技能训练

指出下文格式中存在的问题

护理心理学知识的实施计划

（一）普及目标和方式

在上半年举办三至四期内容相同的培训班，使全院所有在编护士均能接受一期理论培训，以求掌握护理心理学的基本理论。下半年再组织两次护理心理学论文交流会，以求理论联系实际和指导实践。普及方式是以业余培训为主，自学与上辅导课相结合。

（二）具体安排

上半年共安排三至四期理论培训班：

第一期：×月×日—×月×日

第二期：×月×日—×月×日

第三期：×月×日—×月×日

第四期为查漏补缺性质，时间另行通知。

（二）在下列题目中任选一个，制订一份通过努力能完成的个人计划。

1.课外阅读计划。

2.锻炼身体计划。

3.在半年内进一步提高电脑操作技能的计划。

4.利用假期进行社会调查的计划。

5.学期工作或学习计划。

要求：

①符合计划的撰写格式：标题、正文署名和日期款三个部分要完整；

②正文要写得明确具体，做什么、怎样做、做到什么程度、采取什么切实措施等，要分条分项逐一排列。

任务5 总 结

（一）总结的性质和作用

总结是本部门、本单位或个人对某个阶段、某个方面的工作进行回顾、检查、分析研究，从中找出经验教训，获得规律性的认识，以便指导今后工作的一种应用文体。

总结是某项实践活动全过程的终端环节，是对实践的本质概括，是从物质到精神的飞跃，是由感性认识到理性认识的升华。通过总结，能够肯定成绩，得出经验，发现问题，吸取教训，减少今后工作失误。通过总结，能更正确地认识世界，掌握客观规律，取得更好的实践效果。

（二）总结的分类

总结的种类划分与计划类似，主要有以下几种划分方法。

1. 按性质划分，可分为综合性总结和专题性总结。

2. 按内容划分，可分为工作总结、学习总结、思想总结、活动总结等。

3. 按时间划分，可分为阶段（多年）总结、年度总结、季度总结、月份总结等。

4. 按范围划分，可分为个人总结、单位总结、部门总结、地区总结等。

5. 根据实用功能划分，汇报性总结和经验性总结。

（三）总结的特点

1. 实践性

总结是对实际工作再认识的过程，是人们对前一段工作实践的回顾，它的内容应当完全忠实于自身的实践活动。总结的材料只能来自自身的实践，要符合实际情况，不能添枝加叶，更不能无中生有。

2. 理论性

总结不是对工作实践的简单的"复制"，不只是对已经做过的工作的过程和情况的表面反映。总结是一种理论分析，是理论的升华，它要对工作中诸如成功和失败、成绩和问题等情况进行分析研究，把感性认识上升为理性认识，找出规律性的东西，以便在以后的工作中能正确认识和把握客观事物的规律。

3. 指导性

每一项实践活动大都经历过计划、实践、总结、再计划、再实践、再总结的过程，这种循环往复向前发展的过程，就是不断提高、不断前进的过程。在这一过程中，具有指导性的总结发挥了巨大的作用。正因为总结具有指导性，人们才特别重视每次实践之后的认真回顾，才使得每一次实践都能吸取前一次的经验和教训，发扬成绩，减少失误。

文体示例

要 领	范 文
标题	深入落实科学发展观　在探索中不断推进全市公务员队伍建设 ——××市公务员队伍建设情况总结
正文： 一、前言	近年来，我市将公务员队伍建设作为人才强市战略的重要组成部分，以科学发展观为统领，以提高公务员执政能力为重点，以贯彻《公务员法》（原《国家公务员暂行条例》）为主线，不断健全完善公务员管理各项制度，严格规范管理，已经初步形成了一支能够适应形势发展需要的充满生机与活力、勤政务实高效廉洁的公务员队伍。
二、主体 1.成绩	一、近年来全市公务员队伍建设取得的成绩 　　（一）"凡进必考"得到坚持。国家推行公务员管理制度至今，我市在公务员"进口"上，一直严把入口关，杜绝了违反规定进入公务员队伍的现象。在坚持"凡进必考"工作过程中，我市不断探索创新和总结经验，积累了一套成熟的做法。自2000年以来，我市共组织市县、乡三级机关公务员考录15次，考录职位2321个，参考人员达18800余人次。通过严格坚持"凡进必考"，不仅极大地改善了我市公务员队伍的年龄、文化结构，增添了生机与活力，也为深化干部人事制度改革，加强公务员制度建设积累了十分宝贵的经验，而且还大大地提升了党和政府在人民群众心目中公平公正、唯才是举的良好形象。 　　（二）整体素质逐步提高。全市公务员队伍年龄结构和知识结构明显改善。从学历上看，我市公务员队伍中具有大专以上学历的人员从1993年的46.1%提高到现在的82.3%，高学历、高素质人员大幅度增加；从年龄上看，青、中、老年公务员分别占公务员总人数的30.9%、41.1%、28%，45岁以下的中青年公务员占到公务员总人数的72%，年龄结构总体上更加趋于合理；从知识结构上看，通过开展科级以上领导干部培训、公务员初任培训、岗位知识更新培训、专业知识培训等各种形式的培训，有针对性地对公务员进行政治理论知识、法律知识、现代行政管理知识、市场经济知识等的补充和加强，全市公务员知识更加全面，能力进一步提升，综合素质显著增强。 　　（三）选拔机制日益完善。根据《党政领导干部选拔任用工作条例》《公开选拔党政领导干部工作暂行规定》和《党政机关竞争上岗工作暂行规定》等有关规定，目前我市已在全市范围内推行中层领导干部竞争上岗制度，竞争上岗成为公务员选拔任用的重要方式。通过开展竞争上岗，不仅使一大批优秀的年轻公务员走上了领导岗位，而且在全市公务员队伍中形成了良好的竞争意识，增强了整个公务员队伍的活力。

要　领	范　文
2.存在问题	（四）管理制度不断规范。《公务员法》出台之前，我市根据《国家公务员暂行条例》，结合公务员管理工作实际，先后就公务员录用、考核、培训、轮岗、回避、奖励、纪律、辞职辞退等制定出台了若干对全市公务员队伍建设具有指导性意义的规范性文件，并在公务员管理过程中，不断根据新的情况对原有的制度进行调整，逐步健全完善了公务员管理各项制度。 二、全市公务员队伍建设面临的问题 近年来，我市在公务员队伍建设工作过程中，在多方面开展了有益的尝试和探索，并取得了较为明显的成效，但是由于多种因素的制约，在某些方面还存在一定的不足，主要体现在以下几点： 一是公务员队伍作风建设亟待加强。我市近年来通过开展共产党员先进性教育活动、争做"人民满意公务员"活动和机关作风集中教育整顿活动，整个公务员队伍作风得到明显好转，但是个别地方个别部门仍然存在工作作风涣散等问题。个别地方和部门仍然存在不按制度办事、有法不依、执法不严、违法不究的现象；有些机关公务员存在着安于现状、不思进取、追求安逸、不图创新等思想；一些部门思想观念陈旧，工作方式方法呆板，服务意识不强，质量不高，在工作中重管理轻服务，存在着服务不到位、管理错位和执法越位等问题，这些问题成为改善投资环境、促进经济社会快速发展的"瓶颈"。 二是公务员队伍整体素质亟待提高。我市公务员队伍中大专以上高学历人员虽然为数不少，但是有相当一部分人员是参加工作后脱产、半脱产进修获得学历的，部分人员基础知识不够扎实，对经济政策和管理知识掌握不够充分；部分公务员存在业务不够精通、工作效率偏低、创新能力不够强的问题，存在不依法行政、服务不够周到、服务态度生硬、综合素质不高等问题。 三是公务员队伍考核机制亟待完善。现行公务员考核制度对公务员的德、能、勤、绩、廉等方面进行了定性考核，在激励和引导广大公务员爱岗敬业、履行职责方面发挥了积极的作用，但是对个人工作业绩的评价没有与单位的业绩结合起来，对个人工作态度的评价没有与服务对象的评议结合起来，致使评价标准不明确，考核差距不明显，有的单位还出现评优轮流坐庄、"干多干少一个样，干好干坏一个等级"等现象，致使考核不能很好地发挥鼓励先进、督促后进的作用。
3.今后打算	三、以建立健全机制为重点，建设一支精干高效的公务员队伍 我市公务员队伍建设的现状，要求我们要进一步加强公务员队伍的思想建设、能力建设和制度建设。其中，制度建设是关键。 一是继续坚持"凡进必考"制度。要创新考试内容和方法，注重选拔能力比较全面的人才，确保新录用公务员的基本能力和素质，进一步优化公务员队伍结构。要扩大公务员选拔录用的视野，进一步打破身份、地域限制，吸收更多优秀人才进入公务员队伍；制定优惠政策，鼓励高校毕业生到乡镇机关工作，市县两级机关补充公务员可从到农村基层锻炼期满的大学毕业生中优先考录。 二是推进和规范竞争上岗制度。竞争上岗是激发公务员活力，推进公务员队伍建设的有效方法。要继续严格执行竞争上岗制度，加强对竞争上岗工作的管理、指导和监督，全面推行各单位中层领导职位竞争上岗。通过竞争实现能者上、平者让、庸者下，充分调动广大公务员工作的积极性、主动性和创造性，形成努力进取，争创一流的良好氛围。 三是强化公务员任免制度。健全和完善干部选拔任用和管理监督的科学机制，创新公务员任用制度，积极推行任期制、试用期制，大力推行任前公示制度、考察预告制度、诚勉谈话制度，探索降职、免职的具体实施办法，认真贯彻执行公务员个人申请辞职、引咎辞职、责令辞职等制度，在坚持党管干部原则的前提下，落实党员和群众对公务员选拔任用的知情权、参与权、选择权和监督权。 四是改进和完善国家公务员考核办法。探索建立科学的考核指标体系和考核办法，把定

（续表）

要　领	范　文
	量考核与定性考核结合起来，把年终考核与平时考核结合起来，把个人业绩与单位业绩考核结合起来，把本单位的民主测评与服务对象的评议结合起来，进一步完善考核内容，改进考核方法，优化考核程序，规范考核结果的评定和使用，建立起兼具系统性、针对性、科学性和可操作性的公务员考核制度，通过制定和实施科学的考核评价标准，充分发挥考核的用人导向作用，激励广大公务员想事业、干事业、努力干成事业的决心和干劲。 　　五是落实培训教育制度。强化培训保障，完善培训体制，整合培训资源，创新培训机制。按照分级分类培训的原则，有计划、有组织、有针对性地对全市公务员进行政治理论、政策法规、业务知识等方面的培训，通过开展高质量、高水准的培训教育工作，不断挖掘公务员潜能，提高全市公务员队伍整体素质。
落款（署名和日期）	中共××市委组织部 ××市人力资源和社会保障局 20××年×月×日

技法要领

（一）材料充足，实事求是

总结必须建立在事实的基础上，没有丰富的实际材料作为叙述、归纳与评判的基础，总结的内容很难做到准确、全面、客观、公正。因此，占有充足的材料是写好总结的前提。如实评价过去，既要总结成功的经验，也要分析失败的教训，不可对成绩夸大其词，也不能对缺点避而不谈。只有具备科学性和可信性的总结，才会对今后的工作有实际的指导意义。切不可未做言做，未得言得，弄虚作假。

（二）层次清晰，重点突出

写总结时，视野应当开阔远大，不拘泥于一个部门、一件事情，要根据写作的目的和总结的不同性质，突出重点内容。切忌主次不分、详略不当、面面俱到却又处处浮光掠影。文字不求华美，以准确、简洁为好，以便让阅读者在尽可能短的时间内抓住要领。应当看到成绩是主流的、本质的，不要因为有一定问题存在，就将总结写得像检查一样。经验和教训是总结的重点和中心。

（三）寻找规律，立足未来

总结的目的是要从对过去的回顾中汲取经验教训以指导今后的工作，因此，应当客观、全面、辩证地分析事物，从中得出科学的结论。从成绩或问题中分析出经验和教训，这是总结的根本性目的，同时上升到一定理论的高度，从中提炼出带有规律性的东西，作为今后工作的借鉴。

模式模板

（一）模式

总结写作格式不固定，写法较灵活，必须针对不同的对象，根据不同内容和目的，确定相应的写作格式和写作重点。总结一般由标题、正文、署名和日期构成。

1. 标题

（1）公文式标题，有如下三类

① 单位名称＋时限＋内容＋文种，如《南京市语言文字工作委员会 2016 年工作总结》。

② 单位名称＋内容＋文种或者时限＋内容＋文种，如《××市扶贫工作总结》（省略时限）、《2016 年监察工作总结》（省略单位名称）。

③内容＋文种，如《关于财务收支情况的总结》（省略单位名称和时限）。

（2）新闻式标题。正标题用结论性的语言概括总结的内容，副标题则可标出总结的制作单位、适用时限、内容和文种。如《多种渠道集资，积极改造旧城——广州市东风路建设经验点滴》。

（3）文章式标题。它要归纳总结内容的中心，揭示主旨。这类标题大多用于专题经验总结，如《我们乡是怎样获得高产的》。

2. 正文

总结的正文一般由前言、主体和结尾构成。有的总结省略前言和结尾，只有主体部分。

（1）前言

前言是要让读者对全文先有个大体的印象，为主体部分的行文做好铺垫，所以前言要求开门见山，紧扣中心，简明扼要，能统领全文。

前言常常采用以下几种写法。

① 概述式。概括介绍基本情况，简要交代工作背景、时间、地点、条件等。注意不要求详细，与中心无关的不写。

② 结论式。先明确提出结论，点明中心思想，让人们了解经验或教训的核心内容。

③ 对比式。采用比较法，将有关情况进行比较以显示优劣，说明问题。

④ 提问式。开头先提出问题，点明总结的重点以引起人们的注意和思考。

（2）主体

主体是正文的主要部分。

①主体的内容

由于总结的工作多种多样，写总结的目的也有所不同，所以主体写些什么内容也不是千篇一律的。比较典型的主体部分应当有以下四项内容。

◎工作情况

主体应首先介绍工作情况，即使前言部分已有概括，这里也应具体展开。工作情况包括做了哪些工作，采取了哪些措施、方法和步骤（即工作是怎么做的），取得了什么成绩或效果等。可以总体介绍，也可以分项说明。

◎主要经验

这是对工作的理性认识，是具有指导意义的规律性的东西，是达到总结目的主要内容，因此要写得有理有据，令人信服。这部分内容不一定称为经验，有的称为"基本做法"或"主要措施"，实际上都是谈经验，即分析归纳工作获得的成绩或取得成效的原因。

◎存在的问题

总结既要看到成绩，也不能忽视存在的问题，这才是实事求是的态度，这才有利于改进工作、取得更大的成绩。因此，多数总结的主体中，都要谈工作中存在的问题。不同的总结，可以有不同的侧重。如果是着重反映问题的总结，就要把这部分内容作为重点来写；如果是典型经验总结，或者工作中确无大的失误，这部分就不必写。

◎今后努力的方向

即针对存在的问题，讲一讲今后解决问题、改进工作的打算。这部分内容多数总结写得比较简略或者不写，因为要制定解决问题的具体方案是计划的任务。

②主体的结构

主体的结构形式常见的有以下几种。

◎分部式结构

这种形式是把主体内容按情况、成绩、经验、存在问题和努力方向分成几大部分来写。每部分可用序号列出。这是总结中最基本的写法，有人称之为传统式、程序式，也叫块式。这种形式适应于内容比较单一的单位总结、个人小结等。

◎阶段式结构

这种形式是按时间顺序或工作程序纵向安排内容，全文脉络清晰，便于反映工作的发展进程和每个阶段的特点。一般来说，总结周期较长、阶段性很明显的工作适合采用这种结构形式。

◎小标题式结构

这种结构形式是按材料性质分成若干部分，每部分拟定一个小标题，然后一部分一部分地写出。它的好处在于条理清楚、纲举目张，既便于写，也便于读。

◎贯通式结构

这种形式也称漫谈式。它既不列条款，也不分小标题，而是从头到尾，围绕主题，分若干自然段，一气呵成。它主要靠清晰的思路来串联材料，靠分清层次来构架全篇，靠语言的过渡来贯通始终。这种结构较难驾驭，只适用于篇幅较短、内容较少的总结。如向别人介绍自己的学习经验，就可用漫谈式，把自己的实践、认识、体会慢慢叙述出来。

各种方式都有利弊，要从自己实际出发去选用，也可创造其他形式。

3. 署名和日期

在正文右下方署上总结单位的名称和完成总结的日期。如果单位名称已在标题中出现，此处只需写明日期。

（二）模板

提　纲	模　板
标题	＿＿＿＿＿＿＿＿＿＿＿＿＿＿＿总结
正文： 一、开头 基本情况 二、主体 1.具体做法 2.成绩和经验 3.问题和教训 4.今后打算	
落款（署名和日期）	×××× ××××年×月×日

技能训练

（一）请具体分析下面一则总结的主要优点和缺点

××人民医院内科 2014 年上半年护理工作总结

上半年，内科遵循医院管理年活动所倡导的以"病人为中心，以提高医疗服务质量"为主题的服务宗旨，认真执行本年度护理工作计划，按××省医院护理服务质量评价标准的基本要求及标准考核细则，完善各项护理规章制度，改进服务流程，改善住院环境，加强护理质量控制，保持护理质量持续改进。

现将 2014 年上半年内科护理工作总结如下：

一、落实护理人才培养计划，提高护理人员业务素质

1. 对各级护理人员进行"三基"培训，每月组织理论考试和技术操作考核。

2. 每周晨间提问 2 次，内容为基础理论知识、院内感染知识和专科知识。

3. 组织全科护士学习《护理紧急风险预案》并进行了考核。

4. 组织全科护士学习医院护理核心制度并进行了考核。

5. 有 2 名护士参加了护理自学考试。

6. 每个护士都能熟练掌握心、肺、脑复苏急救技术，医院组织的心、肺、脑复苏技术操作考核合格率 100%。

7. 各级护理人员参加科内、医院组织的理论考试、院感知识考试、技术操作考核，参加率 100%，考核合格率 100%。

二、改善服务流程，提高服务质量

实行了"首迎负责制"，规范接待新入院病人服务流程，推行服务过程中的规范用语，为病人提供各种生活上的便利。对出院病人半月内主动询问病人的康复情况并记录访问内容，广泛听取病人及陪护对护理服务的意见，对存在的问题查找原因，提出整改措施，不断提高服务质量。半年中病人及家属无投诉，医院组织的服务质量调查病人满意率 100%，科内发放护理服务质量调查表 60 份，病人满意率 100%，提名表扬服务态度最好的护士 ×× 人次，其中 ×××17 次，××16 次，×××5 次，×××2 次，×××2 次，×××1 次，××1 次。

三、完善各项护理规章及操作流程，杜绝护理差错事故发生

每周护士会进行安全意识教育，查找工作中的不安全因素，提出整改措施，消除差错事故隐患，认真落实各项护理规章制度及操作流程，发挥科内质控小组作用，定期和不定期检查各项护理制度的执行情况，护理差错事故安生率为零。

四、护理文书书写，力求做到准确、客观及连续

护理文书属于法律文书，是判定医疗纠纷的客观依据。书写过程中要认真斟酌，能客观、真实、准确、及时、完整地反映病人的病情变化，不断强化护理文书正规书写的重要意义，使每个护士能端正书写态度。同时加强监督检查力度，每班检查上一班记录有无纰漏，质控小组定期检查，护士长定期和不定期检查及出院病历终末质量检查，发现问题及时纠正，每月进行护理文书质量分析，对存在问题提出整改措施，并继续监控，上半年出院病历×份，护理文书合格率达到了100%。

五、规范病房管理，建立以人为本的住院环境，使病人达到接受治疗的最佳身心状态。病房每日定时通风，保持病室安静、整洁、空气新鲜，对意识障碍病人提供安全有效的防护措施，落实岗位责任制，按分级护理标准护理病人，落实健康教育，加强基础护理及重危病人的个案护理，满足病人及家属的合理需要，上半年护理住院病人××人，其中手术病人××人，抢救病人×××人，气管切开病人××人，特护×××人，一级护理×××人共××天。一级、特护病人合格率100%，基础护理合格率100%，无护理并发症。

六、急救物品完好率达到100%。急救物品进行"四定"管理，每周专管人员进行全面检查一次，护士长每周检查，随时抽查，保证了急救物品始终处于应急状态。

七、按医院内感染管理标准，重点加强了医疗废物管理，完善了医疗废物管理制度，组织学习医疗废物分类及医疗废物处理流程，并进行了专项考核，院感小组兼职监控护士能认真履行自身职责，使院感监控指标达到质量标准。

工作中还存在很多不足：

1. 基础护理不到位，个别班次新入院病人卫生处置不及时，卧位不舒服。

2. 病房管理有待提高，病人自带物品较多。

3. 个别护士无菌观念不强，无菌操作时不带口罩，一次性无菌物品用后处理不及时。

4. 学习风气不够浓厚，无学术论文。

2010年7月20日

（二）写作实践题

针对你喜欢的一门课程，写一篇学习总结；或就你组织的某一项全局性的活动，写一篇活动总结。

项目6 求职信

知识概要

（一）概念

求职信是求职人为求得某一职务而向用人单位着重陈述自己学识、才干和经历，进行自我推销的书面材料。

（二）内容

求职信的内容主要由四个部分组成：封面设计、求职信、个人简历、证明材料。这四个部分在格式和写作风格上各异，但又有着内在的联系。

1. 封面

写求职信，要注意封面的设计，力求一眼看去与众不同。因此，认真设计一张求职书封面显得很重要。一般而言，有人事决定权的人较为慎重、严谨，求职信外表不应过于花哨，以免弄巧成拙。

求职信封面应传递以下信息。

①标题。"求职书"，应醒目。

②个人基本信息。包括姓名、毕业学校、所学专业和毕业时间。

③联系方式。包括联系电话、邮编、邮箱等。

以上信息应写清楚，不得有误。

2. 求职信

（1）概念：求职信是以个人名义向有关企事业单位申请某种职位的一种常用书信。

（2）特性：一是针对性。要针对求职单位的实际情况、读信人的心理和求职目标来写。二是自荐性。要恰当地推销自己，要善于推销自己，用你的"闪光点"吸引对方，让对方产生心动和值得一试的感觉。三是独特性。要在竞争中取胜，就必须从内容到形式都不同一般。

（3）种类：从性质上划分为两种，一是自荐信，即主动向某单位介绍自己的情况、自我

推荐来申请某种职位、职务的信；二是应聘信，即根据对方的招聘广告，有目的地向用人单位表达求职意向的信函

3. 个人简历

（1）概念：顾名思义，是简要概括个人情况的文字材料。

（2）特点：一是求职意向明确，写明应聘的具体部门和岗位；二是内容简洁真实，力求简练明了、重点突出，字数一般在 1000 字以内，不超过一页为好。

4. 附件

求职文书（信）一般都附上自己有关证明材料。如求职人是应届大学毕业生，则需附上毕业生就业推荐表、毕业生学习成绩表以及相关获奖证书、荣誉证书、技能证书和相关社会时间证明等的复印件。如求职人是另谋职业，则需附上身份证、毕业证、任职资格证、所发表的论文论著等的复印件。

文体示例

（一）求职信

要　领	范　文
标题：	求职信
称谓：	××公司董事长：
问候语：	您好！
正文：一、开头 1.个人简介 2.求职缘由 3.求职目标	我叫赵××，男，21 岁，是××职业学院计算机系 2015 年应届毕业生。 　贵公司是著名的中外合资企业，董事长知人善任，我慕名已久，渴望成为贵公司的软件开发工作的一员。
二、主体 1.专业知识	我所学的是计算机软件专业。在三年大学时光里，由于学习勤奋，汲取了丰富的专业知识，并锻炼了自己的能力。我较好地掌握了 C 语言、汇编语言、编译原理、Power Builder、数据库原理，并对面向对象的 C++ 和 VC++ 等 Windows 编程都有了一定的了解。课外我还自学 Delphi 编程、ASP 动态网页及网络数据库。学好计算机必须有过硬的外语水平，我以较好的成绩通过了英语四级考试，能借助词典阅读英文资料。
2.专业技能	
3.实践能力	自入学以来，我十分重视社会实践锻炼，利用业余时间参加社会实践活动。曾先后在多家电脑公司做过兼职，积累了较丰富的实践经验，尤其是在软件开发及网络管理方面。
4.自我评价	本人为人诚实热情，性格开朗爽快，办事细致认真，能吃苦，有毅力，自信能胜任贵公司的软件开发工作。
三、结束语 表达希望	贵公司的事业欣欣向荣，若有幸加盟贵公司，我将倾全力贡献我的所学，与贵公司的同仁一起，创造公司更加辉煌的明天。 　敬请函告或电话约见。谨候佳音。 　即颂
祝颂语	大安！
落款（署名和日期）	求职人：赵×× 2015 年 8 月 5 日

（续表）

要 领	范 文
附件	附：个人简历1份 　　学校推荐表1份 　　成绩表1份 　　证书复印件×份
联系方式	联系地址：武昌关凤路××号 邮政编码：××××× 联系电话：×××××××

（二）应聘信

要 领	范 文
标题：	<div align="center">应聘书</div>
称谓： 问候语： 正文： 一、开头 1.信息来源 2.求职目标 3.求职缘由 4.自我简介 二、主体 1.专业知识 2.专业技能 3.实践能力 4.自我评价 三、结束语 表达希望	××公司柯总经理： 　　您好！ 　　日前于《××晚报》见到贵公司刊登的招聘启事，得知贵公司"招聘商务文秘一名"。本人对贵公司的良好企业形象钦佩已久。欣闻这一招聘信息，感到自己适合条件，特来应聘，盼望能成为贵公司的一员。我是上海××职业学院2016届毕业生，学的是商务文秘专业。 　　在校期间，我较系统地学习了商务文秘理论知识，熟悉应用文写作和公文处理，同时，在校学习期间还选修过管理学、公共关系学、社交礼仪等方面的课程，并较好地掌握了这些方面的知识与技能。我的英文打字和计算机操作技术达到高级工水平，拿到了高技工等级证书，我有一年多的文秘工作经验。自信能够适应现代化办公的需要。 　　本人为人诚实热情，性格开朗爽快，办事细致认真，能吃苦，有毅力，热爱文秘工作，自信能胜任贵公司的商务文秘工作。如能在柯经理手下做一名文秘人员，成为贵公司的一员，我一定会尽职尽责，充分发挥自己的特长，认真做好本职工作，为贵公司的繁荣发展做出贡献。谨候佳音。
祝颂语	祝 工作顺利！
落款（署名和日期）	<div align="right">应聘人：刘亦农 2016 年 7 月 4 日</div>
附件 联系方式	附件：个人简历、学历证明复印件各一份 联系地址：××××× 邮政编码：××××× 联系电话：×××××

（三）个人简历

基本资料	姓　名	×××	性　别	男	照片
	民　族	汉　族	籍　贯	广东广州	
	出生日期	1991/10/31	政治面貌	团　员	
	学　历	本科	健康情况	良　好	
	专　业		建筑环境与能源工程		
	通讯地址		重庆市西南大学 76# 信箱	邮　编	400716
	联系电话		023-6825××× 或 1398320××××	E-mail	××××××
求职意向	工民建、房地产、工程预算等职位				
教育背景	2009 年 9 月—2013 年 7 月　西南大学 2006 年 9 月—2009 年 7 月　广州市培英中学				
主修课程	建筑电工，砌体结构，高层建筑结构，建筑机械，钢结构，建筑工程概预算，建筑施工，单层厂房，房屋建筑学课程设计，混凝土结构课程设计，砌体结构课程设计，单层厂房课程设计等。				
获奖情况	2009 年 9 月—2010 年 9 月 获专业奖学金三等奖				
个人技能	英语通过四级（六级成绩未出），具有良好的听、说、读、写能力。正在备考计算机二级 C 语言（笔试已通过），对 OFFICE 办公系统软件、PHOTOSHOP、AUTOCAD、天正绘画等应用软件以及大部分操作系统能熟练操作，并且对 PC 机的组装和维护有一定的经验。				
曾任职务	大三时担任班上团支书，并且担任宿舍检查小组成 大二时担任班上组织委员				
社会实践	大三暑假，同老师在重庆南川某农场进行为期两天的测量工作 大二期间，参与了本校部分区域、位置平面图设计，是测量小组的成员 大一暑假，参加学校开展的"智力支乡"广州小分队				
兴趣爱好	看书，听音乐，玩电脑，打篮球等				

技法要领

（一）情况要真实

在求职文书所反映的个人面貌及其他相关情况应该做到真实，不得弄虚作假。要有什么说什么，表达要明确，不能有意使用模糊词句，模棱两可，闪烁其词，更不能夸夸其谈。一般的用人单位招聘员工往往要通过面试，聘用员工还有试用期。如果求职者把并不具备的素质和能力作为标签贴在自己身上，迟早总要露馅，到头来会徒增烦恼，甚至还会导致用人单位对求职者的人品产生怀疑，影响个人的前途。

（二）目标要明确

求职目标意向要明确，一方面对自己希望获得什么职位要表达清楚，另一方面对于自身从事相关工作，履行相应职责所具备的基本素质或特殊才能也应表述清楚。这样才有可能增强吸引力，帮助对方认识和了解自己，赢得信任，也才有利于顺利地获得心仪的职位。目标定位要准确，要恰如其分，不要过高，与自己的实际能力和工作经历相称。只宜选取一到三个职位目标，不要一次选择多个职位。

（三）语言要简洁

语言表达是一个人的基本能力，也是该人的综合素质的具体表现。由于其特殊目的以及它所针对的特殊对象，决定了求职文书的语言与其他文体有所不同，必须做到文字表达简洁、朴实、通顺。篇幅不宜太长，一般不超过 1000 字。切忌有错字、别字、病句等。

模式模板

求职信

（一）模式

1. 标题

可直接用"求职信""自荐信""应聘信"等，位置居中。

2. 称谓

在标题下一行顶格书写。收信对象是单位或部门，可直接写单位或部门的名称，如"××公司""××学院人事处"；收信对象是单位联系人或单位、部门的负责人，则写上姓名、尊称或职务名称"××先生""××经理"等。有时，还可以在称谓前面加上表示尊敬的词语，如"尊敬的××先生"。

3. 问候语

单独成行，空两格书写。如收信对象是单位或部门，问候语就不要写；如收信对象是单位联系人或单位、部门的负责人，则要写上。一定要简明扼要，直截了当，以便节省对方的时间精力。如用"您好"等。

4. 正文

（1）开头部分

自我简介：在提出求职目标之前先做自我简介，交代清楚诸如身份、年龄、学历、毕业学校等基本情况，给用人单位一个初步的印象。

求职目标：根据用人单位所需和自己所长，明确提出所要谋求的具体岗位或职位名称，注意不可同时要求多种不相干的岗位或职位。

求职缘由：针对求职目标简明介绍自己希望获得那份工作的原因。应尽可能表现出你对目标单位的熟悉及热爱，表明自己渴望为其效力的决心。如"据报载，贵公司领导十分重视人才，办事效率高，人际关系和谐，员工可以一心一意搞科研和生产，我能够成为贵公司的一员该多么自豪"。

在应聘信中，应开门见山地写明如何得知该职位的招聘信息、对公司兴趣并希望担任的职位。例如，日前于《××晚报》上见到贵公司刊登的招聘启事，得知贵公司"招聘商务文秘一名"。本人对贵公司的良好企业形象钦佩已久。欣闻这一招聘信息，感到自己适合条件，特来应聘，盼望能成为贵公司的一员。

（2）主体部分

这是推销自己的关键环节，也是求职信写作的重点和难点。根据求职目标，可以展示以下诸方面的情况。

一是专业知识。着重介绍自己的知识结构、特长学科，注意所学专业知识与目标工作的关系。

二是专业技能。展现运用知识解决实际工作中各类问题的能力，如实习中技能的发挥及实习单位的评价等。

三是实践能力。即从事某些社会活动的能力、勤工助学能力、实习时设计与制作能力等。这部分内容要写得详细些，写明你在社团中、在活动中做了哪些工作，取得了什么样的成绩。用人单位要通过求职者的这些经历考察其团队精神、组织协调能力等。

四是自我评价。这是对自己综合素质的小结。如责任心、道德品质、工作态度、团结协作精神等方面的评价。这些都是用人单位非常看重的非智力因素。

五是成果陈述。介绍主要成绩及所取得的成果、获得的证书和奖励等。通过展示，能够充分反映出求职人胜任某项工作的能力，从而令用人单位信服。

（3）结尾

表达希望，这是正文的结束语。要以诚恳的态度提出求职的愿望和要求，如希望对方给予回信的愿望以及能有一个面谈的机会等。

5. 祝颂语

表示敬意或祝愿的话，另起一行空两格写"此致（即颂）"，再转行顶格写"敬礼（大安）"等。

6. 署名和日期

应按一般书信格式，在信的右下方写上求职人姓名，可以用"敬上"或"谨上"等词以示礼貌和谦逊，署名前也可加上"求职人"等字样。在姓名下面写日期。

7. 附件

附件是指信后附上的有关资料，如简历表、学历证书、资格证书、技术等级证书、获奖证书以及能证明自己优势的有关复印材料。附件要有较强的说服力和凭证性。复印材料要选用最重要、最能说明问题的材料，不要贪多，过于杂芜，要按内容顺序整理好，便于查验。附件的位置可以放署名和日期的上面，也可以放署名和日期的下面。

8. 联系方式

注明求职人的通信地址、邮编和电话号码等信息，以便于联系。

（二）模板

要　领	范　文
标题：	———
称谓：	————：
问候语：	———
正文：	——————————————
一、开头部分	——————————————
1. 信息来源（应聘信写）	——————————————
2. 自我简介	——————————————
3. 求职目标	——————————————
4. 求职缘由	——————————————
二、主体部分	——————————————
1. 专业知识	——————————————
2. 专业技能	——————————————
3. 实践能力	——————————————
4. 自我评价	——————————————
5. 成果陈述	———
三、结束语	———
表达希望	求职人（应聘人）：（手签）
	××××年×月×日
祝颂语：	
落款（署名和日期）	附：
附件：	
联系方式	联系地址：××××××
	邮政编码：××××××
	联系电话：××××××

个人简历

（一）模式

简历的格式写法并不特别固定。常用的有条文式、表格式。虽然格式不同，但在内容上基本相同。

1.个人资料

个人资料包括姓名、性别、出生日期、籍贯、毕业学校、专业、学历、身体素质、联系方式（电话、E-mail、通信地址及邮政编码）等。基本信息不一定全列出来，如果用人单位没有特别强调必须注明，建议你认为这个职位应该列出的信息你才列出。

2.求职意向

求职意向也称求职目标。应表明求职的方向或正在寻求的特定职位。求职的方向既不要过窄而限定了被选择的范围，也不要过宽，让人觉得你过于自负或没有专长。要根据自己的实际情况确定一到三个岗位为好。

3.教育背景

教育背景包括第一学历、自学进修、最高学历、所学专业、学习时间等。在填写此项内容时，本着"远略近详"的原则。一般从初中写起。

4.个人能力

个人能力包括外语能力（语种、等级证书、应用能力等）、语言表达能力、组织协调能力、运用计算机的能力、各种技能特长和其他实际工作能力。这部分，既要概括，又不宜空泛，用证书、成效表述为佳，最好分成不同的类别、按照从重要到一般排列好，以便于审阅者审阅。

5.工作经历

根据个人工作情况不同而重点突出说明工作的具体内容与经历，尤其是与求职目标相关的工作经历。一定要说出最主要、最有说服力的工作经历和最具证明性的相关成绩。

如果是刚毕业的大学生，可以写社会实践、假期打工、勤工助学、参加各种各样的团体组织、实习经历等过程，充分反映曾经有过的经历。

6.兴趣爱好与个性

个性要与所应聘的工作相适应。有人会随便写下不少兴趣爱好，如绘画、唱歌、排球、篮球、计算机、读书、交际。兴趣爱好不能随便写，否则容易在面试时出现纰漏。如果真有突出的个人特长，可强调写出。

（二）模板

个人简历

基本资料	姓 名		性 别		照 片
	民 族		籍 贯		
	出生日期		政治面貌		
	学 历		健康情况		
	专 业				
	通讯地址			邮 编	
	联系电话			E-mail	
求职意向					
教育背景					
主修课程					
获奖情况					
个人技能					
曾任职务					
社会实践					
兴趣爱好					

技能训练

（一）以班级为单位举行模拟招聘会

步骤1　确定活动目的

①通过该活动，使学生能够根据企业的需求，作好职业规划以应对日益激烈的就业竞争，实现自身价值。②学会制作格式正确、语体规范、有个性的求职文书。

步骤2　筹划准备阶段

①根据情况要求学生到人才招聘现场，了解企业对人才的要求。②收集厂方资料，确定模拟招聘职位。③以海报形式宣传本次招聘单位。④邀请招聘单位负责人员招聘的相关领导和本系有关部门领导及专业骨干教师作为评委。⑤学生准备求职资料。

步骤3　招聘阶段

1.方式：面试。

2.主要环节：

（1）参加选手自我介绍。

（2）对所应聘职位的竞职演说。

（3）评委现场提问。

问题编选：

你对这份工作的哪方面最有信心？

你觉得与这份工作相关的你的缺点是什么？

什么是你认为最有效或最理想的工作环境？

日常工作中，你喜欢固定的工作模式还是多变的工作模式？

你对待遇的看法？给你每月1000元或600元但有不稳定的业务提成，你怎么选择？

经常需要出差的工作适合你的生活方式吗？

你对加班有什么看法？

你如何看待社会上的竞争？

最能概括你自己的3个词语是什么？

你最喜欢的大学课程是什么，为什么？

（4）由系部分管学生工作的副书记对学生的表现进行点评。

步骤4　教师进行活动总结，提出希望。

（二）调整下列简历结构，使之更合理并修改完善

简　历

◆个人资料

姓名：×××	性别：女
籍　贯：河南许昌	出生年月：××年×月
民族：汉	所获学位：法学硕士
健康状况：良好	婚姻状况：未婚
政治面貌：中共党员	专业资格：会计师
毕业院校：××科技大学	专业：科技管理与知识产权
联系方式：×××××××××	

E-mail：略

联系地址：××省××市××路

◆教育经历

2006年9月—2009年6月	××科技大学经济法学专业硕士。
2003年9月—2006年6月	××财经学院会计专业本科。

2000 年 9 月—2003 年 6 月　　　××财经学院会计专业专科。

◆工作经历

2008 年 8 月—2009 年在××卷烟厂工作，曾做过出纳、会计、统计、主管会计等工作。

2007 年 9 月—2008 年 7 月在××科技大学成教部进行经济法学、会计学课程教学。

◆外语水平

大学英语六级。本人有较强的英语阅读、写作及口头表达能力。

◆获奖情况及专业技能证书

2000 年—2003 年多次获××卷烟厂先进团支部书记荣誉称号。

2007 年和 2008 年获学校三等奖学金。

2008 年 10 月获××科技大学"三好学生"荣誉称号。

◆知识结构

硕士期间主修课程：英语、微型计算机应用、知识产权法律基础、知识产权法学专题研究、专利战略、专利文献撰写、法学前沿、法理学、合同法民事诉讼法、公司法、经济法、西方法学名著选读、马克思主义经典著作选读、科学社会主义与实践等。

本科期间主修课程：数据结构、计算机维护、计算机原理、会计学、管理会计、工业会计学、市场营销、财政与金融、国际贸易、管理学、数理统计及应用、微积分、线性代数、英语等。

◆参加课题

2006 年 9 月—2007 年 3 月参加国家知识产权局重点课题"新经济时期中国知识产权教育培训模式构建研究"。

2007 年 6 月至今，参加"研究生知识产权教学资源优化和利用研究"课题的方案设计及数据收集分析等工作。

◆发表论文

高校知识产权论文集：《适应新时代要求培养跨世纪知识产权人才》。

拟发表：《SWOT 分析方法在企业专利战略中的应用》。

◆自我评价

适应力强、认真负责、坚忍不拔、勇于迎接新挑战。有较强的组织、活动策划能力和团队精神，在同事、同学中有良好的人际关系。有较强的科研能力和严谨的治学态度，能迅速适应工作环境，有较多的工作实践经验。

◆求职意向

希望从事知识产权管理、技术管理、财务投资管理、高校教育等方面工作。

任务 7　述职报告

知识概要

（一）述职报告的定义

述职报告是任职者依据自己的职务要求，向上级领导机构、主管部门、选举任命机构、所属职工群众，陈述本人或单位在一定时间内履行岗位职责情况的书面报告。

随着我国干部人事制度改革的进一步深化和公务员制度的实行，作为民主考核干部程序中的一个重要环节，领导干部的述职越来越显出其重要的意义。它是完善干部管理制度的一项重要措施，是广大群众评议干部的依据，也有利于干部的自我提高。

（二）述职报告的特点

1. 述职的自我性

述职的自我性，即自我评述，是述职报告不同于一般的工作总结、工作报告的显著特点。

述职报告首要的是"述职"。述职就是述说自己在任职的一定期限内履行职责的情况，既要述（陈述、检查、总结自己的工作情况），又要评（解剖、评价自己的工作），总是用第一人称的口吻。因此，写述职报告要首先把握好述职的自我性特点，不能写成回顾整个单位或他人工作情况的工作总结、工作报告。

2. 内容的规定性

述职报告不像一般总结和报告那样内容涉及面很广，而是要根据当前人事部门考核领导干部的有关规定，要求对任职一定时期的德、能、勤、绩四个方面来述职，尤其是绩（即政绩），是评价干部好坏的主要标志。述职报告要充分呈现述职人的工作政绩，应实事求是地写出来，不能夸大，也不能过于谦虚。

（三）述职报告的种类

根据不同的分类标准，述职报告可以分为多个种类，但一般有以下两种。

1. 晋职述职报告

当有关领导者或工作人员为晋升更高一级职务时，必须向主管部门和领导报告履行岗位工作的情况。

2. 例行述职报告

担任一定岗位职务的人员，定期要向有关组织和群众汇报工作情况，接受组织的考核与监督。

文体示例

要　领	范　文
标题	我的述职报告
称谓 正文 一、导言	领导、同志们： 　　我自 2000 年起，担任市机械局长和党委书记职务，负责局里的全面工作。任职以来，坚持以改革总揽全局，以振兴我市机械工业为根本目标。五年来，我市机械工业有了较大的发展，工业总产值由 1999 年的 20724 万元上升到 2002 年的 54113 万元，增长 1.6 倍，年平均递增率 22%；全市共有机械工业企业 69 家，固定资产净值 47452 万元，比 1999 年的 30503 万元增长 55%……现将我任职期间的工作情况报告如下： 　　一、坚定不移地贯彻执行党的基本路线和上级主管部门具体的方针政策，联系实际，做出振兴我市机械工业的基本决策。 　　1.任职前的客观环境和条件……
二、主体 1.主要成绩	2.更新观念，扬长避短，逐步实现振兴我市机械工业的目的，适应全国经济体制改革的形势。我提出了一个基本构想："坚持党的基本路线，进一步解放思想，依托二汽，大力发展以汽车配件、配套工业为主体，以发展机电产业和农业机械为两翼，逐步形成具有我市特色的机械工业。" 　　3.为了实现上述基本构想，五年间，每年以我为主，组织专门班子，在充分调查研究的基础上，经过集体讨论，制定出具体的任务和目标…… 　　二、坚持把改革放在第一位，以改革总揽全局，加快机械工业的振兴。 　　1.以搞活企业为中心环节，不断深化企业内部改革…… 　　2.面向市场，依靠科技，依托优势产业，大力调整产品结构和开发新产品…… 　　3.狠抓技术改造和引进工作，不失时机地为全市机械工业的发展培植后劲…… 　　4.加强企业领导班子的思想建设和组织建设，推进企业精神文明建设…… 　　三、坚持党的三大作风，全心全意为基层服务，带头进行机关廉政建设……
2.存在问题	四、我任职期间存在的主要问题。 　　1.我市机械工业长远发展的战略任务和战略目标至今未落实…… 　　2.在我上任伊始提出的我市机械工业总体构想中，曾经提到"依托二汽，以发展汽车配件、配套工业为主体"。××机械厂拿出了微型汽车样机，××也拿回了农用汽车图片，由于上级主管部门不是很重视，并且市场调查难度大，结果不了了之……
3.自我评价	3.充分发挥具有我市特色的机床调速、外部汉打仪表元件以及传感器等高技术产品优势，推进机电一体化，这方面的工作抓得不紧，做得不够…… 　　同志们！我的任期已经届满。五年来，我已经竭尽全力来履行自己的职责，尽管存在的问题还很多，但觉得自己还是称职的。 　　恳请领导和同志们严格审查评议我的述职报告。
三、结语 落款（署名和日期）	谢谢大家！ 　　　　　　　　　　　　　　　　　　　　　　　××× 　　　　　　　　　　　　　　　　　　　　××××年×月×日

技法要领

撰写述职报告必须处理好的几个关系

（一）要处理好"述职"与"述绩"的关系。述职报告重在述绩。

（二）要处理好"陈述成绩"与"陈述问题"的关系。内容上要突出成绩，兼顾问题；结构上则要先陈述成绩，再指出问题。

（三）要处理好"集体"与"个人"的关系。领导干部述职要特别注意这一点。很多工作都是大家一起努力的结果，要将真正属于自己的那一部分说清楚，要注意区别使用"提出……""组织发动……""协调……""亲自承担……"词语，将自己的成绩和作用说得恰如其分。

（四）要处理好"陈述"与"评议"的关系。述职报告总体上要注意少自我评价多陈述事实。在陈述政绩（业绩）时，对自己工作中某些特别有价值的工作可以略作点评，但文字上要少而精；在指出存在问题后进行自我评价时，文字上仍然要少而精——以免给人留下"自我吹嘘"的印象。

（五）要处理好"陈述者"与"听众"的关系。述职报告要面对的对象都很具体，要把握分寸，注重效果。既要提上下级和其他同事对自己的支持，又要注意不能因此淹没个人的才干和贡献。整个述职报告都是在陈述自己的情况，但要注意谈"我"不见"我"："我"字出现的频率不宜太高，能省则省，并注意用"本人""自己"代替。述职报告中要回避涉及个人隐私、影响人际关系的内容。

模式模板

（一）模式

述职报告由标题、称谓、正文、署名和日期组成。

1.标题

标题写法有两种。

（1）文件式标题

①文种式。直接用文种名称作为标题，即"述职报告"，这是最常用的一种标题形式。

②全称式。包括单位名称、职务、姓名、任职时间和文种，如《××财政厅×××任职期间的述职报告》。

③省略式。省略某些要素，如《××公司×××述职报告》

（2）双标题（主副式）由"文章式（提示主题或中心）＋文件式"标题构成。

2. 称谓

称谓即述职者面对的对象或呈报的部门，如"各位领导""董事会""组织人事部"等。

（1）呈送上级的述职报告，应仿照公文的习惯，顶格写明收文机关。

（2）需要向领导和所属人员面对面宣讲的口头述职报告，应使用"各位领导、同志们"之类的一般性称呼。

3. 正文

（1）导言。陈述述职人的基本情况，包括学历、政治面貌、任职时间、工作实绩等。

（2）主体。履行职责的实际情况。

◎ 要突出工作的实绩。叙述本人在任职期间主要做了哪些事情，怎样去做，取得了哪些成果，自己如何认识、评价，从实绩中还可引申出经验、体会。

◎ 指出存在的问题。自己还有哪些事情没有做好，原因何在，从中引申出教训。

◎ 今后努力方向及建议。为了做好今后的工作，可在最后部分提出自己的工作设想、建议及相应的措施办法。可多可少，视情况而定。

（3）结语。一般用格式化的习惯用语，如"以上述职报告，请领导好同志们批评指正""以上报告，请审查""此次报告，请审阅"等来结束全文。

4. 署名和日期

述职人署名、成文（或报送）日期可以放在标题之下，也可以放在文尾右下方。

（二）模板

提　纲	模　板
标题： 称谓： 正文： 一、前言 二、主体 1. 主要成绩 2. 存在问题 3. 努力方向 三、结语 落款（署名和日期）	＿＿＿＿＿述职报告 ＿＿＿＿＿＿＿＿＿＿： ＿＿＿＿＿＿＿＿＿＿＿＿＿＿＿＿＿＿ ＿＿＿＿＿＿＿＿＿＿＿＿＿＿＿＿＿＿ ＿＿＿＿＿＿＿＿＿＿＿＿＿＿＿＿＿＿ ＿＿＿＿＿＿＿＿＿＿＿＿＿＿＿＿＿＿ ＿＿＿＿＿＿＿＿＿＿＿＿＿＿＿＿＿＿ ＿＿＿＿＿＿＿＿＿＿＿＿＿＿＿＿＿＿ ＿＿＿＿＿＿＿＿＿＿＿＿＿＿＿＿＿＿ ＿＿＿＿＿＿＿＿＿＿＿＿＿＿＿＿＿＿ ＿＿＿＿＿＿＿＿＿＿＿＿＿＿＿＿＿＿ ××× ××××年×月×日

技能训练

（一）请指出下列述职报告的存在的问题

学生会体育部部长工作汇报

炎日当空，天上无一丝云彩，火辣辣的太阳简直叫人不敢出门，空中没有一丝风，只有知了在树上不停地叫着，好像在说："放假了，放假了。"又一年过去了，回顾这一年来自己担任学生会体育部长的工作，其中有成功的喜悦，也有失败的痛苦。在此，我向老师、同学们报告如下。

在这一年里，我们体育部做了以下几项工作：

一、严格早操考勤

由于部分同学在出操问题上存在懒惰心理，早操的问题成了学校及体育部近年来最难解决的老大难问题之一。为此，在学校领导和学工处的指导下，我们加强了对早操出勤的检查工作，对过去的考勤方法作了一些改动。从本学期开始，把原来由各班体育委员各自检查本班出操人数改为由学生会成员对各班进行交叉检查，并把各班每天出操人数上报体育部。体育部汇总后报学工处公布于众。采用交叉检查的方法有利于各班互相监督，避免了各班自查时"讲情面"、出勤率"掺水分"的现象，及时公布当天各班出操情况，表扬出勤率高的班级，激发了同学们的集体荣誉感。对各班个别经常缺操的同学，列出名单，建议学校给予一定的处理。这个建议被教务处采纳。采取这些措施后，早操出勤率有较大提高。

二、开展多种体育竞赛

我们学校有 2000 多名学生，但运动场地很有限，没有正式的跑道、田径场、足球场，要组织体育竞赛困难不少。体育部本学期从实际出发，因地制宜，利用有限的场地，成功举行了各种班际体育比赛。其中，举行大型的全校性体育比赛有：系部篮球联赛、女子乒乓球擂台赛等。通过组织这些体育比赛，活跃了学生课余生活，并吸引了大部分同学参加，许多同学反映很好。

三、与校外保持联系，互相交流经验

体育部除了在校内举行了一系列比赛外，还与附近的学校共同组织体育竞赛活动。本学期与××学院联系组织了第一届两校篮球流动比赛和象棋对抗赛。比赛采取互访的方式，轮流到对方校内举行赛事。通过组织比赛，不仅共同切磋球艺棋艺，而且互相交流工作经验，大大促进了两校的联系，活跃了两校的文体气氛，博得师生的好评。

四、配合学校做好相关工作

在工作中，我主动向学院有关部门征求开展体育工作的意见，努力完成学校交给的各项任务，如及时召开各班体育委员及副班长会议，传达学校有关指示；通报各班体育锻炼情况；做好健身房管理工作；组织同学定期清扫乒乓球室、羽毛球室等。

一年来，体育部做了一些工作，成绩是主要的，但也有不少工作还有待进一步开展，今后在工作中要注意改进。

"俱怀逸兴壮思飞"，在今后的工作中，我将克服困难，乘胜追击，争取更大进步！

（二）举行一次班干部述职活动

步骤1　分组

要求：每组一位班级干部。

步骤2　讨论每位班级干部的述职报告的写作内容

步骤3　举办班干部述职活动，全体同学作听众

步骤4　全体同学讨论他们述职报告中的优缺点并帮助修改

步骤5　教师总结

任务8　调查报告

知识概要

（一）调查报告的概念

调查报告，顾名思义，就是一调查，二报告。调查，是站在科学的立场，运用科学的观点和方法对现实生活或历史上具有重大意义的典型事物，或工作中亟待解决的问题进行周密、系统、全面的调查了解，发现问题，分析问题，透过现象揭示问题的本质。报告，是向公众或有关部门所做的反映情况、判断性质、表达结论和意见的书面报告。调查是报告的基础和依据，报告则是调查的反映和体现，不进行调查研究，就无法写出调查报告。调查报告是对某个问题或某件事情进行调查研究后，将调查成果用文字表达出来的一种实用文体。

（二）调查报告的特点

1. 客观性

客观事实是调查报告的基础。调查问题的提出，事物的发展，结论的得出，都来源于客观事实。没有大量的事实，就得不出正确的结论，也就无从指导工作，提供政策依据和先进经验了。

2. 指导性

调查报告的作用是为领导机关提供政策依据，为领导决策提供参考，为人们的工作提供经验教训，具有很强的工作指导作用。

3. 典型性

调查报告的材料必须是典型的，以便从中探索事物的发展规律，寻求解决矛盾的办法，以点带面，给全局的工作提供借鉴。

（三）调查报告的分类

按调查内容的性质来分，可分为以下几种类型。

1. 基本情况的调查报告

这类调查报告所反映的内容比较广泛、全面。它主要是对社会上的政治、经济、军事、文化等方面的情况进行调查，以便弄清现实情况，做出正确的形势估计和情况判断，为领导机关制定某项方针、政策提供资料和依据。这类调查报告重在以数据和实例来反映基本面貌和发展情况，同时还要提出建设性建议。如《大学生就业观调查报告》。

2. 新生事物的调查报告

这类调查报告主要是反映社会生活中涌现出来的新人、新事、新发明、新风貌。在"新"上做文章。它要写出新事物的情况、特点，体现出时代精神，比较完整地阐述它产生、发展的过程，揭示出其成长的规律，说明它的意义和作用，旨在进一步促进它迅速成长、发展。

3. 典型经验的调查报告

这类调查报告着重介绍某项工作的做法和体会，充分列举所取得的成绩，并从中分析概括出一些成功的经验和行之有效的方法，把它上升到理论的高度来认识，给人以启迪参考。这种典型经验具有代表性、科学性、先进性和指导性，对后面的工作起推动作用。在写作中，必须说明先进经验的思想基础、客观条件、创造过程、具体做法和实际效果等方面的情况，使读者感到可信、可学。

4. 揭露问题的调查报告

这类调查报告是针对显示生活中存在的各种问题和矛盾，通过确凿的事实、科学深入的分析来揭露这些问题或矛盾弊端产生的原因，指出其危害性，并提出解决的办法，达到吸取教训、解决问题的目的。这类调查报告重在对问题和矛盾的危害性的分析，解决措施和办法的提出。

写揭露问题的调查报告，要求如实反映情况、分清两类不同性质的矛盾，写出解决建议和意见，以便于领导机关做出处理。

（四）调查研究的方法

调查报告是调查研究的一种具体成果，必须建立在真实、准确的调查研究之上。因此，写调查报告之前最重要的工作就是脚踏实地、深入细致地做好调查工作。

1. 按调查范围大小分

普遍调查，简称普查，又称全体调查，指对全体调查对象进行无一遗漏的调查；个案调查，指仅对一个调查对象进行详细调查；抽样调查，指从调查对象的总体中，抽取部分个体组成样本进行调查。

2. 按在研究过程中的作用分

探索调查、试验调查、正式调查和补充调查。

3. 按调查的形式分

访问调查、问卷调查和电话调查。

（五）调查问卷的设计

调查问卷一般可以分为标题、前言、主体和结束语四个部分。

1. 标题

标题设计要简洁明了，反映研究主题，使人一目了然。

2. 前言

这一部分要解决的问题是调动被调查者填写问卷的积极性，需写明该问卷的调查目的、意义及问卷的要求，也可以加上一些鼓动性的话，让被调查者乐于认真地完成问卷。但前言不宜太长，一般是3—4行为宜。

3. 主体

主体是问卷的核心部分，调查的问题就安排在这个部分。在问题的选择上应注意以下几点。

（1）根据调查目的设计、筛选问题。例如，征求同学对班级管理的意见，班长可以让各位班委分别设计出自己的问题，汇总后再进行整体的筛选，合并同类的，删掉无意义的问题。

（2）问题的形式有客观和主观两种，客观题比较简单，答卷者比较愿意回答。客观题可以采用是非题或者选择题的形式。主观题需要答卷者写出自己的想法，与客观题相比，比较费时，不过可以征得大家的宝贵意见。为了让答卷者易于接受问卷，设计时应注意主、客观题的搭配比例。一般情况下，客观题占较大的比例，但主观题也不能太少。

（3）问题设计时，应注意问题的表达方式，用简洁明了的语言告诉答卷者要做什么，不要给出一个问题，答卷者要读很长时间才能弄懂，甚至还是不知道要干什么。一般一个问题只设一个问，尽量不要一题多问。另外，不要使你的问题产生歧义。

（4）问题的数量不宜过多，过多会使人做得发晕，也不便调查者统计，影响调查效果。

（5）在问题排列时，应遵循从易到难、由浅入深等原则。

4. 结束语

结束语主要是答谢答卷者对调查工作的支持，并做出会尊重答卷者建议的态度。

文体示例

要　领	范　文
标题 导语 主体： 一、基本情况 二、主要原因 三、建议 结语 落款 （署名和日期）	<div align="center">大学生消费结构调查与分析</div> 　　大学生是一个特殊的消费群体，为了更好地了解这方面的情况，我们对本市几所大学的学生进行了调查。 　　首先，在学习方面，大学生们尽量考取一些资格认证，以备毕业后容易寻求工作。其次，积极参与学生会工作、社团活动，以及校外兼职工作，积累一定经验，因此这就使商家利用学生会大搞校内宣传，并充分利用兼职的高质量廉价劳动力成为可能。 　　通过以上调研结果可以看出，大学生的基本生活消费和心理整体上是现实的、合理的，但离散趋势明显，个体差异大。主要归纳为以下几个方面。 　　1.大学生消费有其不理性的一面 　　大学生没有经济来源，经济独立性差，消费没有基础，经济的非独立性决定了大学生自主消费经验少，不能理性地对消费价值与成本进行衡量。大学生没有形成完整的、稳定的消费观念，自控能力不强，多数消费都是受媒体宣传诱导或是受身边同学影响而产生的随机消费、冲动消费。这也正是大学生消费示范效应的结果。拿手机产品来说，目前，有手机的大学生中，一部分有通信的需要，且家庭经济条件允许；另一部分有通信需要，但是家庭经济条件负担不起的情况下"趋前"消费；还有一部分是既无通信需要又无家庭经济条件负担的"奢侈"消费。而"奢侈"消费则是由大学生消费的示范效应、攀比心理导致的。 　　2.大学生对品牌的忠诚度很高 　　大学生消费在一定程度上会相信自己的真实体验，如果使用某种品牌产品产生好的体验，就会坚持使用，从而逐步形成固定偏好，最终形成使用习惯，保持对此产品良好的忠诚度。比如洗发水，感性认识上的气味清香、质量好、效果明显，都会促使他们继续使用下去。 　　3.大学生更侧重时尚性消费 　　大学生思想活跃，对新事物有强烈的求知欲，喜欢追求新潮，并敢于创新，消费的趋附性强，娱乐消费占全部消费额的比重很大。对企业而言，中国移动做得较好，它们借助流行时尚代言人周杰伦为"M-ZONE"加油助威，同时利用学生追求物美价廉的心理，推出学生卡，从而赢得不菲的业绩。 　　给商家的一些建议： 　　1.为避免各大院校统一购书乱收费之嫌，国家2001年明文规定，不强制学生通过学校来统一购书，因此，绝大多数学生通过班级集体从书店订购，价格按8.5折。我认为这便为书商、网络书店提供了良机。如果在开学之际，书商能够去各大院校通过学生会主动联系采购，并且能够折价更低一些，势必会赢利不菲并能最终实现学生、商家互利互惠。同样，各大网络书店在这方面也尚需改进，其渠道不够透明，信息不够明确，这便严重阻碍销售。 　　2.通过调查，可看出大学生对日用品的消费，尤其是洗发水的消费比例很大。各大洗发水商家应注意大学生这一特殊消费群体，并更侧重于自身产品的差异化、特殊化，比如生产有利于清醒大脑、集中精神的洗发产品等。 　　3.在一个地区的各大院校周边开设连锁快餐店，提供专门针对学生的特色饭菜，并凭借良好的快捷服务、干净卫生的就餐条件赢得广大大学生的青睐。 　　总之，大学生群体消费市场在逐渐扩大，人们对其关注也逐渐提上日程。因此，大学生消费市场定将成为商家的必争之地，各企业、商家应深度拓展其消费市场，抢占先机。 <div align="right">××××学院学工处 ×年×月×日</div>

技法要领

（一）结论明确，针对性强

调查报告涉及的内容和范围十分广泛，不论是现实生活还是历史问题，不管是大事还是小事，都要通过调查了解，发现问题，分析问题，透过表象揭示问题的本质。这就决定了调查报告针对每个问题，赞成什么，反对什么，必须有明确的结论或鲜明的倾向。

（二）事实准确，真实客观

调查报告要坚持求真务实，以事实为准绳，把事实情况真实准确地反映出来，才能得出令人信服的结论。用事实说话，是调查报告的显著特点。

（三）叙议结合，以事明理

叙议结合是调查报告的表达方式。叙是客观事实的叙述，议是对事实的分析。调查报告是在分析具体事实的基础上进行的，离不开对具体事实的介绍，这些介绍是通过叙述来完成的。调查报告中的叙述采用平直的方法，简明扼要。调查报告中的议论，体现出简要概括的特点。或对某人某事画龙点睛地予以评价；或针对工作中的某类问题，简扼分析，提出解决的办法和意见。

模式模板

（一）模式

调查报告一般分为标题、导语、主体、结语、署名和日期五个部分。

1. 标题

标题一般由正标题和副标题组成。正标题是全文主要事实或基本经验的概括说明，副标题是关于调查对象或调查内容的补充说明。也有只用一个正标题的，但一般要求表明"调查报告""调查"或"调查附记"等字样。例如毛泽东的《湖南农民运动考察报告》《拯救桂林——桂林市污染情况调查》等。

2. 导语

导语也叫前言、引言、总述等。通常有三种情况。

（1）交代调查目的、时间、地点、范围、方式，并扼要点明基本观点，突出报告内容的重要意义。

（2）揭示主要问题，引起读者的注意。

（3）概括介绍调查对象的基本情况和全文主要内容，以及要说明的主要问题，便于读者对全文内容有一个概括的了解。导语写法多种多样，没有固定格式，但文字要高度概括，简明扼要，有所侧重，不可面面俱到。

3. 主体

主体是调查报告最为重要的部分，这部分的材料丰富、内容复杂，表述的方式也是多种多样。写作中最主要的是思路的安排。

（1）新生事物调查报告写作思路大致遵循："什么背景""什么内涵""有何优越性"，写出新生事物产生的原因、做法和意义。

（2）典型经验调查报告写作思路的大致遵循："什么典型""哪些做法、经验、体会""怎么完善"，概括出经验、做法和体会。

（3）反映情况调查报告写作思路大致遵循："什么情况""什么原因""什么建议或对策"，对调查对象基本情况进行分析。

（3）揭露问题的调查报告写作思路大致遵循："什么问题""哪些原因和危害""什么措施和方法"，写出问题产生的原因及教训。

4. 结语

结语通常有以下三种。

（1）结语意味深长，充满热情和信心，能够鼓舞读者。

（2）结语总结全文、深化主题，有利于提高人们的认识。

（3）提出新问题，指出努力方向，启发读者进一步思考。

总之，调查报告的结尾要富于启发性、教育性。文字要简洁，不能拖泥带水。调查报告的导语和结尾两部分不一定每篇调查报告都要有，要视具体情况而定。

5.署名和日期

调查报告的署名可以是调查单位的名称，也可以是个人。如果标题下已署名，署名和日期款时可省略。

（二）模板

揭露问题调查报告模板如下表所示。

提　纲	模　板
标题 导语	＿＿＿＿＿＿＿＿＿＿＿＿调查报告 ＿＿＿＿＿＿＿＿＿＿＿＿＿＿＿＿＿＿＿＿＿ ＿＿＿＿＿＿＿＿＿＿＿＿＿＿＿＿＿＿＿＿＿
主体：	一、存在问题： ＿＿＿＿＿＿＿＿＿＿＿＿＿＿＿＿＿＿＿＿＿ 二、原因及危害： ＿＿＿＿＿＿＿＿＿＿＿＿＿＿＿＿＿＿＿＿＿ 三、措施和方法： ＿＿＿＿＿＿＿＿＿＿＿＿＿＿＿＿＿＿＿＿＿ ＿＿＿＿＿＿＿＿＿＿＿＿＿＿＿＿＿＿＿＿＿
落款（署名和日期）	××××年×月×日

技能训练

写作训练

1. 各组举办调查报告写作座谈会，负责人主持，收集材料，讨论写作事项。

2. 各组选择两个较好主题，一个由负责人执笔起草文稿，一个由全体成员起草提纲即文稿，参加写作技能比赛。

3. 作文比赛。各组把两篇调查报告分别送交评委，由评委综合评定等级，给予各公司成员相应分值，记入成绩表。

项目三　经济文书类写作

任务1　产品说明书

（一）概念

产品说明书，也叫"商品说明书"，它是一种以说明为主要表达方式，对商品的性能、用途、规格、使用和保养方法以及注意事项等进行书面介绍和说明的文书。

（二）作用

1. 宣传推销

产品进入市场即成为商品。厂家通过商品说明书向消费者近距离地、面对面地宣传、介绍商品，促使消费者了解商品功能，从而激发起消费者的购买欲，产生购买行为。

2. 指导消费

商品说明书通过介绍产品的性能、用途和使用、保养方法，从而指导消费者如何使用该商品，避免商品使用过程中可能带来的损失或危害。

3. 交流信息

许多企业或商家借助商品说明书了解其他企业或商家有关产品的信息，从而来进行产品研制或对自身产品进行技术改造。目前商品说明书的信息价值已经日益受到企业、科研机构的高度重视。

（三）分类

1. 从形式上划分

从形式上可分为音像式说明书和文字式说明书。前者是指利用现代科学技术手段，如科技教育片、幻灯片、电视实物录像片等形式，配以相应的解说词对产品进行介绍和说明的一种方式；后者是指以文字、数据和符号说明为主，有时也适当地配以比较醒目的插图及实物图片进行绍和说明的一种方式。

2. 从内容上划分

从内容上可分为实物说明书和使用说明书。前者主要说明产品是什么样子的，后者则则说明该怎样使用产品。

文体示例

要　领	范　文
标题：标准名称+文种 正文： 一、概述 二、功用 三、使用说明 附文：	××牌电热杯使用说明 　　我厂电热杯生产历史悠久，式样新颖，美观大方，质量优良，安全可靠，经济实惠。 　　该杯可加热各种食物，立等可取。特别适用于加热牛奶、咖啡、泡饭、黄酒及小孩奶糕等食物。 　　一、本电热杯使用220 V的交流电源，耗电功率为300 W。 　　二、使用时首先将电源线插座一端插入杯子插座处，再插上电源插头，用完后先拔掉插头，以免触电。 　　三、热杯容量为1000 ml，使用时不要灌得太满，以免煮沸时溢出杯外。 　　四、饮料煮沸倒出后，杯中应加入少量冷水（因杯底温度较高），不然要影响杯子寿命。禁止随意打开底部的加热部件，以免损坏。 　　自售出之日起，一年内，如因材料或制造工艺不当而损坏，本厂责任退换或免费修理。但不包括因使用不当而造成的损坏。 　　本产品经中国家用电器工业标准化质量测试中心站鉴定合格。 　　编号：92-1-HC-78 　　欢迎您提出宝贵意见。 　　本厂宗旨：质量第一，用户至上，销往全球，永久服务。 　　企业名称：×××××× 　　本厂地址：中国云南昆明市××路××号 　　电话：××××××× 　　　　　　　E-mail：××××××

技法要领

（一）内容要科学、真实

商品说明书应本着对消费者负责的精神，以客观的态度，实事求是地反映产品的使用价值，既不能夸大其词、弄虚作假，也不允许故意隐瞒、歪曲产品的真实情况。

（二）要抓住重点

商品说明书应对消费者最为关心或可能产生疑虑的重点问题进行详细介绍，要突出商品的特点，使消费者从众多的商品中，选出适合自己需要的商品。

（三）用语要通俗、简明

由于商品说明书的使用对象是社会公众，他们的文化层次和从事的行业不同。所以，在写作商品说明书时语言要通俗易懂，简洁明了，要尽量选择日常用语，使消费者易于理解。

模式模板

（一）模式

商品说明书的基本格式由标题、正文、附文、生产日期、外文对照等五部分构成。

1. 标题

通常有三种形式：第一种是由商品的标准名称加文种构成，如"红叶牌 321 型电风扇说明书"；第二种是简化式标题，即直接由商品的标准名称或文种构成，如"三福牌拖拉机"或"说明书"；第三种是注解式标题，这种标题是为了提高产品的宣传力度，加强广告效应，扩大企业知名度，由商品名称与相应特点的注解或富于鼓动性的文字构成，如"××××口服液——古代中医与现代科学智慧的结晶"。

2. 正文

这是商品说明书的主体部分，一般包括如下内容：

（1）概述或简介。从整体上对商品的特点进行简要介绍。

（2）商品构成。主要说明商品的质地、规格、成分、样式、包装及附带备件名称和用具表等。

（3）商品性能。主要说明商品的性质、特点等。

（4）使用和保养事项。主要说明商品使用方法、注意事项、维修保养等知识。

（5）插图。对有些使用操作复杂的商品，必要时应附上插图，并配以文字说明，以方便消费者掌握使用和保养商品的要领。

上述内容是正文部分的说明要点，具体到一份说明书中，不一定要面面俱到，可根据对象的不同确定不同的重点，以突出商品的主要特点。

3. 附文

附文是指除说明书正文之外的一些必备内容，大多写在正文之下的左侧。内容包括企业名称、地址、电话、邮政编码、传真、保质期、标准代号等。不同的说明书，附文的项目有所不同，应根据具体需要确定。

4. 生产日期

生产日期十分重要，它是检验商品的质量性能、先进程度的标准之一。生产日期的位置不确定，有的在说明书中，有的在袋口（尾），有的在外包装上，有的在检验条上。

5. 外文对照

出口的商品，说明书应有与中文相对照的标准外文。外文说明应附在中文之后，内容与中文完全一致。外文写作要正确、规范，同时要注意针对商品出口国的不同，采用不同语言。

正文的表现形式多种多样，主要应根据商品自身的特点，把握消费者的心理来确定。可采用条款式、概述式、问答式、表格式等形式来写，使商品的性能和功用一目了然，简明易懂。

最常用的结构形式主要有两种：

（1）条款式，即对有关内容按一定的次序分条列项加以说明。其特点是层次清楚，条理分明。

（2）概述式，即对商品的有关知识做概括性的陈述和说明。其特点是有利于突出商品的个性，给消费者留下较为深刻的整体印象。

（二）模板

提　纲	模　板
标题：	_____ _____
正文：	_____ 一、_____ 二、_____ 三、_____
附文：	企业名称：_____ 地　　址：_____ 邮政编码：_____ 电话号码：_____ 网　　址：_____

技能训练

（一）指出下面这则说明书存在的问题，并予以修改

产品说明

我厂采用现代最先进的工艺、最科学的配方精制而成，风味独特，绝对与众不同，香酥可口，包您久吃不腻，是会亲待友、佐酒佳肴、人人皆宜之上乘食品。

（二）写作训练

请为自己的家乡或校企合作企业生产的某种产品写一份说明书。

任务 2　商品广告

知识概要

（一）商品广告的含义

广告有广义和狭义两种含义。广义的广告是"广而告之"的意思，包括公益性宣传商业行为的广告。狭义的广告是指以盈利为目的的商业行为的广告，通常是指商品广告。

商品广告是商业部门为了传播商品信息，供应市场，通过一定的媒介和形式，直接或间接地介绍自己所推销的商品，以满足人们需要的一种经济应用文。

商品广告除可张贴、广播、登报、录像录音、电视播映外，也可用吊牌、挂牌、灯箱宣传。有的商品广告用文字写出，有的用绘画、摄影展出，有的图文并茂。

（二）商品广告的功用特点

1. 真实性

真实是广告的生命，它是广告取信于民的保证。广告必须真实地向消费者介绍商品质量、功能、价格，忠实地为消费者服务。虽然广告通过渲染包装进行宣传，以达到扩销效果，但应把握尺度，不能欺骗顾客。

2. 劝导性

商品广告宣传的最终目的是促成消费行为的产生，而这一行为的主动权掌握在消费者手中，广告只能起劝导作用。因此，制作广告必须从消费者心理出发，确定广告重点，并选用恰当的语言和表现形式进行一系列的宣传，让消费者从注意广告开始，进而了解商品，激发感情，诱发潜在的购买欲望，并最终接受广告的劝导，实现消费行为。

3. 艺术性

广告是一种传递信息的特殊艺术形式，为了达到介绍、推销商品的目的，可根据需要用文学、音乐、美术、电影等艺术形式，形象生动地表达其内容，融思想性、知识性、趣味性于一体，在介绍产品、指导消费的同时，使人得到和谐的美的艺术感受。

4. 思想性

广告不仅仅是一种经济现象，还是一种意识形态，它借助传递经济信息，传播精神文明，教育引导人们怎样正确地消费、正确地生活、正常地工作，对人们的思想和社会风气起着潜移默化的作用。因此，对于违反国家政策、法令，有损于国家尊严，有反动、淫秽、迷信等内容的广告，要坚决予以取缔。

文体示例

要　领	范　文
标题 正文	观澜国际花园，恬静的都市生活港湾 一艘游轮从女儿的窗前驶过，在别人这是梦，在观澜国际，这是生活。 观澜国际花园，京城首例融合型水景宅。生活在观澜国际花园，每天都有不一样的水景，晨雾茫茫，春江花月。 观澜国际花园，居昆玉河左岸，远眺两山，北望43公顷森林公园和鲁艺公园，总建筑面积20万平方米，5栋弧形板楼掩映于一片葱茏中，2.06的低容积率，越自然，生活越自然；地处三、四环之间，依托便捷的交通网。进，快速连接香格里拉商圈、中关村科技园核心区、金融界商圈；退，回归宁静的生活与工作尽在掌握。
广告标语 结尾	观澜国际花园，恬静的都市生活港湾。 开发商：北京×××房地产股份有限公司 地址：北京市东城区安定门外大街×××号 电话：010-6440×××× 邮政编码：100011

技法要领

（一）内容要真实

真实准确是成功广告词的基本要求，也是商品广告的基石和生命。因此，制作商品广告必须做到内容真实，实事求是，不能弄虚作假，不得以任何形式欺骗消费者。在语言文字的运用上要讲究分寸，做到介绍客观，评价中肯，不夸大其词。

（二）创意要新颖

创意新颖是广告成功的关键。广告创意是广告主题的创造性思维，是在广告主题定位后，如何表现广告主题的创造性的艺术构思，既包括"传播什么"的问题，又包括"怎样传播"的问题。因此，广告创意要新奇巧妙、别具一格。

（三）形式要灵活

广告词的写作没有固定的格式，因此写作时，要采用灵活多样的形式来突出主题内容，要运用新鲜有趣、巧妙得体的语言来吸引读者，引发人们的好奇心，激发读者美妙的联想。

（四）商品广告与产品说明书的区别

商品广告同产品说明书相近，两者都要说明商品的名称、特性和有关的商品，有宣传、告知的作用，但它们是两个不同的文体，在一些方面还是有区别的。如目的不同、内容不同、表现手法不同、发布形式不同等。

模式模板

（一）模式

商品广告没有固定的格式。我们可以根据不同的广告形式，采取不同的写法或制作方法。但从广告写作上看，一般的广告文稿格式中都有一些共同的成分，即都有标题、正文、标语、落款四大基本部分。

1. 标题

商品广告标题的制作，通常采用直接标题、间接标题和复合标题三种形式。

（1）直接标题。这种标题直接点名广告的主旨，其特征是言简意明，开门见山。这是目前我国商品广告中采用最普遍的一种形式。如"容声冰箱令您的生活更美好""华联，购物新亮点"等。

（2）间接标题。这种用含蓄委婉且饶有兴趣的词句反映所要推销商品的信息，以刺激人们的购买欲。这种标题通常富有暗示性、诱导性、趣味性和哲理性，并常常与图片、美术等形式结合起来，给人以想象或回味的余地。如"天上彩虹，人间长虹"（长虹牌彩色电视机的广告标题）、"一路等候，为您加油"（某加油站广告标题）等。

（3）复合标题。这种标题是把直接标题和间接标题结合起来，做到既清楚明白，一目了然，又新颖别致，富有吸引力和诱惑力。通常采用双行式标题：引题为间接性标题，以颂扬产品的风格特色而自然引出主题；正题采用直接性标题方式点明产品的名称。也有部分标题还另加一个副题，起补充说明的作用。如推销"天府花生"的广告，其标题就用这种形式：

四川特产，口味一流（引题）

天府花生（正题）

越剥越开心（副题）

总之，广告标题的制作不管采用那种形式，都必须与正文相符合，题文一致，画龙点睛，富于创新。做到简明扼要，生动形象，新颖醒目，出奇制胜，从而诱发消费者的购买动机。

2. 正文

正文是商品广告标题的具体化，是商品广告的主体部分，要比标题详尽周密，但切记不可冗长杂乱，不可面面俱到。对商品的具体介绍，主要应在广告正文中完成。正文部分要摆出强有力的证据来说明商品的优越性，做到重点突出，简明扼要，通俗易懂，生动有趣。

通常正文部分中要说明的内容主要包括如下方面：

（1）商品的品种、规格、性能、特点、质量、价格、用途、保养方法和企业的经营范围、经营项目、权威机构的评定等。

（2）对消费者的责任保证，售后服务的措施等。

（3）出售或收购的方式、时间、地点、接洽办法等。

常用的表达方式有以下几种：

◎陈述体。用简洁的语言直截了当地说明商品的有关情况。如产品的功效、特点及价格等。

◎证明体。借助专家或权威机构的鉴定评语、商品的获奖级别和知名人士的赞扬等来提高商品的可信度与美誉度。

◎描写体。用形象的文艺形式，如诗歌、散文等来突出商品的特点，朗朗上口，易读好记。

◎对话体。通过一问一答的对话或设问的方式，巧妙地说明商品的有关信息，以激发消费者的好奇心，增强消费者的购买欲。

◎幽默体。用幽默风趣的语言或具有情趣的形式，使消费者在欣赏的同时认识所推销的商品，达到引人入胜、经久不忘的效果。

（3）结尾。广告的结尾要简洁有力，耐人寻味，一般要用热情诚恳的语言告知消费者购买所宣传的商品，或告知销售时间和地点。有的广告在正文中如果已经将主要内容讲清楚了，则可省略结尾。

3. 广告标语

广告标语又称广告语或广告口号。它是商家从长远营销利益出发，在一定时期内反复使用的特定宣传语句。它可以出现在正文的任何部位，一般情况下，它独立于正文之外，作为广告相对独立的部分。它高度概括，语言凝炼，具有很强的号召力。广告标语的特点是简洁、整齐、有韵、上口、易记。例如：

威力洗衣机，够威够力！（洗衣机）

上上下下的享受！（三菱电梯）

4. 落款

落款也叫随文。一般是为便利消费者或用户迅速付诸给购买行动提供的服务方面的种种说明。包括企业与经销点的名称、地址、网址、邮政编码、电话号码、联系人或负责人姓名等。

（二）模板

提　纲	模　板
标题 正文	_____
广告标语	_____
落款	企业名称：_____ 地　　址：_____ 邮政编码：_____ 电话号码：_____ 网　　址：_____

技能训练

（一）指出下列商品广告的毛病，并做修改

某茶叶广告词

我厂配制的绿茶是选用色、香、味俱全之上等茶叶配料。色泽自然、香气馥郁，其香味浓、强、香、爽！包装新颖，清洁卫生，饮用方便，欢迎选购。

（二）写作训练

请为自己的家乡或校企合作企业生产的某种产品设计一则广告语。

任务 3　可行性研究报告

知识概要

（一）可行性研究报告的概念

可行性研究报告是在制订某一建设或科研项目之前，对该项目实施的可能性、有效性、技术方案及技术政策进行具体、深入、细致的技术论证和经济评价，以求确定一个"技术上合理，经济上合算"的最优方案和最佳时机而写的书面报告。其又叫可行性论证报告。

（二）可行性研究报告的特点

1. 论证性

可行性研究报告是在做出决定前，从经济、技术、财务、市场销售等方面，对决策或项目进行综合分析论证，并就法律、政策、环保以及对整个社会的影响，做出科学的论证与评价。

2. 预见性

任何可行性论证都是在决策之前、项目实施之前进行的，自然需对项目的可行性及其可能遇到的种种问题，进行科学的预测和估量。

3. 时效性

可行性研究报告的撰写要求比经济工作总集要更迅速、更及时，所以具有较强的时效性。

（三）可行性研究报告的类型

根据项目分类的不同方法，可行性研究报告主要有以下类型。

1.按行业来划分，几乎可以说一个行业就是一类。如工业可行性研究报告、农业可行性研究报告等。

2.按项目建设性质划分，则有新建项目可行性研究报告、扩建或改建项目可行性研究报告。

3.按项目的规模来划分，则有一般项目可行性研究报告、大中型项目可行性研究报告。前者主要指规模小、投资少、牵涉面不大的常规性项目，后者主要指规模大、投资多、涉及面广、工程复杂的项目。

4.按撰写的形式划分，则有条目式研究报告、提纲式研究报告和论文式研究报告。

文体示例

要　领	范　文
标题：项目＋文种 前言	×××百货商店可行性研究报告（摘要） 　　经上级领导批准，某地在交通方便的主要干线建造一座大型百货商店。该百货商店经营商品种类要求在30000种以上，原计划投资800万元。某设计院为该项目的建设进行了可行性研究，其报告主要内容如下。 　　（一）社会调查情况
主体： 社会调查	该市在新中国成立以来城市面积扩大约3.5倍，工业产值增长28倍。拟建的大型百货公司坐落在市区隔江的一个工业区，是全省政治、文化、经济的中心，也是水、陆、空运输枢纽。全市的大型工矿企业、大专院校、科研与设计单位、各级党政机关、招待所及宾馆都集中在这个地区。该区名胜古迹较多，也是一个旅游的风景区。该区人口约99.38万人（如果包括附近两个邻区在内的人口为135.87万人）。 　　该区与附近邻区现有两个中型百货商店，远不能满足需要，因而增加了市区百货商店的压力，造成市区主要街道和商店十分拥挤的现象。而该区仅有一个百货商店，营业面积只有1300平方米，经销商品不超过7000种。近年来，商业网点与群众需求之间的矛盾非常突出。因此，群众对在该地区建设一个大型百货商店的要求比较强烈。 　　（二）确定规模 　　百货商店规模的确定，可以根据平均每万人的营业额估算，可根据该市统计部门的每人每年消费品购买力资料估算，也可根据该区居民实际购买力估算。确定该项目规模时，分别按下述三种方法做了计算。
项目规模	1．按每万人的营业额估计 　　根据该市现有的大中型百货商店的总营业额与该市总人口数，计算得平均每万人每年的营业额为169.55万元。该区共有99.38万人，故营业额可达：99.38×169.55=16849.51万元。 　　该区（包括邻区）现共有两个中型百货商店，营业额共4000万元。因此，尚有16849.51-4000=12849.51万元的潜在营业额，见表5-1（略）。 　　2．根据该市统计局的资料估算 　　根据该市统计局××××年的居民购买力统计资料： 　　方案1：按平均每人每年消费品购买力为387元估算（人口计算包括附近两个郊区在内）； 　　方案2：按城区平均每人每年消费品购买力为461元估算（只计算本区的城市人口）。方案1、2均见表5-2（略）。 　　3．根据该区居民实际统计的购买力估算 　　根据该区居民每人每月平均收入及用于百货支出等费用的实际统计资料，估算该区每年用于百货业的总的购买能力，表如5-3（略）。 　　由表5-3计算得该区百货业年购置能力为10972.8万元。外地和社会集团的购买力占该区居民的购买力统计为35.62%；本区现有百货商店营业额为4000万元。因此，估算该区新建百货商店规模，其营业额为：10972.8×1.3562-4000=10881.31万元。 　　根据以上三种方法估算出的营业额如表5-4（略）所示。

（续表）

要　领	范　文
地点选择	按以上三种方法估得四个数据，其营业额均超过1亿元。 （三）建设地点选择 在该区共有三个地点可供百货商店地址的选择，其中两个地点，由于交遥运输过分拥挤，并且经常有堵塞路口现象，在该大型百货商店建成后交通堵塞现象更为严重，这是一个主要矛盾，所以应给予否定。 第三个选择地点是一块菜地，除百货大楼外尚可建外文书店及文物商店，均属规划以内的项目，该地点拆迁赔偿费较少，并且正面紧靠新拓宽的马路，宽度60米，设有快慢车道，有通向市区的无轨电车经过。店址交通四通八达，极为方便。由于马路宽阔，车辆与行人不会发生拥挤现象。地质情况经初步勘察，在天然地面以下2米的地耐力达25吨／平方米，无需打桩。缺点是该地低洼，天然地面比路中心低22米，但可利用地形将低洼地势建造架空层。经过技术分析，选择这个地点是合理的，土方工程量较小，给排水管道及供电线路也较经济。征地总数为48亩。
能源供应	（四）能源供应 1. 供水 接入城市自来水总管，接入点离总管距离40米…… 2. 供电 由市供电局供应，离城市干线约40米，采用两回路供电，每年用电量计算如表5–5（略）。 3. 供煤 冬季采暖等用煤由市煤建公司供应。选2吨锅炉，每年使用139天，估计全年用煤751吨，每吨52元计，每年煤耗费用为751×52=39052元。
设计方案	（五）工程设计 百货大楼的初步设计经过多方案的技术经济比较后，选择设计最优方案，概算书及技术经济指标见表5–6（略）和表5–7（略）。 （六）人员配备 本百货商店组织机构与职工人数见表5–8（略）。 （七）经营管理方法与工资 （略）
资金来源	（八）资金来源 根据上级领导意见，投资来源是： 1. 由中国建设银行贷款1285万元，利率为年单利3%。每年支付利息12850000×3%=385500元，分期贷款与分期付息。 2. 流动资金由国家拨付500万元，其余不足的流动资金，向中国××银行本市分行贷款。
施工进度	（九）建设进度 （略）
财务分析	（十）财务分析 表5–10（略）为本百货商店营业后预测逐年营业收支表，根据以下参数计算： 1. 调查国内几个大型百货商店及本市百货商店的利润率为：毛利润率12%—15%，净利润率为5.7%—7.0%，由市商业局及百货业专家共同研究确定。本店毛利润率为12%，净利润率最初五年为5.79%及6.5%，第六年后为6.65%。 2. 职工福利基金为工资总额的11%。 3. 利润留成为净利润额的5%。 4. 工商营业税为营业额的3%。

要　领	范　文
效果评价 结尾：结论与建议	5. 固定资产折旧费中房屋使用年限，按 40 年计算，汽车及其他设备等使用年限按 10 年计算，不考虑残值，年折旧费为 33.5 万元。 　　6. 每年营业日按 359 天计算。 　　7. 库存商品资金周转按 40 天计算（即平均每天营业额乘 40 天）。 　　8. 流动资金总额为库存商品资金加其他流动资金的总和。计算流动资金利息时，按年流动资金总额扣去其中 500 万元流动资金，其余按年利率 5.4% 付息。 　　（十一）经济效果评价 　　该百货商店拟于 1985 年 4 月开始营业至 1991 年开始达到设计能力，即营业额为 1 亿元，营业毛利润率达 1200 万元，每年营业支出为 235 万元，每年净利润率为 665 万元，工商营业税 300 万元，1991 年后每年可为国家增加财政收入 965 万元。从 1985 年 4 月开始，每年的营业收支情况见表 5-10（略）。 　　投资回收期的计算是根据商店营业后的年净利润率与折旧费来还清贷款本息时间，计算过程如表 5-11（略）。 　　由表 5-11 得出以下数据： 　　1. 截至 1984 年贷款总数为 1285 万元； 　　2. 截至 1985 年底，累计贷款利息为 135.39 万元； 　　3. 截至 1985 年底，贷款本息总计：1285+135.39=1420.39 万元。 　　由表 5-12（略）计算结果，本百货商店按年净利润计算投资回收期，从 1985 年 4 月开始营业后，到 1989 年 5 月可将全部贷款本息还清以外，尚盈利 19.32 万元，投资回收期为 4 年 3 个月（4.166 年）。总贷款利息为 135.39+85.94=221.33 万元，截至 1989 年 5 月的净利润额为 1525.68 万元，年平均净利润额为 1525.68÷4.166=366.22 万元。 　　根据以上数据，如考虑到年折旧费在内，可按下式计算投资回收期：（计算式略） 　　（十二）结论与建议 　　根据统计数据与预测，本店的设计年营业额为 1 亿元。在当前国家大力发展轻纺工业生产的情况下，商品的新品种日见增加，质量不断提高。同时，全市人口也每年递增（根据该市统计数，每年人口自然增长率是 5.57‰）。邻近几个县和郊区农民的收入，近几年来大幅度增加。因此，社会购买力相应亦随着上升，预计 1991 年开始达到 1 亿元营业额是有保证的。 　　此外，营业额的提高还取决于经营管理水平，改进服务态度和服务质量。因此，对该商店经理及工作人员的人选是一项十分重要的工作，应予重视。 　　为了使投资取得好的经济效果，对设计与施工能做到多方案经济分析，并按时提前完成工程项目是建设的关键。 　　在百货大楼估算总投资 1285 万元，超过原控制投资 800 万元的 37.74%，其原因是初步确定控制投资时，未经调查研究，今经可行性研究认为增加投资是合理的。 　　对原规划的营业厅装置空调设备及自动扶梯两项，由于考虑当前实际条件，以暂不安设为佳。提供领导研究审核，如果不安装空调，总投资可减少 130 万元，投资同收期更可缩短，每年尚可节约水电费 6.64 万元。 　　当前存在的问题有： 　　1. 本百货大楼室外地面标高低于马路中心的标高，设计中应妥善考虑排水处理； 　　2. 规划中照明用电较多，在设计与商店经营时，应本着节约用电的原则，采取有效的节约用电措施； 　　3. 当营业厅不考虑装置空调及自动扶梯时，总投资为 1155 万元，超过原控制投资 30.73%。

技法要领

（一）材料要真实准确

可行性研究报告论证的项目是是否要投资的重要依据，也是未来开展工作的依据，所以要保证资料来源真实可靠、全面准确。资料的来源有国家的有关文件、历史档案、市场调查、专家意见等。

（二）论证要科学严谨

在对各种相关资料进行论证时，应该实事求是地运用科学方法进行推算论证，做到分析有理有据，证据确凿，应该论证的问题不能出现遗漏，主要问题的论证要有一定的深度，以使论证有力，推论合理，使报告具有很强的说服力。

（三）表达清晰，通俗易懂

可行性报告不仅内容多，涉及面广，而且专业性也很强。在语言表达上要做到准确，鲜明、简练外，还要特别注意其通俗易懂。对于一些较深的内容，在语言表达上要尽量做到深入浅出，让更多的人能把握和理解。

模式模板

（一）模式

可行性研究报告没有固定的格式，根据需要研究的内容确定形式。项目大小和问题的难易决定了可行性研究报告的篇幅长短和内容繁简。一般而言，规模大、投资多、周期长、比较重要的项目，篇幅较长，内容也比较繁杂；反之，则篇幅较短，内容比较简单。一般来说，可行性研究报告由封面和标题、正文、附件三部分组成。

1. 封面与标题

大型的可行性研究报告设有封面。封面包括项目的名称、编制单位的名称、成文时间。有的可行性研究报告还设有扉页，列出参与人的姓名、职务及分工，较长的报告还有目录。

常见的标题形式有以下两种：

（1）完整式。这种标题由编写单位+项目名称+文种三部分组成，如《×××洗衣机厂关于扩建年产 10 万台洗衣机生产线可行性研究报告》。

（2）省略式。这种标题只突出项目名称，省略、简化了编写单位和文种，如《百货商店柜组承包可行性研究》。

2.正文

正文一般包括三个层次，即前言、主体、结尾。

（1）前言，又称"总说明""总论""绪论"。主要是使读者了解本报告的来龙去脉和主要内容，因此，前言部分一般需包括项目的由来、目的、范围以及本项目的承担者和报告人、可行性研究的简况等。

（2）主体是可行性研究报告的核心。它是结论与建议赖以产生的基础。要求以全面、系统的分析为主要方法，以经济效益为核心，围绕影响项目的各种因素，运用大量的数据资料论证拟建项目是否可行，或对各种预选项目的方案进行分析、比较、论证和预测，以得出拟立项目的必要性、可行性以及作用等的信息。

经济或企业上马项目立项可行性论证的目的，无非是为决策提供科学依据。以企业上马项目为例，一般说来，论证要从九个方面进行：

一是需要预测和拟建的规模；

二是资源、原材料、燃料及公用设施情况；

三是建厂条件和厂址方案；

四是设计方案；

五是环境保护、劳动保护与安全防护；

六是企业组织、劳动定员和人员培训；

七是工程实施进度；

八是投资估算和资金筹措；

九是经济效益与社会效益。

对于不同项目的可行性研究报告，以上各项内容应有所侧重或增减。

（3）结尾是报告全文的归纳结束。当项目的可行性研究完成了所有系统的分析之后，应对整个可行性研究提出综合分析评价，得出结论，指出优缺点，提出建议。

3.附件

附件主要是指那些具有一定的参考价值，却又不宜安排在正文中的书面材料，如上级有关批文的全文、统计图表、设计图纸、明细清单，以及篇幅较长的专题性文字材料等等。主要是增强可行性研究报告的说明力度。

（二）模板

提　纲	模　板
标题 正文 一、前言	关于_____可行性研究报告 _____ _____ 一、需要预测和拟建的规模 _____ _____
二、主体	二、资源、原材料、燃料及公用设施情况 _____ _____ 三、建厂条件和厂址方案 _____ _____ 四、设计方案 _____ _____ 五、环境保护、劳动保护与安全防护 _____ _____ 六、企业组织、劳动定员和人员培训 _____ _____ 七、工程实施进度 _____ _____ 八、投资估算和资金筹措 _____ _____ 九、经济效益与社会效益 _____ _____
三、结尾	_____ _____
附件	附件：_____ 　　　　_____ 　　　　_____

技能训练

下面是一篇可行性研究报告的纲要，请根据各章描述的内容给相关章节拟一标题

一、拟设立企业的_____

1.投资人情况

2.企业组织结构

二、拟设立企业的服务项目

1.业务结构及收益模式

2.业务提供方向

3.业务发展和实施计划

4.技术方案

5.业务覆盖范围

三、_____

1.市场调研与分析

2.收费方案

3.预期服务质量

4.发展规划

5.竞争战略

6.广告与宣传方案

四、_____

1.销售收入预测

2.利润预测

3.财务分析

4.社会效益和经济效益

五、预计营业时间

六、企业的劳动工资、福利及培训

七、结论

任务 4　招投标书

知识概要

（一）招标书、投标书的概念

招标书，是指招标人在进行某项科学研究、技术攻关、工程建设、合作经营或大批物资交易之前，发布的用以公布项目内容要求、标准和条件，以便优选承包对象而制作的文书。招标书从内容上看，有广义和狭义之分。广义的招标书是指在招标过程中使用的各种书面材料，包括在公共传媒上发布的招标公告和标价出售的招标文件等。而狭义的招标书则主要是指其中的招标文件部分。

投标书是投标人按照招标书的要求，提出自己的应标能力和条件，投送给招标单位的一种文书。

（二）招标书、投标书的作用

投标、投标是当今国际上广泛流行的一种经济活动方式。改革开放以来，这种公开竞争方式在我国也开始施行，在生产经营、科学研究、工程建筑、大宗物品采购等方面广泛使用，具有非常重要的作用。

1. 招标书、投标书是经济管理的重要形式

招标单位公开提出招标项目的标准和条件，吸引具有适当条件的企业前来投标，引进公平的竞争机制，通过比较鉴别，优胜劣汰，选择最好的合作伙伴。投标企业或投标人针对招标条件，通过仔细运筹，优化管理，强化竞争实力，获得竞标项目，从而可以更好地促进企业的良性发展。

2. 招标书、投标书是双方合作的重要依据

招标书是投标者编制投标书、参加投标的重要依据。招标书将招标项目、招标内容以及招标要求、招标步骤、投标须知、合同条款等告诉广大投标者，让所有投标者可以根据自身

实力来决定是否投标。投标书则是招标单位确定中标人的重要依据。招标单位通过对投标者情况及提供的方案或服务进行分析、比较来确定中标人。从投标者的角度来看，投标书是投标者战胜竞争对手成为中标人的有力武器。

3. 招标书、投标书是双方执行合同的依据

投标方根据招标方的招标要求与条件编制投标书。投标书中所写明的标价、权责、奖罚条款等内容，是招标、投标双方都给予认可的，因此是双方签约后开展各项经济活动的依据，双方都必须加强管理，明确责、权、利，切实履行合同及约定的事项。

（三）招标与投标活动的一般程序

《招标投标法》规定了招标投标的基本程序，即招标、投标、开标、评标、中标和订立合同。每一程序中又包括若干环节，每一环节都须编制相应的文书。

1. 招标

招标包括编制、报审招标文件，传递招标信息，报送投标申请书，投标人资格预审，介绍招标项目概况等。

2. 投标

投标时应提供下列事项：投标函、投标人资格及资信证明文件、投标项目方案及说明、投标价格、投标保证金或其他形式的担保、招标文件要求具备的其他内容。

3. 开标

开标是指招标人按照招标文件规定的时间、地点和程序开启标书的公开行为。开标由招标的中介机构或招标人自行主持，应由公证人员检查投标文件密封无误后，当众拆封，宣布投标人名称、公开标底和标价以及其他主要内容。

4. 评标

评标是由专门人员组成的评定小组对所有的标书，根据招标文件规定的评定标准，以标底为依据，进行技术、价格以及其他交易条件的比较评审，最终确定中标人选，并向招标人介绍中标人。

5. 中标

招标单位经过综合评定预选者的标价、质量、交货或工程期，以及其他条件后，从中确定中标人。中标人确定后，招标人或招标中介机构应向中标人发出中标通知，并向社会发出公示通告，最后定标。

6. 签订合同

定标以后，招标人与投标人必须根据中标结果签订合同书，双方按合同规定履行权利义务。

文体示例

（一）招标书

要领	范文
标题：招标单位＋招标内容＋文种 正文 前言 招标项目 招标内容 招标范围 落款	**浙江某化纤产品控股集团公路运输招标书公告** 　　浙江某控股集团是一家以石化、聚酯、纺丝、加弹为主业，以贸易、物流、热电等为辅业的多元化企业，位于浙江省杭州市萧山。2007年实现销售收入132亿元，因运输业务量巨大（仅总部主业产成品年运输量就达60万吨左右），为降低物流成本，提高物流服务质量，由集团子公司浙江某物流有限公司对公路运输业务进行公开招标。现将招标有关事宜予以公告，竭诚欢迎省内外符合要求的物流公司参加投标。 　　一、招标内容 　　从浙江省杭州市萧山区运往浙江、山东、江苏、福建、广东、湖南、湖北、北京、东三省等省的DTY、FDY、POY、PET等大宗化纤成品的运输。包装为纸箱包装、托盘包装、大袋包装三种。产品为固体，重货。招标总标的：2008年浙江省外约20万吨运输量。 　　二、投标资格要求 　　1.必须具有《企业法人营业执照》《组织机构代码证》《税务登记证》《道路运输经营许可证》等合法证件。 　　2.具有货物运输及配套业务的经营许可，并具有3年以上从业经验，能提供7天/周、24小时/天服务。 　　3.能以自己的名义开具国家统一规定的运输发票。 　　4.在经营业务过程中，能严格遵守国家的相关进出口法律法规，无不良、违法违规记录。 　　5.招标的区域划分以省份为主，招标的物流公司必须在某线路上有核心优势。 　　三、招标机构及联系方式 　　本公司指定浙江物流网为本次招标的协助单位，详细情况请直接与我们联系，或者直接与浙江物流网联系，联系方式： 　　陈先生 0571-87042715-812 13777465966 　　范小姐 0571-85152528-806

（二）投标书

要领	范文
标题：文种 主送单位 正文： 条文式	投　标　书 致＿＿＿＿＿＿（单位名称）： 　　根据贵方为＿＿＿＿＿＿项目招标采购货物及服务的投标邀请＿＿＿＿＿＿（招标编号），签字代表＿＿＿＿＿＿（全名、职务）经正式授权并代表投标人＿＿＿＿＿＿（投标方名称、地址）提交下述文件正本一份和副本一式＿＿＿＿＿＿份。 　　（1）开标一览表。 　　（2）投标价格表。 　　（3）货物简要说明一览表。

要　领	范　文
落款	（4）按投标须知第 14、15 条要求提供的全部文件。 （5）资格证明文件。 （6）投标保证金，金额为人民币 ＿＿＿＿＿＿＿＿＿＿ 元。 据此函，签字代表宣布同意如下： 1. 所附投标报价表中规定的应提供和交付的货物投标总价为人民币 ＿＿＿＿＿＿＿ 元。 2. 投标人将按招标文件的规定履行合同责任和义务。 3. 投标人已详细审查全部招标文件，包括修改文件（如需要修改）以及全部参考资料和有关附件。我们完全理解并同意放弃对这方面有不明及误解的权利。 4. 其投标自开标日期有效期为 ＿＿＿＿＿＿＿＿＿＿ 个日历日。 5. 如果在规定的开标日期后，投标人在投标有效期内撤回投标，其投标保证金将被贵方没收。 6. 投标人同意提供按照贵方可能要求的与其投标有关的一切数据或资料，完全理解不一定要接受最低价格的投标或受到的任何投标。 7. 与本投标有关的一切正式往来通讯请寄： 地址：＿＿＿＿＿＿＿＿＿　　邮编：＿＿＿＿＿ 电话：＿＿＿＿＿＿＿＿＿　　传真：＿＿＿＿＿＿＿ 投标人代表性名、职务：＿＿＿＿＿＿＿＿＿＿＿＿＿＿ 投标人名称（公章）：＿＿＿＿＿＿＿＿＿＿＿＿＿＿＿ 日期：＿＿＿＿年＿＿月＿＿日 全权代表签字：＿＿＿＿＿＿＿＿＿

技法要领

1. 合法

招标、投标的内容要符合国家的政策、法令和有关规定。

2. 真实

招标、投标的内容必须真实、明确、重点突出。如招标项目、条件、要求应明确清楚；投标的标的、各项指标及措施，要写得具体明确。要突出本单位的优势，但又不得夸大其词，虚构或瞒报本单位的基本情况。

3. 准确

语言文字既要准确、简明扼要，又要通俗易懂。

模式模板

（一）模式

1．招标书

（1）标题由招标单位、招标内容和文种组成，如《中央电视台2006年黄金广告招标书》；有时也可以省略招标单位，如《电子产品出口招标书》；或省略招标内容，如《招标公告》。

（2）正文由前言、招标项目和招标步骤三个部分组成。

前言：简要说明本次招标的目的和依据、招标项目名称、招标范围等内容。

招标项目：这是招标公告的核心部分，具体写明本次招标的内容、要求、招标项目或产品名称、规模和数量，让投标者全面了解招标单位所提供的各种有关信息。

招标步骤：这是对招标工作做出的具体安排，主要应写明本次招标的起止时间、招标方式、开标时间及地点、投标截止时间、投标人与招标人联系的时间、地点和方式等。

（3）落款：落款处注明招标单位的名称、地址、联系方式、传真号码和联系人等。

2．投标书

投标书一般有表格式、条文式和表格条文综合式三种。它一般由标题、主送单位、正文、落款、附件五部分组成。其中，主送单位和附件不要求每份投标书都具有。

（1）标题一般由投标方名称、投标项目和文种组成，如《××建筑公司承包××酒店工程投标书》；也可以由投标项目和文种组成，如《××度假村规划项目投标书》；还可以只写文种名称《投标书》。

（2）主送单位是对招标单位的称呼，在标题下隔行顶格写招标单位的全称。

（3）正文开头简要说明投标方名称，投标方的基本情况，投标的方针、目标及对投标后的承诺等内容。主体写明投标项目的具体内容和指标，实现指标的具体措施，以及其他需要说明的应标条件和事项。标文内容可采用条款说明，也可采用表格说明。

（4）结尾处写明投标单位（或个人）名称，法人代表姓名；投标单位的地址、电话、传真和邮编；最后要注明标书的制作日期，并签名盖章。

（5）附件。如有必要，应附上如担保单位的担保书、有关图纸和表格等。落款下一行写"附件"二字，并加冒号，再写出件数以及名称。

（二）模板

1. 招标书

提　纲	模　板
标题 正文 一、前言 二、招标项目 三、招标步骤 落款	＿＿＿＿＿＿＿＿＿＿＿＿＿招标书 ＿＿＿＿＿＿＿＿＿＿＿＿＿＿＿＿＿＿＿＿＿＿＿ ＿＿＿＿＿＿＿＿＿＿＿＿＿＿＿＿＿＿＿＿＿。 一、招标项目 1. ＿＿＿＿＿＿＿＿＿＿＿＿＿＿＿＿＿＿＿＿ 2. ＿＿＿＿＿＿＿＿＿＿＿＿＿＿＿＿＿＿＿＿ 3. ＿＿＿＿＿＿＿＿＿＿＿＿＿＿＿＿＿＿＿＿ 二、招标步骤 1. ＿＿＿＿＿＿＿＿＿＿＿＿＿＿＿＿＿＿＿＿ 2. ＿＿＿＿＿＿＿＿＿＿＿＿＿＿＿＿＿＿＿＿ 3. ＿＿＿＿＿＿＿＿＿＿＿＿＿＿＿＿＿＿＿＿ 联系人：＿＿＿＿＿＿＿＿＿＿ 联系电话：＿＿＿＿＿＿＿＿＿＿ 联系地址：＿＿＿＿＿＿＿＿＿＿

2. 投标书

提　纲	模　板
标题：文种 主送单位 正文 一、前言 二、主体 落　款	＿＿＿＿＿＿＿＿＿投标书 致＿＿＿＿＿＿＿＿＿（单位名称）： ＿＿＿＿＿＿＿＿＿＿＿＿＿＿＿＿＿＿＿＿＿ ＿＿＿＿＿＿＿＿＿＿＿＿＿＿＿＿＿＿＿＿＿。 一、＿＿＿＿＿＿＿＿＿＿＿＿＿＿＿＿＿＿＿＿ 二、＿＿＿＿＿＿＿＿＿＿＿＿＿＿＿＿＿＿＿＿ 三、＿＿＿＿＿＿＿＿＿＿＿＿＿＿＿＿＿＿＿＿ 投标单位：＿＿＿＿＿＿＿＿＿＿ 法定代表人：＿＿＿＿＿＿＿＿＿＿（签字和盖章） 地址：＿＿＿＿＿＿＿＿＿＿ 电话：＿＿＿＿＿＿＿＿＿＿ 邮编：＿＿＿＿＿＿＿＿＿＿

技能训练

（一）根据这则材料为××职业技术学院招标办公室拟写一则招标公告，并为××物业管理公司或高校后勤服务公司（集团）拟写一份投标申请书

经上级主管部门同意，××职业技术学院对南校区学生公寓物业管理权进行公开招

标，选定物业管理单位对南区学生公寓物业进行管理。管理范围包括:学生公寓（3—14层）28776.5 m²；周边道路、运动场6704 m²；绿化面积1171 m²。招标内容按招标单位提供的《招标文件》。凡达到××市物业管理三级以上资质的物业管理公司或高校后勤服务公司（集团）均可参加投标。投标时间于2011年10月10日之前来人或来函索取招标文书，收取成本费50元，逾期不予办理。投标文书及上级主管部门的有关签证等，密封投寄或派员直接送××职业技术学院后勤服务公司，收件截至2008年11月10日。开标日期定于2011年11月16日。地点在×××大学行政办公楼第一会议室。招标单位地址：××市××路×号。电话：×××××。联系人：×××。邮政编码：××××××。负责招标单位：××职业技术学院招标办公室（公章）。发出招标公告的时间：2011年9月24日。

（二）模拟一次招投标活动

步骤1 每人提出一项企业需要招标的事项。

教师启发事项，要密切结合企业实际，对事务性工作进行选择。例如：大宗商品的购买或工程建设等。然后，选择一项进行公开招标。

步骤2 全班分6个公司，其中一家是招标单位，其余五家是投标单位。

步骤3 招标单位组织讨论，编制招标文件，传递招标信息。

步骤4 投标单位根据招标书，拟写投标书。投标函、投标人资格及资信证明文件、投标项目方案及说明、投标价格、投标保证金或其他形式的担保、招标文件要求具备的其他内容。

步骤5 开标。开标由招标的中介机构或招标人自行主持，应由公证人员检查投标文件密封无误后，当众拆封，宣布投标人名称、公开标底和标价以及其他主要内容。

步骤6 评标。评标是由专门人员组成的评定小组对所有的标书，根据招标文件规定的评定标准，以标底为依据，进行技术、价格以及其他交易条件的比较评审，确定中标人选，并向招标人介绍中标人。

步骤7 招标单位经过综合评定预选者的标价、质量、交货或工程期，以及其他条件后，从中确定中标人，中标人确定后，招标人或招标中介机构应向中标人发出中标通知，并向社会发出公示通告，最后定标。

步骤8 签订合同。

任务 5　经济合同

知识概要

（一）概念

合同是指当事人之间为实现某种目的或利益，本着平等互利自愿的原则，依照法律确立相互权利义务关系的文字协议。合同也称协议或契约。《中华人民共和国合同法》明确指出："合同是平等主体的自然人、法人、其他组织之间设立、变更、终止民事权利义务关系的协议。"

（二）作用

随着社会主义市场经济的不断发展，合同在我国经济生活中应用越来越广泛，起着重要作用。合同书的作用主要有以下五条。

1. 有利于保护合同当事人的合法权益。

2. 有利于规范市场交易活动，维护社会经济秩序，促进经济效益提高。

3. 有利于加强国家对企业的管理和监督。

4. 有利于企业加强经济核算和经营管理，提高水平。

5. 有利于发展国内贸易和对外贸易，促进经济技术交流合作。

（三）分类

1. 按合同的不同格式

合同可以分为自拟式（指合同双方当事人依法自主协商一致拟定的合同格式）、专业式（指由专业部门依据其专门业务特殊需要而拟订的合同格式）、规范式（指由国家级合同管理部门颁布的各种合同统一文本格式）。签订合同时，一般无特殊情况和要求的均应采用规范式。

2. 按合同不同的业务范围和《经济合同法》规定

合同可分为以下15种。

（1）购销合同（包括供应、采购、预购、购销结合及协作、调剂等合同）

它是指供方提供产品给需方，需方接受产品并按约定价款支付的合同。

（2）建筑工程承包合同（包括勘察、设计、建筑、安装合同）

它是指建设单位作为发包方，勘察设计或建筑安装单位作为承包方完成建设工程任务，并经验收合格，以约定酬金支付的合同。

（3）加工承揽合同（包括加工、定做、修缮、修理、复制、测试、检测等合同）

它是指承揽方完成定做方加工承揽的要求，而定做方按约定酬金支付的合同。

（4）货物运输合同（包括铁路、公路、水路、航空运输合同和联运合同）

它是指承运方按托运方的要求将托运物品安全完好运达指定地点并经收货人验收，运方按约定运输费支付的合同。

（5）供用电合同（包括工业、农业、生活用电合同）

它是指供电方按要求为用电方输送电力，用电方按约定用电并支付电费的合同。

供用水、供用电合同，参照供用电合同的有关部门规定。

（6）保管合同

它是指保管方按存货方的要求保管物品，到期完好归还存货方，存货方按约定支付保管费的合同。

（7）仓储合同

它是指保管方储存存货方支付的仓储物，存货方支付仓储费的合同。

（8）租赁合同

它是指出租方将租赁标的交由承租方在约定时间内使用，承租方按约定租赁期满时间归还财产并支付约定租金的合同。

（9）借款合同

它是指由国家金融机构作为贷款方，将货币交付借款方使用，借款方按约定用途使用，并在贷款期满后按时归还本息的合同。

（10）财产保险合同（包括财产、农业、责任、保证、信用等保险合同）

它是指投保方以财产或某种权益为保险标的向保险机构投保，保险方在出现保险事故时按规定负责赔偿责任的合同。

（11）委托合同

委托合同是委托方和受托方约定，由受托方处理委托方事务的合同。

（12）行纪合同

行纪合同是行纪人以自己的名义为委托方从事贸易活动，委托方支付报酬的合同。

（13）居间合同

居间合同是居间人向委托人报告订合同的机会或者提供订立合同的媒介服务，委托人支付报酬的合同。

（14）技术合同

技术合同是当事方就技术开发、转让、咨询或服务订立的确立相互之间的权利义务的合同，包括技术开发合同、技术转让合同、技术咨询合同、技术服务合同、成果推广合同。

（15）赠与合同

赠与合同是赠与人将自己的财产无偿给予受赠人，受赠人表示接受赠与的合同。

（四）订立的基本原则

1. 平等原则

平等指合同当事人的法律地位平等。不论其实力强弱、级别高低、条件好坏、规模大小，也不论是组织或是个人，不论其所有制形式或者行政上的隶属关系，都是平等的市场主体，不允许任何一方对他方加以限制或强迫命令。地位平等贯穿于合同的签订、变更、履行直至终止的整个过程。

2. 自愿原则

自愿指当事人依法享有自愿订立合同的权利，任何单位和个人不得干预。

3. 公平原则

公平指当事人应当遵守公平原则合理确定各方的权利与义务。有偿合同要互利，做到协商一致，不利用欺诈、威胁或强迫等手段签订不合理的条款。

4. 诚实信用原则

诚实信用指当事人在行使权利、履行义务时应当诚实守信，遵守法律、法规和双方的约定，本着实事求是的精神，以善意的方式订立和履行合同义务。

5. 合法原则

合法指当事人订立和履行合同，应当遵守法律法规，尊重社会公德，不得扰乱经济秩序，损害社会公共利益。

文体示例

要　领	范　文		
标题 首部合同编号	购 销 合 同 ××购字××号		
双方当事人	甲方（供方）：××市××柴油机厂	联系人：×××	电话：
	乙方（需方）：××市××汽车厂	联系人：×××	电话：

（续表）

签订日期 签订地点	签订日期：2015年×月×日 签订地点：××市××大厦

正文：
1.前言
2.主体

经供需双方充分协商，签订本合同，共同信守。
一、产品名称、规格、数量、金额、价格

标的：××产品

商标	品名	型号	单位	数量	单价	金额 （万元）	分期交贷数量		
							二季度	三季度	四季度
××	柴油机	Z-2型	台	560	15000	840	220	200	140
总计金额（人民币大写）						¥捌佰肆拾万元整			

数量、质量
价款或者酬金

二、产品质量标准：按部颁标准执行。
三、产品原材料来源：由供方解决。
四、产品验收方法：由需方按质量标准验收。
五、包装标准：用木箱包装。

履行期限、地点和方式

六、运输方式及运杂费负担：由供方托运到需方，运费由需方负责
七、货款结算方法：通过工商银行托收。
八、超欠幅度：交货数量超欠在8％范围内，不作违约论处。

违约责任

九、违约责任：按《经济合同法》规定的原则执行。如供方因产品质量、规格不符合合同规定，供方负责包修、包换、包退，并承担因此支付的费用；因包装不符合要求造成的损失，应由供方负责赔偿；因交货日期不符合合同规定的，比照人民银行延期付款的规定，多延期一天，按延期交货部分货款总值的万分之三偿付需方延期交货的罚金。
十、供需双方由于人力不可抗拒和确非企业本身造成的原因而不能履行合同时，经双方协商和合同鉴证机关查实证明，可免予承担责任。
十一、本合同正本两份，供需双方各一份；副本四份，送供需双方业务主管部门、鉴证机关、开户银行各一份。
十二、本合同有效期限到2016年×月×日。

结尾

未尽事宜，均按《中华人民共和国经济合同法》和《购销合同条例》规定执行。

落款

甲方：××市××柴油机厂　　乙方：××市××汽车厂
负责人：×××（签章）　　负责人：××（签章）
代表人：×××（签章）　　代表人：××（签章）
电话：139×××××××　　电话：139×××××××
账号：××××××××××　账号：×××××××××
地址：××市××街××号　地址：××市××街××号

鉴证机关

鉴证机关（签章）
鉴证时间：2015年×月×日

技法要领

（一）条款内客要全面、周详

条款内容体现着双方的利益和目的。合同订立时应首先注意条款是否完整全面地表达了

双方权利义务，即合同的必备条款不能残缺，表达的内容不能有遗漏，避免引起纠纷。

（二）合同的规定要具体、明确

合同是具有法律约束力的文书，是执行的依据，内容具体、明确，才便于各方履行及检查，以免发生纠纷。如供货合同中，供货方负责日后维护，而人员的旅费、工资由谁支付，都应在合同中具体地规定清楚。

（三）合同的措辞要准确、严密、简练

合同兼具法律文书和经济文书的双重性质，它督促双方按合同履行义务，又直接关系到签约双方的经济利益或其他权益。因此，写作合同时要字斟句酌，做到无懈可击，杜绝由于措辞含糊不清、语义不明而造成纠纷。

（四）合同不得随意涂改

合同一经签订，即可生效。任何一方不得从自己的利益出发，擅自修改。如发现合同内容有欠缺、文字有错漏，或者发生特殊情况确需补充或更正，应由双方协商。并将协商一致的改动意见另立函件交换，作为合同的附件，并加以签章后方为有效，必要时需公证部门鉴证。

模式模板

（一）模式

经济合同的结构主要有条款式和表格式。条款式是把双方协商一致的意思列成若干条，写入合同。表格式是按印刷好的表格，把协商一致的内容逐项填入表格内。但无论是哪一种，合同的基本写作格式都包括标题、约首、正文、署名和日期四个部分。

1.标题

标题即合同名称，写在第一行的中间。可只用文种名称作标题，如《合同》；有时为了使标题更确切，也可用事由和文种名称构成标题，如《××研究所技术开发合同》《××供销合同》《租赁合同》等。

2.约首

约首即合同的首部，包括合同的编号、合同当事人名称（为正文表述方便，可使用"甲

方""乙方"等进行代称)、签约地点和日期等内容。当事人要写法人名称或代表姓名。法人名称要用全称，不得使用简称。签约地点和日期，一般情况下，在标题下方靠右，部分合同书不标签定地点，签订日期放在合同末尾。签约地点关系到发生合同纠纷时，在何地进行仲裁或向何地法院起诉，所以尽可能写明。签约日期即是合同生效期，因此必须写明签约日期。

3. 正文

正文包括签约的前言、主体、结语三部分。

（1）前言，即引言，一般只需简要说明签约的目的和依据。经常用"为了……，经双方协商同意，签订本合同，并共同遵守"。

（2）主体。这是合同的核心，其内容由当事人约定。不同内容的合同所包含的条款也不完全相同。经济合同一般应具备以下七个方面的条款。

①标的

标的是双方或多方当事人权利义务共同指向的对象，即经济往来中的具体目标物。不同性质的经济合同其标的各不相同。一般有四种：实物，如租赁合同中的租赁物、购销合同中的商品等；行为，即劳务，如加工承揽合同中的加工行为等；工程项目或智力成果，如建筑承包合同的建筑工程项目或技术转让合同中的专利技术等；货币，如借贷合同中的货币，财产保险合同中的赔偿金。

合同中的标的决定着合同的性质和要求，反映了双方当事人签约的目的要求，是确立双方权利义务的基础，因此必须具体明确，没有标的或标的不明确的合同是无法履行的，如标的的商品货物，就应写明该商品的名称、规格、型号、商标、产地等。

②数量

数量是以度、量、衡计量的标的重量、个数、长度、面积和体积等。数量是衡量双方权利义务大小的尺度。在不同性质的经济合同中，应根据不同的标的使用相应的计量单位，同时应按国家有关度、量、衡的统一规定和方法计量，而且要规定得准确、具体，切忌使用模棱两可的抽象单位。如购销合同，除写明总数量外，还应写明按季、按月、按旬直到按日、按批提供的数量。

除计量单位要具体外，亦应写明计量方法。如果标的以劳务为内容的，计量方法一般用工作量或劳务量来计量（如加工件数、天数）；标的以货币为内容，计量方法一般以货币单位来计量。

③质量

质量是标的内在素质（包括物理的、机械的、化学的、生物的等）和外观形态的综合。它包括两方面的具体要求：一方面是指产品的外观形态，如造型、结构、色泽、味觉等；另一方面是指产品的内在成分，物理和机械性能、生物特征等。合同标的质量应力求规定得具体、明确，应当包括技术标准、等级、检测依据等。

有法定标准可依的，要明确指出遵循的是国家标准、部颁标准、地方标准或企业标准；没有法定标准可依的，要明确双方协议的具体标准，如规格、标准、等级等。此外，还应另附协议书或提供样品，并写明技术要求、验收规则，以便执行中检查监督。

④价款或酬金

价款或酬金简称价金，是取得合同标的一方向对方支付的以货币数量表示的代价。取得对方产品而支付的代价，叫价款，如购销合同的货款、供用电合同的电费等。获的对方劳务或智力成果而支付的代价，叫酬金，如进行设计、施工、运输、保管等劳动服务而得到的报酬金额，加工承揽费，货物运输费等。价款包括单位价款和总和价款。

⑤履行期限、地点和方式

履行的期限是指合同当事人双方相互向对方履行义务的具体时限，即交付标的和支付价金的时间，它是判断经济合同是否按时履行的标志，也是检查违约责任的依据。如在加工承揽合同中，一方面要写明承揽方完成劳务的具体时限，另一方面也要写明定做方支付酬金的具体时限。如购销合同中交货日期的计算：送货制以需方收货戳记为准，提货制以供方通知提货为准，代运制以发运产品时承运部门的戳记为准。

如若属分期完成劳务或分期支付酬金则应写明分期履行时限。如按季、按月，还是按旬、按日。少数产品有连续供应关系的，可按生产周期，但不能把类似"年内交货"的含糊词句写进合同。

合同的履行期限与合同的有效期限不是同一概念。有效期限是指合同具有法律效力的时间范围。在有效期限内，合同的履行期限往往可以分期履行。但如果合同的有效期限和履行时间一致，则只需写明履行期限。

履行地点，是指当事人履行合同规定义务的地点，即交（提）取货、提供劳务、验收、付款的具体地点，它关系到履行合同的费用和时间，必须表述确切。如承运货物的地点、供用电区域，都应准确、具体。我国类似地名、同音地点很多，为避免差错，要写清楚省、市、县的全称。凡是合同履行与地点有密切关系的，必须注明履行的确切地点。如货物运输合同中，装货和卸货地点就非常重要。装货或卸货地点出现差错都会给承运方造成损失，引起合同纠纷。

履行方式是指合同当事人履行义务的方式、方法，如购销合同中的提货方式、借款合同的还贷方式等。不同的合同标的有不同的履行方式。一般有三种类型，即货物交付方式、付款结算方式和任务完成方式。货物的交付方式应明确规定货物是一次交付还是分期交付，是自提还是代办托运。价款结算方式应明确规定是委托银行收款，还是支票转账，是一次付清还是分次付清。任务完成方式则应明确规定是由当事人自己履行还是委托他人代为履行等。上述履行方式的选择采用，均需经当事人双方协商一致确定。

⑥违约责任

违约责任又称罚则，是指当事人因过错不履行或不完全履行合同义务应承受的经济制裁措施。这些措施包括支付违约金、支付赔偿金、承担因违约而造成合同履行增加的费用等。这是对不按合同规定履行义务一方的制裁措施，核心问题是经济责任，它是维护合同法律严肃性的法定必备条款，是确保签约当事人权益的一种担保形式。此外，它还是仲裁合同纠纷、认定合同责任的依据。

⑦解决争议的方法

为解决可能在合同履行过程中出现的纠纷和争议，应将合同的变更、解除、争议仲裁等解决纠纷、争议的办法在签订合同时就商定清楚，明确写入条款中。如发生纠纷，首先应通过协商解决；解决不了的，可将争议提交有关部门调解、仲裁，如当事人对仲裁不服，可在规定的期限内向人民法院起诉。

（3）结尾

最后说明合同份数，保管方，有效期，报送单位，未尽事项处理办法，变更合同内容的条件，合同附件的名称和件数等。

4.署名和日期

先要由法人单位加盖公章，法人代表或经办人也要签名盖章，这标志着合同签订过程的结束和生效的开始。经法定部门公证的合同，要注明鉴证机关名称及鉴证人姓名，并盖章、签字。这部分还包括注明双方的开户银行、账号、地址、电话号码、订立合同的时间。时间如已在标题下注明，可省略。

表格式合同，其正文主要是设计好一份包括主要条款，内容完备的表格。

（二）模板

要　领	模　板
标题 首部：编号、 合同当事人的名 称、签订日期、 签订地点 正文 1.前言	＿＿＿＿＿＿＿＿＿产品购销合同 ＿＿＿购字＿＿＿＿号 甲方（供方）：＿＿＿＿＿＿＿＿　　　　签订日期：＿＿＿年＿＿月 ＿＿日 乙方（需方）：＿＿＿＿＿＿＿＿　　　　签订地点：＿＿＿＿＿＿＿＿ 经充分协商，签订本合同，共同信守。 　一、产品名称、数量、价格：

（续表）

要领	模板
2.主体标的：产品、数量、价款	 | 产品名称	产地	型号、规格或花色、品种	等级	计量单位	数量	单价	折扣	金额 | |---|---|---|---|---|---|---|---|---| | | | | | | | | | | | | | | | | | | | | 合计金额（人民币）仟 佰 拾 万 仟 佰 拾 元 角 分
产品质量	二、质量、技术标准和检验方法、时间及负责期限：_____ _____
履行期限、地点和方式	三、提货日期：_____ 四、交（提）货及验收方法、地点、期限：_____ 五、包装标准、要求及供应、回收、作价办法：_____ 六、运输方式、到达港（站）及运杂费负担：_____ 七、配件、备品、工具等供应办法：_____ 八、超欠幅度：交货数量超欠在___%范围内，不作违约论处。 九、给付定金数额、时间、方法：_____ 十、结算方式及期限：
违约责任	十一、违约责任：按《经济合同法》规定的原则执行。如供方因产品质量、规格不符合合同规定，供方负责包修、包换、包退，并承担因此支付的费用；因包装不符合要求造成的损失，应由供方负责赔偿；因交货日期不符合合同规定的，比照人民银行延期付款的规定，多延期一天，按延期交货部分货款总值的万分之三偿付需方延期交货的罚金。未尽事宜，均按《中华人民共和国经济合同法》和《工矿产品购销合同条例》规定执行。
3.结尾	十二、本合同有效期限到___年___月___日
落款	甲方：_____ 乙方：_____ 负责人：_____（签章） 负责人：_____（签章） 代表人：_____（签章） 代表人：_____（签章） 电话：_____ 电话：_____ 账号：_____ 账号：_____ 地址：___市___街___号 地址：___市___街___号
鉴证机关	鉴证机关：_____市工商行政管理局（签章） 鉴证时间：___年___月___日

技能训练

（一）请根据以下材料写一份买卖合同

大丰果品商店的代表杜云光，于2015年3月16日与光明园艺场的代表肖鹏飞签订了一

324

份合同。双方在协商中提到：大丰果品商店购买光明园艺场出产的水蜜桃 8000 千克，鸭梨 10000 千克和红富士苹果 15000 千克。要求每种水果在八成熟采摘后，一星期内分三批交货，由光明园艺场负责以柳筐包装并及时运到大丰果品商店；其包装筐费和运输费均由大丰果品商店负担。各类水果的价格视质量好坏，按国家规定当地收购牌价折算，货款在每批水果交货当日通过银行托付。如因突发的自然灾害不能如数交货，光明园艺场应及时通知大丰果品商店，并互相协商修订合同。在正常情况下，如果大丰果品商店拒绝收货，应处以拒收部分价款 20% 的违约金；光明园艺场交货量不足，应处以不足部分价款 30% 的违约金。这份合同一式四份，双方各执一份，各自的上级单位备案一份。

（二）班级分成若干个虚拟公司，每两个公司一组，内容自定，进行合同的签订练习

任务6 起诉状

知识概要

起诉状又称诉状，俗称状子，是指经济纠纷案件的当事人一方，在自己的合法权益受到损害或另一当事人发生有关权利和义务的冲突而未能协商解决时，请求人民法院依法审理裁决的文书。

提起诉讼者，即为原告。原告起诉时，应该向人民法院提交起诉状。向人民法院提交起诉状时，应当有正本一份，按被告人数确定的副本若干份，并同时提交证据材料。

文体示例

要　领	范　文
标题	经济纠纷起诉状
当事人基本情况	原告：××市××金属加工厂 法定代表人：李××，男，××岁，厂长 被告：××省××县××乡经贸公司 法定代表人：许××，男，××岁，经理
正文 一、请求事项 二、事实和理由 1.陈述事实 2.提供证据 3.阐明理由	请求事项：要求追回被告所欠我厂货款13700元及滞纳金2713.15元。 事实与理由：××县××乡经贸公司于××××年5月派人到我厂洽谈业务，声称他公司有铝锭10吨，单价3600元/吨，款到发货，并由他公司负责运到××市轧铝厂交货，运费由我厂负担。经协商，达成协议，并签订文字合同（"订货合同"附后）。合同生效后，我厂于××××年5月14日通过银行汇给被告货款36000元。而被告收到货款后却迟迟不能交货。后经我厂了解，才知他们根本无货。于是我厂令其退款。经多次催要，被告于××××年9月6日才退回20000元，同年11月又退回2200元。其余13700元拖欠至今仍拒不退还。 　　由上述事实可见，被告无货而签订供货合同，本属欺骗行为。对所欠我厂货款又迟迟不肯退还，其中13700元时至今日仍不偿还，虽经我厂多次催要，但无济于事，这更属要赖行为。被告的不法行为给我厂造成一定的经济损失。

（续表）

要　领	范　文
结尾	为此，特向你院提出诉讼，请求维护我厂合法权益，判定被告偿还我厂货款13700元，并按照人民银行关于延期付款，每日交付万分之三滞纳金的规定，判定对方向我厂交付滞纳，从××××年5月20日起至今。 　　此致 ××县人民法院 　　　　　　　　　　　　具状人：××市金属加工厂（印章） 　　　　　　　　　　　　　　　　20××年3月15日
附项	附：1. 原"订货合同"1份。 　　　　2. 本状副本2份。

技法要领

　　（一）在叙述纠纷事实时，必须注意边叙述事实边列举证据，以证明原告所提供的事实是证据确凿，无可辩驳的。

　　（二）在行文方法上，案情事实比较复杂的，一般先写明纠纷事实，然后再用专门段落阐述理由。这样行文较为清楚。如果案情比较清楚，法律事实比较清楚，也可以以阐述诉讼理由为主线结合交代事实情况。

　　（三）注意人称的一致性。目前，诉状人称有两种写法。一种是第一人称写法，即用"我"如何如何，被告如何如何。另一种是第三人称写法，即原告如何如何，被告如何如何。一般情况下，当事人提起诉讼，本应用"我""我单位"口气陈述。但由于目前诉状多由律师代笔，所以用第三人称陈述写起来比较客观。两种人称均可，但在同一诉状中不能混用。

模式模板

（一）模式

起诉书由六个部分组成：标题、当时人的基本情况、请求事项、事实和理由、结尾、附项。

1.标题

标题是起诉状的名称。经济案件的诉状标题可以直述"经济纠纷起诉状"。

2.当事人的基本情况

按原告和被告分别陈述。起诉状的具状人称为原告，被指控的另一当事人称被告。如果当事人是自然人，首行写出原告人的姓名、性别、年龄、民族、籍贯、职业、工作单位和住址，次行并列写出被告人的上述八项基本情况。如果当事人是法人，则先写原告法人单位的全称和地址，次行写法定代表人的姓名和职务，然后，下行并列写出被告法人同样的情况。如果有数个原告人和被告人，就要按其在案件中的地位和作用，依次写出他们各自的基本情况。如果是委托诉讼代理人，则应在原告人或被告人的下一行，写明代理人的姓名和所在单位。

3. 请求事项

这部分写原告方提起诉讼要实现的目的。请求事项要提得合理合法、具体、确定、完整，不得随意改变。

4. 事实和理由

这是起诉状的主体和核心部分，重在提供证明自己诉讼请求合法合理的重要依据。包括以下内容：

（1）叙述事实

人民法院审理案件，做出判决或裁定要以事实为根据。原告在起诉状中要实事求是地把自己合法权益受侵害的事实经过、被告的侵权行为或当事人双方纠纷的具体情况写清楚，阐明双方对经济权益争执的具体内容和焦点，客观真实情况和实质性的分歧，造成的后果及被告应承担的责任等。

（2）提供证据

证据是认定事实的客观基础，直接关系着案件的成立和诉讼的进程。原告人对自己所提起诉讼的案件负有举证责任。为证明自身所述事实性和请求事项的合理性，起诉状应当充分列举证据。证据包括书证、物证及其他能证明事实真相的材料。提供书证、物证及有关材料应说明其来源和可靠程度，也要交代证人的证言内容及证人的姓名、职业、单位、住址等，以便核查落实。

（3）阐明理由

主要写两个方面的内容，一是根据诉讼事实和证据，用有关法律规范分析案件的性质及被告人的责任；二是提出诉讼请求所依据的法律根据，论证请求事项的合理性和合法性。

5. 结尾

起诉状结尾包括三项内容：其一，呈文对象，即诉状所提交的人民法院名称，用"此致××人民法院"句式表示；其二，具状人签名盖章；其三，具状年月日。

6. 附项

按顺序分条依次列出：本状副本××份；物证×件，书证×件。必要时，还要列出证人的姓名、住址等。

（二）模板

提　纲	模　板
标题	经济纠纷起诉状
当事人基本情况	原告人：姓名、性别、年龄、民族、籍贯、职业、工作单位、住址、电话号码
正文：	被告人：姓名、性别、年龄、民族、籍贯、职业、工作单位、住址、电话号码
一、请求事项	请求事项：＿＿。
二、事实和理由	事实和理由：＿＿＿＿＿＿＿＿＿＿＿＿＿＿＿＿＿＿＿＿＿＿＿＿＿＿＿＿＿＿＿＿＿。
结尾	此致 ＿＿＿＿＿人民法院 　　　　　具状人：＿＿＿＿＿（签名盖章） 　　　　　＿＿年＿＿月＿＿日
附项	附：1. 本状副本＿＿＿＿份； 　　 2. 物证＿＿＿＿＿件； 　　 3. 书证＿＿＿＿＿件。

技能训练

（一）根据下述材料拟一份起诉状

1980 年 7 月，天津"狗不理包子饮食集团公司"（以下简称"狗不理包子饮食公司"）取得了国家商标局第 138850 号"狗不理"商标注册证。1991 年 1 月，"哈尔滨市天龙阁饭店"（以下简称"天龙阁饭店"）法定代表人陶德与天津市民高渊签订合作协议一份。1991 年 3 月，天龙阁饭店正式开业后，即在该店上方悬挂"正宗天津狗不理包子第五代传人高渊"为内容的牌匾一块，并聘请高渊为该店面点厨师。该店经营项目为包子。狗不理包子饮食公司发现后，多次去函、去电、去人进行交涉，要求该店摘除该牌匾，但毫无结果，于是只好在 1991 年 9 月向哈尔滨市香坊区人民法院提起诉讼。

（二）工学结合

1. 以具体事例为根据每人写一份民事起诉状。

2. 教师结合民事起诉状写作要求进行写作指导。

3. "一班两制虚拟公司法"各公司举行写作讨论会，分公司经理主持并执笔，完成一份民事起诉状的写作。

4. 各分公司上交一份民事起诉状，由评委评定等级并记入考绩档案。

5. 组织学生旁听人民法院民事案件审判活动，了解感受民事案件审判程序。

任务7　答辩状

知识概要

答辩状是案件的被告方或被上诉方，针对起诉状或上诉状中的事实理由和诉讼请求，进行答复和为自己辩护的文书。

文体示例

要　领	范　文
标题 答辩人基本情况 案由和理由	<div align="center">经济纠纷答辩状</div>答辩者：××自来水公司××营业所　　　　　　地址：××市××街××号 法定代表人：张江，男，所长。 因原告市政工程队诉我所罚款一事，现提出答辩如下： 原告于×××年9月12日上午7时50分将我××路上水管道撞坏，且有二十余米管道袒露于外，当时大量自来水流出排水管。原告在起诉状中无视法律，不尊重事实，所提种种要求，我们不能接受，所提的理由是没有道理的。 　1.关于罚款问题 　为了维护供水管网，确保居民正常生活用水，并根据国家城建局城发〔20××〕235号文件《自来水营业规定》第八章三十五条和《市管理规划》第五条规定，我所向原告收取了水损、营业损失等费用，计算办法为： 　（1）管理水损按4小时流量每吨0.008元计收； 　（2）耽误我所8天正常营业，按销售利润0.042元/吨收费； 　（3）工程不合格，有隐患，按规定以耗水量的3倍收费。 　我所按国家、省、市有关法规文件的规定，向原告加倍收费是合理合法、有根据的。因此，说我所加倍收费毫无根据是没有道理的。我所担负着市居民生活供水任务，如不严格依法办事，就是对人民的失职，其后果是不堪设想的。 　2.关于"设置障碍"问题 　事情发生后的第二天，原告方来人和我方有关人员商谈解决办法。我所提出，由于袒露管被砸，前后头松动，事故地段基础较差，需要换用韧性较好的管道，否则，就有因下水管下坠而引起接口错位的危险。而且，当时我所任务繁重，抽不出人力，原告和我所商定了修复办法，设法解决钢管问题，由原告修复三十米水管、换阀门，我所负责验收、开阀送水，并提供施工草图。后来由于钢管问题一时解决不了，为了尽快送水，双方同意，用铸铁管代用。这怎么说是"设置障碍"呢？

（续表）

要　领	范　文
答辩意见 结尾： 附项：	3.关于"拒不验收"问题 方案确定之后，原告并未及时抢修，直到9月13日才进行修复。当晚原告通知我所已修好，要求验收，我所当即赶赴现场。但是，原告的修复根本不具备验收条件，修复管道不到10米，也未换阀门。这样的工程能验收吗？ 4.关于经济损失 由于原告违章作业，肇事后又不积极抢修，给我所、当地居民和国家造成了很大的经济损失。不可否认，原告方也受到了一定经济损失，但这能怪谁呢？责任完全在原告自己，原告要偿经济损失是毫无道理的，既不合乎情理，也不合乎法理。 综上所述，请人民法院根据事实和法律，秉公审理。 此致 ××人民法院 　　　　　答辩人：××自来水公司营业所（印章） 　　　　　法定代表人：张　江（签字） 　　　　　××××年×月×日 附：1.本状副本一份； 　　2.书证四件。

技法要领

（一）要有针对性

针对起诉状或上诉状中列出的事实和理由，驳倒其所列依据，对方的请求自然不能成立。

（二）要尊重事实

事实是判案的基础。如原告无理，就一定会歪曲事实，或者隐瞒事实真相，答辩状对此就要揭示事实真相，并列举出证据，把不利对方的事实部分突出来；如果原告尊重客观事实，真实反映事实真相，答辩状就应承认，决不能无理狡辩。

（三）要熟悉法律

法院判决和裁定，以法律为准绳。撰写答辩状应当熟悉并熟练运用有关法律条文，使自己的理由和主张建立在合法的基础之上。同时，要揭露起诉状或上诉状中引用法律上的谬误，指出其行为的不合法性。

（四）要善于概括

答辩状在进行答复和反驳后，要正面提出对诉讼事实焦点的主张和看法。这一部分要高度概括，用精练准确的语言归纳出答辩人的观点，必要时可以分条表述。

模式模板

（一）模式

答辩状一般由标题、答辩人基本情况、答辩的案由和理由、答辩的意见、结尾、附项等部分组成。

1. 标题

一般标题只写"答辩状"即可。

2. 答辩人的基本情况

依次写出答辩人姓名、性别、年龄、民族、籍贯、职业、单位、住址。

3. 答辩的案由和理由

案由，写明因为何人上告何事提出答辩。一般用"因××一案，答辩如下"或"×××诉××一案，提出答辩如下"等语句表述。

理由，是答辩状最重要的部分。要摆出充分理由和证据来反驳原告或上诉人的诉讼请求。这种反驳最重要的是从实体上反驳，即以法律规定为理由，反驳原告人或上诉人关于实体权利的请求。可以用事实、证据、理由否定原告或上诉人实体上的诉讼权，也可以从程序上反驳，即以诉讼程序在立法上的规范为依据，反驳原告或上诉人的请求，证明其没有具备起诉或上诉所发生和进行的条件。

4. 答辩的意见

在充分阐述理由的基础上，进行综合归纳，简洁明了地提出答辩者的观点和主张，即指出自己答辩理由的正确性、合理性及原告或上诉行为的谬误性。

5. 结尾

结尾由三部分组成，即答辩状呈交的法院名称，答辩人签名盖章和书写答辩状的年月日。

6. 附项

附项写明本诉状副本的份数，物证、书证的名称、份数等。

（二）模板

提　　纲	模　　板
标题 答辩人基本情况	经济纠纷答辩状 答辩人：姓名、性别、年龄、民族、籍贯、职业、单位、住址、联系电话

（续表）

提　纲	模　板
案由和理由	答辩的案由和理由： 因＿＿＿＿＿＿＿＿＿＿＿＿＿＿＿＿＿＿＿ 一案，提出答辩如下： ＿＿＿＿＿＿＿＿＿＿＿＿＿＿＿＿＿＿＿＿＿＿＿＿＿＿＿＿＿
结尾	此致 ＿＿＿＿＿＿＿＿＿＿＿人民法院 答辩人：×××（签名盖章） ××××年×月×日
附项	附：1. 本状副本＿＿＿份； 　　2. 书证＿＿＿份； 　　3. 物证＿＿＿份。

技能训练

（一）根据下述材料拟写一则答辩状

2015 年 5 月，春盛科技开发服务公司与市自来水公司签订合同，租赁自来水公司两间隔街的办公房作为营业部铺面，租赁期限为 3 年。当年 8 月，租赁开始。次年 4 月，因营业部经营不当，关门整顿。营业部负责人李广外出联系新的业务。5 月，自来水公司决定自己开办公司营业部，几次去人、去函，要求春盛科技开发服务公司终止合同，均因李广不在而未果。6 月上旬，自来水公司最后一次书面通知春盛科技开发服务公司，声明单方面终止合同，收回那两间办公室自用，并自己动手把春盛营业部的留存物品搬至他处代为保存。6 月下旬，李广回来一看，营业部已不复存在。几次找自来水公司商谈，要求继续租赁，未得同意，遂向法院提起诉讼。

（二）组织一次班级法庭模拟活动

步骤 1　指导老师带领大家选择一个案例。

步骤 2　确定各人的角色，然后自己准备诉讼文书、证据。

步骤 3　课后排练。

步骤 4　开庭，老师在下面指出庭审过程中的错误。

步骤 5　教师总结。

项目四　科技文书类写作

任务 1　毕业设计报告

知识概要

（一）概念

毕业设计报告，又叫毕业设计说明书，是工科学生综合运用所学知识对其工程设计进行解释和说明的科技文书，是工科大学生毕业前的总结性教学作业，主要考核其是否具有工程设计的初步能力。

毕业设计报告在本质上是工科毕业生的科技论文。

（二）特点

1.科学性。毕业设计报告是学生综合应用学过的知识，进行工程设计或解决工程难题的科学研究成果。

2.说明性。解释、说明成果的原理、应用范围、技术参数、工作流程等。通过文字和图纸进行解释、说明，有利于简洁、明了、条理清晰地说明设计过程，使读者获得直观、清楚的印象，易于被人们了解、认同。

3. 体现设计者的设计能力及综合素质。综合体现毕业生对基本理论、专业知识、专业技能的掌握和运用情况以及思维、创新能力和文字表述水平。

（三）类型

毕业设计报告常见的类型有下列两种。

1.发明型毕业设计报告，即毕业设计的产品或成果乃现实生活中的首创。

2.改革（造）型毕业设计报告。即毕业设计产品的类型或成果的类型在现实中已经存在。

文体示例

要　领	范　文
标题：设计项目+"设计" 设计者年级、姓名 指导教师姓名 正文 一、前言 说明设计项目的来源、目的和作用 二、主体 设计原理 工作性能和使用范围 设计要求 结构设计主要参数 计算公式 对设计形式等内容进行具体的解释和说明	<center>回转型蓄热式换热器的设计</center> <center>化工机械专业××级：刘云达</center> <center>指导老师：吴　雪</center> 　　一、概述 　　回转型蓄热式换热器是7021厂为综合利用能源，从生产实际中提出的课题。以本换热器作该厂加热炉空气预热器，回收400 ℃烟道气中的余热，预热进入加热炉供燃烧用的空气至350 ℃以上。经试用，每年可节约天然气80万标准立方米，价值17.6万元。总投资可在两年半收回。 　　二、设计原理 　　回转型蓄热式换热器是用内置蓄热体的转子在低温和高温气体通道中连续旋转，使蓄热体在高温气体通道内吸收高温气体的热量，而在低温气体通道内再把热量放出，传给低温气体，从而达到换热的目的。如图1（略）。 　　三、工作性能和使用范围 　　本换热器具有热回收率高、结构紧凑、处理气量大等优点，可以满足防堵塞、防腐蚀的要求。虽然存在着换热气体间的交错污染，但是对于加热炉空气预热而言，可以允许空气烟气之间有一定的交错污染，而且通过密封结构的完善和改进，可以把交错污染控制在10%以下。 　　以本换热器作为各种加热炉的空气预热器是可行的、有效的和经济的。 　　四、主要设计要求（略） 　　五、结构设计主要参数（略） 　　六、主要计算公式 　　由于本换热器的传热原理不同于传统换热设备，采用NTU法，与转子的蓄热能力匹配，并计入修正系数来进行传热计算。由于因素复杂，需要调整的数据多，可用计算机寻求最优化数据。（以下略去原文附有的七个公式。） 　　七、本换热器采用卧式设计 　　本设计，从实用的角度出发，借鉴吸取了国内同类设备行之有效的结构，如：前后墙板的烟道接头，端板及支承梁的"三合一"结构，转子轴端的迷宫封等。此外，针对本换热器操作温度高、温度效率高、流道较长等特点，将有关部件做了如下改进： 　　1.改进后的蓄热体类型和几何尺寸对换热器的性能有决定性影响 　　本设计先对"强化型""引进日本型""波带型""开孔波带型"四种蓄热体进行传热及充填面积的计算，在计算的基础上提出"改进强化型"作为本设计的蓄热体方案。改进后的蓄热体具有传热量大、引力小、不易积灰、有较好的防腐防堵性能的特点。 　　为保证蓄热体各传热板的装填质量，把蓄热板的散装改为框装，在转子外筒上用螺钉固紧，以防径向、周向移动。这种框式结构构造简单、可靠，便于安装检修。 　　2.完善的三向密封结构 密封结构对换热器的交错污染起控制性作用。本设计蓄热体流道长、气体流动阻力势必增加，烟气侧与空气侧的压力差就会增大，而泄漏量与压力差的平方根成正比。有鉴于此，本设计采用完善的三向密封结构，以减少泄漏。

（续表）

要　领	范文
	轴向密封（略） 　径向密封（略） 　周向密封（略） 　3.冷端抽屉门的改进（略） 　4.设置隔热减阻板（略） 　5.合并吹灰管与清洗管（略） 　6.传动系统的改进（略）
结尾：强调设计项目遵循的原则 补充说明：设计项目的效果有待实际验证，表现了严谨的科学态度	八、结束语 　本设计从计算公式、数据选取、结构设计都以可靠性为首要原则。本换热器在技术上完全安全可靠。 　由于资料收集尚不完整，加上毕业设计时间有限，所以改进设计的效果有待实践验证。

（引自李振辉《应用文写作》，清华大学出版社 2005 年版）

技法要领

（一）注意与实验报告的区别

毕业设计报告以阐述某种观点、见解，设计或解决工程难题为目的，它虽然离不开实验，但一般不写实验过程；实验报告则以描述、说明研究的一个重要环节的实验过程和结果为主要目的。所有的实验都可以写成实验报告，但并不是所有实验都可以写成毕业设计报告，只有那些有价值的、有创造内容的实验，才可以写成毕业设计报告。

（二）写作重点

1. 写作重点应放在技术性强的部分或设计的关键部分，切忌平均用力。

2. 注重解释、说明的技巧。充分利用图形说明和图文结合式说明。

3. 加上封面，装订成册。注意装帧设计的质量。

模式模板

（一）模式

1. 标题

标题由设计项目加"设计"或"毕业设计说明书"构成。如《××商业大厦空调系统毕业设计说明书》。

标题下一行写学生的专业、班别和姓名，再下一行写指导老师及姓名。

2. 正文

（1）前言（导言）

前言主要涉及 4 个方面的内容：设计项目的性质—设计项目的目的、效益—设计项目的原理—设计过程。有的毕业设计在前言中写设计缘由。

（2）主体

内容主要涉及以下五个方面。

①设计原理与设计方案的论证。利用什么原理进行工程或产品设计，工程或产品遵循什么样的工作原理，设计方案如何，是否可行。常利用图示和文字解释结合的方式。

②主要技术参数。选择何种技术参数，技术参数的计算公式与结果。如大厦空调系统设计，技术参数有年均气温、相对湿度、太阳辐射负荷强度等。

③工作流程（即工作过程）及技术性能。技术性能包括设计的工程或产品的型号、容量、生产率、动力等。这部分内容多用图纸说明、模型展示或实验结果的验证加以说明。图纸是产品制造的蓝图。

④适用范围。一般以文字做出说明。若涉及安装等问题时，则需以图文结合的方式说明。

⑤资金预算。

需着重说明的是：对于以上主体五个方面的内容，不同专业、不同类型的工科毕业设计报告将有所取舍，或各有侧重，内容结构顺序也不尽相同。有的工科毕业设计报告还采用分章式结构。

3. 结尾

结尾通常对上述设计报告的内容作简要而高度的概括，或对有关技术问题做出补充。有些前言部分内容较完备的毕业设计报告，可不写结尾，这部分主要起到收束全文的作用。

4. 致谢

感谢指导和帮助过自己的老师、有关单位及个人。这样既尊重他人的劳动成果，也表明自己的实事求是的态度。

5. 注释及参考文献

列出主要的参考资料、文献及作者和出版社、出版年度等。在毕业设计报告中凡是引用他人的理论、计算公式、实验数据都要注明出处，按照先后顺序编号，在毕业设计报告后——注明。注释的方式和论文相同，即编号、作者、书名或篇名、页码、出版单位、出版日期。如有参考书和文献，也应在此以同样的方式说明。

例如：［1］何二元. 大学语文［M］. 北京：人民出版社，2011：15-18，31.

［2］［英］Julia C. Berryman, David J. Hargreves，武国安，武国城译.心理学与你［M］.

北京：北京大学出版社，2000：25-18，50.

（二）模板

要　领	范　文
标题：设计项目+文种 设计者年级、姓名 指导教师姓名 正文： （一）前言： 说明设计项目的性质、目的、原理和过程 （二）主体 1.设计原理与设计方案的论证 2.技术参数 3.工作流程（即工作过程及技术性能） 4.适用范围 5.资金预算 结尾： 综述毕业设计报告的内容，或对有关技术问题做出补充 致谢： 对指导和帮助过自己的老师、有关单位及个人表示感谢 参考文献	××××××××的设计 ×× 专业××级：××× 指 导 老 师：×× 概述 _____ _____ _____。 一、_____ _____。 二、_____ _____ _____。 三、_____ _____ _____。 四、_____ _____ _____。 五、_____ _____ _____。 结束语 _____ _____。 _____ _____。 参考文献： ［1］作者.题名（书名或篇名）［M］./［J］.出版地：出版单位，出版日期：页码. ［2］略。

技能训练

写作训练

1. 选择一篇工科毕业设计报告，在老师的指导下，以毕业设计报告的结构、写法及例文作为参照系，分学习小组讨论和确定短评的写法并完成短评写作，并在学习小组上交流。

2. 在老师指导下，自选一难度适中的毕业设计项目（课题），在项目完成之后写出一篇毕业设计报告。

任务 2　毕业论文

（一）毕业论文的性质

毕业论文是大学毕业生根据专业培养目标，在专业课教师的指导下，综合运用已学知识表述理论创造或分析的一种应用文体。毕业论文的水平是各类院校检验毕业生学识和能力的主要标准，是对学生在读书期间所学各种基础知识和专业课程的一次全面业务考核。现代社会需要的专业人才所具有的科研、创新、管理、语言表达等综合能力，都能从毕业论文撰写过程中得到训练和提高。

（二）毕业论文的特点

1. 综合性

毕业论文在选定课题后虽然不可能将所学理论知识全部用上，更不可能分析和解决本专业在实践中的全部问题。但在撰写过程中，在运用论据、论证、论点时需要综合运用分析归纳、论述表达等能力，需要综合应用所学的专业理论知识。

2. 客观性

毕业论文的内容必须真实地反映客观存在的事实。论文中的材料要真实，不可弄虚作假。

3. 创新性

科学研究要求人们在知识不断积累的基础上，通过实践，对社会的各个不同领域进行更加深入的研究探索，进行创造性的劳动，为社会经济建设服务。因此，毕业论文的选题要在研究前人研究的基础上有所发展、创新，而不是重复、抄袭、模仿前人的劳动。

（三）毕业论文的种类

由于毕业论文本身的内容和性质不同，研究领域、对象、方法、表现方式不同，因此，毕业论文就有不同的分类方法。

1. 按内容和性质方法划分

按内容和性质方法的不同，可以把毕业论文分为理论性毕业论文、实验性毕业论文、描述性毕业论文和涉及性毕业论文。后三种论文主要是理工科大学生可以选择的论文形式，文科大学生一般写的是理论性论文。

2. 按议论的性质划分

按议论的性质不同，可以把毕业论文分为立论文和驳论文。立论性的毕业论文是指从正面阐述论证自己的观点和主张。要求论点鲜明，论据充分，论证严密，以理和事服人。驳论性毕业论文是指通过反驳别人的论点来树立自己的论点和主张。驳论文除按立论文对论点、论据、论证的要求以外，还要求针锋相对，据理力争。

3. 按学生层次及申请学位划分

按学生层次及申请学位的不同，可以把毕业论文分为：①普通毕业论文，即由大专生撰写的毕业论文；②学士论文，即由大学本科生撰写的毕业论文；③硕士论文，即由攻读硕士学位的研究生撰写的毕业论文；④博士论文：即由攻读博士学位的研究生所撰写的毕业论文。

（四）毕业论文的作用

毕业论文从资料准备到选题撰写是集学习、论文写作和答辩于一体，三者相辅相成的教学过程，是以学生为主体的实践性较强的重要教学环节。其作用表现为以下几方面：

1. 教学目标完善和深化的必要环节

一切知识和经验都是在"实践—认识—再实践—再认识"的多次反复过程中得到验证和应用的。从学生角度来说，毕业论文的撰写对专业课程是一个重温、整理、巩固和深化的过程，通过实习、写作和答辩而最终形成，使学生得到知、能、行三者的锻炼。对学校来说，毕业论文则是对专业人才进行完善和深化的过程，在客观上保证了人才培养与社会需要相适应。因此，可以说，毕业论文是高职院校教学目标完善和深化的必要环节。

2. 人才素质结构中知识和技能相长的重要因素

现代知识总量的激增和知识更新的速度，要求人们掌握和运用知识的能力必须强化。毕业论文写作的全过程就孕育着上述要求，是知识和技能结构相辅相成的重要手段。由于毕业论文主要是针对专业中某一专题进行观察、分析，做出针对性论述，其中必然面临如何选题、提出论点、考证考据、解决问题，以及做出一些设想等一系列兼具模拟和时效两种作用的自我锻炼，而这些绝非是课堂教学所能替代的。另外，学校要实现培养生产第一线的技术性应用型人才的教学目标，已不是单纯的应知、应会运作，而是要强化学生综合应用能力。毕业论文的写作过程就是为教学目标的实现提供超前的"实战"锻炼。因此，毕业论文的撰写是促进知识和技能相长的重要因素。

3. 教学质量综合评价的有效手段

毕业论文是知识和技能的综合性训练和运用，其中既有反映学校专业教学的基本要求和内容，又有显示学生掌握知识的深度和驾驭知识能力的自我评价；既有体现学校培养目标的全面考核内容，又有表明学生社会实践效果的社会反馈信息。总之，学生在校学得如何，教师教得怎样，学校教学目标和培养目标实现程度如何，在毕业论文中都有所体现。因此，在教学管理中，往往将毕业论文作为考评教师教学质量、学生学习质量和教学管理水平的有效手段和重要参数。

文体示例

要　领	范　文
标题	消除建筑楼层标高差错的措施研究
摘要	摘　要：为保证建筑物有必要的高差（如厨、厕、阳台需排水），避免不应有的高差，应采取必要的措施。如①在设计阶段，不同专业的设计人员及时协商、协调；②在图纸会审时搞好技术交底；③在施工阶段要精心操作，适时检测。
关键词	关键词：建筑楼层；标高；高差
绪论：提出问题	本人在××建筑公司实习期间，在某通信楼扩建工程中，遇到这样一件事：新建筑部分从老楼外侧确定后，为使施工期间不干扰正常通信，采取现场封闭施工。于是，处于新、老楼连接处的墙体本应拆除而施工中保留未动，待到扩建竣工贯通新老楼通道时发现，新老楼除底层外，各层楼面均有高差，给通信的安装调试及日后的使用维修带来诸多不便。究其原因，扩建部分图纸上各层所注标高与老楼图纸所注标高难度完全一致，而且，新楼施工的标高控制经质检站检测也十分精确，问题出在老楼的施工当时未按图纸设计进行。 　　当前，建筑领域一片繁荣兴旺景象，一幢幢大厦拔地而起，外装修华丽高档，然而登堂入室，只要留意观察，不难发现在"高差"问题上，往往给人留下一些遗憾。
本论：分析问题	本人曾在一所高级宾馆仔细观察过，其卫生间的积水渗湿了客房的地毯；外与阳台、内与客厅相接的厨房因积水倒灌不得不将地面面层敲掉重做；楼梯的踏面在地面处的第一步与楼面处的第一步高度相差甚远…… 　　造成上述弊端的原因，不外乎设计、施工两方面。 　　在设计方面，一般是建筑设计在先，结构设计在后；建筑师侧重于功能布局型、立面造型，而结构工程师则注重安全可靠，受力合理。建筑、结构一旦配合不默契或协调不及时，就容易在标高上各搞一套。 　　当前，饰面材料品种繁多（厚薄不一），有时设计者本人心中无数，在面层做法没有详图的情况下，标高问题在出图阶段会暂时被掩盖起来。 　　再则，同一楼层面所用圈梁、过梁一般在同一标高上，然而，所有构件有现浇、有预制，或空心板、平板，其厚度不一，而相邻房间因使用性质不同有时需要有一定的高差。对此，如不精心设计，必然留下"标高"隐患。

（续表）

要　领	范　文
结论：解决问题	在施工方面，工序上结构施工在先，（建筑）装饰施工在后，如前期的结构工种不考虑面层材料厚度，则当地（楼）面面层材料（如铺贴大理石）与踏步面层材料（如现制水磨石）厚度不同时，必然给后续的装饰施工带来麻烦，不是敲凿就是填补，既废工又废料，甚至还会留下高度仍不一致的永久遗憾。 　　为保证建筑物有必要的高差（如厨、厕、阳台需排水），避免不应有的高差，本人认为可采取如下措施： 　　一是在设计阶段，不同专业的设计人员及时协商、协调。除了建筑、结构专业的协调外，还需与设备（水、暖、电）设计人员协调。如某计算中心机房设计，要求管线在地面暗敷，由于线多管粗，不得不加厚面层，设计时协调及时，避免了图纸上房间与走道不应有的高差。因此，在技术设计阶段，严格按有关建筑结构设计规范，加强审核、校对，做到建筑与结构一致，土建与设备一致，平面、立面、剖面一致，主图和大样一致，把标高差错消除在正式出图之前。 　　另外在图纸上，次要部位不必数处注写标高，尽量减少出错的概率，进而减少修改图纸的麻烦。 　　二是在图纸会审时搞好技术交底。在图纸会审时，设计单位、施工单位、建筑单位、监理部门等工程技术人员齐聚一堂，此时应充分发挥集体的智慧，把"标高"交底作为一个专项进行。此时即使提出局部修改，由此而引起的高差变化就能得到及时、全面的调整。 　　三是在施工阶段要精心操作，适时检测。在施工组织设计方案中，要充分考虑"标高"对施工的影响。一方面向工地班组交代清楚，责任到人，强化质量意识；另一方面，充分利用先进的测量仪器和一些行之有效的传统方法，加强控制检测，提高操作技术水平，确保"标高"精度。
参考文献	参考文献： [1]冯松青.建筑工程项目的市场化管理体制[J].山西建筑，2007（32）：15-16. [2]（略） [3]（略）

技法要领

（一）毕业论文的选题

　　一般来说，论题的选择有自选题、命题与自选题结合、引导性命题三种方式。根据高职高专学生的特点，选择论题主要以命题与自选题结合、引导性命题为宜。选择论题的基本方法和途径应从以下几个方面考虑。

1. 要有一定的意义

　　选题要有一定的价值，要能反映社会发展和市场经济的需求，反映专业性和知识性。缺乏学术价值和实用价值的课题，写出来的论文文笔再好也无任何意义。

2. 要有新意

要求所选论题在一定范围内具有典型性、代表性和新颖性。一方面要求能够反映事物的发展趋势，要有时代气息；另一方面要求解放思想，具有一定的开拓精神，论述别人没有论述的新课题。

3. 要从实际出发，切实可行

（1）紧扣专业，学用结合，要在本专业知识的范围之内进行选题。实践是最好的练兵，结合实际，选择实习中的关键问题作为毕业论文的课题是培养解决实际问题的最好的方法，这样毕业以后能够很快适应现场的工作环境，缩短向工作岗位过渡的时间。

（2）难易和大小要适度。选题既要有一定的难度，又要考虑到自己的知识水平与解决实际问题的能力。难度太大，力不从心；偏于容易，难以达到锻炼的目的。此外，论文涉及范围过大，往往会因能力或条件的制约，致使论据缺乏、论证无力而难以落到实处。因此，现实工作或生产实践中有些属于宏观问题，如体制、政策或技术发展水平等事关全局的问题，毕业论文不宜选择；可以选择本专业领域里那些微观问题，如结合实践、探究或解决问题方法的论题。例如：试论金融风暴对我国的影响 ——→ 试论金融风暴对我国贸易的影响 ——→ 试论金融危机风暴对我国民用商品贸易的影响。

（3）根据兴趣爱好和业务强项来选题。术业有专攻，人各有所好。而对某一问题感兴趣，就易于钻研并取得好的成绩。所以，在所学的专业强项的大框架下，选择自己感兴趣的课题，是高职院校学生毕业论文的有效方法，有利于提高论文撰写的质量。

（二）毕业论文的准备

1. 资料的搜集

选题和资料的搜集紧密相关。只有在确定了选题之后方可按照选题的方向去搜集更多的资料。搜集资料是具体研究问题的开始，没有资料就无从分析问题。但搜集资料不是博览群书，而是在有限的时间内有针对性、有重点地重温已经学过的专业理论知识，查阅与论题有关的资料，掌握实习或调研单位的有关情况。

资料可以通过直接调查获得，也可以通过图书馆、档案馆或计算机网络查阅获得。

2. 资料的分析研究

（1）提供课题的研究状况。查阅资料，可了解自己的课题是否有人已经研究过。如果有人研究过，可以了解他们的观点是什么，他们的资料来源于何处，从中分析比较他们的研究得失，吸取经验，提高对本课题的认识；如无人研究，则可以考虑有哪些相关资料可以供借鉴，了解自己的选题究竟新在何处、有什么意义，迫使自己思考研究本课题的方法和途径。

（2）获得基础资料。从已发表的论文或历史文献中获得具有大量的有用资料。某些基础性资料可帮助我们重新认识问题，因为同样的资料站在不同的角度可以得到不同的认识。我们可以为证明自己的观点去摘抄、引用一些基础资料，但要注意，对任何资料的引用都不能断章取义。

（3）学习研究方法和论文的撰写方法。在搜集、研究资料的过程中，可以学习其他学者研究问题和撰写论文的方法。通过分析这些论文，找出作者的思路，学习他们的研究方法，从而达到拓展自己思路的目的。

3. 资料的整理

对搜集的资料（含实验研究所得结果）进行全面的分类与分析，并做出必要的处理。

（1）将资料分类。资料分类是资料分析的重要步骤，分类标准要以资料反映的主要思想（内容）为依据。

（2）分析资料并从中导出结论。要分析每类资料能够导出的结论并把这些结论写出来，形成自己的观点。

（3）给每类资料拟写标题。根据对资料的分析，拟写资料的标题。标题是资料中心思想的概括和结论的提示，将为我们取舍资料及安排资料在论文中的位置做准备。

4. 提炼主题

在研究材料过程中分析出来的论点或结论，还需要结合论文的整体进一步提炼，使之达到认识上的新水平。

（1）观点与材料要统一。要分析论文整体所包括的内涵是否大于或小于总论题。一篇论文其观点能否被材料所证实是至关重要的。这就要求所要论证的问题和材料必须高度统一。如果所要论证的问题大于材料，那么就要受材料的限制，就应当缩小论题；反之，则应当扩大论题。

（2）结论应当升华。论文的结论应当体现作者认识的升华。有了基本的结论之后，对这个结论还存在哪些问题没有解决、有什么发展前景等问题，可进行再分析，以提升认识。

模式模板

（一）模式

一份完整的毕业论文结构应包括以下几个方面。

封面—目录—题目—内容摘要—关键词—正文（绪论、本论、结论）—注释和参考文献。

1. 封面

它包括标题、作者、所属学校及专业班级、成文日期四部分。其中标题应写在封面上部的中间位置。它应鲜明、朴实无华、准确得体。

2. 目录

目录即论文的篇章名目。为了给读者提供阅读上的便利，前面一般安排目录。目录中的一次目、二次目的前面按写作的顺序加上序码，标清毕业论文的构成部分的名称和正文中的小标题，同时在他们的后面标明具体页码。目录的列出可按如下方式。

目 录

1. 内容摘要 …………………………………………………………………（ ）

2. 绪论 ………………………………………………………………………（ ）

3. 本论 ………………………………………………………………………（ ）

（1）………………………………………………………………………（ ）

（2）………………………………………………………………………（ ）

4. 结论 ………………………………………………………………………（ ）

5. 注释 ………………………………………………………………………（ ）

6. 参考文献 …………………………………………………………………（ ）

目录一般在论文篇幅较长时用。

3. 题目

题目即标题。题目应该简短、明确、概括论文的中心和作者的观点，有吸引力，对全文起到提纲挈领的作用。

论文题目的写作要求：①要醒目，能确切地反映论文的内容及其研究的范围和深度；②题目避免不常见的缩略词、字符、代号和公式，有利于索引、分类和提供实用信息；③文字要适当，概念要明确，切忌空乏。一般正标题字数不宜超过20个字，如果有些细节必须放进标题，可以分设主标题和副标题。

4. 内容摘要

内容摘要以浓缩的形式概括论文的内容，提示论文主要观点，让人掌握论文的大致轮廓，其重点是研究的结果和结论。内容摘要文字必须简练，应具有高度的概括力，篇幅一般不超过文总字数的5%左右。中文摘要在300字以内，英文摘要以250个左右实词为宜，一般写在中文摘要的后面，也可附在正文后面。摘要一般使用第三人称。

5. 关键词

关键词，也称"主题词"，是论文中具有代表性、概括性的几个关键术语。每篇论文一般选用 3—8 个词作为关键词，另起一行排在左下方，关键词之间用空一格或用分号隔开。关键词与主题部分之间应空一行。

6. 正文

毕业论文作为学术论文的范畴，其正文的基本型是"绪论—本论—结论"三部分。若采用调研报告型论文的文体形式则是"实际情况—原因分析—对策建议"。不论采用何种文体形式，均应遵照"提出问题—分析问题—解决问题"三段式结构。

（1）绪论又称前言、引论、导言、引言，位于论文首段，或用几段表述，是论文的开场白。绪论的撰写没有定规，应视写作的内容而定，一般可包括写作背景，研究的缘由，写作动机、目的、意义，提出中心论点，阐述课题的性质、范围及其重要性或价值，有时，也提出方法和材料的依据等。

绪论一般只写其中的一个或一些内容，提出的问题要具体明确，不要注释基本原理，不要推导基本方法，不要用很长的篇幅写自己的心得和感受，应做到提纲挈领，简明扼要。

（2）本论又称正文，是论文的主题和核心，是衡量学术水平高低和质量好坏的主要标志，创造性的信息主要反映在这部分。本论的写作要求，首先要有第一手、第二手材料，要有内容，材料要丰富、典型、新颖，观点和材料要高度统一，通过丰富的材料、数据和多角度分析、论证并阐明中心论点。

其次，论证层次要清晰、逻辑要严密、结构要严谨，一般可采用直线推论，又称为递进式结构（即提出一个基本观点后，步步深入，层层展开论述论点，由一个到另一个，循着一个逻辑直线移动）；也可采用所谓并列分说，又称并列式结构（即把从属于基本论点的几个下位论点并列起来，一个一个分别加以论述）；有时也可将上述两者结合起来运用，称为混合型。

本论内容是否充实、论证是否严密、观点与材料是否统一，将决定全文的质量，是写作的关键。所以，写毕业论文，要全力以赴地把本论文写好。

（3）结论是论文最终、总体的结语。毕业论文的结论应包括以下内容。

①通过严密论证得到的结果。这部分内容是经过推理、判断、归纳等过程而得到的新的观点的总结，应是绪论中提出的、本论中分析论证后，水到渠成的结论。要求写得简明，让读者能明确了解作者独到见解之所在，切忌论证不充分而妄下结论。要首尾贯一，成为一个严谨的、完善的逻辑构成。

②对课题研究的展望。由于学生在校受主、客观条件的限制，对某一课题的研究所取得的成果也受到一定的限制。结论中可提出一些本课题研究工作中尚未能解决的问题，或者是要进一步探讨的问题及可能解决的途径予以展望。结论要写得概括、简短。

③最后，对在整个研究过程中给予支持和帮助的老师、有关单位及个人表示谢意。这不

仅是一种礼貌，也是对他人劳动的尊重，是治学者应有的思想作风。

7. 注释和参考文献

注释是对文中引文出处的交代说明。引文是指在论文写作过程中，由于论证的需要，引用别人的观点或材料，用来证明巩固深化自己观点的文字。凡论文中引用前人的文章、数据、结论等资料时，均应按文中出现的先后顺序，注明其出处。这既是尊重别人的研究成果，也是为了表现自己严谨的治学态度。

引文要少而精，不能多而繁，否则影响自己的观点。引文要准确，不能引错，更不能断章取义，违背原文的原意。

参考文献是指撰写论文时参考和引用的文献资料，是完成毕业论文不可缺少的组成部分，反映论文的取材来源、材料的广博程度和材料的可靠程度，也是作者对他人知识成果的承认和尊重。参考文献不宜过多，一般应与论文有密切的关系，对作者确有借鉴作用为限，多列或不列都不妥，以 5 篇以上为宜。它的著录如果是期刊应包括序号、著者、题目、期刊名称、出版年、卷号（期号）、起止页码；如果是书籍应包括序号、著者、书名、版次（第一版不标注）、出版者、出版年、起止页码。

至于一篇毕业论文究竟要多少字数，不同的学校有不同的规定。一般来说，一篇毕业论文需要有五千字以上。

毕业论文应使用A4纸打印成文，或用钢笔书写。论文写作完毕，誊清定稿后，需要加上封面、封底，装订成册。

（二）模板

提　纲	模　板
标题	＿＿＿＿＿＿＿＿＿＿＿＿＿＿＿＿＿＿＿＿＿
摘要	摘　要：＿＿＿＿＿＿＿＿＿＿＿＿＿＿＿＿＿＿＿＿＿＿＿
关键词 绪论	关键词：＿＿＿＿　＿＿＿＿　＿＿＿＿　＿＿＿＿ ＿＿＿＿＿＿＿＿＿＿＿＿＿＿＿＿＿＿＿＿＿＿＿
本论	一、＿＿＿＿＿＿＿＿＿＿＿＿＿＿＿＿＿＿＿＿＿＿＿ ＿＿＿＿＿＿＿＿＿＿＿＿＿＿＿＿＿＿＿＿＿＿＿ 二、＿＿＿＿＿＿＿＿＿＿＿＿＿＿＿＿＿＿＿＿＿＿＿ ＿＿＿＿＿＿＿＿＿＿＿＿＿＿＿＿＿＿＿＿＿＿＿ 三、＿＿＿＿＿＿＿＿＿＿＿＿＿＿＿＿＿＿＿＿＿＿＿

（续表）

提　纲	模　板
结论	
参考文献	参考文献： ［1］作者. 论文题目［J］. 期刊名称，出版时间（期）. ［2］作者. 著作名称［M］. 出版地：出版社，出版时间. ［3］（略） ［4］（略） ［5］（略）

技能训练

（一）根据下列两篇论文的摘要，请分别列出"关键词"

1.《论当前青少年违法犯罪的特点、成因和对策》

［摘要］近年来，青少年违法犯罪行为不断增加，已成为社会关注的热点问题。本文分析了青少年违法犯罪的新特点、主客观原因，并提出了预防和减少青少年违法犯罪的对策。

［关键词］：＿＿＿＿＿＿＿＿＿＿＿＿＿＿＿＿＿＿＿＿＿

2.《控制钢筋砼的施工质量》

［摘要］主要说明钢筋在施工前后的准备工作，钢筋的施工工艺及处理方法，砼原材料、配合比、浇捣、养护等的质量控制及有关质量通病的分析。

［关键词］：＿＿＿＿＿＿＿＿＿＿＿＿＿＿＿＿＿＿＿＿＿

（二）写作训练

根据自己所学专业及爱好、特长，选定论题，写一篇论文。

附录一

党政机关公文处理工作条例

（中办发〔2012〕14号，2012年4月）

第一章　总　则

第一条　为了适应中国共产党机关和国家行政机关（以下简称党政机关）工作需要，推进党政机关公文处理工作科学化、制度化、规范化，制定本条例。

第二条　本条例适用于各级党政机关公文处理工作。

第三条　党政机关公文是党政机关实施领导、履行职能、处理公务的具有特定效力和规范体式的文书，是传达贯彻党和国家方针政策，公布法规和规章，指导、布置和商洽工作，请示和答复问题，报告、通报和交流情况等的重要工具。

第四条　公文处理工作是指公文拟制、办理、管理等一系列相互关联、衔接有序的工作。

第五条　公文处理工作应当坚持实事求是、准确规范、精简高效、安全保密的原则。

第六条　各级党政机关应当高度重视公文处理工作，加强组织领导，强化队伍建设，设立文秘部门或者由专人负责公文处理工作。

第七条　各级党政机关办公厅（室）主管本机关的公文处理工作，并对下级机关的公文处理工作进行业务指导和督促检查。

第二章　公文种类

第八条　公文种类主要有：

（一）决议。适用于会议讨论通过的重大决策事项。

（二）决定。适用于对重要事项作出决策和部署、奖惩有关单位和人员、变更或者撤销下级机关不适当的决定事项。

（三）命令（令）。适用于公布行政法规和规章、宣布施行重大强制性措施、批准授予和晋升衔级、嘉奖有关单位和人员。

（四）公报。适用于公布重要决定或者重大事项。

（五）公告。适用于向国内外宣布重要事项或者法定事项。

（六）通告。适用于在一定范围内公布应当遵守或者周知的事项。

（七）意见。适用于对重要问题提出见解和处理办法。

（八）通知。适用于发布、传达要求下级机关执行和有关单位周知或者执行的事项，批转、转发公文。

（九）通报。适用于表彰先进、批评错误、传达重要精神和告知重要情况。

（十）报告。适用于向上级机关汇报工作、反映情况，回复上级机关的询问。

（十一）请示。适用于向上级机关请求指示、批准。

（十二）批复。适用于答复下级机关请示事项。

（十三）议案。适用于各级人民政府按照法律程序向同级人民代表大会或者人民代表大会常务委员会提请审议事项。

（十四）函。适用于不相隶属机关之间商洽工作、询问和答复问题、请求批准和答复审批事项。

（十五）纪要。适用于记载会议主要情况和议定事项。

第三章　公文格式

第九条　公文一般由份号、密级和保密期限、紧急程度、发文机关标志、发文字号、签发人、标题、主送机关、正文、附件说明、发文机关署名、成文日期、印章、附注、附件、抄送机关、印发机关和印发日期、页码等组成。

（一）份号。公文印制份数的顺序号。涉密公文应当标注份号。

（二）密级和保密期限。公文的秘密等级和保密的期限。涉密公文应当根据涉密程度分别标注"绝密""机密""秘密"和保密期限。

（三）紧急程度。公文送达和办理的时限要求。根据紧急程度，紧急公文应当分别标注"特急""加急"，电报应当分别标注"特提""特急""加急""平急"。

（四）发文机关标志。由发文机关全称或者规范化简称加"文件"二字组成，也可以使用发文机关全称或者规范化简称。联合行文时，发文机关标志可以并用联合发文机关名称，也可以单独用主办机关名称。

（五）发文字号。由发文机关代字、年份、发文顺序号组成。联合行文时，使用主办机关的发文字号。

（六）签发人。上行文应当标注签发人姓名。

（七）标题。由发文机关名称、事由和文种组成。

（八）主送机关。公文的主要受理机关，应当使用机关全称、规范化简称或者同类型机关统称。

（九）正文。公文的主体，用来表述公文的内容。

（十）附件说明。公文附件的顺序号和名称。

（十一）发文机关署名。署发文机关全称或者规范化简称。

（十二）成文日期。署会议通过或者发文机关负责人签发的日期。联合行文时，署最后签发机关负责人签发的日期。

（十三）印章。公文中有发文机关署名的，应当加盖发文机关印章，并与署名机关相符。有特定发文机关标志的普发性公文和电报可以不加盖印章。

（十四）附注。公文印发传达范围等需要说明的事项。

（十五）附件。公文正文的说明、补充或者参考资料。

（十六）抄送机关。除主送机关外需要执行或者知晓公文内容的其他机关，应当使用机关全称、规范化简称或者同类型机关统称。

（十七）印发机关和印发日期。公文的送印机关和送印日期。

（十八）页码。公文页数顺序号。

第十条　公文的版式按照《党政机关公文格式》国家标准执行。

第十一条　公文使用的汉字、数字、外文字符、计量单位和标点符号等，按照有关国家标准和规定执行。民族自治地方的公文，可以并用汉字和当地通用的少数民族文字。

第十二条　公文用纸幅面采用国际标准 A4 型。特殊形式的公文用纸幅面，根据实际需要确定。

第四章　行文规则

第十三条　行文应当确有必要，讲求实效，注重针对性和可操作性。

第十四条　行文关系根据隶属关系和职权范围确定。一般不得越级行文，特殊情况需要越级行文的，应当同时抄送被越过的机关。

第十五条　向上级机关行文，应当遵循以下规则：

（一）原则上主送一个上级机关，根据需要同时抄送相关上级机关和同级机关，不抄送下级机关。

（二）党委、政府的部门向上级主管部门请示、报告重大事项，应当经本级党委、政府同意或者授权；属于部门职权范围内的事项应当直接报送上级主管部门。

（三）下级机关的请示事项，如需以本机关名义向上级机关请示，应当提出倾向性意见后上报，不得原文转报上级机关。

（四）请示应当一文一事。不得在报告等非请示性公文中夹带请示事项。

（五）除上级机关负责人直接交办事项外，不得以本机关名义向上级机关负责人报送公文，不得以本机关负责人名义向上级机关报送公文。

（六）受双重领导的机关向一个上级机关行文，必要时抄送另一个上级机关。

第十六条 向下级机关行文，应当遵循以下规则：

（一）主送受理机关，根据需要抄送相关机关。重要行文应当同时抄送发文机关的直接上级机关。

（二）党委、政府的办公厅（室）根据本级党委、政府授权，可以向下级党委、政府行文，其他部门和单位不得向下级党委、政府发布指令性公文或者在公文中向下级党委、政府提出指令性要求。需经政府审批的具体事项，经政府同意后可以由政府职能部门行文，文中须注明已经政府同意。

（三）党委、政府的部门在各自职权范围内可以向下级党委、政府的相关部门行文。

（四）涉及多个部门职权范围内的事务，部门之间未协商一致的，不得向下行文；擅自行文的，上级机关应当责令其纠正或者撤销。

（五）上级机关向受双重领导的下级机关行文，必要时抄送该下级机关的另一个上级机关。

第十七条 同级党政机关、党政机关与其他同级机关必要时可以联合行文。属于党委、政府各自职权范围内的工作，不得联合行文。党委、政府的部门依据职权可以相互行文。部门内设机构除办公厅（室）外不得对外正式行文。

第五章 公文拟制

第十八条 公文拟制包括公文的起草、审核、签发等程序。

第十九条 公文起草应当做到：

（一）符合国家法律法规和党的路线方针政策，完整准确体现发文机关意图，并同现行有关公文相衔接。

（二）一切从实际出发，分析问题实事求是，所提政策措施和办法切实可行。

（三）内容简洁，主题突出，观点鲜明，结构严谨，表述准确，文字精练。

（四）文种正确，格式规范。

（五）深入调查研究，充分进行论证，广泛听取意见。

（六）公文涉及其他地区或者部门职权范围内的事项，起草单位必须征求相关地区或者部门意见，力求达成一致。

（七）机关负责人应当主持、指导重要公文起草工作。

第二十条 公文文稿签发前，应当由发文机关办公厅（室）进行审核。审核的重点是：

（一）行文理由是否充分，行文依据是否准确。

（二）内容是否符合国家法律法规和党的路线方针政策；是否完整准确体现发文机关意图；是否同现行有关公文相衔接；所提政策措施和办法是否切实可行。

（三）涉及有关地区或者部门职权范围内的事项是否经过充分协商并达成一致意见。

（四）文种是否正确，格式是否规范；人名、地名、时间、数字、段落顺序、引文等是否准确；文字、数字、计量单位和标点符号等用法是否规范。

（五）其他内容是否符合公文起草的有关要求。

需要发文机关审议的重要公文文稿，审议前由发文机关办公厅（室）进行初核。

第二十一条 经审核不宜发文的公文文稿，应当退回起草单位并说明理由；符合发文条件但内容需作进一步研究和修改的，由起草单位修改后重新报送。

第二十二条 公文应当经本机关负责人审批签发。重要公文和上行文由机关主要负责人签发。党委、政府的办公厅（室）根据党委、政府授权制发的公文，由受权机关主要负责人签发或者按照有关规定签发。签发人签发公文，应当签署意见、姓名和完整日期；圈阅或者签名的，视为同意。联合发文由所有联署机关的负责人会签。

第六章 公文办理

第二十三条 公文办理包括收文办理、发文办理和整理归档。

第二十四条 收文办理主要程序是：

（一）签收。对收到的公文应当逐件清点，核对无误后签字或者盖章，并注明签收时间。

（二）登记。对公文的主要信息和办理情况应当详细记载。

（三）初审。对收到的公文应当进行初审。初审的重点是：是否应当由本机关办理，是否符合行文规则，文种、格式是否符合要求，涉及其他地区或者部门职权范围内的事项是否已经协商、会签，是否符合公文起草的其他要求。经初审不符合规定的公文，应当及时退回来文单位并说明理由。

（四）承办。阅知性公文应当根据公文内容、要求和工作需要确定范围后分送。批办性公文应当提出拟办意见报本机关负责人批示或者转有关部门办理；需要两个以上部门办理的，应当明确主办部门。紧急公文应当明确办理时限。承办部门对交办的公文应当及时办理，有明确办理时限要求的应当在规定时限内办理完毕。

（五）传阅。根据领导批示和工作需要将公文及时送传阅对象阅知或者批示。办理公文传阅应当随时掌握公文去向，不得漏传、误传、延误。

（六）催办。及时了解掌握公文的办理进展情况，督促承办部门按期办结。紧急公文或者重要公文应当由专人负责催办。

（七）答复。公文的办理结果应当及时答复来文单位，并根据需要告知相关单位。

第二十五条 发文办理主要程序是：

（一）复核。已经发文机关负责人签批的公文，印发前应当对公文的审批手续、内容、文种、格式等进行复核；需作实质性修改的，应当报原签批人复审。

（二）登记。对复核后的公文，应当确定发文字号、分送范围和印制份数并详细记载。

（三）印制。公文印制必须确保质量和时效。涉密公文应当在符合保密要求的场所印制。

（四）核发。公文印制完毕，应当对公文的文字、格式和印刷质量进行检查后分发。

第二十六条 涉密公文应当通过机要交通、邮政机要通信、城市机要文件交换站或者收发件机关机要收发人员进行传递，通过密码电报或者符合国家保密规定的计算机信息系统进行传输。

第二十七条 需要归档的公文及有关材料，应当根据有关档案法律法规以及机关档案管理规定，及时收集齐全、整理归档。两个以上机关联合办理的公文，原件由主办机关归档，相关机关保存复制件。机关负责人兼任其他机关职务的，在履行所兼职务过程中形成的公文，由其兼职机关归档。

第七章　公文管理

第二十八条 各级党政机关应当建立健全本机关公文管理制度，确保管理严格规范，充分发挥公文效用。

第二十九条 党政机关公文由文秘部门或者专人统一管理。设立党委（党组）的县级以上单位应当建立机要保密室和机要阅文室，并按照有关保密规定配备工作人员和必要的安全保密设施设备。

第三十条 公文确定密级前，应当按照拟定的密级先行采取保密措施。确定密级后，应当按照所定密级严格管理。绝密级公文应当由专人管理。公文的密级需要变更或者解除的，由原确定密级的机关或者其上级机关决定。

第三十一条 公文的印发传达范围应当按照发文机关的要求执行；需要变更的，应当经发文机关批准。涉密公文公开发布前应当履行解密程序。公开发布的时间、形式和渠道，由发文机关确定。经批准公开发布的公文，同发文机关正式印发的公文具有同等效力。

第三十二条 复制、汇编机密级、秘密级公文，应当符合有关规定并经本机关负责人批准。绝密级公文一般不得复制、汇编，确有工作需要的，应当经发文机关或者其上级机关批准。复制、汇编的公文视同原件管理。复制件应当加盖复制机关戳记。翻印件应当注明翻印的机关名称、日期。汇编本的密级按照编入公文的最高密级标注。汇编，确有工作需要的，应当经发文机关或者其上级机关批准。复制、汇编的公文视同原件管理。

复制件应当加盖复制机关戳记。翻印件应当注明翻印的机关名称、日期。汇编本的密级按照编入公文的最高密级标注。

第三十三条 公文的撤销和废止，由发文机关、上级机关或者权力机关根据职权范围和有关法律法规决定。公文被撤销的，视为自始无效；公文被废止的，视为自废止之日起失效。

第三十四条 涉密公文应当按照发文机关的要求和有关规定进行清退或者销毁。

第三十五条 不具备归档和保存价值的公文，经批准后可以销毁。销毁涉密公文必须严格按照有关规定履行审批登记手续，确保不丢失、不漏销。个人不得私自销毁、留存涉密公文。

第三十六条 机关合并时，全部公文应当随之合并管理；机关撤销时，需要归档的公文经整理后按照有关规定移交档案管理部门。

工作人员离岗离职时，所在机关应当督促其将暂存、借用的公文按照有关规定移交、清退。

第三十七条 新设立的机关应当向本级党委、政府的办公厅（室）提出发文立户申请。经审查符合条件的，列为发文单位，机关合并或者撤销时，相应进行调整。

第八章 附 则

第三十八条 党政机关公文含电子公文。电子公文处理工作的具体办法另行制定。

第三十九条 法规、规章方面的公文，依照有关规定处理。外事方面的公文，依照外事主管部门的有关规定处理。

第四十条 其他机关和单位的公文处理工作，可以参照本条例执行。

第四十一条 本条例由中共中央办公厅、国务院办公厅负责解释。

第四十二条 本条例自 2012 年 7 月 1 日起施行。1996 年 5 月 3 日中共中央办公厅发布的《中国共产党机关公文处理条例》和 2000 年 8 月 24 日国务院发布的《国家行政机关公文处理办法》停止执行。

附录二

校对符号及其用法

编　号	符号形态	符号作用
1		改正
2		删除
3		增补
4		换损污字
5		改正上下角
6		转正
7		对调
8		转移
9		接排
10		另起段
11		上下移
12		左右移
13		排齐
14		排阶梯形
15		正图
16		加大空距
17		减下空距
18		空 1 字距 空 1/2 字距 空 1/3 字距
19		分开
20		保留
21		代替
22		说明

参考文献

［1］夏传才. 文学鉴赏辞典［M］. 上海：上海辞书出版社，2004.

［2］丁帆，朱晓进，徐兴无.新编大学语文［M］. 北京：外语教学与研究出版社，2011.

［3］王步高. 大学语文［M］. 南京：南京大学出版社，2006.

［4］夏中义. 大学新语文［M］. 北京：北京大学出版社，2005.

［5］尉天骄. 大学语文［M］. 南京：河海大学出版社，2005.

［6］徐中玉，齐森华［M］. 大学语文. 上海：华东师范大学出版社，2001.

［7］李红霞. 大学语文［M］. 上海：高等教育出版社上海分社，2007.

［8］王粤钦，安萍. 新编大学语文［M］. 大连：大连理工大学出版社，2007.

［9］鲍振元. 诺贝尔奖百年英杰：丁肇中［M］. 长春：长春出版社，2004.

［10］胡茂胜，赵志英. 阅读与欣赏［M］. 北京：化学工业出版社，2005.

［11］李华，王振堂，等. 中国古代诗歌十二讲［M］. 北京：北京出版社，1983.

［12］褚斌杰. 中国文学史纲要［M］. 北京：北京大学出版社，1986.

［13］陈思和. 中国文学史教程［M］. 上海：复旦大学出版社，2002.

［14］陈和. 关于高职大学语文课程改革的构想［J］. 职业教育研究，2007（8）.

［15］陈和. 大学语文教程［M］. 北京：中国电力出版社，2009.

［16］王光文. 高职写作教程［M］. 南京：南京大学出版社，2007.

［17］陈功伟. 应用写作技能［M］. 北京：中国传媒大学出版社，2009.

［18］宋有武，边勋. 高职高专应用文写作教程及其实训［M］. 北京：北京交通大学出版社，2007.

［19］杨文丰. 高职应用写作［M］. 北京：高等教育出版社，2006.

［20］江苏省语言文字工作委员会办公室. 普通话水平测试指导用书［M］. 北京：商务印书馆，2011.